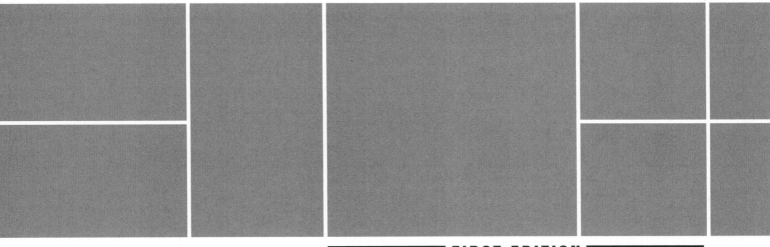

FIRST EDITION

SPANISH FOR THE
PROFESSIONS

WRITTEN AND EDITED BY

Marta Boris Tarré and Lori Celaya

University of Idaho Moscow

cognella®
academic publishing

Bassim Hamadeh, CEO and Publisher
Michael Simpson, Vice President of Acquisitions
Jamie Giganti, Senior Managing Editor
Jess Busch, Senior Graphic Designer
Mieka Portier, Senior Acquisitions Editor
Mirasol Enriquez, Project Editor
Luiz Ferreira, Senior Licensing Specialist
Kat Ragudos, Interior Designer

First published in the United States of America in 2016 by Cognella, Inc.

Trademark Notice: Product or corporate names may be trademarks or registered trademarks, and are used only for identification and explanation without intent to infringe.

Cover image copyright © Depositphotos/pressmaster
        copyright © Depositphotos/robert_g
        copyright © Depositphotos/mindof
        copyright © Depositphotos/monkeybusiness

Printed in the United States of America

ISBN: 978-1-63487-238-6 (pbk) / 978-1-63487-239-3 (br) / 978-1-5165-0407-7 (pf)

www.cognella.com   800-200-3908

EDITORIAL LINGUIST

Joelle Bonamy

ICON DESIGN

Ana Alcocer Arreguin, M.A., University of Idaho, Moscow Idaho

CONTRIBUTORS

Ana Alcocer Arreguín, M.A. University of Idaho

Joelle Bonamy, Ph.D. Columbus State University, Columbus, Georgia

Azucena Domínguez Urruzola, M.A. University of Idaho, Moscow, Idaho

Shannon McGowen, Ph.D. University of Idaho, Moscow, Idaho

Rossy Toledo, M.A., M.F.A. University of Tennessee, Knoxville Tennessee

Contents

SPANISH FOR THE PROFESSIONS

HOW TO USE THE SPANISH FOR THE PROFESSIONS TEXT

LEGEND: A GUIDE TO SPANISH FOR THE PROFESSIONS ICONS

 Pair or partnered activity

 Internet or search

 Reading activity

 Written activity

 Larger group or class engaging activities

 Dialogue in small groups or individual presentations

CHAPTER ORGANIZATION

INFORMES MATUTINOS are created to set up a student centered learning atmosphere from the beginning of the course and the class. These student reports will set the pace with a brief three to five minute presentation or *Informe matutino* that will secure student participation and engagement.

LECTURAS CULTURALES explore the cultures of different Hispanic, US Latino and Latin American countries in relation to the professional world or an aspect of the society related to these countries. These sections present a rich and culturally diverse Spanish speaking people. The focus of this segments is to introduce various aspects of Hispanic, Latin American or US Latin@ culture.

VOCABULARIO has been carefully selected throughout the development of the text. The vocabulary is presented in two formats, at the beginning of the chapter in thematic sections, and on the margins of the readings or *Lecturas* throughout the text. The *Vocabulario* segments at the beginning of each chapter are supported by traditional and communicative exercises to help the student increase proficiency. The range of exercises are intended for both at home practice and in class student collaborations.

GRAMÁTICA is focused on a review that conveys meaning as well. These exercises can be fully integrated into the classroom or assigned as homework and briefly reviewed in class or can be optional if the students have bypassed the need for grammar support. However, the grammar exercises are integrated and contextualized within the theme of the chapter and promotes attention to grammar structures.

RELATIVIDAD CULTURAL provides readings designed to contextualize and integrate particularities of the Spanish speaking culture in relation to a profession that is the focus of a given chapter. The situations explained in this readings help students understand the nuances in Hispanic and Latin American cultures.

A ESCRIBIR writing in a foreign language is acquired through a step by step process as stated in the ACTFL guidelines. The communicative approach that includes a guided method of reading, pre-writing and planning, drafting and sharing the text with peers and instructors and revising to make improvements. *Spanish for the Professions* offers a variety of guided individual and group activities to meet the needs of the intermediate to advanced learner as well as those who may be heritage speakers or more advanced Spanish learners.

CONEXIÓN PROFESIONAL each chapter contains either interviews or articles focusing on a professional in the field. The article is followed by activities that lead to a deeper understanding of the profession featured.

DIÁLOGOS fosters active communicative participation through engaging situations that present a *Diálogo* between two or more parties.

¡A ACTUAR! offers the student the opportunity to create and present their own rendition through situational role playing.

¡A TRADUCIR! From the first chapter the topic of translating is first introduced with guidelines on how to conduct this activity and later instructs the student to translate a slew of different documents or situations.

IMPORTANT!

Notes to the Instructor contain suggestions, teaching tips, warm ups, planning ahead or follow up suggestions that will help with the implementation of activities and exercises throughout the text.

STUDENT SUPPORT AND ACCOUNTABILITY

It is very important to create a process for projects such as Mock Trials, Group Presentations, and Papers. To this end, we have included formats with suggested approaches to helping students plan, organize and implement larger group projects that involve a step by step process approach.

In closing, the design to the *Spanish for the Professions* textbook encompasses a critical thinking, task based, communicative approach that engages the students in a cross-cultural language learning program. The *Spanish for the Professions* text is created and organized around a student centered approach to learning. Multiple features throughout the book facilitate this method of a *Spanish for the Professions* course.

STUDENT RESOURCES

INTERNET SEARCHES: It is important to use authentic search engines when researching Spanish topics throughout Spain or Latin America. Here is a brief list to choose from. However, there are several other sites that you can reach through Google or other sources.

> http://www.ozu.es/
> http://mx.yahoo.com/
> https://www.google.com.co/#q=google+en+español+mexico
> https://www.google.com/?hl=es
> https://www.google.com.co

PRESENTACIONES EN GRUPO

This activity is not found within the context of the text, since it requires the student to conduct independent research. Both authors incorporate this activity within the context of teaching the *Spanish for the Professions* course and have experienced high levels of success with this very student centered collaborative group assignment. For this assignment the instructor should create both student groups and a calendar that assigns a date for each group early in the semester. This task can take place prior to the beginning of the course, however, the instructor risks having to re-arrange groups due to class roll changes inherent with the start of each semester. Nonetheless, creating the groups and the calendar of presentations by the first or second week of the semester aids in solving conflicts inherent in these projects. In addition, the students should conduct individual evaluations of the group dynamic. The group evaluations can be implemented as part of the grading criteria assigning a percentage of the grade from student peer evaluations.

FORMAT

1. Place students in groups of three to four persons
2. Instruct them to choose a topic for a presentation
3. Explain in advance those projects that will require group collaboration
4. Roles, it is suggested that each member has a defined role to avoid having one person take on the entire responsibility. Role and tasks can be distributed along these lines:
    a. *Líder*–Is in charge of meetings. The leader ensures that all are following through on their responsibility.
    b. *Secretaria/o* –Keeps notes. The secretary takes notes to remind all of their duties.

c. *Reportera/o* – Communicates back to the team as well as to the instructor on both, the needs and accomplishments of the team.

d. *Reloj* – The time keeper makes sure that all are following a timeline and completing their duties in a timely fashion.

TEMAS *FOR A GROUP PRESENTATION*

1. La relatividad cultural entre los latinoamericanos/hispanos y los estadounidenses; consejos para un buen entendimiento de las diferencias y similitudes.
2. La situación profesional en el mercado laboral en_____ (país): desafíos y oportunidades.
3. Las diferencias de estilo administrativo entre EEUU y los US latinos, o EEUU y algún país Hispano o Latinoamericano.
4. El sistema jurídico en Latinoamérica o España y su contraparte en EEUU (similitudes y diferencias).
5. La salud publica en Latinoamerica o España y su contraparte en EEUU (similitudes y diferencias).
6. El setor profesional dentro de la informática y su contra parte en EEUU (similitudes y diferencias).
7. El sector bancario y las finanzas en Latinoamerica, España y su contraparte en EEUU (similitudes y diferencias).
8. El sector de la vivienda en Latinoamerica o España y su contraparte en EEUU (similitudes y diferencias).
9. El sector de los recursos humanos en Latinoamerica, España y su contraparte en EEUU (similitudes y diferencias).
10. El sector policial en Latinoamerica, España y su contraparte en EEUU (similitudes y diferencias).
11. Las carreras mejor cotizadas en _____ (país).
12. La ética laboral de los estadounidenses vs. la de los latinoamericanos.
13. El tiempo y la puntalidad en el sector professional latinoamericano vs. el estadounidense.
14. La jerarquía profesional en Latinoamérica vs. los EEUU.
15. Pasos para entrar al sector laboral en _____ (un país latinoamericano). Por ejemplo, exámenes eliminatorios, oposiciones, etc…
16. Los modales: su importancia dentro del ámbito profesional.
17. Los gestos: las diferentes interpretaciones de cultura a cultura y entre países.
18. El comportamiento y el lenguage dentro del ámbito profesional.
19. La importancia de la familia en Latinoamérica y en España.
20. La brecha digital en relación con las profesiones en Latinoamerica o España.
21. Las relaciones entre los géneros y su comparación entre países de habla hispana y EEUU donde existen normas laborales contra el acoso sexual en el trabajo. En España y Latinoamerica aún no es común que exista apoyo contra el acoso sexual en el ambito laboral.
22. La intersección entre los derechos humanos y los derechos empresariales.
23. Otras ideas aprobadas por tu profesor o profesora.

1. **Topic** introduction and development
2. **Comprehension** questions
3. **Critical** thinking questions
4. **Power Point** or handout as a visual aid
5. **Send** information to the instructor for evaluation and review a week prior to the presentation date.

APOYO EN LA ESCRITURA

Writing as a Process as per ACTFL Guidelines:

A.

1. Outline: Start by pre-writing and planning the topic or your paper or report.
2. A clear thesis statement or idea is necessary for the development of a clear and concise writing.
3. Each paragraph should contain a main idea and supporting detail.

B.

Transitions help give fluidity and clarity to your witting. The introduction of this book contains a list of transitions with an English translation.

C.

Include an **introduction**, **body** and a **conclusion**.

D.

1. Follow the pre write and plan → Outline → Draft → Revise →
2. Followed by reading and discussing the text with others
3. Further revision after you receive constructive criticism

Writing is a process and this is the area where you will benefit by starting your paper with advance preparation. Starting the night before your paper is due, will rarely yield a quality paper. If you need help developing your ideas, or narrowing down a topic, ask your instructor for guidance. You may also visit the writing center if your organization hosts one.

PALABRAS DE TRANSICIÓN

TO INDICATE THE SEQUENCE OF IDEAS, EVENTS, ETC.

primero	first
segundo	second
tercero	third
después	after
por fin	finally
mientras (que)	meanwhile
ahora	now
antes	before
al mismo tiempo	at the same time
inmediatamente	immediately

TO EXPLAIN / TO PRESENT AN EXAMPLE

por ejemplo	for instance
es decir	that is to say
para explicar	to explain
en otras palabras	in other words
tal(es) como	such as
ahora bien	now
en este caso	in this case
no obstante	however

TO ADD AN IDEA

y	and
además	in addition, besides
otra vez	again
también	also
asimismo	likewise
de igual manera	likewise
junto con	together
en tanto	as long as

TO INDICATE PURPOSE

para	for
para que, para ello	so that
por esta razón	for this reason
por esa razón	for that reason
con este fin	to this end

TO COMPARE / CONTRAST

pero/sino	but
en cambio	on the other hand
sin embargo	nevertheless
no obstante	nevertheless
aunque	although
en contraste	in contrast
por un lado/por otro lado	on the other hand
a pesar de	in spite of
a su vez	in turn
en realidad	in reality

TO INDICATE CAUSE/CONSEQUENCE AND RESULT

como resultado	as a result
como consecuencia	as a consequence
por consiguiente	as a consequence
porque	because
así/por eso/por lo tanto	therefore, so, thus
puesto que	since
en efecto/efectivamente	in effect

TO EMPHASIZE

sobre todo	above all
en especial, especialmente	especially
sin duda	without (a) doubt
de hecho	In effect, in fact
en concreto	Concretely

TO SUM UP / SUMMARIZE / CONCLUDE

en conclusión	in conclusion
en resumen	in conclusion
para resumir	to conclude
para concluir	to conclude
finalmente/en fin	finally
en general	generally
generalmente	generally
por lo general	in general

NEWSPAPER LINKS

This list of newspaper links will help the student conduct searches for the *Informes Matutinos*, The Group Presentation and other research based assignments.

PERIÓDICOS LATINOAMERICANOS

Diario de Guadalajara (Guadalajara, Jalisco):
http://www.eldiariodeguadalajara.net/

El Universal (MÉXICO D.F.):
http://www.eluniversal.com.mx/

La Jornada (MÉXICO D.F.):
http://www.jornada.unam.mx/ultimas

El Clarín (Argentina):
http://www.clarin.com/

El Mercurio (Chile):
http://impresa.elmercurio.com/pages/LUNHomepage.aspx?BodyID=1&dtB=28-09-2015

La Nación (Paraguay):
http://www.lanacion.com.py/

El Comercio (Perú):
http://www.elcomercio.com.pe/online/

La Nación (Venezuela):
http://www.lanacion.com.py/

PERIÓDICOS DEL CARIBE

Granma (Cuba):
http://www.granma.cu/

La Nueva Cuba (Cuba):
http://www.lanuevacuba.com/master.htm

El Nacional (República Dominicana):
http://www.elnacional.com.do/

El Nuevo Día (Puerto Rico):
http://www.endi.com/noticias

PERIÓDICOS DE AMERICA CENTRAL

La Nación (Costa Rica):
http://www.nacion.com/

Diario Colatino (El Salvador):
http://www.diariocolatino.com/

PERIÓDICOS DE ESPAÑA

El País:
http://elpais.com/

La Vanguardia:
http://www.lavanguardia.com/index.html

WHAT CAN I DO WITH A SPANISH DEGREE?

The best response is almost anything you want. In many Colleges and Universities, a second language, but particularly Spanish are in high demand due to the burgeoning Hispanic populations in the United States. Whenever possible, it is recommended that students gain experience by going abroad or participating in practicums within the Hispanic community in order to experience the language and cultural nuances first hand. In addition, there are a number of opportunities for teaching abroad that allow the students to strengthen both the language skills and resume.

If you have interest in a specific area, those that have a double major or a minor in Spanish should explore all opportunities to grow as a professional. Many schools encourage or facilitate double degrees to help students meet the needs of an increasingly demanding labor market. We are including a few areas that pursue Spanish speakers at various stages in their careers, but this list is not exhaustive. Approach your local career center and the chapter on *Los recursos humanos y laborales* also offers a list of employment websites and agencies that pursue Spanish speakers.

POTENTIAL EMPLOYERS

State and Federal Agencies such as Courts, the Department of Health and Human Services and many others.
Schools
Law Enforcement
Health Care
Book Publishers
Tourism and Travel Venues
Banks
Insurance Agencies
Marketing and Advertising
Sales
Customer Service
Import and Export Businesses
Translation and Interpreting
Head Hunters

CAPÍTULO 1

El sistema legal

Entre los individuos, como entre las naciones, el respeto al derecho ajeno es la paz.

Benito Juárez (1806-1872) Primer presidente indígena mexicano

Sostengo que quien infringe una ley porque su conciencia la considera injusta, y acepta voluntariamente una pena de prisión, a fin de que se levante la conciencia social contra esa injusticia, hace gala, en realidad, de un respeto superior por el derecho.

Martin Luther King (1929-1968) Activista y líder de los derechos civiles norteamericano. ¿Qué opinas? Estos dos refranes comparten cierto pensamiento en común. ¿A qué piensas que se refería tanto el presidente Juárez como el reverendo King?

Paso 1: Haz una lista con dos o tres valores o cualidades relacionados con los dos refranes.

Paso 2: Compara tu lista con la de un compañero.

Paso 3: Lleguen a un acuerdo sobre temas en común.

Paso 4: Compártanlo con la clase.

LECTURA CULTURAL

UN SISTEMA JURÍDICO LATINOAMERICANO[1]

Un sistema **jurídico [1]** latinoamericano como una sola **entidad [2]** no existe, ya que **consta [3]** de países que ocupan un territorio contiguo denominado Latino América[2]. Con

la llegada de Colón al continente americano, la zona fue colonizada por España, Francia y Portugal. Desde su nacimiento, las nuevas naciones latinoamericanas adoptaron sistemas legislativos y constitucionales que respondían primordialmente a sus costumbres, sus tradiciones y las necesidades independientes de cada nación. Sin embargo, España, Francia y Portugal dejaron también su **legado [4]** a las naciones latino-americanas. **De hecho [5]**, existe una gran diversidad de derechos jurídicos entre los países latinoamericanos. Este ensayo tiene como objetivo describir la evolución de los derechos civiles latinoamericanos desde el siglo XIX hasta nuestros días.

Primero, **a fin [6]** de lograr un entendimiento del sistema jurídico latinoamericano, **nos enfocaremos [7]** en las **afinidades [8]** y las particularidades que comparten **dichos [9]** sistemas políticos latinoamericanos. Así pues, **señalaremos [10]** los elementos que tienen en común los países latinoamericanos porque es con respecto a ellos que se llevan a cabo las explicaciones jurídicas. Esta visión panorámica cubre los siglos XIX, XX y el siglo **en transcurso [11]**. Durante el siglo XIX se fundan los estados nacionales y se introduce la **codificación [12]** que determina las formas de producción y comprensión de los **órdenes jurídicos [13]** que existen hoy día. Una idea importante es que todos los órdenes jurídicos latinoamericanos al formarse, se basaron en la **familia jurídica**

1 Catalano, Pierangelo. "SISTEMA Y ORDENAMIENTOS: EL EJEMPLO DE AMÉRICA LATINA." *Visione Latino Américana.* Centro Studi per L'America Latina, 2001. Web. 6 Feb. 2015. <http://www2.units.it/csal/home/?file=sistema2.htm>. Colosio, José Ramón. "La Ciencia Jurídica Latinoamericana En El Siglo XX." *www.juridicas.unam.mx.* Instituto De Investigaciones Jurídicas De La UNAM. Web. 27 May 2014.
Visione Latino Américana. Centro Studi per L'America Latina, 2001. Web. 6 Feb. 2015.
2 Francia impone esta denominación a este territorio para diferenciarla de EEUU y Canadá.

[1] Legal
[2] Entity
[3] Comprised of
[4] Legacy
[5] In fact
[6] For purposes of
[7] We will focus
[8] Relationships
[9] Said
[10] Point out
[11] In course
[12] Codified
[13] Judicial norms

romanista [14]. Esta particularidad se da debido a que al llevarse a cabo la independencia de los países de América Latina a comienzos del siglo XIX, éstos adoptaron el Código Civil francés de 1804[3] como modelo a seguir con respecto a sus leyes y a los derechos de sus pueblos.

Dicho código reconoce la diferencia entre los **derechos [15]** y la ley; es decir, la separación entre **derecho público [16]** y **derecho privado [17]**, y la idea de que el derecho debe ser algo neutro y no directamente relacionado con factores políticos. También se reconoce la división del derecho en "**ramas**" **[18]** autónomas entre sí, **a partir [19]** de las características "propias" de tales divisiones, pero que cubren todo un espectro de situaciones legales. Es decir, estos derechos tienen la posibilidad de **prever [20]** la totalidad de los problemas sociales como bienes o derechos y contemplan asimismo la subordinación del juez ante la ley, dado que ésta es producto de un **órgano político [21]** que simultáneamente representa a la totalidad del pueblo o de la nación.

Los sistemas jurídicos latinoamericanos del siglo XX aspiraban a imponer la igualdad de todos los hombres y mujeres y a formar una sociedad más **equitativa [22].** Anteriormente a estas leyes podemos decir se aplicaban tantas formas de regulación como diferentes clases sociales (nobleza, clero, militares, campesinos, artesanos, etc.) a la que cada individuo pertenecía. Este sistema de normas reflejaba un modelo social que estaba determinado según la importancia de los individuos con base a su posición social y/o económica y por tanto, que eran tratados de forma más o menos favorable en base a tal criterio.

A finales del siglo XVII y comienzos del XIX se produjo un gran cambio jurídico a partir de las ideas sostenidas en Francia y en los Estados Unidos. Se modificó la visión bajo la cual los individuos eran tratados de forma diferente ante la ley y se aplicó el carácter común del sujeto con el cual todos los hombres eran iguales ante la ley. Esta nueva perspectiva fue el resultado de reconocer su igualdad. El criterio bajo el cual se implementó, pues, esta nueva visión del individuo ya no podía ser Dios ni el rey, sino un nuevo marco jurídico.

Las situaciones políticas vividas por los países latinoamericanos a lo largo del siglo XX se **comprenden [23]** en las siguientes etapas: **democracias oligárquicas [24]** a inicios del siglo, **radicalismos populistas [25]**, derivados de la gran depresión de los años treinta, el avance democratizador al concluir la Segunda Guerra Mundial, y una serie de movimientos democráticos y militares entre 1960 y la actualidad. Las sucesivas modificaciones de modelos políticos y de forma más importante, el cambio de

---

3   El código napoleónico o el Código civil francés fue establecido bajo Napoleón I en 1804. Bajo esta nueva regulación se prohibía cualquier tipo de privilegio basado en la cuna, es decir, el privilegio de haber nacido en una clase social noble. El nuevo código napoleónico además estableció la libertad religiosa.

regímenes dentro de esos modelos, dio lugar en cada caso al establecimiento de nuevas constituciones.

[26] Granting benefits
[27] Reduction
[28] Discarding

En el proceso de los cambios políticos y económicos durante el siglo XX pueden observarse dos grandes momentos. El primero, denominado del *Estado social*, es aquel que va de los años treinta a mediados de los ochenta, y que se caracterizó por la intervención del Estado y el inicio del establecimiento de unas normas cuya función era el impedir el **otorgamiento de prestaciones [26]** por parte del Estado en favor de los más necesitados. Por este motivo, las constituciones latinoamericanas sufrieron cambios que provenían de la *Constitución Mexicana de 1917*, la alemana de 1919 y la española de 1931. El segundo gran momento, es aquel que se inició a comienzos de los ochenta y que se caracterizó por una **disminución [27]** aun mayor de las intervenciones del Estado y el otorgamiento de una mayor importancia a las relaciones de mercado influenciadas por una ideología *neoliberalista*[4].

En la actualidad, las constituciones de varios países latinoamericanos han experimentado cambios sustanciales que reflejan las necesidades cambiantes de sus pueblos. Estas alteraciones se han dado lugar en países como Bolivia, Ecuador, Venezuela, Nicaragua y México, entre otros. En México, por ejemplo se han hecho cambios en cuanto al sistema educativo, religioso y jurídico y en específico, en su reforma penal del 2008. En este último cambio se pasa de ser un sistema en el cual el individuo es culpable hasta que el sujeto pruebe su inocencia a un sistema donde el Estado debe de probar la culpabilidad de dicho sujeto. Asimismo, dentro de la reforma penal, se incorpora la reparación de daños y bienes a víctimas. Además, se ha alterado el *artículo 27* de la constitución que ahora permite la exploración de petróleo y otros minerales por compañías extranjeras, **desechando [28]** con este último cambio la expropiación petrolera que instauró Lázaro Cárdenas[5] en 1938.

Como conclusión, los cambios que se han efectuado en las constituciones de varios países latinoamericanos tienen el propósito de modernizarse y de mejorar la condición jurídica del individuo ante la sociedad, algo que se ha conseguido con grandes esfuerzos y que constituye una tarea en progreso.

---

4   El neoliberalismo defiende el corporativismo y alude a unas teorías económicas que promueven la economía nacional que se basa en la escuela *neoclásica,* donde se busca la desregulación de los mercados. Sin embargo, no hay un consenso sobre su significado específico, puesto que no se identifica con una teoría económica concreta ni con una filosofía política claramente identificada debido a la diversidad de pensamientos y movimientos que abarca el término.
5   Este presidente impulsa una nacionalización de minerales y del petroleo mexicano en México en 1938 como respuesta a la grandes influencias foráneas que controlaban tanto los minerales, las finanzas y el area agrícola entre otros sectores económicos del país.

A) ¿Comprendiste? Después de leer la lectura responde las preguntas con oraciones completas con un compañero.

1. ¿Qué países colonizaron América Latina?

_____

_____

_____

2. ¿En qué normas se basaron las nuevas naciones latinoamericanas para formar sus sistemas legislativos y constitucionales?

_____

_____

_____

3. Escribe los dos derechos que se identifican dentro del sistema legislativo latinoamericano.

_____

_____

_____

4. ¿Qué querían imponer las normas latinoamericanas del siglo XX?

_____

_____

_____

5. ¿Qué dos naciones inspiraron el cambio jurídico en Latinoamérica?

_____

_____

_____

6. ¿De qué forma se comprenden las situaciones políticas vividas por los países latinoamericanos a lo largo del siglo XX?

_____

_____

_____

7. ¿Qué función tenía el primer cambio denominado como _Estado social_ que dura desde los años treinta a mediados de los años ochenta?

_____

_____

_____

8. ¿A quiénes se empieza a otorgar prestaciones a mediados de los años treinta en los países latinoamericanos?

_____

_____

_____

9. ¿En qué constituciones se basaron los cambios de principios del siglo XX?

_____

_____

_____

10. ¿Qué países han efectuado cambios sustanciales en sus constituciones?

_____

_____

_____

11. ¿Qué cambios legislativos se han hecho a la constitución de México desde el 2008?

_____

_____

_____

B). Para Profundizar. Reflexiona sobre las preguntas con un compañero utilizando la información de la lectura y tus propias conclusiones.

1. ¿Qué sabías sobre el sistema jurídico latinoamericano antes de leer este escrito?

_____

_____

_____

2. ¿Cómo cambió o evolucionó de alguna forma tu pensamiento sobre el sistema jurídico latino-americano? Explica.

_____

_____

_____

3. ¿En base a la lectura, qué opinas sobre el desarrollo socio-histórico y político de Latinoamérica y de los cambios que ha habido a través del tiempo?

_____

_____

_____

4. A raíz de estos cambios mencionados en la lectura, ¿qué sector de la sociedad crees que se ha beneficiado más si es que alguno? ¿Cómo crees que se han llevado a cabo estos cambios?

_____

_____

_____

5. ¿Qué efecto puede tener una ideología *neoliberalista* dentro del sistema jurídico latinoamericano?

_____

_____

_____

6. Después de haber leído sobre el sistema latinoamericano, ¿piensas que es justo este sistema? ¿Por qué si o por qué no?

_____

_____

_____

 C). Para dialogar. Trabajen en grupos de dos o tres personas para responder estas preguntas.

Paso 1: Hagan tres listas de acuerdo a los encabezados.

1. ¿Qué responsabilidades tienen los empleados del sistema jurídico en nuestras sociedades?¿Qué responsabilidades recaen en el resto de la sociedad? Hagan tres listas de acuerdo a los encabezados:

a. Sector jurídico   b. Resto de la sociedad   c. Sector jurídico y sociedad

Paso 2: Después de leer cuidadosamente las listas del **Paso 1**, en grupos de dos o más, discutan: ¿Qué conclusiones se pueden sacar de las áreas de responsabilidad compartida o las áreas que pertenecen únicamente a un sector o al otro? Tomen notas sobre sus deducciones.

 Paso 3: En su mismo grupo escriban un párrafo corto que explique las conclusiones a las que llegaron todo el grupo. Prepárense para compartir sus resultados con la clase.

 Paso 4: Compartan con el resto de la clase los resultados a los que llegaron.

VERBOS	VERBS
Acusar	To accuse
Anular	To nullify
Apelar	To appeal
Conceder	To grant
Contravenir	To disobey
Dar fe	To testify
Dejar	To allow/To let
Decir/Dicho (participio irregular)	To say/Said (previously named)
Denegar	To refuse
Desechar	To discard
Desistir	Desist
Eludir	To avoid
Exhortar	To urge
Eximir	To excuse/To exempt
Expedir	To issue/To dispatch
Fallar (en favor de)	To rule
Hacerse responsable	To assume responsibility
Impugnar	To refute
Prevalecer	To prevail
Reclamar	To claim
Restringir	To restrict
Revocar	To revoke
Señalar	To note
Subsanar	To compensate
Suscitar	To provoke

FALTAS	OFFENSES
El agravio	Grievance
El delito	Crime
El incumplimiento del contrato	Breach of contract
La sanción	Sanction

SUJETO JURÍDICO	JUDICIAL SUBJECTS
El abogado	Lawyer/Advocate
El abogado auxiliar	Support Attorney
El alguacil	Bailiff
El asesor fiscal	Tax advisor
El asistente legal	Legal Assistant/Paralegal
El auxiliar de abogado	Paralegal/Legal Assistant
El delincuente reincidente	Serial killer
El demandado	Defendant
El demandante	Plaintiff
El fedatario público	Certifying officer
El fiador	Bail bondsmen
El jurado	Jury
El presunto delincuente	Alleged offender
El sospechoso	Suspect

ACCIÓN LEGAL	LEGAL ACTION
La acusación/La denuncia	Charges
El amparo	Safeguard/Legal Protection
La audiencia pública	Public hearing/Trial
La apelación	Appeal
El aplazamiento	Continuance
El arbitraje	Arbitration
El breve sumario	Brief summary
El carácter irrevocable	Irrevocable nature
El cateo	Search
La conciliación	Conciliation/Agreement
La contrademanda	Countersuit
El convenio	Agreement
De conformidad con lo dispuesto	Pursuant to
La demanda/El pleito	Lawsuit
La disputa	Dispute
La fianza	Bail/Bond

ACCIÓN LEGAL	LEGAL ACTION
La formulación de cargos	Indictment
La garantía procesal	Processual guarantees
El interrogatorio	Questioning
El juicio	Trial
El laudo	Ruling
El litigio	Litigation
El mandato	Command
La política	Policy
El proceso jurisdiccional	Jurisdictional process
La prórroga	Extension
La restitución	Restitution
La sentencia	Sentence
La tenencia	Possesion

DOCUMENTOS LEGALES	LEGAL DOCUMENTS
El acta de demanda	Complaint
El acta legal/El documento legal	Legal document
La orden de arresto	Warrant

LUGARES	PLACES
El bufete jurídico	Law firm/Attorney's office
El juzgado	Tribunal
El juzgado de faltas	Misdemeanor Court
El juzgado de menores	Juvenile Court
El juzgado de paz	Justice of the Peace
El tribunal	Court

LAS ACTAS	RECORDS/MINUTES
El acta de adhesión	Adhesion Treaty
El acta de asamblea	Minutes of the Meeting
El acta constitutiva	Articles of Incorporation
El acta de clausura	Notice of Closure
El acta de conciliación	Conciliation Agreement

LAS ACTAS	RECORDS/MINUTES
El acta de declaración	Affidavit/Witness statement
El acta de defunción	Death Certificate
El acta de denuncia	Police report/Complaint
El acta de nacimiento	Birth Certificate

LOS CÓDIGOS	CODES
El código civil	Civil Code
El código de comercios	Commercial Code
El código de conducta	Code of Conduct
El código de tipos de mercancías peligrosas	Roster of Dangerous Goods
La constitución	Constitution
El estatuto	Statute
La orden de aprehensión	Arrest Warrant
El reglamento	Norm

LAS LEYES	LAWS
El decreto	Decree
La Ley Concursal	Bankruptcy Law/ Insolvency Law
La Ley General Federal del Trabajo	Labor Laws
La Ley General de Salud	Welfare Laws

LAS GARANTÍAS/LOS BIENES	RIGHTS
Las garantías individuales	Individual Rights
Las garantías de igualdad	Equal Rights
Las garantías de libertad	Right to Freedom
Las garantías de seguridad jurídica	Judicial Rights of the Individual

LOS TRIBUNALES	COURTS
La corte de reclamos menores	Small Claims Court
La jurisprudencia	Juriprudence
El tribunal de apelaciones	Appeals Court
El tribunal constitucional	Constitutional Court
El tribunal de control	Supervisory Court
El tribunal de cuentas	Court of Audits
El tribunal de familia	Family Court
El tribunal de justicia	Court of Law/Court of Justice
El tribunal de primera instancia	District Court
El tribunal tutelar de menores/El juzgado de menores	Juvenile Court
El tribunal supremo	Supreme Court

OTROS TÉRMINOS LEGALES	OTHER LEGAL TERMS
La afinidad	Similarity
Anti jurídico	Unlawful
Lo antedicho	Aforementioned
El arancel	Tariff
El asunto	Matter/Issue
El centro de resolución	Conflict resolution center
Expédito	Unobstructed

OTROS TÉRMINOS LEGALES	OTHER LEGAL TERMS
La facultad	Ability
La igualdad	Equality
Intachable	Impecable
Queda pendiente	Pending/Remains unresolved
Transcurso	In the course

LAS GARANTÍAS JURÍDICAS	LEGAL GUARANTEES
Las garantías individuales	Individual Rights
La justicia restaurativa	Restorative Justice

Los *cognados* son palabras que provienen de la misma familia y se utilizan en varios idiomas. El tener conocimiento de estas palabras es muy útil al aprender una nueva lengua. Sin embargo, hay también muchos cognados falsos o palabras que no tienen el mismo origen aunque fonéticamente suenan parecidos. A continuación tienes una lista de algunos *cognados falsos* del inglés al español.

Advertir = To warn	To advertise = **Anunciar**
Asistir = To attend (a concert, a class, an event, etc.)	To attend (to) (to care for) = **Atender**
Actualmente = Presently	Actually = **De hecho/En realidad**
Carpeta = Binder	Carpet = **Alfombra**
Compromiso = Commitment	To compromise = **Hacer concesiones**
Contestar = To respond	Contest = **Competencia/Disputa**
Dato = Fact	Date = **Fecha/Cita amorosa**
Deposición = Bowel movement	Deposition = **Audiencia declaratoria** (Declaración de una verdad bajo juramento)
Embarazado/a = Pregnant	Embarrassed = **Avergonzado**

Éxito = Success	Exit = **Salida**
Fábrica = Factory	Fabric = **Tela**
Molestar = To bother	To molest = **Abusar sexualmente**
Noticia = News	Notice = **Aviso**
Personal = Personnel/Staff	Personnel = **Personal/Empleados**
Realizar = To achieve	To realize = **Darse cuenta**
Resumen = Summary	To resume = **Reiniciar/Continuar**
Jubilarse = To retire	To retire = **Jubilarse**

A). CIERTO/FALSO. En el espacio en blanco escribe una **C** si la oración es verdadera o una **F** si es falsa. Si son falsas, corrígelas.

> *Ejemplo*: 1. **F** La sentencia es un convenio entre la víctima y el juez.
>
> El juez dicta la sentencia y define el castigo para el acusado.

1._____El alguacil es la persona que demanda a un ladrón
2._____El acta de demanda tiene la función de declarar contra el acusado
3._____El arbitraje es un proceso donde un juez dicta una sentencia muy severa
4._____El/La notario público en México tiene capacidad similar a un abogado en EEUU o en México
5._____Un fiador crea órdenes de arresto
6._____Para dar fe de un documento es necesario ser alguacil
7._____La apelación provee opciones para un inculpado dentro del sistema jurídico
8._____El sospechoso siempre es inocente
9._____El convenio es un acuerdo
10.____Cuando se exime a una persona, se la responsabiliza por sus actos

B). Preguntas y respuestas
A continuación vas a encontrar un modelo y algunas preguntas para iniciar conversaciones sobre el sistema legal. Recuerda incluir por lo menos una palabra del vocabulario en cada pregunta.

Paso 1: Haz preguntas. Escribe por lo menos tres preguntas para hacer a otros estudiantes. Puedes utilizar el ejemplo o elegir de las opciones que están en la tabla de abajo. Escribe una pregunta que sea original tuya.

Paso 2: Circula por la clase hasta encontrar a un/a estudiante que conteste afirmativamente y desarrolla un intercambio de por lo menos tres preguntas y tres respuestas con cada persona. Presta atención a las palabras en negrita para empezar a familiarizarte con el vocabulario del capítulo.

Ejemplo: ¿A quién conoces que sea abogado?
E1: Luisa, ¿conoces a alguien que sea abogado?
E2: Sí, mi hermano John es abogado.
E1: ¿Qué tipo de ley ejerce?
E2: Se especializa en ley para personas accidentadas.
E1: ¡Que interesante! , necesito a alguien que me ayude a resolver un problema legal.

PREGUNTAS	FIRMA-NOMBRE DE LA PERSONA QUE RESPONDE AFIRMATIVAMENTE	¿CUANTAS PREGUNTAS HICISTE?
¿Conoces a alguien que haya participado en un **jurado**?		
¿Conoces a un **asistente legal?**		
¿Has contratado los servicios de un **fiador**?		
¿Has tomado alguna **acción legal?**		
¿Crees que los **abogados** ganan demasiado dinero?		

INFORMES MATUTINOS

Informes Matutinos: (Presentación Individual breve de 3-5 minutos) La presentación es un informe de un profesional que ha leído una noticia de relevancia al tema del capítulo y está presentando el material a una mesa directiva durante una junta. Los miembros de la mesa tienen el derecho y la responsabilidad de hacer preguntas. Puedes utilizar notas, pero únicamente como fuente de referencia, no leas directamente.

Paso 1: Busca y elige un artículo de un periódico latinoamericano o una revista producida en español como *La Opinión* o *Time en español*. En la introducción de este texto encontrarás una lista de fuentes para tu informe. El artículo debe de enfocarse en el sistema jurídico latinoamericano o los efectos del sistema legal en

EEUU sobre los US Latin@s. Además, se debe relacionar con el tema en transcurso para ese día de clase.

 Paso 2: Desarrolla un informe que incluya:

A. Introducción: (1 minuto)

1. Nombre del estudiante

2. El interés profesional del estudiante

3. El nombre y fuente del artículo

B. Cuerpo: es lo más importante de la presentación. Resume los datos más relevantes del artículo (2-4 minutos).

1. Resumen del artículo

2. Relevancia y análisis (por qué es importante este artículo)

3. Conclusiones (1-2 minutos)

 Paso 3: Presenta el informe a tu junta directiva (la clase).

Paso 4: Preguntas de la mesa directiva (la clase) sobre el informe.

GRAMÁTICA EN CONTEXTO: PRETÉRITO VS. IMPERFECTO

Usos del pretérito

Se utiliza el pretérito para:

1. Narrar el principio y el final de una acción o un estado

   *El testigo **empezó** a hablar*

2. Expresar acciones completas

   *El abogado **cumplió** con su deber*

3. Narrar una serie de acciones

   *Primero, el acusado **mintió**, luego **intentó** esconder su crimen y finalmente **confirmó** su culpabilidad ante el jurado*

4. Mostrar un cambio de estado

   *La víctima se **entristeció** cuando **escuchó** el veredicto*

Usos del imperfecto

Se utiliza el imperfecto para:

1. Narrar una acción sin principio ni final

     *A menudo **dudaba** de las intenciones del fiscal*

2. Expresar acciones habituales

     *Siempre **hacían** los alegatos finales durante la mañana*

3. Expresar estados físicos, mentales y emocionales

     *El perito **estaba** cansado de repetir su testimonio*

4. Decir la hora

     ***Eran** las diez de la mañana cuando el acusado entró al cuarto de la víctima*

5. Describir el futuro desde el pasado

     *El juez le **explicaba** al acusado su derecho a no atestiguar en el juicio*

6. Acción en curso en el pasado

     *El testigo **respondía** una pregunta tras otra que el fiscal le hacía*

7. Acciones paralelas que ocurren al mismo tiempo

     *Mientras que el testigo **contestaba** las preguntas, el abogado fiscal tomaba notas*

Se utilizan el *pretérito* y el *imperfecto* juntos en la misma oración cuando se narran eventos que ocurrieron en el pasado. El *pretérito* se usa para narrar los eventos que se dieron lugar en un tiempo específico del pasado, mientras que el *imperfecto* se utiliza para describir el contexto. Además, se usa el *imperfecto* para expresar acciones habituales, mientras que usamos el *pretérito* para expresar acciones que suceden una sola vez o un número determinado de veces.

Pista: Hay expresiones que propician e indican el uso del pretérito o del imperfecto. A continuación tienes una lista de las más comunes.

EXPRESIONES CON EL PRETÉRITO DEL INDICATIVO	
Anoche	*Last night*
Ayer	*Yesterday*
El martes (*or any day*)	*On Tuesday*
El 5 de octubre (*or any date*)	*October 5th*
El año pasado	*Last year*
El mes pasado	*Last month*
La semana pasada	*Last week*
El fin de semana	*The weekend*

EXPRESIONES CON EL *IMPERFECTO DEL INDICATIVO*	
A menudo	*Often*
A veces	*Sometimes*
De vez en cuando	*From time to time*
Los sábados (*all days of the week*)	*On Saturdays*
Todo el tiempo	*All the time*
Cada día (mes o año)	*Every day (month or year)*
Generalmente	*Generally*
Frecuentemente	*Frequently*
Siempre	*Always*

A continuación tienes un ejemplo del uso de *Pretérito* vs. *Imperfecto*. Examínalo en relación a las normas gramaticales que acabas de leer:

> **Ejemplo:**
>
> Cuando **era** joven **tenía** muchos amigos. Ellos no **pensaban** en el futuro ni en sus familias. A menudo, **salíamos** a la calle para molestar a la gente del pueblo. Un día nos **detuvo** la policía. Ellos **sabían** lo que estábamos haciendo. En ese momento **tuve** que decidir si me **importaban** más mis amigos o mi libertad.

 A) Paso 1: ¿Qué sucedió? Lee la historia. Después pon un círculo en los verbos que se encuentran en el *pretérito* y subraya (*underline*) los que aparecen en el *imperfecto*.

*La verdad es que ese día empezó como cualquier otro. Me levanté, me lavé los dientes, me tomé un café y me puse a escribir un reportaje para el periódico para el cual trabajaba. Pasaron algunas horas sin que me fluyeran las ideas. Así que decidí salir a dar un paseo por la finca. No sé cómo, pero terminé frente a la vieja cabaña donde años antes vivían los criados que atendían la finca cuando mis padres eran gente **pudiente [1]**. Escuché algunos ruidos provenientes de la cabaña, así que me asomé por la ventana. No podía creer lo que veían mis ojos. Frente a mí estaba una pareja hecha **liacho [2]** entre el ruidoso sonar de la vieja cama de resortes. Primero intenté huir, pero me ganó la curiosidad y me acerqué para ver mejor el espectáculo. En ese instante me quedé helada. Uno de los integrantes del dúo era mi esposo y el otro era mi mejor amiga. Esa noche, durante la cena no dije nada, me comporté igual que siempre; conversamos sobre el clima, y otras estupideces. Pero la decisión estaba tomada. Le avisé a mi marido que me iría a la casa de la ciudad por unos días. Roberto estuvo de acuerdo. Salí temprano por la mañana, asegurándome de que el jardinero y otras personas del pueblo me vieran salir rumbo a la ciudad. A los dos días sonó el teléfono, era el policía del pueblo. Hablaba para avisarme que mi esposo había muerto en circunstancias extrañas, y me pidió que fuera a identificarlo a él y a otra persona que había **sucumbido [3]** junto con mi marido. Mientras me extendía su más sentido pésame, yo sonreía al otro lado de la extensión telefónica.*

[1] Influential
[2] Tangled up
[3] Sucumbed

Paso 2: Haz dos listas. Lista diez de los verbos que están en el *pretérito* y 10 en el *imperfecto*. Después escribe el número que indique la razón por la que se usa un tiempo verbal o el otro. Elige de las listas que indican los usos del *pretérito* o el *imperfecto* en la gramática del capítulo.

	Pretérito	**Imperfecto**
Ejemplo:	Empezó - 1	Vivían - 5
1.	_____	_____
2.	_____	_____
3.	_____	_____
4.	_____	_____
5.	_____	_____
6.	_____	_____
7.	_____	_____
8.	_____	_____
9.	_____	_____
10.	_____	_____

Paso 3: Escribe una historia. Inventa una historia donde las autoridades descubren que la esposa cometió el crimen. Puedes desarrollar un relato entre la esposa y su abogado o un relato en el cual ella le cuenta a un juzgado lo que realmente sucedió entre su esposo y su mejor amiga y por qué ella los mató. Se creativa/o y deja correr tu imaginación.

_____

_____

_____

_____

_____

_____

_____

_____

Verbos con significado diferente en el préterito y el imperfecto

Algunos verbos cambian de significado si se encuentran en pretérito o en imperfecto. Aquí tienes una lista de estos verbos.

Conocer	*To meet* **Conoció** al perito en un juzgado *He/She **met** the expert in court*	*To know* **Conocía** el código civil mexicano *He/She **knew** (was familiar with) the Mexican legal system*
Poder	*To be able to do/To succeed at it* El abogado **pudo** defender su objeción *The attorney **was able** to defend the objection*	*Could/To have the ability* El juez **podía** desechar los cargos *The judge was **able** to dismiss the charges*
No poder	*To be unable/Not to do/To fail at* El hombre **no pudo** indagar el motivo del crimen *The man was **unable** to inquire into the motive of the crime*	*Unable in general/Should not* La abogada **no podía** divulgar los datos del caso *The attorney was **unable** to divulge the facts of the case*
Querer	*To want to do something/To try* El acusado **quiso** atestiguar pero la abogada no lo permitió *The acused **wanted** to testify but her attorney did not allow it*	*To want* El jurado **quería** más información *The jury **wanted** more information*
No querer	*To refuse* El juez **no quiso** aceptar más pruebas *The judge **refused** to accept more proof*	*Not to want* La abogada **no quería** arriesgar la vida del acusado *The attorney did **not want to** risk the life of the acused*
Saber	*To find out/To discover* Al final, el jurado **no supo** la verdad *In the end, the jury did **not find out** the truth*	*To know* Todos **sabían** que la violación había ocurrido *Everyone **knew** that the rape had occurred*
Tener	*To get/To receive* El acusado **tuvo** una visita de su abogado *The accused was **visited** by his attorney*	*To have* El testigo **tenía** las pruebas requeridas *The witness **had** the required proof*
Tener que	*Fulfilled an obligation* El profanador **tuvo que** admitir su culpabilidad *The desecrator **had to** admit his guilt*	*Obligation/Not necessarily fulfilled* **Tenía que** ir al juzgado, pero se escapó *He **had** to go to court, but he escaped instead*

> *Ejemplo:* **"Un padre de familia le dispara a un intruso hiriéndolo fatalmente"**
>
> "El marido **tuvo que** disparar al intruso porque **tenía** la responsabilidad de proteger a su familia. El intruso **no sabía** que el marido **tenía** una pistola, pero después de entrar en la casa **supo** que las cosas no iban a salir como las **planeó.**"

B) Escribe una historia. Trabajen en pares. Creen una historia en la que se comete un crimen. Inventen una situación y un título a la historia. Luego, escriban unas oraciones que expliquen lo que sucedió en esa historia. Utilicen por lo menos cinco verbos en el *pretérito* y cinco verbos en el *imperfecto*. Utilicen verbos que cambian de significado si se utilizan en *pretérito* o en *imperfecto*.

RELATIVIDAD CULTURAL

[1] Normative order/ Policy

[2] Postulates/Posit

El derecho es el **orden normativo [1]** e institucional de la conducta humana en la sociedad inspirado en **postulados [2]** de justicia. La base de estos postulados son las relaciones sociales existentes, las cuales determinan su contenido y carácter. En otras palabras, el derecho es un conjunto de normas que regulan la convivencia social y permiten resolver los conflictos interpersonales. A lo largo de la historia, juristas, filósofos y teóricos del derecho han propuesto diversas definiciones alternativas y distintas teorías jurídicas, sin que exista hasta el día de hoy, consenso único sobre su validez.

    Las funciones y niveles educativos de los notarios en México[6] y en otros países de Latinoamérica son distintas a aquellas que ejercen los notarios en EEUU. Además, tienen requerimientos, normas y responsabilidades muy distintas. Por ejemplo, en México, la profesión de notario es una especialización de abogado. Por tanto, un notario es un abogado que ha hecho una especialidad para ser notario y que además, ha tenido que tomar unos exámenes muy difíciles que el gobierno ofrece.

---

6   Las leyes en México no son necesariamente las mismas que en el resto de Latinomérica.

La palabra *notario* viene del latín *notarius,* y describe a un funcionario público que tiene la autoridad y responsabilidad de servir de testigo ante la certificación de contratos, testamentos y otros actos extrajudiciales. El notario, por lo tanto, concede carácter público a documentos privados por medio de su **firma [3]**. El rol del notario es funcionar como garantía, pues confirma la legalidad de los documentos que controla, ya que se trata de un jurista habilitado por la ley para **otorgar garantías [4]** a actos que se **suscitan [5]** en el ámbito del derecho privado.

Existen cuatro tipos de documentos de los cuales el notario puede dar cuenta o testimonio, o cuya validez y autenticidad puede certificar:

Ratificación: Certifica que un escrito, acto o palabra es veraz.

Testimonio: Define la transcripción íntegra que se realiza de un acta.

Certificación notarial: Establece que un documento coincida con un original.

Copia certificada: Autoriza la copia completa o parcial que se lleva a cabo de un acta o de cualquier otro tipo de escritura.

Cabe [6] resaltar que los notarios en México y gran parte de Latinoamérica también se dedican al asesoramiento de la población en cuestiones relacionadas a actas públicas, testamentos y herencias así como a custodiar documentos. A diferencia de los **abogados [7]** que defienden los intereses de sus representados, los notarios están obligados a mantener la neutralidad.

Es de notar, que el notario puede no ser funcionario público, ya que dicha cuestión depende del sistema jurídico de cada nación. La función del notario público, de todas formas, es siempre pública, aun cuando ejerza su actividad de manera autónoma (*self-employed*). Los escritos autorizados por un notario, por otra parte, siempre tienen validez legal reconocida por el Estado.

[3] Signature

[4] Grants/Guarantees

[5] Arouse

[6] Room for

[7] Attorney/Advocate

A). ¿Comprendiste? Trabajando con un compañero, responde las preguntas sobre la lectura.

1. ¿Cuáles son las funciones que tiene un notario en México?
2. ¿Qué requisitos tiene que cumplir una persona para ser notario en México?
3. ¿Qué tipo de documentos está autorizado a certificar o validar un notario en México?
4. ¿En qué ámbito toman lugar los actos que consta un notario?
5. ¿A qué profesión se asimila un notario en México?
6. ¿Cambian las funciones del notario si éste es un oficial público?
7. ¿Qué tipo de asesoramientos pueden ejercer los notarios además de dar cuenta de ciertos documentos y actas?

 B). Para profundizar: En pares discutan: ¿Por qué es tan importante un notario en Latinoamérica? ¿Qué opinas de las responsabilidades de un notario en México o en Latinoamérica en relación con los notarios de EEUU?

 C). La web: Busca en la Internet las normas, funciones y nivel educativo para un notario en EEUU y busca las mismas normas para lograr ser notario en México. ¿Cuáles son las diferencias más notables? ¿A qué crees que se deben? Entrega un informe corto de una página, escrito en la computadora, explicando la respuesta a las dos preguntas.

DIÁLOGOS PROFESIONALES

 A continuación encontrarás una serie de diálogos sobre sectores legales en México, seguidos por actividades que culminarán en que el estudiante escriba su propio diálogo para ser presentado a la clase. Lee los diálogos y luego sigue las instrucciones.

[1] We deserve
[2] Law firm
[3] We just finished

DIÁLOGO 1:	En la aduana
Sra. Romero:	Buenos días, licenciado García. ¿Cómo está?
Lic. García:	Muy bien, gracias, ¿y usted? ¿A qué **merecemos [1]** el placer de su visita por nuestro **despacho [2]**?
Sra. Romero:	Bien, gracias. Mire, licenciado, **acabamos [3]** de recibir un pedido de una compañía norteamericana establecida en Los Ángeles, California.

Necesitan que les enviemos varios artículos a la mayor brevedad y me interesa que usted **tramite [4]** los documentos de **aduana [5]**.

Lic. García: Con todo gusto, señora Romero. Voy a necesitar algunos datos para llenar el **encabezado [6]** principal del **pedimento [7]** que se debe de tramitar con aduana. Se requieren los datos del proveedor y comprador al igual que del **destinatario [8]**, si fueran diferentes del comprador. También necesito los datos de la compañía de transportes y del transportista, o sea, del **flete [9]**. Además, se debe entregar un **manifiesto [10]** con las mercancías que contendrán los contenedores, tanto de ida como de retorno.

Sra. Romero: Claro, que bueno que menciona el retorno ya que los contenedores están contratados para llevar cargas de ida y vuelta, licenciado. De ida, la carga consiste de aparatos mecánicos, calderas y algunos metalúrgicos. De regreso, se traerán equipos de informática y electrónica. Le pediré a mi secretaria que le entregue la lista.

Lic. García: Muy bien, recuerde que es muy importante que la lista contenga todos y cada uno de los productos que se transportarán, eso eliminará problemas de aduana al entrar o salir del país. Las reformas aduanales cada día facilitan más la exportación e importación de productos. Ya no es como antes, pero eso sí, hay que declarar todo con mucha exactitud. Además, las listas correctas también sirven para generar las **fianzas [11]** de ida y vuelta, para establecer las cuentas aduaneras y de garantía para las mercancías que se tramitan.

Sra. Romero: Confío en su capacidad, licenciado. Y, claro, Verónica le hará entrega de todos estos documentos a la mayor brevedad posible.

Lic. García: Estamos para servirla, señora Romero. Me saluda mucho a Roque, su gerente de administración, y dígale que aún me debe la revancha en la cancha de tenis.

Sra. Romero: Cómo no, licenciado, usted y Roque siempre compitiendo.

[4] Procedure
[5] Customs
[6] Heading
[7] Order/Request
[8] Addressee
[9] Freight
[10] Customs document
[11] Bond

A). **Crear y compartir.** Responde con un compañero o en grupos.

Paso 1: ¿Qué título le pondrías al Diálogo 1? Trabaja con un compañero e inventen un título.

_____

Paso 2: Con un compañero, tomen turnos para definir en español el significado de los términos en **negrita** en el *Diálogo 1*.

[1] Matter
[2] will move/will relocate
[3] Agreed
[4] Furnish

DIÁLOGO 2   *El Crédito Internacional*

Sra. Ordúñez: Buenos días, licenciada Torres. Un colega me ha recomendado que busque sus servicios para un **asunto [1]** de negocios.

Lic. Torres: Con mucho gusto, señora Ordúñez, pero adelante, por favor. Tome asiento. ¿En qué puedo servirle?

Sra. Ordúñez: En unos meses me **mudaré [2]** permanentemente a los EEUU desde México para establecer un negocio de compra venta. En México siempre he tenido un crédito perfecto que he construido durante los últimos quince años, y quisiera mantener tanto mi crédito personal como establecer nuevas líneas de crédito en EEUU.

Lic. Torres: Lamentablemente, al ingresar a EEUU es poco probable que pueda utilizar el buen historial de crédito que construyó en México. La mayoría de los países no permiten que se transfieran informes de crédito de un país a otro. Existen motivos técnicos, contractuales y legales que impiden que el informe de crédito de una persona se transfiera entre países. Pero, ¿a qué lugar de EEUU piensa mudarse?

Sra. Ordúñez: Me mudo a Nueva York, donde ya tengo establecidos ciertos contactos. Por medio de mi nueva empresa he recibido un contrato **consensual [3]** para **amueblar [4]** tres restaurantes con muebles y artesanías poblanas.

Lic. Torres: En ese caso, la situación cambia muchísimo. Creo que usted tiene derecho a utilizar el contrato para mostrar su capacidad para generar capital. Pero permítame ponerla en contacto con un colega neoyorquino muy capacitado en este tipo de negocios. Creo que entre los dos le podemos facilitar un crédito **mercantil [5]** que cubra sus necesidades profesionales. En cuanto al crédito personal, es un poco más tardado, pero permítame comunicarle con el abogado Davenport para que le explique las particularidades del asunto.

[5] Commercial
[6] English speakers
[7] Agreeable
[8] Details

Sra. Ordúñez: Claro que sí. Además, me encanta practicar mi inglés siempre que puedo, y el acento neoyorquino me parece muy simpático. Aunque hablo bien el inglés, los acentos y la rapidez de los **angloparlantes [6]** me fuerzan a prestar atención.

Lic. Torres: Ah bueno, pero el licenciado Davenport habla un español perfecto. De hecho, su madre es norteña, de Monterrey. Permítame comunicarla.

Lucy: Davenport and Smith, how can I help you?

Lic. Torres: Lucy, how are you? This is Alma Torres.

Lucy: Oh, licenciada Torres, ¿cómo está?

Lic. Torres: Muy bien Lucy. ¿Y tú, cómo estás?

Lucy: También muy bien, gracias. ¿En qué podemos servirle?

Lic. Torres: Quisiera hablar con Santiago. ¿Se encuentra disponible?

Lucy: Claro que sí. Un momento, por favor.

Lic. Davenport: Hola Alma, qué gusto saludarte. ¿En qué te puedo servir?

Lic. Torres: Santiago, tú siempre tan **agradable [7]**. Pues bien, te quiero presentar a la señora Ordúñez. Ella quiere saber sobre créditos en EEUU para negocios, así como otros asuntos personales también. Te enviaré los detalles para ponerte al tanto, y puedes comunicarte conmigo o directamente con ella una vez que estés al tanto de los **pormenores [8].** Como siempre, es un gusto saludarte, y seguiremos en contacto. Te comunico con la señora Ordúñez.

Lic Davenport: Claro que sí, licenciada. Es un placer saludarla, y será un gusto para mí poder atender a la señora Ordúñez.

A). Crear y compartir. Prepara con un compañero y luego comparte con la clase.

 Paso 1: Busca en la Internet la forma más eficaz de cómo construir crédito en USA. Al hacer una búsqueda, vas a ver que existen muchas páginas de web que informan sobre ello.

 Paso 2: Ahora continúa el diálogo que acabas de leer en el *Diálogo 2* en el que la Sra. Ordúñez quiere establecer crédito en EEUU. Si quieres, también puedes inventarte un diálogo en el que el/la protagonista de la historia eres tú o un amigo tuyo de un país latinoamericano que quiere venir a EEUU a vivir y quiere establecer crédito.

 Paso 3: Comparte con la clase la información que encontraste sobre cómo establecer crédito y cuál es la historia que inventaste.

 B). En grupos de dos o tres personas escriban un diálogo. Pueden utilizar una de las situaciones que se sugieren a continuación o utilizar sus propias ideas.

Situaciones para un diálogo
1. La compra e importación de cualquier producto procedente de fuera de EEUU debe pasar por un control y pagar un **arancel** o **impuesto** (*tax*) que se le aplica al país de destino. Este impuesto es una cantidad añadida a la que tú hayas podido pagar por ese artículo en la tienda en la que lo compraste. No obstante a todo este proceso, el gerente de tu negocio no conocía estos detalles e intentó enviar una **mercancía** (*merchandise*) sin completar este requisito. Ahora, tu mercancía se encuentra detenida en la aduana estadounidense y el gobierno te cobra una **multa** (*fine)* exorbitante y no sabes qué hacer al respecto.
2. Has inventado un gran producto (describe el producto en tu diálogo) y quisieras venderlo en México pero no conoces ni el mercado ni las leyes de ese país, así que consultas con un abogado en relaciones internacionales estadounidenses. Este abogado, a su vez te sugiere el nombre de un licenciado mexicano que vive en la Ciudad de México para ayudarte.
3. Eres un comerciante de (describe el producto) y buscas abrir un crédito en EEUU. Cuando llegaste al banco (nombre del banco) te pidieron tu historia de crédito, pero nunca habías tenido ningún crédito en ese país. ¿Qué debes de hacer para establecer crédito y no tener que pagar todo al contado (*cash*)? Es muy difícil llevar grandes cantidades de efectivo continuamente para pagar por los productos y servicios necesarios.

Paso 1: Definan

- Un tema para su diálogo que se acerque al tema jurídico de alguna manera.
- Un propósito que quieran alcanzar con este diálogo. Por ejemplo, probar la inocencia o culpabilidad de alguien ante una situación de robo.
- Dos o tres personajes con roles y metas claras.

<u>Paso 2</u>: **Escriban el primer borrador**

- Hagan una lluvia de ideas.
- No escatimen palabras, si es necesario hagan uso de un buen diccionario bilingüe y un tesauro.

<u>Paso 3</u>: **Editen.** Léanlo en voz alta si es posible y corrijan errores o aumenten diálogo. Repitan este paso por lo menos dos veces.

 <u>Paso 4</u>: **Presenten.** Compartan su diálogo con la clase.

¡A TRADUCIR!

OCHO REGLAS PARA APRENDER A TRADUCIR UN TEXTO

¡OJO!: Traducir un texto de un idioma a otro tiene elementos de ciencia y arte. Es mucho más que definir un término de una lengua a la otra. Hay que contextualizarlo y adaptarlo para mantener la integridad del significado. Aquí tienes unas sugerencias para que te sea más fácil:

1. Primero, lee el texto que hay que traducir (sin buscar palabras que no sabes). Intenta descifrarlo pensando en el idioma al que quieres traducir el texto.
2. Lee el texto por segunda vez y subraya los términos que no conoces, pero trata de entenderlo en base al contexto de la frase que lees. Después, búscalos en un diccionario.
3. Lee el texto por tercera vez después de insertar los significados de las palabras que has traducido.
4. Empieza a traducir el texto, pero no frase por frase, sino como si se lo estuvieras explicando a una persona que no sabe nada sobre el tema y que únicamente habla el idioma al que estas traduciendo.
5. Revisa tus traducciones. Corrige o cambia palabras o frases para que tengan más sentido.
6. Los traductores automáticos son pésimos, utilízalos como una herramienta nada más.
7. Recuerda que los conceptos abstractos, a diferencia de los objetos, rara vez se pueden traducir usando una traducción literal, o sea, palabra por palabra. Hay que buscar el término más apropiado, el más fiel, el que se usa más habitualmente en el idioma al que lo quieres traducir.
8. Traducir de otro idioma a tu lengua es siempre más fácil que hacerlo a la inversa.

A). Traduce del español al inglés. Sigue las indicaciones que te ofrece la lectura *Ocho reglas para aprender a traducir un texto*.

Técnicas para interrogar o contra interrogar a un testigo, víctima, o acusado
¿Cómo interrogar a un testigo o a un acusado? En ambos casos es importante diferenciar entre un interrogatorio y un contra-interrogatorio. El interrogatorio es llevado a cabo por la parte oferente (que ofrece o da) de ese testigo, perito, policía, víctima o acusado/imputado. Es decir, es llevada a cabo por la parte que de algún modo representa los intereses de ese testigo. Por consiguiente, las preguntas van a tener el propósito de adelantar el proceso de juicio a favor de la víctima, si el que interroga es el fiscal; o el propósito será el de adelantar el proceso de juicio a favor del acusado, en el caso que sea el del abogado defensor el que interroga.   Asimismo, el contra-interrogatorio es efectuado por la contraparte. Es decir, que la víctima sería interrogada por el abogado defensor, y el acusado, por el fiscal. En efecto, ambas líneas interrogativas pueden efectuarse por el ministerio público (o fiscal) o por la defensa.
Tipo de preguntas en los interrogatorios:
Preguntas de corte abierto: Éstas son preguntas que le permiten al testigo explicar los hechos de los que ha sido testigo o de los que tiene conocimiento. Es recomendable que las preguntas comiencen con palabras como *Qué, quién, cómo, dónde, cuándo, por qué o para qué.* Por ejemplo, las preguntas podrían ser: *¿Qué pasó en ese momento? ¿Quiénes estaban ahí? ¿Qué vio usted?* Este tipo de preguntas le permite al testigo conversar abiertamente sobre los hechos, y el interrogante o persona que interroga, debe de conocer siempre las respuestas para no llevarse sorpresas que lastimen los hechos que desea destacar.
La pregunta cerrada: Está enfocada a cierto tipo de respuesta. Por ejemplo, se podría preguntar: *¿A qué hora sucedió el incidente?* El objetivo de la pregunta es buscar información determinada. En este caso el interrogador o interrogante debe de conocer la respuesta y solamente buscar confirmación.
Las preguntas sugestivas: Contienen la respuesta dentro de la pregunta. Por ejemplo, en la pregunta sobre la hora, se podría decir: *¿Entonces usted se encontraba en el lugar del delito a las 14 horas de la tarde?* Aquí, la pregunta incluye la respuesta y es una pregunta sugestiva. Este tipo de preguntas no tienen lugar dentro del proceso interrogatorio de un juicio oral.
¡Ojo![7]: La figura central del interrogatorio debe de ser el testigo y no el abogado.
Objeciones: Éstas deben ser dirigidas al juez y deben de tener fundamento en la ley. Un ejemplo de objeción sería cuando se hacen preguntas sugestivas. En este caso, el *artículo 375* describe el alcance de dichas interrogativas. Por ejemplo, *"esa es una pregunta sugestiva, su señoría; incluye tal y tal parte de la respuesta dentro de la pregunta."*

---

7   This Word means "Pay attention".

_____
_____
_____
_____
_____
_____
_____
_____
_____
_____
_____
_____
_____
_____
_____
_____

B). Traduce del inglés al español. Lee estos dos textos y tradúcelos aplicando los mismos pasos de la lectura *Ocho pasos para traducir un texto*, el vocabulario del capítulo y un buen diccionario.

2004 - People v. Chris Biggs

All Chuck Sherman wanted to do was join the marching band's drum line. Since grade school, his favorite part of any parade or halftime show was the beat of the drums. In the summer of 2003, Chuck went to band camp on a mission... a mission to be accepted onto the line, and to enjoy all of the benefits of the increased social status that came with it. But Chuck didn't end up on the drum line. Chuck didn't even end up in the band. Chuck ended up dead after a fall from a 26-foot clock tower. Was Chuck's death the result of illegal hazing committed by Chris Biggs, the section leader for the drum line, or was it the result of Chuck's under-age drinking? (Case adapted from *Street Law*).

_____
_____
_____
_____
_____

_____
_____
_____
_____
_____
_____
_____

2007 - Brooks v. Lawrence and the Clearwater Police Department

Evan Brooks, a 19-year-old honors student at Clearwater High School, went shopping at the local grocery late one night. So late, in fact, that Brooks had to be asked to finish shopping so that the store could close. A heated exchange with the store security led to a scuffle and Brooks' arrest.

What followed for Evan Brooks was almost six hours in police custody being searched, fingerprinted and escorted to the courthouse in shackles. After being released, Brooks spent an additional three to four hours in the hospital for pain and injuries sustained during the incident. Criminal charges were dropped in exchange for Brooks' agreement to do community service. Now, Brooks is bringing a civil suit against the security guard, the store, and the police. Were the actions of the security guard, the store, and the police justifiable? (Adapted from Street Law, Inc.: Brooks V. Lawrence & Metro City).

_____
_____
_____
_____
_____
_____
_____
_____
_____
_____
_____
_____
_____

LICENCIADO, JUAN JOSE GARCÍA PADILLA: El licenciado García Padilla es abogado en la Ciudad de México.

ENTREVISTADOR: ¿Por qué se dedica a la abogacía?

LIC PADILLA GARCÍA: Primero, háblame de tú por favor. Y, bueno, desde niño – las injusticias que se dan en el país en la zona agrícola, en una clase social que siempre ha vivido injusticias me llevo a pensar, "cuando sea grande voy a defender los derechos de los campesinos." Además, desde muy chico mis padres me inculcaron esos principios. Con mucho sacrificio pude estudiar derecho y hoy tengo la oportunidad de defender los derechos de los campesinos.

ENTREVISTADOR: ¿Cuál es tu campo o especialidad?

LIC PADILLA GARCÍA: El derecho agrario es mi campo preferido, pero también practico el derecho civil, el penal y el mercantil.

ENTREVISTADOR: ¿Crees plenamente en el sistema judicial?

LIC. PADILLA GARCÍA: Sí. Hasta hace muy poco, judicialmente, México dependía del sistema romano. A partir del 2008, se hizo una **mezcolanza [1]** con el derecho anglosajón. Se le han hecho cambios radicales a la *Constitución Mexicana de 1917*; los cambios tienen que ver con el sector civil y el penal y afectan el *artículo 18* de la constitución. Tuve que actualizarme porque lo anterior al 2008 quedó obsoleto. Entonces, ahora el Estado tiene que probar la culpabilidad del sujeto y no al revés. Además, se han alterado las sentencias y se han hecho modificaciones en cuanto a la reparación de daños a víctimas.

ENTREVISTADOR: Realmente, ¿se aplica la igualdad de los derechos en México?

LIC. PADILLA GARCÍA: Mira, ese cambio finalmente se establece en el *artículo 18*. Primero, establece que todos somos iguales ante la ley, con algunas compensaciones a las víctimas antes del 2008. Este nuevo sistema toma en cuenta la reparación del daño que se causa a la víctima. Antes, la sanción del **sujeto activo [2]** era lo primordial, entonces, se dictaban sentencias de cientos de años. Hoy, se busca que las penas sean menos **inquisitivas [3]**, aparte de la reparación de daños. Por ejemplo, por el robo de un vehículo

[1] Mixture, combination

[2] Perpetrator

[3] Related to the Inquisition (Draconian)

se daban veinte años de cárcel, pero no se reparaba la pérdida. Dentro del nuevo sistema se busca la reparación de los daños que se causa a la víctima y la sanción al sujeto activo.

ENTREVISTADOR: ¿Qué opinas sobre la impunidad que existe en algunos sectores del país?

LIC. PADILLA GARCÍA: A partir de los cambios del 2008 se erradica la impunidad. El sistema penal internacional se adapta a lo que se conoce como *causalismo*[8] y *financialismo*[9]; se imponen penas más cortas, porque al ser más largas un criminal se vuelve más sanguinario, pues sabe que no va a salir nunca de la cárcel.

ENTREVISTADOR: ¿Es lo mismo democracia que derecho?

LIC. PADILLA GARCÍA: El derecho es la manera en que surge la ley del pueblo. El sistema político mexicano incluye el derecho a votar. Aquí (en México) existe el pluri-partidismo con doce o más partidos políticos. Los más destacados son el PRI (*Partido Revolucionario Institucional*), PAN (*Partido Acción Nacional*), PRD (*Partido de la Revolución Democrática*), *Movimiento Ciudadano* y *Nueva Alianza* entre otros, que cuentan con números bajos de ingresados. De hecho, México se ha considerado la dictadura perfecta. El pueblo se encuentra en una apatía total. Aunque hay muchos partidos, el pueblo no vota porque piensa que su voto no cuenta. En las elecciones del 2015 únicamente el sesenta por ciento del pueblo votó. El gobierno de México **sostiene [4]** un Estado **fallido [5]** que no ha cumplido con sus metas. No hay construcción de carreteras, no hay refinerías de petróleo ni servicios adecuados para el pueblo mientras que senadores, diputados etc., ganan sumas exorbitantes por **levantar el dedo [6]** cuando se les indica. Entonces, creo que un estado democrático en este país, hoy por hoy, no existe.

ENTREVISTADOR: ¿Cuál es la diferencia entre juez y magistrado?

---

8   El *causalismo* es una teoría que explica el delito como una acción causa-efecto. Todo delito tiene una causa, y toda causa conlleva un resultado. Por consiguiente, una persona es culpable de un delito si se puede alegar una causa a tal delito.

9   El *financialismo* es un sistema económico en el cual el que se beneficia más y aumenta su riqueza no es el capitalista que posee el capital a costa del trabajador, sino el que financia a los capitalistas, las grandes instituciones bancarias. Por consiguiente, este concepto se relaciona con el sistema jurídico en que así como el financialismo financia a unos creadores de empresas, los empresarios, también el sistema legal debe asegurarse que la víctima es compensada mediante la financiación de unos daños y perjuicios (*damages*) que se debe pagar a la víctima en una acción criminal que ha tenido lugar.

LIC. PADILLA GARCÍA: El juez es la primera entidad que conoce el acusado. El magistrado es un ente superior a quién se apela un veredicto cuando no hay conformidad por una de las partes. Entonces, se apela la sentencia a tres Magistrados que son los que revisan el veredicto de un juez y pueden dictar una modificación o una ratificación si lo consideran necesario. La jerarquía legal es el juez, el magistrado estatal, el magistrado federal y la corte suprema.

ENTREVISTADOR: ¿Qué estudia el derecho procesal?

LIC. PADILLA GARCÍA: El derecho procesal es el conjunto de normas jurídicas que regulan la condición del individuo en la sociedad.

ENTREVISTADOR: ¿Cómo se maneja el concepto de *Cosa juzgada*?

LIC. PADILLA GARCÍA: En materia civil dentro del *artículo 21* se establece que nadie puede ser juzgado dos veces por el mismo delito. *Cosa juzgada* se refiere a bienes materiales y "Nadie puede ser juzgado dos veces por el mismo delito" se refiere a un bien penal.

ENTREVISTADOR: ¿Qué sugerencias tiene para un joven que quiere estudiar o ejercer leyes?

LIC. PADILLA GARCÍA: Ser abogado no es solo una profesión sino un don. Es decir, no todo aquel que tiene un título de abogado, significa que pueda hacer este trabajo, sino aquel que realmente se identifica con una causa al más débil. Seguir el propósito que cada uno tiene es muy importante para dar apoyo al pueblo y a la constitución y sus leyes a fin de impartir justicia.

A). Analiza, escribe y comparte.

Paso 1: Responde las preguntas sobre la entrevista al licenciado Padilla García por escrito.

1. ¿Por qué se hizo abogado el licenciado Padilla García?
2. ¿Cuál es la especialización del licenciado Padilla García?
3. ¿Qué dice la entrevista sobre el sistema judicial en México después del 2008?
4. ¿Qué establece el *artículo 18* de la constitución mexicana?
5. ¿Qué dice la entrevista sobre la impunidad en México?
6. ¿Cómo se describe el estado de la democracia en México?

 Paso 2: Compara las respuestas del **Paso 1** con tu compañero.

Paso 3: Debatir en sus grupos. El/La profe les va a asignar una de las preguntas de a continuación para que intercambien sus ideas en grupo. Tomen notas para poder compartir sus conclusiones con otro grupo.

1. ¿Qué piensas de los nuevos cambios a la constitución mexicana en cuanto a la duración de sentencias y reparos de daños a víctimas?
2. ¿Piensas que esos cambios realmente asimilan el sistema jurídico mexicano al sistema de tu país, es decir, que los hace más similares? Explica.
3. ¿Sabes algo sobre la impunidad en tu país? ¿Se asemeja a la situación que se describe en la entrevista? Explica.
4. ¿Qué opinas de un sistema político que cuenta con doce partidos políticos? ¿Cuántos partidos existen en tu país?
5. ¿Estás de acuerdo con el licenciado García que la abogacía no es solo una profesión sino también un don? Explica.

 B). Para dialogar.

 Paso 1: Haz en casa. Elige e investiga una profesión dentro del campo legal que te interese y haz una investigación sobre las responsabilidades de ese puesto (Abogado/a, abogado/a fiscal, abogado/a defensor), juez/a, licenciado/a notario/a público, secretario/a, alguacil, detective, policía).

Paso 2: Responde las preguntas que siguen:

1. ¿Te has imaginado alguna vez trabajando como profesional en el campo legal?
2. ¿Qué aspectos de este campo te interesan y por qué?
3. ¿Cuándo supiste que querías ser abogado/a defensor, fiscal, notario/a o asistente legal?
4. ¿Qué aspectos de esta carrera no te interesan o se te hacen aburridos o difíciles? Explica.
5. ¿Piensas que el ser bilingüe te ayudaría en una profesión legal? Si tu respuesta es afirmativa, ¿cómo? y ¿por qué? Si es negativa, ¿por qué no?

 Paso 3: Entrevista a un compañero haciéndole las preguntas del **Paso 2** (tomen turnos respondiendo ambos las preguntas).

Paso 4: Comparte con la clase las respuestas de tu compañero desarrollando una descripción del tipo de empleo que le gustaría a tu compañero ejercer dentro del campo de derecho. Si acaso a tu compañero no le interesa el campo legal, entonces comparte el tipo de empleo que le gustaría ejercer.

¡A ACTUAR! : SIMULACRO DE JUICIO

INTRODUCCIÓN AL PROCESO DE AUDIENCIA ORAL PARA UN CASO CRIMINAL

El propósito de conducir un **simulacro de juicio oral [1]** es el de dar al estudiante la oportunidad de aplicar el español dentro de un **ámbito [2]** legal con las responsabilidades lingüísticas de un profesional a través de un juicio. Este evento se puede minimizar y presentar dentro del contexto de una sesión de clases, varias clases o como un evento que ocupe mucho más tiempo, de acuerdo a las necesidades

[1]	Mock trial
[2]	Field
[3]	Detail
[4]	Tool
[5]	To forge/To shape
[6]	Ardous
[7]	Located

del curso y el interés tanto del estudiante como del profesor/a. Este guión servirá de guía para practicar, al igual que para tomar otros casos y desarrollar un guión de acuerdo a los **pormenores [3]** del caso. Junto con este caso se ofrecen otras **herramientas [4]** que

muestran paso a paso los elementos necesarios para planificar un simulacro de juicio oral. **Forjar [5]** un simulacro de juicio quizá parezca una tarea **ardua, [6]** sin embargo, si se hace paso a paso y con el apoyo de guías, es un esfuerzo que vale la pena implementar. Además, se sugiere grabar el simulacro de juicio para más tarde aprender por medio de esta filmación.

PORMENORES DEL DELITO:

Se le acusa a un individuo de violación sexual a una paciente en un hospital **ubicado [7]** Estado de Guanajuato México. El acusado es empleado de dicho lugar y por lo tanto tiene acceso libre a los pacientes que están internados en el centro médico de esa ciudad. Además, a la víctima se le ha diagnosticado muerte cerebral y se la mantiene viva con el propósito de donar sus órganos.

CRONOLOGÍA DE LOS HECHOS DEL DELITO:

6 de noviembre del 2014   *Accidente automovilístico que produce la muerte cerebral a B.E.*

12 de noviembre del 2014   *Ayuntamiento carnal entre Manuel Montes y B.E.*

18 de febrero del 2015   *Dr. Ismael Pérez descubre el embarazo de B.E.*

LISTA DE INDIVIDUOS PRESENTES QUE HAN DE INTERVENIR EN LA AUDIENCIA:

1) Encargado/a de sala secretario/a – Asegura que las partes interesadas estén presentes y hayan mostrado documentos que prueben su identidad. Además, les toma el juramento a los testigos y peritos.

2) Juez - Entiende las leyes, conoce sus **siglas [8]** e interrumpe y comenta cuando sea necesario. Confirma con la/el encargada/o de sala que las partes interesadas estén presentes. Lee los cargos al acusado. Le informa al acusado de sus derechos, como el de no declarar contra sí mismo. En efecto, el juez guía y preside sobre los pormenores del juicio y dicta una sentencia al final del juicio. Este puesto puede ser compuesto por un miembro o por un equipo de jueces. Es importante tener un número impar para llegar a una mayoría al tiempo del veredicto.

3) El jurado – Debe escuchar con cuidado, deliberar y dictar un fallo. Este paso puede llevarse a cabo en público para que las otras partes tengan la oportunidad de participar como oyentes en este proceso (12 o menos).

4) El ministerio público, fiscalía (fiscal) – Prepara el caso, declara los cargos, presenta el caso contra el acusado y busca castigo o reparación de daños. Esta entidad representa los intereses de la sociedad y es un sector independiente dentro del Estado. Este puesto puede ser representado por un individuo o por un equipo de acuerdo a las necesidades del evento.

5) El abogado defensor – Prepara una defensa, representa al acusado, interroga a los testigos, al acusado y a la víctima (siempre y cuando ambos, acusado y víctima, opten por testificar). Esta posición puede ser integrada por un individuo o por un equipo de acuerdo a las necesidades del evento.

6) El demandante/víctima – Tiene la opción de declarar a su favor o abstenerse de hacerlo. Si declara, debe de estar preparado/a para exponer su lado del argumento ante la defensa o el fiscal.

[9] Elucidate

7) El/La representante de la víctima/acusador – Este sujeto existe en caso de que la víctima no tenga la capacidad de declarar u opte por no hacerlo. En algunos casos se identifica a un representante que tiene la opción de aclarar y defender los derechos de la víctima (este detalle es muy particular del sistema jurídico latinoamericano).

8) Los testigos – Declaran hechos que presenciaron o responden dentro de su capacidad de testigo sobre los eventos en cuestión. Deben de declarar su nombre, profesión y domicilio (este último dato tiene la opción de mantenerse confidencial dentro del sistema jurídico mexicano).

9) Los peritos/El testigo – Declaran detalles específicos dentro de una capacidad profesional que **elucida [9]** de alguna manera los eventos en cuestión. Debe de declarar su nombre, profesión y domicilio (este último dato tiene la opción de mantenerse confidencial dentro del sistema jurídico mexicano).

10) El/La investigador/a detective – Atestigua sobre los detalles del delito, arresto, etc. También puede haber un investigador/detective de la parte del acusado.

11) Otros oficiales de la corte – Tienen nombre y capacidad dentro del juzgado o sistema jurídico.

ARTÍCULOS LEGISLATIVOS TRATADOS EN EL SUBSECUENTE SIMULACRO DE JUICIO DE ACUERDO A LAS LEYES DEL ESTADO DE MÉXICO:

Artículos 181, 184, numerales *13 y 20*: son artículos en relación con la violación sexual del código penal del Estado de Guanajuato.

Artículo 314 de la *Ley General de Salud*: Esta ley especifica que se entiende por cadáver como al cuerpo humano con pérdida de la vida.

Artículo 343 de la *Ley General de Salud*: Esta ley indica que existe la pérdida de la vida cuando hay muerte cerebral.

Artículo 375: Define las preguntas sugestivas como aquéllas que sugieren la respuesta dentro de la pregunta.

Artículo 335: Ley de proceso penal.

Artículo 363: Indica que en un contra-interrogatorio es permitido hacer preguntas sugestivas, mas no es permitido en un interrogatorio de **fase probatoria [10].**

Artículo 79: Rige la acción disciplinaria del procedimiento (multas, prisión, etc.).

GUIÓN DEL JUICIO[10]

I. VERIFICACIONES:

Encargada de sala – Buenas tardes, licenciada García y licenciado López. ¿Se encuentran presentes todas las partes para dar inicio a este procedimiento?

Fiscal licenciada García – Por nuestra parte, sí, se encuentran.

Abogado Defensor licenciado López – Sí, se encuentran todos presentes.

Juez – A fin de verificar las condiciones de legalidad de la presente audiencia, le pregunto al encargado de sala, si se encuentran presentes todos aquellos que han de intervenir en la fase probatoria de la presente audiencia.

Encargada de sala – Así es, señor juez, se encuentran presentes.

Juez – ¿Se encargó de **corroborar [11]** sus identificaciones?

Encargada de sala – Así se hizo.

Juez – Para efecto de registro, por parte del ministerio público, ¿quién se encuentra presente?

Ministerio público/Fiscal – Soy la licenciada García, con **gafete [12]** y correo electrónicos previamente registrados.

Acusador/Representante de la víctima – Soy Camilo Fuentes.

Juez *(al acusador/representante de la víctima)* – ¿Le informaron que tiene usted derecho de mantener anonimidad y a que no se difunda su nombre?

Sr. Fuentes – Sí, me informaron.

---

10   Este guión ha sido adaptado de: Audiencia Juicio Oral, Parte 1-6. Dir. Karla Orozco. 2015. YouTube.

Juez – ¿Ha tomado una decisión?

Sr. Fuentes – Hemos decidido reservar ese derecho (*conservar el anonimato*).

Juez – Encargada de sala, ¿se encuentran miembros de los medios de comunicación en el juzgado?

Encargada de sala – Sí, se encuentran.

Juez – A los miembros de los medios de comunicación, no se debe difundir ni el nombre ni fotografías del acusado, o podrían ser **acreedores [13]** de sanciones de carácter incluso de materia penal.

Defensa – Soy el licenciado Manuel López, por parte de la defensa, con correo público y dirección previamente registrados.

Juez – ¿Qué abogado llevará el uso de la voz?

Licenciado López– Distintos.

Acusado – Soy Manuel Montes, el acusado.

Juez – Señor Manuel Montes, usted en el carácter de acusado en esta audiencia de juicio oral tiene varios derechos reconocidos. ¿Los conoce usted?

Acusado (Manuel Montes) – Sí, mis abogados ya me los dijeron.

Juez – ¿Los comprendió a **cabalidad [14]**?

Acusado – Así es, señor juez.

Juez – también le hago sabedor de que lo que **acontezca [15]** en esta audiencia es de suma importancia para usted. En esta audiencia se va a decidir si usted es culpable del delito de **violación [16]** impropia o es inocente. ¿Le quedó claro a usted?

Acusado – Sí, su señoría.

Juez – Tome usted asiento.

[13] Acquire
[14] Adequately
[15] Occur
[16] Rape

Acusado – Gracias.

Juez – Habiéndose verificado las condiciones de legalidad de la presente audiencia de juicio oral, se da por abierta la misma.

II. JUICIO

Juez – Antes de continuar esta audiencia se hace una prevención a ambas partes. Por respeto al derecho de la víctima, la persona que se precisa que sufrió un abuso sexual solamente se la identificará con las siglas B.E., entonces, no podrán y no deberán mencionar su nombre, y deberán referirse a ella con las siglas B.E.

Ministerio público, **acorde [17]** con las reglas de actuación previamente determinadas con antelación a este proceso, tiene usted cinco minutos para hacer sus **alegatos de apertura [18]** y sentar las bases de su acusación.

Ministerio público/Fiscal – Honorable tribunal, hoy conocerán el caso de una paciente diagnosticada con muerte cerebral, que, no obstante su estado **indefenso [19],** fue **agredida [20]** sexualmente por un **camillero [21]** del centro médico, quien tuvo cópula con dicha paciente, generando en consecuencia un estado de **gravidez [22]** que se le **atribuye [23]** al acusado Manuel Montes. Comenzaré diciendo: "Muerte no genera vida." El día 6 de noviembre B.E. sufrió un accidente automovilístico y por ello fue **ingresada [24]** en el centro médico de esta ciudad. En la misma fecha le fue diagnosticada muerte cerebral, motivo por el cual se encuentra **auxiliada [25]** a través de un ventilador en su respiración. Sin embargo, el resto de sus funciones se encuentran en condiciones de viabilidad. Tan es así, que generó la procreación de un nuevo ser. La hospitalización de la víctima se debe a la espera de que su esposo retornara del interior de la república para autorizar la donación de sus órganos. El acusado Manuel Montes, camillero del centro médico, ingresó en la habitación de B.E. con quien tuvo **ayuntamiento carnal [26].** Poco después, el 18 de febrero, el doctor Ismael Pérez, al hacer una revisión al cuerpo de la paciente, se **percató [27]** de que B.E. se encontraba en estado de gravidez. Al no encontrar explicación de este estado, el médico tratante decidió revisar los videos de vigilancia con circuito cerrado. En dichos videos se observó que la noche del 12 de noviembre, el acusado Manuel Montes, aparece teniendo ayuntamiento carnal con la paciente, el cual ingresó sin autorización a la habitación número 18 en la que se encontraba la paciente B.E., y repito, aparece teniendo ayuntamiento carnal con la paciente. Este hecho será verificado por los médicos Ismael Pérez y José Carrillo, quienes señalarán las condiciones en que se encontraba la víctima antes del hecho.

Con todo ello, esta fiscalía precisa que se actualice el delito de violación con relación al *artículo 181* y *184,* en relación con los numerales *13 y 20,* en el estado de México, ya que Manuel Montes, no mostró ningún respeto por la paciente, la cual no pudo resistirse de ninguna manera a su conducta **dolosa [28]** de tener cópula con ella.

Juez – Por parte de la defensa, ¿se desea hacer alegatos de apertura?

Abogado defensor – Sí, su señoría.

Juez – Entonces cuenta con el mismo plazo **concedido [29]** al fiscal.

Abogado defensor (Armando Lopez) – Honorable tribunal: Ustedes en la presente audiencia de juicio oral tendrán la oportunidad de apreciar de forma clara que debemos entender por cadáver al cuerpo humano del cual se haya probado la pérdida de la vida. También apreciaremos que el *artículo 343* del mismo ordenamiento nos indica que la pérdida de la vida la debemos considerar cuando hay muerte cerebral. El día 6 de noviembre del año 2014 sucedió un accidente **lamentable [30]** en el que B.E. tuvo que ser ingresada en el centro médico, y fue en ese espacio donde se dictaminó su muerte cerebral debido a un cese irreversible de la función cardiovascular del corazón y del pulmón. La acusación que formula la fiscalía sobre hechos aparentemente **constitutivos [31]** del delito de violación, del artículo de nuestro penal, tiene una base en los hechos del **inculpado [32]** de **introducirse [33]** en la habitación de la víctima. El acusado tuvo ayuntamiento carnal, pero después de que se le decretó, y, se insiste, se decretó la muerte cerebral y por tanto se la considera legalmente un cadáver. Jueces, ustedes en la presente audiencia escucharán también el testimonio del señor Montes, quien referirá de forma clara que él tenía conocimiento de que en esa habitación se encontraba una mujer en estado vegetal, una mujer a la cual se le decretó muerte cerebral, una mujer a la cual él consideró que estaba muerta. Gracias.

Juez – Preguntas a las partes, Ministerio Público.

Ministerio público/Fiscal – Por parte del Ministerio Público ningún incidente, su señoría.

Juez – Por parte de la defensa.

Abogado defensor – Ningún incidente, su señoría.

***

[28] Intentional

[29] Given

[30] Regrettable

[31] Constituting/ Establishing

[32] Accused

[33] Entered

Juez – Señor Montes, ya escuchó en esta audiencia de lo que se le acusa; también escuchó lo que se **argumenta [34]** a su favor. Es su deseo contestar los cargos que hace el ministerio en su contra. Antes de responder, le comunico que usted puede declarar o abstenerse de ello. Si usted decide declarar, quedará una **constancia [35]** en audio y video. ¿Es su deseo declarar? Consúltelo con su defensor.

Manuel Montes – Su señoría, me espero hasta el final.

III. FASE PROBATORIA

Juez – Muy bien, pasamos entonces a la fase probatoria. En esta fase, con fundamento en el *artículo 363*, párrafo segundo del acceso penal de México, este tribunal opta por dividir el debate a efecto de que en esta audiencia solamente se atiendan las situaciones de responsabilidad penal. Después, si es necesario, se llegará a otra fase de veredicto y penal. ¿Se llegó a algún acuerdo entre las partes?

Ministerio público/Fiscal – Sí, se llegó al acuerdo de la existencia de un video donde el inculpado ingresa en la habitación número 18 del centro médico donde se encontraba la víctima, B.E., y donde el inculpado impone ayuntamiento carnal. Asimismo, se tiene por cierto que de este ayuntamiento B.E. está en periodo de **gestación [36]**.

Juez – Defensa.

Abogado defensor – Estamos de acuerdo, su señoría.

Juez – Con la conformidad del ministerio público, como de la defensa, se tiene como acuerdos probatorios los ya dichos. Ninguno de ellos será objeto de debate.

Juez – Fiscal, pase por favor a sus **testigos [37]** y **peritos [38]**.

Ministerio público/Fiscal – Les pido al doctor Ismael Pérez y al doctor José Carrillo que declaren en su capacidad de peritos, con conocimientos clínicos sobre la acusada y médicos en particular.

Juez – Señor Ismael Pérez y señor José Carrillo, van ustedes a declarar ante un tribunal y ante la sociedad. Sus declaraciones serán **determinantes [39]** para hacer responsable o no hacer responsable al señor Manuel Montes. ¿Queda claro esto?

Dr. Ismael Pérez y Dr. José Carrillo – Sí.

Juez – En consecuencia, ustedes tienen la obligación de decir la verdad sin ocultar ningún dato. En caso de que demuestre que ocultan algún dato o mienten podrían ser castigados con pena de prisión de hasta seis años. ¿Declaran entonces conducirse con verdad? Desde este momento se les instruye en cómo se va a desarrollar su intervención: ambas partes les van a hacer preguntas. Ustedes deben contestar solo a lo que se les pregunte. Si escuchan la palabra *objeción*, en ese momento deben de dejar de hablar hasta que yo les haga una indicación. Así también, en su carácter de testigos, no pueden comunicarse entre sí. Tampoco pueden recibir información. Finalmente, ustedes se han de referir a la persona que el ministerio público precisa como víctima, sin mencionar su nombre, solamente manifestando las siglas B.E. ¿Queda claro esto?

Dr. Ismael Pérez y Dr. José Carrilo – Sí.

Juez – Agente del Ministerio público, ¿a quién **convoca [40]** como su primer testigo?

Ministerio público/Fiscal – Al doctor Ismael Pérez.

Juez – Encargada de sala, deje en la **palestra [41]** a Ismael Pérez, y conduzca a la sala de testigos al doctor Carrillo. Ministerio público, su testigo.

Ministerio público/Fiscal– Con el permiso de su señoría, doctor Ismael Pérez, ¿cuánto tiempo tiene de ejercer su profesión de médico cirujano?

Dr. Ismael Pérez – 21 años.

Ministerio público/Fiscal – ¿En qué lugar se encuentra actualmente ejerciendo esa profesión?

Dr. Ismael Pérez – En el centro médico de esta ciudad.

Ministerio público/Fiscal – Vamos a enfocarnos en el 18 de febrero del 2015. ¿Se encontraba usted trabajando en el centro médico en ese día?

Dr. Ismael Pérez – Así es, ese día me encontraba laborando en el centro médico.

Ministerio público/Fiscal – ¿Ese día pasó algo que llamara su atención?

Dr. Ismael Pérez – Sí, pasó algo inusual con la paciente B.E.

[40] Convene/
Summons
[41] Witness stand

Ministerio público/Fiscal – ¿En qué consiste este acto al que se refiere?

Dr. Ismael Pérez – En esa fecha acudí a revisar a la paciente como lo hago con frecuencia. En esa ocasión, al examinar la **superficie [42]** corporal, noté que su abdomen se encontraba **abultado [43].**

Ministerio público/Fiscal – ¿Qué hizo usted?

Dr. Ismael Pérez – Hice algunos exámenes, entre otros un ultrasonido.

Ministerio público/Fiscal – ¿Qué fue lo que encontró, doctor?

Dr. Ismael Pérez – De acuerdo a los resultados del ultrasonido, la paciente se encontraba en estado de gestación con un término aproximado de catorce semanas.

Ministerio público/Fiscal – ¿A qué paciente se refiere?

Dr. Ismael Pérez – A la persona que sufrió un accidente automovilístico el 6 de noviembre del año 2014, motivo por el cual fue ingresada en el centro médico y se le diagnosticó muerte cerebral.

Ministerio público/Fiscal – ¿En qué fecha ingresó la paciente?

Dr. Ismael Pérez – El 6 de noviembre del año 2014.

Ministerio público/Fiscal – Me dice usted que el día 18 de febrero del año 2015 que estuvo usted laborando, descubrió que había un abultamiento en su vientre, y que al hacer los estudios descubrió que la paciente estaba **embarazada [44].** ¿Cómo se explica esto?

Abogado defensor – ¡Objeción, su señoría!

Juez – ¿Motivo de su objeción?

Abogado defensor – Pregunta sugestiva.

Juez – Ministerio público.

Ministerio público/Fiscal – Su señoría, solicito se **deseche [45]** la objeción en conformidad con el *artículo 335* mediante el cual las preguntas sugestivas son aquellas que sugieren la respuesta que en el caso que nos ocupa no lo es.

[45] Discard

Juez – Bien. No hay lugar para la objeción. Continúe respondiendo la pregunta.

Ministerio público/Fiscal – ¿Podría continuar con su respuesta doctor?

Dr. Ismael Pérez – En un principio se me hacía inexplicable la forma en que la paciente B.E. pudiera haber adquirido ese estado de gestación, motivo por el cual decidí revisar los registros y las grabaciones de circuito cerrado que se tiene en la clínica.

Ministerio público/Fiscal – Al revisar éstos, ¿qué descubrió?

Dr. Ismael Pérez – En las grabaciones del 12 de noviembre del 2014 se observa que una persona de manera no autorizada ingresa en el cuarto número18, que es donde se encontraba la paciente B.E.

Ministerio público/Fiscal – ¿Reconoció a esa persona?

Dr. Ismael Pérez – Sí, lo reconocí como el camillero, Manuel Montes.

Ministerio público/Fiscal – ¿Esta persona se encuentra en esta audiencia?

Dr. Ismael Pérez – Sí, licenciado.

Ministerio público/Fiscal – ¿Podría señalarme a esa persona?

Dr. Ismael Pérez – Aquí, a mi izquierda (*apunta hacia el acusado*).

Ministerio público/Fiscal – Después que vio esto, ¿qué hizo esta persona, doctor?

Dr. Ismael Pérez – Seguí revisando en la grabación de esa noche en donde también me pude percatar de que la persona que acabo de mencionar tuvo una relación sexual con la paciente.

Ministerio público/Fiscal – Después de ver esto, ¿lo comentó con alguien?

Abogado defensor – Objeción, su señoría.

Juez – ¿Motivo de la objeción?

Abogado defensor – Pregunta sugestiva, está sugiriendo una respuesta.

Juez – Ministerio público.

Ministerio público/Fiscal – Su señoría, nuevamente, de conformidad con el *artículo 335*, la respuesta a la que hace alusión la defensa no está siendo sugerida. Se está pidiendo al testigo que refiera si lo comentó con alguien, pero no se está sugiriendo ninguna respuesta en específico.

Juez – **Ha lugar [46]** con la objeción, en efecto la pregunta sí es sugestiva porque el testigo no ha introducido esa cuestión que usted precisa. Entonces, **conlleva [47]** una sugerencia implícita.

Ministerio público/Fiscal – Doctor, ¿qué hizo usted después de descubrir esto?

Dr. Ismael Pérez – Decidí realizar la denuncia ante el Ministerio Público.

Ministerio público/Fiscal – Es todo, su señoría.

Juez – (*Se dirige al abogado defensor*). ¿Quiere hacer un **contra interrogatorio? [48]**

Abogado defensor – Sí, gracias, su señoría. Buenos días, doctor.

Dr. Ismael Pérez – Buenos días.

Abogado defensor – Hace algunos instantes, usted nos comentó que es el médico tratante de B.E.

Dr. Ismael Pérez – Cierto.

Abogado defensor – Y también comentó que B.E. está conectada a una respiradora artificial.

Dr. Ismael Pérez – Cierto.

Ministerio público/Fiscal – Objeción, su señoría.

Juez – ¿Motivo de su objeción, fiscalía?

Ministerio público/Fiscal – Está incorporando hechos que el testigo no manifestó en su testimonio.

Juez – ¿Defensa?

Abogado defensor – No estoy de acuerdo. Le estoy preguntando si estaba conectada a una respiradora artificial, y él me responde que sí, que lo estaba.

Juez – No hay lugar para la objeción. De conformidad con el *artículo 335* de la ley del proceso penal, es permitido en contra-interrogatorio hacer preguntas sugestivas. Repita la pregunta, defensa.

Abogado defensor – Gracias. ¿No es verdad que el caso de mantener a la paciente en un sistema respiratorio es para la finalidad de la donación de órganos?

Dr. Ismael Pérez – En el caso de la paciente B.E., sí.

Abogado defensor – Antes de que ocurriera este hecho que usted hizo a través del video, ¿en alguna ocasión tuvo algún encuentro con mi defensa, Manuel Montes?

Dr. Ismael Pérez – No recuerdo la fecha exacta, pero hace algunos meses él se acercó para preguntarme qué tenía la paciente B.E.

Abogado defensor – ¿Qué le contestó?

Dr. Ismael Pérez – Que tenía muerte cerebral.

Abogado defensor – ¿Le hizo alguna otra pregunta?

Dr. Ismael Pérez – Sí, ¿que si era posible que la paciente regresara?

Abogado defensor – ¿Qué fue lo que le contestó usted?

Dr. Ismael Pérez – Que era prácticamente imposible.

Abogado defensor – Finalmente, doctor, usted desde un inicio, ¿estuvo de acuerdo con un diagnóstico de muerte cerebral?

[49] Identification card

Dr. Ismael Pérez – Sí, licenciado.

Abogado defensor – (*al juez*). Eso es todo, su señoría.

Juez – El Ministerio Público, ¿desea nuevamente contra-interrogar al testigo?

Ministerio público/Fiscal – No, su señoría.

Juez – ¿Libera al testigo?

Ministerio público/Fiscal – Sí, su señoría.

Juez – La defensa, ¿libera al testigo?

Abogado defensor – Sí, su señoría.

Juez – Encargada de sala, por favor conduzca al testigo.

Juez – El siguiente testigo, fiscalía.

Ministerio público/Fiscal – El doctor José Carrillo, su señoría.

Juez –Señor José Carrillo, su nombre completo, ¿cuál es?

Testigo – José Carrillo.

Juez – Un solo apellido, registrar que el señor José Carrillo se identifica con credencial para votar constando una **placa fotográfica [49]** donde los signos identificándolo son los del aquí presente.

Juez – ¿Su profesión?

Dr. José Carrillo – Médico neurólogo.

Juez – Edad.

Dr. José Carrillo – 58 años.

Juez – ¿Cuál es su dirección? Pero antes, deseo comunicarle que tiene usted el derecho de no **divulgar [50]** su dirección en forma pública. ¿Desea usted dar su dirección en forma pública o en forma reservada?

[50] Divulge
[51] Collect
[52] Kinship

Dr. José Carrillo – En forma reservada.

Juez – Encargada de sala, cuando el doctor José Carrillo concluya su declaración, **recaude [51]** su domicilio.

Encargada de sala – Así se hará, su señoría.

Juez – Doctor José Carrillo, ¿tiene usted algún motivo de odio o rencor en contra del señor Manuel Montes?

Dr. José Carrillo - No, ninguno.

Juez – ¿Tiene usted algún grado de **parentesco [52]** con el señor Manuel Montes?

Dr. José Carrillo – No.

Juez – Ministerio público, su testigo.

Ministerio público/Fiscal – ¿Nos podría decir cuál es su especialidad?

Dr. José Carrillo – Sí, neurología.

Ministerio público/Fiscal – ¿Desde cuándo ejerce esta especialidad?

Dr. José Carrillo – Desde hace 20 años.

Ministerio público/Fiscal – Doctor, le voy a preguntar, ¿sabe usted el motivo por el cual se encuentra en esta audiencia?

Dr. José Carrillo – Sí, así es, fui citado para una exploración que se hizo a una persona internada en el centro médico el pasado 6 de noviembre del 2014.

Ministerio público/Fiscal – Esa exploración ¿determinó algo, doctor?

Dr. José Carrillo – Sí, así es, a la persona se le diagnosticó muerte cerebral que se tiene que corroborar por un neurólogo, como es mi caso.

Ministerio público/Fiscal – ¿Podría explicarnos a qué se refiere?

Dr. José Carrillo – Sí, el término muerte cerebral indica que hay una pérdida permanente, irreversible del sistema nervioso. También indica que la función respiratoria y cardíaca están mantenidas gracias a la implementación de medicamentos, así como a la implementación de un órgano respiratorio artificial, y esto es con fines de mantener sus sistemas en condiciones de viabilidad para un posible trasplante de órganos.

Ministerio público/Fiscal – Doctor, ¿a qué se refiere con "viables"?

Dr. José Carrillo – Que los órganos tengan condiciones óptimas de poder ser trasplantados.

Ministerio público/Fiscal – ¿Esto quiere decir que sigan vivos?

Abogado defensor– Objeción, su señoría.

Juez – ¿Cuál es el motivo de su objeción?

Abogado defensor – Pregunta sugestiva, está sugiriendo una respuesta, su señoría.

Ministerio público/Fiscal – La retiro su señoría, se **replantea [53]**. Doctor, ¿cuántos tipos de muerte existen?

Dr. José Carrillo – Están descritos muchos tipos de muerte. Para este caso haremos referencia a la muerte real y a la muerte cerebral. La muerte real es aquella en la que se comprueba el cese irreversible de todas las funciones vitales, esto es, la función respiratoria, cardiovascular y nerviosa. Para hacer el diagnóstico de muerte real tenemos que basarnos en la ausencia total de los ruidos respiratorios y la ausencia total de ruidos cardiacos. Asimismo, un electrocardiograma muestra también la ausencia total de pulsos periféricos. En cuanto al nivel nervioso, se refiere a la ausencia total de estímulos **dolorosos [54]**. Esto puede ser corroborado mediante un electroencefalograma, el cual no va a mostrar ningún tipo de actividad a nivel **encefálica [55]**.

Ministerio público/Fiscal – Doctor, cuando se diagnóstica muerte cerebral, como es el caso de B.E. ¿es posible qué pueda **procrear**? **[56]**

Dr. José Carrillo – Si el aparato reproductivo se encuentra en condiciones viables, como lo señalé, puede darse la posibilidad.

[57] Deponent

Ministerio público/Fiscal – Doctor, nos han hablado que la paciente tiene muerte cerebral. Doctor, cuando una persona muere, ¿se escribe algún documento?

Dr. José Carrillo – Sí, estamos obligados a expedir un certificado de defunción.

Ministerio público/Fiscal – En el caso de B.E., ¿se expidió este documento?

Abogado defensor – Objeción, su señoría.

Juez – Motivo de su objeción.

Abogado defensor – Pregunta sugestiva. Está manifestando la producción de documentos que no ha manifestado el testigo.

Juez – Ministerio público.

Ministerio público/Fiscal – Su señoría, no se está sugiriendo ninguna respuesta, única y específicamente se está preguntando si se expidió un certificado médico a la paciente B.E.

Juez – Ha lugar con la objeción. En efecto, como estipula la defensa, no es una pregunta sugestiva, dado que el **deponente [57]** no ha introducido esa información. Continúe el Ministerio público.

Ministerio público/Fiscal – Doctor, en el caso de la paciente B.E., sí se diagnosticó muerte cerebral, ¿podría decirnos si en el expediente que se requiere se encuentra algún certificado determinando esto?

Abogado defensor – Objeción, su señoría.

Juez- ¿Cuál es el motivo de su objeción?

Abogado defensor – El perito nunca se ha referido a ningún expediente.

Ministerio público/Fiscal – Su señoría, se replantea. Doctor, en el caso de la paciente B.E., ¿se expidió algún documento?

Dr. José Carrillo – Efectivamente, así es, el día 6 de noviembre del 2014 me hablaron del centro médico de esta ciudad para evaluar si la paciente tenía muerte cerebral, y quedó **asentado [58]** en el documento del expediente clínico de ese hospital la valoración donde se diagnosticó muerte cerebral.

Ministerio público/Fiscal – Doctor, ¿usted expidió un certificado de muerte cerebral de B.E.?

Dr. José Carrillo –No.

Ministerio público/Fiscal – Doctor, no estoy entendiendo, si nos señaló que hay la obligación de expedir un certificado de **defunción [59]** a una persona que **falleció [60]**, ¿por qué no se expidió el certificado a B.E.?

Abogado defensor – ¡Objeción, su señoría! Pregunta sugestiva.

Juez – Ministerio público.

Ministerio público/Fiscal – De conformidad con el *artículo 335*, no se está sugiriendo ninguna respuesta. Solo se está preguntando por qué no se expidió un certificado de defunción a B.E.

Juez –No hay lugar para la objeción, la pregunta no tiene las características de sugestiva. Si bien podría haber sido atacado por otro medio, no fue **pugnado [61]** efectivamente por la defensa. Repita la pregunta, Ministerio público.

Ministerio público/Fiscal – Doctor, nuevamente la pregunta, ¿podría explicarnos por qué no se expidió un certificado de defunción?

Dr. José Carrillo – Sí, porque en el caso de ella no tenemos todos los datos que señalé con anterioridad sobre el diagnóstico de muerte real. B.E. tiene únicamente el diagnóstico de muerte cerebral, su señoría.

Juez – ¿La defensa desea contra-interrogar al testigo?

Abogado defensor – Así es, su señoría. (*Dirigiéndose al testigo*). Buenos días.

Dr. José Carrillo – Buenos días.

Abogado defensor – Usted hace unos momentos nos acaba de referir el diagnóstico que le realizó a la paciente B.E. Es el de muerte cerebral, ¿verdad?

Dr. José Carrillo – Así es.

Abogado defensor – En ese mismo **tenor [62]** de ideas, ¿qué consecuencias trae consigo que la paciente sea diagnosticada con muerte cerebral? ¿Para qué sirve este diagnóstico?

Dr. José Carrillo – Este diagnóstico se hace con el fin de poder mantener a la persona en esa condición mediante la transfusión de medicamentos y mediante un respirador artificial con el fin de que pueda ser un probable donador de órganos.

Abogado defensor – Bien, doctor. Una persona a quien se le diagnosticó muerte cerebral de acuerdo a la *Ley General de Salud*, ¿está viva?

Ministerio público/Fiscal – Objeción, su señoría.

Juez – ¿Cuál es la objeción?

Ministerio público/Fiscal – La pregunta es impertinente, esa no es la especialidad del perito.

Abogado defensor – No estoy de acuerdo con la objeción, su especialidad debe de basarse en una ley, en este caso, la *Ley General de Salud*. Por lo tanto no está siendo impertinente.

Juez – No hay lugar para la objeción. Repita la pregunta por favor.

Abogado defensor – Gracias. Una persona a quien se le diagnosticó muerte cerebral de acuerdo a la *Ley de General de Salud*, ¿está viva?

Dr. José Carrillo – De acuerdo a la *Ley General de Salud*, la muerte cerebral es igual a pérdida de la vida.

Abogado defensor – En ese mismo tenor de ideas, doctor, ¿es cierto que la *Ley General de Salud* en el *artículo 343* manifiesta que pérdida de la vida ocurre cuando se presenta la muerte encefálica irreversible?

Ministerio público/Fiscal – Objeción, su señoría.

Juez – ¿Motivo de la objeción?

Ministerio público/Fiscal – La pregunta es impertinente, las disposiciones normativas de la *Ley General de la Salud* no están sujetas a debate y por tanto, no están sujetas a cuestionamiento.

Abogado defensor – No estoy de acuerdo, no estoy debatiendo si está bien o está mal. Simplemente de acuerdo a su especialidad (*hacia el doctor*) en sus conocimientos adquiridos, se pide que nos manifieste efectivamente su declaración.

Juez – Ha lugar con la objeción, porque el derecho no es objeto de prueba. En todo caso, lo que puede hacer la defensa es buscar que esa hipótesis pueda ser aplicada al caso concreto. Continúe con la defensa.

Abogado defensor – Gracias (*al testigo*). De acuerdo a su especialidad, doctor, ¿la pérdida de la vida ocurre cuando se presenta una muerte encefálica irreversible?

Dr. José Carrillo – Sí.

Abogado defensor – ¿Es cierto, pues, que la muerte es sinónimo de pérdida de la vida?

Dr. José Carrillo – Sí.

Abogado defensor – En este mismo tenor, ¿podemos definir que cadáver es el cuerpo humano en el que se haya comprobado la pérdida de la vida? ¿Cierto?

Dr. José Carrillo – Así es.

Abogado defensor – Entonces, al haber perdido la vida una persona, ¿nos encontramos ante la presencia de un cadáver?

Dr. José Carrillo – Sí.

Abogado defensor – Ante todo esto, ¿cuál era el objetivo o finalidad de mantenerla conectada a una respiradora artificial?

Dr. José Carrillo – Como ya lo señalé, el objetivo era para una posible donación de órganos.

Abogado Defensor – Finalmente, doctor, en esta persona con el diagnóstico de muerte cerebral, ¿cabría alguna posibilidad de que la condición fuera reversible? **[63]** Witness stand

Dr. José Carrillo – El diagnóstico es irreversible.

Abogado defensor – Gracias, doctor.

***

Juez – Fiscalía, ¿desea hacer un nuevo interrogatorio?

Ministerio público/Fiscal – No, su señoría.

Juez – Entonces, ¿libera al testigo?

Ministerio público/Fiscal – Sí, su señoría.

Juez – Defensa, ¿libera al testigo?

Abogado defensor – Sí, su señoría. Gracias.

Juez – Encargada de sala, puede retirar al testigo. ¿Existen más testigos por parte del Ministerio Público?

Ministerio público/Fiscal – Por nuestra parte son todos los testigos que se iban a presentar.

Juez – ¿Por parte de la defensa?

Abogado defensor – La declaración del culpado, su señoría.

Juez – Pase al **estrado [63]** señor Manuel Montes (*culpado*). Sr. Manuel Montes, usted está en calidad de acusado de delito de violación impropia cometido en contra de B.E. A causa de esta acusación, uno de sus derechos es declarar o permanecer callado. ¿Es su deseo declarar y contestar las preguntas que le formulen las partes?

Acusado (Manuel Montes) – Sí, sí lo deseo, su señoría.

Juez – Es su testigo, defensa.

Abogado defensor – Buenos días, Manuel.

Acusado (Manuel Montes) – Buenos días.

Abogado defensor – ¿Sabes por qué te encuentras aquí?

Acusado (Manuel Montes) – Por unos hechos que sucedieron en mi lugar de trabajo.

Abogado defensor – ¿Dónde trabajas?

Acusado (Manuel Montes) – En el centro médico de esta ciudad.

Abogado defensor – Estos hechos a los que te refieres, ¿cuándo sucedieron?

Acusado (Manuel Montes) – El día 12 de noviembre del año 2014.

Abogado defensor – ¿Qué fue lo que pasó?

Acusado (Manuel Montes) – Bueno, yo soy camillero, como ya dije al inicio. Este... Mmm... Hago **rondas [64]** dentro del hospital. Por ahí escuché que había una señora internada en el cuarto número 18 y que esta persona ya se encontraba muerta, así dijeron ellos. Pues yo tuve curiosidad por ese hecho e incluso le pregunté al doctor Carrillo.

Abogado defensor – ¿Qué le preguntaste?

Acusado (Manuel Montes) – Bueno, le pregunté que cuál era el estado de la señora y él me dijo que tenía muerte cerebral.

Abogado defensor – ¿Qué más le comentaste?

Acusado (Manuel Montes) – Mmm... bueno, había yo escuchado más o menos qué era muerte cerebral, pero le pedí yo a él que me especificara, que me contara qué era la muerte cerebral.

Abogado defensor – ¿Y qué te dijo el doctor?

Acusado (Manuel Montes) – Pues, me dijo que la señora B.E. había perdido la actividad de su cerebro, y que ya era imposible que ella volviera a la vida, que ya estaba muerta, que solamente la mantenían ahí porque estaban esperando a un familiar para que autorizara una donación de órganos.

[65] Embarrassed

Abogado defensor – ¿Y después que pasó?

Acusado (Manuel Montes) – Mmm... pues sucedió un acto que actualmente me da mucha **pena [65]** contarlo. Digamos que yo siempre he tenido una curiosidad por los cadáveres. Alguna vez tuve una fantasía respecto a esto. Y al enterarme de que la señora pues prácticamente era un cadáver, yo me introduje el día 12 de noviembre al cuarto 18, que es donde se encontraba ella, y entonces comencé a tocarla.

Abogado defensor – ¿Y entonces qué pasó?

Acusado (Manuel Montes) – Pues, comencé a tocarla, primero con un poco de temor. Creo que a pesar de que traté yo de que nadie me viera, porque tenía yo miedo de que me descubrieran, pero conforme fui avanzando, no sé, digamos que comencé a excitarme más con aquella situación.

Abogado defensor – Posterior a esto, ¿qué pasó?

Acusado (Manuel Montes) – Posteriormente, llegó un momento en el que ya no controlé esa excitación que sentí, y tuve relaciones con la señora B.E.

Camilo Fuentes (Esposo) – ¡Cobarde! ¡Poco hombre!

Juez – Señor Camilo Fuentes, usted más adelante tendrá el uso de la voz que le sea otorgado por este tribunal. En estos momentos, con fundamento en el *Artículo 79,* se le aplica una corrección disciplinaria de procedimiento para que en lo sucesivo usted observe un comportamiento decoroso en este juzgado. ¿Le quedó claro esto? Usted podrá manifestarnos lo que sus intereses convengan cuando le sea otorgado el uso de la voz. Continúe con el interrogatorio.

Abogado defensor – Manuel, ¿cómo te sientes con estos hechos?

Acusado (Manuel Montes) – Mal, la verdad, a pesar de que como ya dije, siempre he tenido esa curiosidad, realmente nunca había hecho algo así antes. No creo, estoy seguro de que ya no lo haría. Me siento mal de que haya sucedido esto. Comprendo el enojo del esposo de la víctima y me siento muy apenado, muy arrepentido.

Abogado defensor – Gracias.

Juez – Ministerio público, ¿desea contra-interrogar al acusado?

Ministerio público/Fiscal – No, su señoría.

Juez – ¿Liberan al acusado?

Abogado defensor, Ministerio público/Fiscal – Sí, lo liberamos.

Juez – ¿Algún otro medio de prueba por parte de la defensa?

Abogado defensor – No, su señoría.

***

III. CLAUSURA Y ALEGATOS FINALES:

Juez – Se da por concluida la parte probatoria de la presente audiencia de juicio oral. Y se procede a la fase de **alegatos finales [66]**. En consecuencia, se le otorga al ministerio público un plazo de 5 minutos para que rinda los alegatos de clausura. Tiene el uso de la voz.

Ministerio público/Fiscal – Muchas gracias. A lo largo de esta audiencia hemos sido testigos de un hecho delictivo plenamente **reprobable [67]**. Todo esto es derivado de un fatal accidente en el que B.E. fue diagnosticada en un estado que se le llama muerte cerebral, hechos ocurridos el día 6 de noviembre del año 2014. Estos hechos derivan a que B.E. sea internada en el centro médico de esta ciudad, en la habitación 18, y que con ese diagnóstico permanezca en un estado en el que no puede de ninguna manera resistir un ataque de cualquier naturaleza, cuando menos uno de índole sexual como el que nos acaba de relatar el señor Manuel Montes. Todos estos hechos están plenamente corroborados y reflejados en el *artículo 181* del código penal de este estado, artículo que define la agresión sexual hacia otra persona, por cualquier motivo y que no esté en posibilidades de resistir esa agresión. Nuestro código penal contempla la protección sexual como a un **bien jurídico, [68]**, y más en este caso, en las personas que por cualquier causa no están en una posibilidad de resistir el ataque. Asimismo, existe la creación de una vida más a consecuencia del hecho delictivo que se cometió contra B.E. Por tanto, no cabe duda de que los hechos encuadran perfectamente con el *código 181* de nuestro código **sustantivo penal [69]**. En cuanto a la responsabilidad que le hemos atribuido al acusado Manuel Montes, él mismo nos lo relató con todo lujo de detalles, y además existe un video, que aunque no fue materia de discusión, no debe de dejarse de lado, video en el que efectivamente aparece la violación de la ofendida. También es de señalarse que el acusado, antes de cometer el delito, estuvo **indagando [70]**, y él lo atribuye a sus fantasías sexuales. El hecho es que antes de cometer el delito indagó, por tanto hubo premeditación. Por último, quiero solo señalar que como hemos visto, la teoría del caso expuesta por la defensa nos trata de confundir, y con sus **silogismos [71]** trata de llegar a una conclusión que definitivamente a lo único que nos llevaría es a dejar en calidad de cosa o no sé qué a la ofendida B.E. El hecho de que la *Ley General de Salud* contemple la muerte cerebral como muerte del individuo no significa que la persona no está viva o lo está únicamente para mantenerla en condiciones de viabilidad para donación de órganos. El hecho de que ella estuviera en un estado de muerte cerebral fue aprovechado por el acusado. Esta persona, como todos lo hemos visto aquí, está con vida, merece que se la respete, que se le **resguarden [72]** sus derechos. Yo agradezco a este tribunal proteger los derechos de esta persona a la que le debemos de hacer justicia. Y que se la conoce como B.E. Por lo tanto, solicito que se le dicte **sentencia condenatoria [73]** al inculpado por haber cometido el delito de violación que se previene en el *artículo 181* del código penal, en agravio a B.E. Muchas gracias.

Juez – Defensa cuenta con cinco minutos para hacer sus alegatos de clausura.

Abogado defensor – Gracias, su señoría. Ésta, en términos del *artículo 382* de **la ley procesal [74]**, tiene a bien emitir los siguientes alegatos. La **tipificación [75]** de ciertas conductas por parte del **procurador [76]** obedece a la necesidad de **tutelar bienes jurídicos [77]** que han sido considerados relevantes por la sociedad. En ese tenor, un bien jurídico se traduce en la justificación de la existencia de un delito. Así, el Ministerio público pretende establecer que está demostrado el delito de violación. Sin embargo, es un presupuesto necesario para la existencia de este delito demostrar que el **sujeto pasivo [78]** de la conducta tiene la condición de vida. Solo así puede ser titular de la libertad sexual, bien protegido por el delito de violación. Bien, en esta audiencia, los expertos, el doctor Ismael Pérez y el doctor José Carrillo han dejado establecido que B.E. en el momento de ocurrida la conducta del 12 de noviembre del 2014, presentaba

[71] Two premises and a conclusion
[72] Safeguard/ Protect
[73] Guilty verdict
[74] Procedural law
[75] Classification
[76] Prosecuting attorney
[77] Guard of judicial rights
[78] Victim
[79] Legal code

muerte cerebral. ¿Qué implicaciones tiene esto en el ámbito jurídico? Concretamente, la *Ley General de Salud* establece que si una persona muestra muerte cerebral, ello se considera una pérdida de la vida, y el tratamiento que da este mismo **ordenamiento [79],** de acuerdo con el *artículo 314* en su fracción segunda, es el de un cadáver, al definir el cadáver como el cuerpo humano en el que se ha comprobado la pérdida de la vida. En estas condiciones, si la muerte cerebral que presenta B.E. toma lugar antes de ocurrida la conducta que se le atribuye a nuestro representado, es decir, desde el día 6 de noviembre, y si la conducta ocurre el 12 de noviembre, entonces podemos concluir que B.E. es un cadáver, y como tal, no puede ser titular del bien jurídico de libertad sexual. Además, nuestro código penal no establece el concepto de muerte o vida, sino que se requiere de cuidadosos ordenamientos para conocer su significado. De esa manera, la muerte se encuentra conceptuada en la *Ley General de Salud*. Eso es todo por parte de la defensa, su señoría.

Juez – Ministerio público, ¿desea hacer uso de su **derecho de réplica? [80]**

Ministerio público/Fiscal – No, su señoría, gracias.

Juez – Señor Camilo Fuentes, ésta es la última oportunidad que tiene de manifestar lo que sus intereses convengan. ¿Desea usted hacer uso de la voz?

Sr. Fuentes – Sí, su señoría, ¿puedo declarar?

Juez – Adelante.

Sr. Fuentes – Me queda claro lo que se ha visto en este juicio penal. En cuanto a la petición de la defensa, lo que veo es que quiere que no se castigue a violadores de **incapacitados [81]** que en realidad está confundiendo con **profanadores [82].** La defensa justifica los actos del acusado y basa sus argumentos de defensa en un derecho a una libertad sexual y en una la *Ley General de Salud* al decir que mi esposa está muerta. Señores, pues quiero dejarles estas breves reflexiones. Obviamente, si ustedes llegaran a **absolver [83]** a esta persona, estarían **emitiendo [84]** una **patente de causa [85]** para que cualquier sujeto como él que está aquí pueda violar a todas nuestras incapacitadas. Segundo, también, ¿qué idea se transmite a la sociedad? La idea de que debemos vengarnos de aquellos que nos violan a nuestras incapacitadas porque la ley no las ampara. Si en este momento decidiera yo que mi esposa ya no tuviera respirador artificial, muriendo el producto de la violación, les pregunto a ustedes, si también me dejarían impune y no me **perseguirían [86].** Muchas gracias, su señoría.

Juez – Señor Manuel Montes, ésta es la última oportunidad que usted tiene de manifestar lo que sus intereses convengan. ¿Desea hacer uso de la voz?

Acusado (Manuel Montes) – Sí, su señoría solamente para reiterar que estoy apenado por lo que sucedió, para reiterar una disculpa al familiar de la víctima presente y aclarar que lo que a mí se me dijo es que la señora estaba muerta y que no era una **discapacitada [87]** como dice su esposo. Realmente, la señora ya murió. Y esto sería todo.

Juez – Con lo anterior, se declara formalmente cerrado el debate y se declara formalmente un receso de dos horas para que este tribunal delibere en privado y dicte su veredicto.

IV. VEREDICTO

Juez – Faltando cinco minutos para las catorce horas, declaro que se reanuda la audiencia. Este tribunal de audiencia constituido por Roberto Pedroso Arreguín, Patricia Medina Correa, y Leopoldo Saenz Tello, proceden a hacerles de conocimiento público el veredicto asumido por mayoría de votos. Como relato **fáctico [88]**, queda manifestada la existencia de unos hechos por unos **acuerdos probatorios [89]**, así también, que como producto de ese ayuntamiento carnal, B.E. se encuentra en estado de **preñez [90]**. Pues bien, con estos medios de prueba se llega a la conclusión, con fundamento del *artículo 330* de la *Ley del Efecto Penal*, que en efecto, Manuel Montes tuvo ayuntamiento con B.E., quien sufre muerte cerebral. Por otro lado, pasando al capítulo de derechos, para que a una persona se la pueda responsabilizar literalmente, para que a alguien el Estado esté **legitimado [91]** a castigar, debe justificarse **plenamente [92]** el *tipo penal*[11], es decir, debe describirse aquellas acciones u omisiones que constituyen delito. En el caso del delito de violación impropia, se prevé como bien jurídico la libertad sexual, y esta solamente puede tenerla una persona viva. Si la persona tiene muerte cerebral, no puede ejercer su libertad sexual. Entonces, no existe bien jurídico, y estamos en presencia de una causa de **atipicidad [93]**. Este tribunal obviamente no está de acuerdo con la conducta del acusado. El señor Manuel Montes tuvo ayuntamiento carnal con alguien que jurídicamente se considera muerta. La misma *Ley General de Salud* en el *artículo 346* precisa que a los cadáveres se les debe el máximo respeto. La Suprema Corte de Justicia decreta que esta conducta se trata de una profanación de cadáveres, pero no la reconoce como una violación. En consecuencia, se dicta veredicto **absolutorio [94]** al señor Manuel Montes.

---

11   Tipo penal son todas aquellas acciones u omisiones de acciones que constituyen delito y que por tanto pueden considerarse pruebas o bases para una acusación y demanda de daños y perjuicios.

[87] Disabled
[88] Factual
[89] Evidentiary agreements
[90] Pregnancy
[91] Legitimized
[92] Thoroughly
[93] Atypical
[94] Absolving

A). ¿Comprendiste? Después de leer, responde las preguntas con un compañero en base a la información que se proporciona en el guión del simulacro de juicio.

1. ¿Cuántas partes tiene el juicio? Identifica cada parte y describe su propósito.
2. ¿Qué crimen se le adjudica al acusado Manuel Montes?
3. ¿Quién se encarga de tomarle el juramento a los testigos?
4. ¿Qué derecho le otorga la ley al representante de la víctima?
5. ¿De qué forma describe el fiscal del Ministerio Público el *artículo 335*? Cita lo que dice el fiscal o el abogado defensor sobre este artículo, y explica en tus propias palabras el significado de esta ley.
6. ¿Con qué fin utilizan el fiscal y el abogado defensor el *artículo 335*?
7. ¿Qué diagnóstico se le hizo a la víctima el 6 de noviembre del 2014?
8. ¿En qué punto decide declarar el acusado Manuel Montes?
9. ¿Qué responsabilidad le reitera el juez a los peritos Ismael Pérez y José Carrillo?
10. ¿Qué descubre el perito Ismael Pérez, el 18 de febrero en la víctima B.E.?
11. ¿Cómo se descubrió quién había violado a la víctima?
12. ¿Con qué fin se mantiene viva a la víctima?
13. ¿Por qué no se expide un certificado de defunción para B.E.?
14. ¿Qué específica la *Ley General de Salud* sobre la muerte cerebral?
15. ¿A que atribuye el camillero haber decidido tener cópula con la víctima B.E.?

 B). Para profundizar. En pares o en grupos más grandes discutan las preguntas a continuación.

1. ¿Qué artículo legislativo de los que se han mencionado en la lectura consideras central en este caso? Explica tus motivos para elegir este artículo.
2. ¿Estás de acuerdo con el razonamiento que el acusado dio para tener ayuntamiento carnal con la víctima? Es decir, ¿estás de acuerdo en que la razón para violarla fue que la paciente tenía muerte cerebral? ¿Es la muerte cerebral motivo suficiente para violar a alguien solo porque no va a sentir nada? Explica.
3. Si fueras el Fiscal/Ministerio público, ¿qué argumentos o pruebas introducirías para lograr un veredicto inculpatorio?
4. ¿Estás de acuerdo con el razonamiento que proporcionó el abogado defensor para eximir al acusado? Explica.
5. ¿Estás de acuerdo con el veredicto final del caso? Explica.
6. ¿Cuál de los dos abogados piensas que es más elocuente? ¿Por qué?
7. ¿Conoces algún caso similar en tu país que puedas compartir? ¿Cuál es y por qué te interesó ese caso? ¿Recuerdas el veredicto? ¿Fue de tu agrado? ¿Por qué?

8. ¿Qué fin y propósito tienen las *audiencias públicas*?

9. ¿Cómo funcionan y qué ofrecen las *garantías procesales?*

 C). Analiza. Con un compañero analiza tus descubrimientos sobre el proceso de desarrollo de este juicio.

Paso 1: ¿Qué aprendiste después de leer y responder las preguntas sobre este juicio? ¿Qué te hubiera gustado ver en este juicio?

 Paso 2: Escribe un reporte sobre el simulacro de juicio que acabas leer. ¿Qué aspectos te gustaron del proceso jurídico que acabas de presenciar? ¿Qué aspectos piensas que pueden ser alterados, y cómo se deben de alterar? Por ejemplo, la cronología de los eventos, el veredicto final, las pruebas que se presentan, la composición del jurado (dos hombres y una mujer), etc…

 Paso 3: Para reflexionar en grupos. Si se implementan los cambios que tú sugieres en el **Paso 2**, ¿cuál sería el resultado de dichos cambios? Hagan una lluvia de ideas y consideren más de un escenario. Traten de ver ambos lados de los argumentos.

D). Más allá del aula. Haz una búsqueda en *YouTube* sobre los siguientes temas.

 Paso 1:   a. Simulacro de juicio oral

b. ¿Cómo se desarrolla un argumento inicial?

c. ¿Cómo se desarrolla un argumento final?

 Paso 2: Escribe un párrafo sobre la información que encontraste.

 Paso 3: Comparte con la clase la información que encontraste sobre tu tema.

JUICIO SIMULADO

Dentro del salón de clases, un juicio simulado tiene la función de involucrar al estudiante dentro de un contexto situacional realista para dar forma al contenido de un vocabulario y situaciones reales.

Es importante localizar a una persona que esté familiarizada con el proceso legal para pedir su apoyo en términos estructurales. Este apoyo puede venir de oficiales del sistema legal local. Por ejemplo, un abogado, juez, policía o asistente legal. Por otro lado, una escuela de derecho (*Law School*) también puede prestar este apoyo. Explícale a la persona indicada tus ideas sobre el proceso e invítale a visitar tu clase y compartir sus ideas sobre cómo conducir un simulacro de juicio.

Objetivos para el estudiante:

1. Seguir las reglas de acuerdo a un libreto o guión.
2. Adherirse a un papel o rol.
3. Entender la secuencia legal en un juicio.
4. Entender el vocabulario legal.
5. Generalmente, familiarizarse y desarrollar un entendimiento de los procedimientos legales.
6. Pedir apoyo si hay dudas.
7. Aplicar el vocabulario legal dentro de una situación realista como un juicio legal

Preparación del estudiante:

1. Entender bien el papel que ejecuta.
2. Memorizar un libreto o guión.
3. Entender el procedimiento.
4. Comprensión de los pormenores del caso que se disputa.
5. Preparar su papel y dar apoyo a otros miembros de su equipo.

Duración del juicio:

De 1-3 horas, aunque también podría tener una duración de varios días.

A). **Calendario de preparación para un juicio simulado.** Esta tabla te ayudará a la preparación de un juicio simulado y a establecer fechas para cada paso que tienes que realizar.

ACCIÓN	FECHA	FECHA	FECHA
1. Definir/Elegir caso			
2. Distribuir papeles o roles entre estudiantes			
3. Desarrollar un diálogo preliminar			
4. Compartir y revisar el diálogo entre estudiantes			
5. Practicar diálogo, corregir, aumentar, disminuir, cambiar palabras o eliminar			
6. Entregar diálogo al profesor/a			
7. El profesor/a corrige y regresa el diálogo a los estudiantes			
8. Hacer los cambios sugeridos por el profesor/la profesora			
9. Hacer un horario para la práctica del juicio			
10. Ensayar con vestuario como togas de juez (*Dress Rehearsal*) y decorado (*Props*) y otros instrumentos de utilidad en un juicio			
11. Presentación del juicio			

B). **Calendario de responsabilidades en un juicio simulado.** Esta tabla te ayudará a incorporar de una manera guiada en tu diálogo todas las responsabilidades de cada persona que participa en el juicio y a respetar una fecha de realización. Úsala como guía.

RESPONSABILIDADES	FECHA	FECHA	FECHA
Encargado de Sala: Hace llamado a las partes interesadas			
Encargado de Actas: -Presenta el caso -Lee partes protocolares -Pide al testigo o perito que se identifique -Toma el juramento presencial			
Magistrado (Juez): -Presenta cargos -Hace recomendaciones al jurado y a las partes interesadas -Pide a los abogados que se individualicen las partes (introducir y definir)			
Fiscal: Presenta cargos y alegato de apertura			
Abogado/a defensor: Presenta el argumento de defensa y alegato de defensa			
Magistrado-Juez: Inicia el juicio			
Fiscal: Llama a los testigos, peritos, según un orden preestablecido y los interroga			
Abogado defensor: Contrainterroga al testigo			
Magistrado o jurado: Puede hacer preguntas declaratorias a cualquier testigo o perito -Los testigos o peritos exponen su declaración o informe			
Abogado defensor: Presenta a sus testigos y les pide su declaración			
Fiscal: Contrainterroga a los testigos y peritos de la defensa			
Juez o Magistrado: Exhorta/pone en aviso al acusado a decir la verdad			

Acusado: Presta su declaración de acuerdo a las preguntas que le hace el abogado defensor			
Fiscal: Contrainterroga al acusado			
Fiscal: Realiza el alegato de clausura			
Defensa: Realiza el alegato de clausura			
Juez: Decreta un receso y fija hora para la lectura del veredicto			
Juez: - Comprueba la asistencia de las partes - Da lectura del veredicto de condena o inocencia			
Si es necesario: -Fija fecha para la lectura de la sentencia si se le encuentra culpable al acusado; de otra manera, ordena que se liberen los cargos, se absuelva al acusado y se le libere de culpas (queda libre)			

¡A ESCRIBIR!

Escribe un ensayo de 2 a 3 páginas y sigue las reglas de la última edición del MLA o fuente para documentar fuentes externas.

Paso 1: Investiga. Elije uno de los temas en la lista de a continuación sobre el sistema jurídico mexicano y haz una investigación. Puedes empezar buscando en la biblioteca de tu universidad pero aquí te ofrecemos una lista alternativa:

http://www.spanishlanguage.co.uk/search.htm

a. La impunidad[12] dentro del sistema legal para algunos crímenes

b. Un sistema que encuentra culpables al 95% de los acusados de un crimen

c. Los efectos de los cambios efectuados en el 2008 cuando se empieza a compensar a las víctimas por daños y prejuicios (*damages*).

---

12   Los temas 1 y 2 son causa de gran polémica en México, ya que mientras que existe gran impunidad en este país, también es cierto que una vez que se arresta a un individuo es casi seguro que recibirá un veredicto de culpabilidad.

d. Otro tema de interés relacionado con el proceso jurídico mexicano. Si no quieres escribir sobre uno de los temas sugeridos, pide a tu profesor que apruebe el tema con anterioridad.

 Paso 2: Elige. Después de investigar, elige por lo menos tres artículos que hablen sobre el tema elegido. Lee y toma notas claras sobre aquéllos.

 Paso 3: Escribe una tesis clara para tu ensayo.

Paso 4: Haz un esquema (*outline*). No olvides incluir una introducción, cuerpo y conclusión. Incluye detalles que desarrollarás en cada fase de tu ensayo como por ejemplo:

     a. ¿Qué evento vas a narrar?

     b. ¿Cuándo y dónde sucedió?

     c. ¿Cómo y por qué es importante?

     d. ¿El ensayo va a representar una generalización con personajes ficticios o va a estar basado en un hecho real?

     e. ¿Qué visión, recepción u opinión tiene este tema en la sociedad? En otras palabras, ¿cómo es visto?

     f. Dentro de este esquema narrativo es importante tomar una posición, o bien aclarar tu neutralidad y explicar ambos lados de la polémica.

Paso 5: Revisa. Lee tu ensayo en voz alta para localizar errores.

CINE: *LA LEY DE HERODES*

La Ley de Herodes **(1999) Luis Estrada**

Esta película, mientras que es una sátira sobre las leyes, los funcionarios y la política de México, se presta para desarrollar discusiones profundas sobre dichos temas en ese país.

Resumen de la película:

La población indígena de San Pedro de los Saguaneros (México) lincha a su alcalde por ser un funcionario corrupto. El gobernador del estado decide nombrar a Vargas, un funcionario mediocre, para remplazar al alcalde de esa población. Éste, acepta creyendo que es una oportunidad para hacer realidad su sueño: ascender y hacer carrera política. No obstante, la situación del municipio no resulta ser como imaginó y los problemas se le amontonan, por lo que decide renunciar. Sin embargo, su jefe le obliga a quedarse diciéndole que le tocó *la Ley de Herodes*, o lo que es lo mismo, "*o te chingas o te jodes*", y le entrega como apoyo la Constitución y una pistola. Vargas, pronto descubre la fuerza del poder, aplicando la ley a su manera y haciendo todo lo que puede para enriquecerse y mantener la autoridad.

 A). Antes de ver la película: En pares o en grupo respondan las siguientes preguntas:

1. ¿Qué sabes de la cultura mexicana?
2. ¿Has visitado México alguna vez? Si la respuesta es afirmativa, ¿qué impresión te llevaste de su pueblo/gente?
3. ¿Qué sabes sobre la política de México?
4. ¿Qué opinas sobre los políticos en general?

B). Caracterización: Mientras ven la película tomen notas para que les ayude a responder las preguntas de esta sección.

1. ¿Quiénes son los personajes centrales?
2. ¿Qué simbolizan estos personajes?
3. ¿Cuáles son los temas más prevalentes?
4. ¿Cómo se relacionan los temas y el simbolismo de los personajes?
5. ¿Qué es lo que le da el gobernador al presidente municipal para ser un "buen" presidente en San Pedro?
6. ¿Cómo se ve la evolución de Juan Vargas a lo largo de la película?
7. ¿Qué sucede una vez que el alcalde confiesa su crimen al gobernador?
8. ¿Cuál es el desenlace? ¿Es el fin que esperabas?

 C). Preguntas sobre la película: Después de reflexionar sobre la película respondan las preguntas de la mejor manera posible toda la clase:

1. ¿Cuál es la situación en la que vive la mayoría de la población del pueblo de San Pedro de Saguares?
2. ¿Cuáles son los principales problemas en la trama?
3. ¿Qué rol tiene la política en la película?

4. ¿Qué tipo de cultura política se muestra en el filme?

5. ¿De qué manera se perpetúan las diferencias sociales? Considera la situación de los indígenas y la mujer.

6. ¿Qué representa para el alcalde Juan Vargas la posibilidad de emplear la pistola y la Constitución?

7. ¿Qué simboliza la presencia del personaje norteamericano en la película? ¿A qué tipo de relación nos recuerda en términos de política norte-sur?

8. ¿Conoces situaciones similares a las que ocurren en la película en la actualidad en otros países o en otros contextos geográficos?

9. ¿Qué piensas de los políticos en tu país?

10. ¿Encuentras alguna semejanza entre políticos como Juan Vargas y el gobernador con algunos políticos de tu país? Explica.

11. Dejando la sátira de lado, ¿piensas que lo que le pasó a Juan Vargas es común en México?

12. ¿Crees que un político puede ser efectivo y honesto al mismo tiempo?

D). Guionista. Te acaban de contratar para escribir un final diferente para la película *La ley de Herodes*.

 Paso 1: Escribe un párrafo con un final distinto del que se muestra en *La ley de Herodes*. Incluye algún evento, acción o personaje que ocasiona que el final sea diferente. Puede ser un final más positivo o no.

 Paso 2: Después de escribir un final diferente, compártelo con un compañero. ¿Cuál final piensas que sería más factible, un final más positivo o uno de más negativo? Explica.

CAPÍTULO 2

La salud pública: Los servicios sociales, la salud dental y el médico

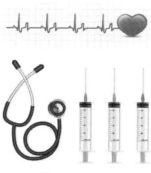

PARTE I : LOS SERVICIOS SOCIALES

LECTURA CULTURAL

EL ABUSO DOMÉSTICO EN MUJERES LATINAS EN EEUU[1]

El abuso doméstico se puede definir como la violencia en el ámbito doméstico o por parte de un familiar. El abuso doméstico adopta muchas diferentes formas: el físico, el emocional o mental, el económico y el abuso que fomenta un aislamiento.

El abuso doméstico, violencia doméstica o terrorismo doméstico como también se ha llamado, es un problema existente en todas las sociedades y grave por las implicaciones y consecuencias que conlleva. En efecto y contrario a lo que se pueda

---

1 Violencia doméstica. Medline Plus. US Department of Health and Human Services. National Institutes of Health. 27 de noviembre, 2012. Web. 3 de julio, 2015. http://www.nlm.nih.gov/medlineplus/spanish/domesticviolence.html.

pensar, el maltrato doméstico ocurre tanto en sociedades de países en desarrollo como también en países desarrollados. Éste último es el caso de los Estados Unidos y de muchas mujeres que viven en este país.

El mito de que solo el abuso doméstico puede ocurrir a mujeres de cierta personalidad sumisa es realmente eso, un mito. La realidad nos corrobora que todas las mujeres en algún momento de su vida pueden estar expuestas a maltratadores que pueden ser un marido, un novio o incluso una ex pareja. No obstante, la respuesta de esa mujer a la violencia puede variar de individuo a individuo. De cualquiera de las maneras, todas merecen el apoyo de la sociedad y de sus familiares.

Una de las diferencias entre el abuso doméstico en mujeres latinas y en mujeres estadounidenses es el perfil de las primeras como resultado del proyecto migratorio que han **emprendido [1]**; emigrantes, indocumentadas, no hablan el inglés (y todo lo que ello conlleva), y tienen miedo a ser deportadas y a perder a sus hijos como una de las consecuencias de ser deportadas². Afortunadamente, en los últimos años han **aflorado [2]** muchas organizaciones tanto estatales como privadas que han tenido como objetivo el de intentar romper el ciclo de la violencia, pero también el de ayudar a estas mujeres a ser independientes después de que han tomado el gran paso de separarse de sus maridos o parejas. También, los medios de comunicación se han involucrado con la creación de comerciales y/o propaganda anti violencia. Por último y con el intento de ayudar a solucionar este problema, el gobierno aprobó una visa para mujeres maltratadas mediante la cual no podrían ser deportadas³. El problema es que muchas mujeres latinas no creen o no confían en un sistema social y político que les ha negado muchas otras **prestaciones [3]**. De una manera u otra,

[1] Undertaken
[2] Emerged
[3] Benefits, compensations

---

2   Rebolledo, Guadalupe. "Violencia doméstica y las mujeres latinas en los Estados Unidos." De Yahoo! Noticias. 4 de septiembre, 2012. Web. 3 de julio, 2015. https://es-us.noticias.yahoo.com/blogs/cambia-tu-mundo/violencia-dom%C3%A9stica-y-las-mujeres-latinas-en-los-estados-unidos.html

3   Ley de violencia contra la mujer (*Violence Against Women Act* or *VAWA* fue aprobada por el Congreso por primera vez en 1994.

[4] Involved

las organizaciones **involucradas [4]** en ayudar a estas mujeres han conseguido que muchas de ellas puedan hoy disfrutar de una vida sin maltrato.

 A). ¿Comprendiste? Responde las preguntas con un compañero y luego compartan las respuestas con el resto de la clase.

1. ¿Cómo se puede definir el abuso doméstico?
2. ¿Qué otros nombres recibe?
3. ¿Cuáles son las diferentes formas de abuso doméstico?
4. ¿Cuáles son los problemas que obstaculizan que el abuso doméstico desaparezca?
5. ¿Qué diferencias hay entre las mujeres abusadas hispanas o latinas y las estadounidenses? ¿Por qué?
6. ¿Qué soluciones se han creado para erradicar el abuso doméstico?

 B). Para profundizar. Comenta con un compañero y luego compartan sus respuestas con el resto de la clase.

1. ¿Cuáles crees que son otros problemas de base que la lectura no menciona y que fomentan la violencia doméstica?
2. ¿Conoces a alguien que ha sufrido violencia doméstica? ¿Cuál fue su experiencia? ¿Hubo algún patrón similar del que la lectura menciona?
3. ¿Por qué crees que es tan difícil romper con el ciclo de la violencia doméstica no solamente para el hombre que en la mayoría de casos lo ejecuta, sino también para la mujer que lo recibe? Intenta ser específico y explica qué crees que les aporta tanto al maltratador como al maltratado la continuidad de este ciclo de violencia.
4. ¿Crees que existe un factor cultural en relación al maltrato de las mujeres hispanas que facilita la violencia doméstica en este grupo? ¿Sí, no o en parte? Si crees que sí, elabora qué factores culturales crees que intervendrían. Si tu opinión es negativa, piensa en otros factores ajenos a la cultura mediante los cuales ocurre el maltrato doméstico. De una manera u otra, sea que la cultura influya o no, ¿es posible la idea que todas las sociedades sean de alguna manera machistas y exista un vínculo entre el maltrato y la mujer, cualesquiera que sea el origen nacional?
5. ¿Es posible que la sociedad se involucre de alguna manera?¿Por qué el maltrato doméstico no es considerado como un problema de la sociedad sino como un problema del individuo? Piensa en formas específicas en cómo podemos actuar como sociedad.

En esta sección vas a encontrar vocabulario relacionado con los servicios sociales. Examínalo como referencia a las actividades que se proponen más adelante.

COGNADOS	COGNATES
La administración	Administration
El beneficiario	Beneficiary
El caso	Case
El cheque	Check
El contrato	Contract
La copia	Copy
El costo	Cost
El documento	Document
Elegible/Candidato	Eligible
La identificación	Identification
El/La inmigrante	Immigrant
El/La recepcionista	Receptionist
Separado-a	Separated
Los servicios sociales	Social services

VERBOS	VERBS
Abandonar	To abandon
Aconsejar	To advise
Anotar	To write down
Aplicar/Solicitar	To apply
Cambiar un cheque/ Cobrar un cheque	To cash a check
Castigar	To punish
Conseguir/Obtener	To get
Dar a luz/Parir	To give birth
Disciplinar	To discipline
Deber	To owe
Demorar	To delay

Depender	To depend
Desocupar/Desalojar	To vacate
Entrevistar	To interview
Escribir a mano	To hand write/To write by hand
Estar sin trabajo	To be unemployed
Firmar	To sign
Golpear/Dar golpes	To hit/To strike
Informar	To inform
Lastimarse/ Lastimarse uno mismo	To get hurt/To hurt oneself
Llenar	To fill out
Matricularse	To register
Mudarse	To move
Notificar cambios	To inform of changes
Pegar en las nalgas	To spank
Ponerse en contacto	To get in touch
Ponerse violento	To get violent
Portarse mal	To misbehave
Quedar	To be located
Quedarse quieto(a)	To stay still
Quejarse	To complain
Recetar	To prescribe
Recibir	To receive
Reevaluar	To Reevaluate
Renunciar	To resign
Resbalar	To slip
Ser elegible	To be eligible
Sospechar	To suspect
Tener al día	To have (something) updated/current
Tener derecho a	To have the right to

LOS ADJETIVOS	ADJECTIVES
Actual	Present
Elegible a	Eligible
Embarazada	Pregnant
Incapacitado-a	Incapacitaded/Disabled
Inválido-a⁴	Disabled
Menor	Minor/Younger
Mensual	Monthly
Paralítico	Paralyzed

EXPRESIONES	EXPRESSIONS
A largo plazo	Long term
A plazos	On installments
A su alcance	Within reach
Llegar a final de mes	To make ends meet
Por correo	By mail
Por enfermedad	Due to illness

LAS RELACIONES FAMILIARES	FAMILY RELATIONSHIPS
El cuñado-a	Brother in law/Sister in law
El hermanastro/La hermanastra	Stepbrother/Stepsister
El medio hermano/ La media hermana	Half brother/Half sister
La nuera	Daughter-in-law
El padre que tiene la custodia o tutela	Custodial parent
El parentesco	Relationship (in a family)
El yerno	Son-in-law

LOS FORMULARIOS	FORMS
El apellido de soltera	Maiden name
La ayuda	Help/Aid
El/La ciudadano-a	Citizen
El cuadro/El Recuadro	Box
La respuesta afirma- tiva/negativa de una aplicación	Affirmative/Negative answer on an application

La dirección/El domicilio	Address
El dorso (del formulario)	Back (of a form)
Escribir en letras mayúsculas	To print (when filling out a form)
El espacio en blanco	Blank space
El estado civil	Marital status
Las estampillas para alimentos/Los cupones para comida	Food stamps
La firma	Signature
La forma/El formulario	Form
El lugar de nacimiento	Place of birth
La pensión alimenticia	Alimony/Child support
El seguro social⁵	Social security
El/La solicitante/ Aplicante	Applicant

SUBSIDIOS	SUBSIDIES/BENEFITS
La aplicación a susidio	Compensation application
La aprobación de una aplicación	Approval of an application
La asistencia monetaria	Cash assistance
La asistencia social	Social services
La compensación por daños y prejuicios	Compensation for damages
El contribuyente	Taxpayer
Desalojado/Sin techo	Homeless
El desalojo	Eviction
La entrada bruta	Gross earnings
La entrada neta	Net income
Los gastos de la casa	Household expenses
Los gastos de transporte	Transportation expenses
El ingreso	Deposit
La pensión	Pension

4   La palabra inválido o paralizado en español se refiere no solamente a un estado de discapacidad general sino a una persona que específicamente no puede caminar y que por consiguiente, está en una silla de ruedas.

5   El seguro Social puede referirse a dos posibles significados en EEUU: uno, la tarjeta de la Seguridad Social mediante la cual cada individuo tiene asignado un número específico de por vida; dos, una serie de beneficios al que algunos individuos pueden acceder en base a unos ingresos económicos limitados que reciben. Ejemplos de estos beneficios son: seguro médico a través de Medicaid (para niños) o Medicare (para jubilados), desempleo (unemployment subsidies), asistencia monetaria, viviendas de protección oficial (Public Housing).

La persona de bajos ingresos	*Low-income person*
El programa de subsidios	*Grant program/Subsidy program*
La vivienda de protección oficial/Vivienda pública[6]	*Public housing*

EL DEPARTAMENTO DE BIENESTAR Y SERVICIOS SOCIALES	THE DEPARTMENT OF WELFARE AND SOCIAL SERVICES
La aplicación/La solicitud	*The application*
La cita con el asistente social	*Appointment with the social worker*
El historial del caso	*Case file*
La información sobre el caso	*Case information*
La negación	*Denial/Rejection*
El permiso de trabajo	*Work permit*
La tarjeta verde	*Green Card*

LOS DOCUMENTOS Y ESTADO LEGAL	DOCUMENTS AND LEGAL STATUS
El acta de nacimiento/ El certificado de nacimiento/La inscrip- ción de nacimiento/La partida de nacimiento	*Birth certificate*
El certificado de defunción/La inscrip- ción de defunción/La partida de defunción	*Death certificate*
El certificado de matrimonio/La inscrip- ción de matrimonio/La partida de matrimonio	*Marriage certificate*
Los inmigrantes indocumentados	*Undocumented immigrants*
El país de origen	*Country of origin*

El registro de nacimiento del hospital	*Hospital birth registry*
El seguro de hospi- talización/El seguro médico	*Health insurance*
La visa de trabajo	*Work visa*

EL TRABAJO	JOB
La antigüedad	*Seniority*
El cargo	*Position*
Desocupado	*Unemployed*
El jefe/El patrón	*Boss*
Jubilado-a/ Pensionado-a/ Retirado-a	*Retired*
El salario	*Salary*

MALTRATO INFANTIL	CHILD ABUSE
La ausencia de contacto visual	*Lack of eye contact*
La bofetada/La cachetada	*Slap*
La cabeza baja	Head down
Las cicatrices	*Scars*
Los derechos a visitas/ Regimen de visitas	*Visiting rights*
La fractura	*Fracture*
La guardería/El jardín de infancia	*Day care*
La historia clínica	*Medical records*
El incesto	*Incest*
El maltrato	*Abuse*
La mirada perdida	*Lifeless gaze/Haunting gaze/Vacant stare*
El morado/El moretón	*Bruise*
La mordida	*Bite*
La nalgada	*Spanking*

6   La Vivienda de protección oficial y Vivienda pública no son conceptos similares totalmente. La diferencia radica en las diferentes políticas que cada país tiene en cuestiones de viviendas. Mientras la Vivienda pública en EEUU son viviendas para aquéllos con unos ingresos limitados, las *Viviendas de protección oficial*, aunque también contemplan como criterio para su adquisición unos ingresos limitados, también pueden acceder aquéllos con limitaciones económicas no tan estrictas como en EEUU.

MALTRATO INFANTIL	CHILD ABUSE
La paliza	Beating
La patada	Kick
El puñetazo	Punch
La quemadura	Burn
El recién nacido	Newborn
El régimen de visitas	Visitation schedule
El registro médico	Medical records
La tutela/La custodia	Custody
La violencia doméstica	Domestic violence

LOS ANCIANOS	ELDERLY
El/La anciano-a	Elderly man (woman)
El andador	Walker
El audífono	Hearing aid
El asilo de ancianos/ La residencia/La casa para ancianos	Nursing home
La bañera/La tina/La regadera	Bathtub
La dentadura postiza	Dentures
Las gafas	Glasses
La invalidez	Disability
La limpieza	Cleaning
El resbalón	Slip
La silla de ruedas	Wheelchair

A). Correspondencias. Asocia una palabra en español de una columna con una de inglés en la otra columna.

_____ **1.** El formulario	**a.** Undocumented immigrants
_____ **2.** El historial del caso	**b.** Bruise
_____ **3.** El yerno	**c.** Form
_____ **4.** El régimen de visitas	**d.** Lack of eye contact
_____ **5.** El moretón	**e.** Case history
_____ **6.** Los inmigrantes indocumentados	**f.** Son in law
_____ **7.** La ausencia de contacto visual	**g.** Marital status
_____ **8.** La aplicación a subsidio	**h.** Visitation Schedule
_____ **9.** El estado civil	**i.** Compensation application

B). Llena los blancos. Aquí tienes una conversación entre un empleado de la oficina del Seguro Social y un cliente hispano. Llena los blancos con la mejor palabra del vocabulario.

Solicitando una tarjeta de seguro social

Partida de nacimiento	Formulario	Registro de nacimiento
Tarjeta de seguro social	Parentesco	Aplicación
Lugar de nacimiento		

Empleado: Good morning, how can I help you?

Sr. Ortiz: No English, sorry.

Empleado: It's OK... yo hablo español.

Sr. Ortiz: ¡Oh, qué bueno, menos mal!

Empleado: ¿Cómo lo puedo ayudar?

Sr. Ortiz: Necesito sacar una 1._____ a mi hijo recién nacido.

Empleado: ¿Dónde nació?

Sr. Ortiz: Aquí, en EEUU.

Empleado: Bueno, voy a necesitar varias cosas. Primero, debe llenar un formulario para solicitar la tarjeta de seguro social para su hijo. Segundo, va a necesitar documentación que pruebe la edad, el 2._____, la identidad y la ciudadanía estadounidense.

Sr. Ortiz: Bueno, ¿y cuáles documentos debo traer?

Empleado: Para probar la edad, necesito que me traiga la 3._____, un registro de nacimiento del hospital y/o un pasaporte.

Después, para probar el lugar de nacimiento y la identidad de su hijo necesito que me traiga de nuevo un 4._____ del hospital, o un pasaporte o un seguro médico que no sea *Medicaid*.

Finalmente, para probar la ciudadanía de su hijo, necesita traer la partida de nacimiento.

Como puede ver, varios documentos cumplen varias funciones.

Sr. Ortiz: Y la aplicación, ¿es fácil de llenar? ¿Qué me preguntan?

Empleado: En esta aplicación le van a preguntar datos básicos: el nombre de su bebé, el nombre de los padres, el 5._____ que tiene con el niño, la raza y etnia, aunque esto es voluntario, y la fecha de hoy. Pero recuerde, aquí en EEUU, primero ponemos el mes, luego el día y finalmente el año[7].

Sr. Ortiz: ¿Me podría facilitar esta 6._____ en español por favor?

Empleado: ¡Cómo no, Sr. Ortiz! Para eso las tenemos. Aquí tiene. ¿Necesita que un asistente social lo ayude?

Sr. Ortiz: Creo que no, gracias. Voy a llenar el 7._____ y traérselo con todos los otros documentos.

---

7 En España y Latinoamérica primero se pone el día, luego el mes y finalmente el año, contrario a EEUU que primero se pone el mes y luego el día y finalmente el año.

C) Haz frases. Ahora, inventa una historia con las palabras que acabas de emparejar en el ejercicio *A*. más arriba. Si quieres, puedes usar más palabras del vocabulario de la lección. Puedes crear la historia en primera o en tercera persona.

Ejemplo:

*María es una mujer hispana que quiere conseguir la **custodia** de sus hijos. Su vecina la está ayudando a llenar los formularios para enviar a los **servicios sociales**.*

Ahora continúa tú la historia o inventa una propia...

_____

_____

_____

_____

_____

_____

_____

_____

_____

_____

_____

_____

_____

Informes Matutinos: (Presentación individual breve de 3-5 minutos). La presentación es un informe de un profesional que ha leído una noticia de relevancia con el tema del capítulo y está presentando el material a una mesa directiva durante una junta. Los miembros de la mesa tienen el privilegio y la responsabilidad de hacer preguntas. Puedes utilizar notas, pero únicamente como fuente de referencia, no leas directamente.

Paso 1: Elige un artículo de un periódico latinoamericano o una revista producida en español como *La Opinión, La Jornada, El Heraldo* o *Time en español*. En la introducción de este texto encontrarás una lista de fuentes para tu informe. El artículo debe relacionarse con el tema de la salud pública y el tema programado para el día de la presentación si es que hay uno. Por ejemplo, posibles temas serían: *El Sistema de salud en Cuba, el dentista* o *los servicios sociales* dentro del contexto de los países que se cubren en este capítulo.

Paso 2: Desarrolla un informe que incluya:
A. Introducción: 1 minuto
    1. Nombre del estudiante
    2. El interés profesional del estudiante
    3. El nombre y la fuente del artículo

B. Cuerpo (lo más importante de la presentación): 2-3 minutos para resumir los datos más revelantes del artículo
    1. Resumen del artículo
    2. Relevancia y análisis (por qué es importante este artículo)
    3. Conclusiones

Paso 3: Presenta el informe.
Paso 4: Preguntas de la mesa directiva sobre el informe (la clase).

LAS ORACIONES CONDICIONALES

Las oraciones condicionales son aquellas que requieren de una condición para que se lleven a cabo y que está precedida de *Si* (*If*). Se utiliza un tiempo verbal u otro dependiendo de la certidumbre en la que algo ocurrirá y de su relación con el tiempo. A continuación tienes las posibles fórmulas y su relación con el tiempo en el que ocurren estas acciones.

ORACIONES REALES: la probabilidad que algo ocurra es muy real y ocurre en el *Presente*

1. *Si+ Verbo en Presente+ Verbo en Presente.*

USO: Acciones generales y sus consecuencias a nivel general.

> *Ejemplo:*
>
> Si <u>tengo</u> algún problema con el formulario, <u>llamo</u> a la línea telefónica de ayuda.
> *If I have any difficulties with the form, I will call the help hot line.*

2. *Si+ Verbo en Presente+ Verbo en Futuro.*

USO: Se trata de acciones específicas y sus consecuencias en el futuro.

> *Ejemplo:*
>
> Si no <u>sigo</u> las recomendaciones del asistente social, <u>cometeré/voy a cometer</u> errores en la aplicación.
> *If <u>I don't follow</u> the recommendations given by the social worker, <u>I will make</u> errors in the application.*

ORACIONES CONDICIONALES POTENCIALES: es posible que ocurran pero difícil. Ocurren en el *Presente.*

3. *Si+ Imperfecto del Subjuntivo+ Condicional del Indicativo*

USO: Acciones posibles pero poco probables

> *Ejemplo:*
>
> Si supiera inglés, no <u>necesitaría</u> a un traductor para llenar el formulario.
> *If <u>I knew</u> English, <u>I wouldn't need</u> a translator to fill out the form.*

ORACIONES CONDICIONALES IMPOSIBLES: se refieren a hechos que no ocurrieron en el pasado.

4. *Si+ Pluscuamperfecto Subjuntivo+ Condicional*

USO: Expresa especulaciones, conjeturas o hipótesis irreales en el pasado pero la consecuencia o resultado de esa condición se sitúa en el presente o en un futuro.

> *Ejemplo:*
>
> Si <u>hubiera enviado</u> todos los documentos a tiempo, ahora <u>tendría</u> mi tarjeta de seguro social [y en el futuro también].
> *If <u>I had sent</u> all the documents on time, right now <u>I would have</u> my Social Security card*

5. *Si+ Pluscuamperfecto Subjuntivo+ Condicional Perfecto*

USO: Expresa situaciones hipotéticas irreales en el pasado. Tanto la condición para que algo ocurra como el resultado de si ocurre o no, se sitúan en el pasado. Por tanto, se trata de acciones contrarias a la realidad que ya no pueden cambiarse.

> *Ejemplo:*
>
> Si <u>hubiera leído</u> las recomendaciones antes de llenar el formulario, no <u>habría tenido</u> errores en la solicitud [en un pasado reciente o no reciente].
> *If <u>I had read</u> the recommendations before filling out the application, <u>I wouldn't have</u> errors in the application.*

A). Oraciones condicionales. A continuación tienes unos casos sociales que requieren de la participación de los servicios sociales. Léelos y crea oraciones usando cualquiera de las estructuras gramaticales estudiadas en el capítulo. Intenta usar más de una estructura gramatical para cada caso.

Caso social 1: El señor López acaba de tener una visita del asistente social de los Servicios Sociales porque un vecino ha reportado que él y su mujer le pegan a su hijo de cuatro años. El señor López lo niega todo y la asistente social le da unas recomendaciones si no quiere perder a su hijo.

> *Ejemplo:*
>
> *Si trata bien a su hijo y no lo/le[8] pega más, evitará perder a su hijo.*

1. _____

---

8 El uso del pronombre le en lugar del lo es un fenómeno lingüístico al que se llama leismo y que se utiliza en algunas zonas de Latinoamérica como México y Argentina y en algunas zonas de España como Burgos, Valladolid, Castilla y León, Salamanca y Ávila.

2. _____

3. _____

Caso social 2: El señor Cortesillas ha perdido su trabajo y su mujer no trabaja. Ellos acuden a una oficina del departamento de bienestar para informarse de si pueden recibir algún tipo de ayuda. El empleado del departamento de bienestar les dice que pueden aplicar para estampillas de comida y asistencia monetaria temporal.

1. _____

2. _____

3. _____

B). La comunidad latina. Aquí tienes unas situaciones o escenarios. Escribe una reacción a estos escenarios usando oraciones condicionales.

> *Ejemplo:*
>
> *Escenario:* Soy hispana y no hablo inglés.
> *Respuesta-reacción: Si hablara inglés, tendría más oportunidades de trabajo.*

1. Trabajo muchas horas y no puedo pasar mucho tiempo con mis hijos.

_____

_____

2. Mi esposo es muy bueno y él hace un trabajo que no le gusta pero que nos permite combinar el cuidado de los niños.

_____

_____

3. Ayer le pedí a mi jefe un aumento (*raise*) de salario... ¡y me lo dio!

_____

_____

4. No obstante, no llegamos a final de mes y necesito aplicar para asistencia social. _____

_____

_____

5. No me gusta pedir dinero al gobierno, prefiero trabajar, pero mi trabajo no da lo suficiente.

_____

6. Estoy esperando la respuesta de mi aplicación para ayuda de servicios sociales.

_____

_____

7. El asistente social me dijo que mañana sabré algo. Qué bien porque quiero darle una sorpresa a mi marido.

_____

_____

C). Encadenados. Javier tuvo que emigrar de México porque no podía trabajar y tener un salario decente. Ahora él está con su mujer y sus hijos en EEUU y las cosas le van bien, aunque hay problemas también. Crea una historia inventando frases que tengan sentido las unas con las otras según la situación de Javier, usando oraciones condicionales y vocabulario del capítulo. Después, puedes compartir tu historia con el resto de la clase.

Ejemplo:

Si las cosas **hubieran estado** mejor en México, no **habría tenido** que emigrar a EEUU. No obstante, si no **hubiera emigrado** a EEUU, no **habría podido** dar un futuro a mis hijos como aquí...

Ahora contínua la historia tú...

_____

_____

_____

_____

_____

_____

_____

_____

_____

_____

_____

_____

_____

_____

¡ACTUAR!: CASOS PROFESIONALES

 Paso 1: Termina los diálogos. En esta sección vas a encontrar el principio de unos diálogos profesionales entre un profesional de los servicios sociales y un cliente hispano. Termina la historia en base al escenario que se plantea. Intenta usar la gramática y el vocabulario del capítulo.

 **Paso 2: ¡Actúa los diálogos!** Intenten involucrar al máximo número de estudiantes para la actuación. Sean realistas con las situaciones inventadas.

ESCENARIO 1:

Una familia con dificultades económicas. Lucía Sotomayor es una mujer hispana, cuyo marido no vive con ella y que acude a la oficina de servicios sociales para solicitar ayuda. Ella no tiene papeles ni habla inglés, no obstante, todos sus hijos han nacido en EEUU. Ellos tienen ocho, cuatro y dos años de edad. Lucía no ha podido encontrar un puesto permanente por no hablar el inglés y no tiene ningún otro ingreso económico estable. La asistenta social pregunta a Lucía si ha habido abuso doméstico de algún tipo en la casa, a lo que Lucía responde afirmativo a maltrato verbal y económico.

<u>**Instrucciones:**</u>

- Crea varios diálogos según las situaciones a resolver entre la asistente social y clienta para resolver los varios problemas de la señora Sotomayor.

- Involucra a otros profesionales como un psicólogo, para examinar el estado emocional de la clienta y de sus hijos, y a un médico para evaluar si ha habido abuso físico.

- Usa la gramática del capítulo y el vocabulario.

- Ten en cuenta los factores culturales que puedan afectar las decisiones de Lucía.

<u>**Situaciones a resolver:**</u>

1. Incluye en tu diálogo cómo Lucia solicita ayuda financiera del gobierno para pagar los gastos de la casa.

2. Incluye en tu diálogo la conversación entre la asistente social y Lucia en la que la primera le da razones de por qué es mejor divorciarse de su marido para formalizar la nueva situación doméstica y económica de Lucia al haberse ido su marido de la casa.

3. Lucía no entiende ni sabe esribir en inglés y casi tampoco en español. Incluye en tu diálogo parte de la conversación entre Lucia y la asistenta social en la que ésta ayuda a Lucía a llenar formularios para ayuda financiera y para *Medicaid* para sus hijos y la asistente informa a Lucía sobre todos los documentos que va a necesitar traer para las dos solicitudes.

Asistente social: Hola, ¿en qué le puedo ayudar?

Sra. Sotomayor: Buenos días, me llamo Lucía Sotomayor y he venido para solicitar ayuda para mantener a mis tres hijos.

Asistente social: ¿Qué es lo que ha ocurrido que ha cambiado su situación financiera?

Sra. Sotomayor: Bueno, mi marido ya no vive en la casa y no tengo ningún ingreso económico.

Asistente social: ¿Su marido les pega?

Sra. Sotomayor: No

Ahora continúa tú….

_____

_____

_____

_____

_____

_____

_____

_____

_____

_____

_____

_____

ESCENARIO 2:

Un caso de discapacidad. El señor Miramar acude a la oficina de bienestar y servicios sociales para preguntar si es elegible para discapacidad a causa de un accidente laboral que sufrió hace ocho meses. El señor Miramar recibió cuidado médico y una paga reducida a través del seguro de su trabajo pero continúa teniendo mucho dolor en la espalda y cree que no va a poder realizar su trabajo en la construcción nunca más. Además, no puede terminar el día sin tomar calmantes fuertes que su médico le ha recetado.

Directrices:

1. Escribe un diálogo entre el asistente social y el señor Miramar en el que se le informa de todo el largo y difícil proceso de aplicar para la discapacidad.

2. Involucra a otros profesionales: el médico que va a hacer la revisión médica; el fisioterapeuta que ha ayudado al Sr. Miramar en estos ocho meses de tratamiento desde el accidente para dar un reporte de su evolución; el asistente social y el traductor.

3. Usa vocabulario del capítulo y la gramática en la medida en que se requiera.

4. Escribe el diálogo usando diferentes marcadores temporales:

- Hace 8 meses, fecha del accidente, el 24 de mayo del 2015;
- En fecha de hoy, el 24 de enero del 2016, cuando el señor Miramar acude a solicitar información;

- Dentro de dos semanas, el 7 de febrero del 2016, cuando se envía la aplicación después de haber recogido toda la documentación;
- Dentro de tres meses, el 24 de abril del 2016, cuando le van a hacer el examen médico al señor Miramar para determinar el porcentaje de pérdida de funciones;
- Dentro de cinco meses, el 24 de junio del 2016 cuando recibe la noticia de aprobación de discapacidad y se programan los pagos mensuales.

Situaciones a resolver:

1. Incluye en tu diálogo una conversación entre el asistente social y el señor Miramar en la que el primero le ayuda a llenar la solicitud de la discapacidad. Asegúrate que incluyes preguntas que el señor Miramar necesita hacer para saber qué documentación necesita y que el asistente social le responde con esta información (fechas del accidente, registros médicos, lugar de trabajo, antigüedad en el trabajo, prueba de identidad, condición médica anterior al accidente, citas médicas, etc…).

2. Incluye en tu diálogo una conversación entre el señor Miramar y el doctor que hace el examen médico en el que éste realiza un asesoramiento del porcentaje de pérdida de funciones del cuerpo del paciente después del accidente. El doctor le va a hacer preguntas sobre si puede hacer ciertas actividades o no y le va a dar órdenes para asesorar la pérdida de funciones corporales: girarse, agacharse, levantar los brazos, levantarse del suelo, etc…

3. Incluye además del diálogo entre el señor Miramar y los diferentes profesionales de la salud, una carta que otorga (*grants*) al señor Miramar:
   a. La respuesta de aprobación de discapacidad
   b. La programación de pagos mensuales
   c. Un seguro médico *Medicare* gratis

Fecha de hoy: *24 de enero del 2016*

Lugar: *Oficina de bienestar y servicios sociales*

Empleado oficina: Good morning, how can I help you?

Sr. Miramar: Good morning, no speak English…

Empleado oficina: Un momento por favor, I am going to call our translator.

Sr. Miramar: ¿? (*El Sr. Miramar no entendió el inglés*)

Traductor: Hola, mucho gusto, ¿en qué puedo ayudarle?

Sr. Miramar: Sufrí un accidente de coche hace ocho meses y no puedo trabajar. Quiero saber si soy elegible para la discapacidad.

Ahora continúa tú…

_____

_____

_____

_____

_____

_____

_____

_____

_____

_____

_____

_____

_____

_____

_____

_____

_____

_____

_____

_____

_____

_____

_____

_____

_____

_____

_____

_____

PARTE II: LA SALUD DENTAL

LECTURA CULTURAL

LA SALUD DENTAL EN BOLIVIA[9]

En el año 2009 empezó en Bolivia una **concienciación [1]** por parte del gobierno para tratar, prevenir y promover la salud dental de sus ciudadanos con el llamado *Plan Nacional de Salud Dental.*

El presidente Evo Morales, en conjunto con el **Ministerio de Salud y Deportes [2],** organizó una campaña para el acceso a la salud dental con especial interés en las zonas rurales, las cuales se encuentran más alejadas de los centros de salud.

Una de las metas de la campaña que este gobierno ha conseguido es que la salud dental sea considerada como un derecho más del individuo y no como un lujo al que solo unos pocos pueden tener acceso. Para ello se organizaron unos consultorios móviles con equipos de dentistas y unidades totalmente equipadas para la empresa.

Los objetivos de este proyecto no se limitaron solamente al ofrecimiento de tratamientos dentales como extracción de dientes, **empastes [3]** o tratamientos de abscesos, sino también a la prevención de problemas dentales, de rehabilitación o de la **entrega [4]** de prótesis dentales a la población mayor.

En el 2012, tres años más tarde de este proyecto, el gobierno inició otra campaña para la prevención dental con los mismos objetivos que la anterior campaña.

El **pleno de la Cámara de Senadores [5]** aprobó **por unanimidad [6]** el *Proyecto de Ley Nacional de Salud Dental* mediante el cual se coordinó con las entidades territoriales autónomas la **puesta en marcha [7]** de acciones y programas de salud oral.

Como parte de este nuevo proyecto, se distribuyó de forma gratuita cepillos y **pastas dentales [8]** además de material informativo y de educación sobre la prevención de problemas dentales a padres de familia, profesores y miembros de organizaciones sociales para que pudieran educar a las familias de la comunidad con especial interés a que los niños adquirieran hábitos integrales de higiene dental.

La **promoción [9]** de todas estas políticas públicas ha tenido como objetivo el de mejorar no solo la salud dental sino también la salud integral del ciudadano boliviano.

En el año 2013 otra campaña diferente llamada "Sonrisas Sanas, Vidas Saludables", se puso en marcha por parte del Ministerio de Salud y Deportes en diferentes partes del país. Uno de los objetivos específicos de esta campaña fue la salud tanto preventiva como restaurativa infantil.

[1] Raising
[2] Department of Health and Sports
[3] Fillings
[4] Delivery
[5] Senators plenary session
[6] Unanimously
[7] Start-up
[8] Toothpaste
[9] Promotion/Advertising

---

9   "Plan Nacional de Salud Dental fue aprobado en el Senado." *Bolivia informa. Noticias desde Bolivia.* 19 octubre, 2012. Web. 6 enero, 2015.
http://www.senado.bo/noticia/plan_nacional_de_salud_dental_fue_aprobado_hoy_en_el_senado

No obstante, saber los resultados que todas estas campañas han tenido, es algo que requiere de tiempo. En el año 2014, se calculó que como **promedio [10]**, cada boliviano tenía seis caries[10]. Otros datos estadísticos según el Ministerio de Salud muestran que en este país, en el año 2014, el 98% de la población tiene algún problema buco-dental. Gracias a programas como el iniciado por el presidente Evo Morales, "Sonrisas Sanas, Vidas Saludables", se proporcionaron 300.000 servicios odontológicos en 34 municipios del país con un especial interés en la población infantil.

La creación de todas estas campañas y programas ha puesto de manifiesto una idea muy clara: la salud dental debe promoverse no de forma aislada, sino como algo continuo, pues la adquisición de unos hábitos saludables por parte de la población requiere tiempo.

A). ¿Comprendiste? Responde las preguntas con un compañero y luego compartan sus respuestas con el resto de la clase.

1. ¿Cuántos proyectos ha iniciado el presidente Evo Morales desde 2009? ¿En qué consistían estos proyectos?
2. ¿Qué tipo de tratamientos ofrecieron y a cuanta gente cubrió? ¿A qué sector de la población iba dirigido este material educativo y para quién?
3. ¿Con qué propósito último se lanzaron todas estas campañas?

B). Para profundizar. Discute con un compañero y luego compartan sus respuestas con el resto de la clase.

1. ¿Por qué crees que en Bolivia existen tantos problemas dentales entre la población?
2. ¿Qué importancia tiene el hecho de que esta campaña se ubique en zonas pobres?
3. ¿Qué relación tiene la pobreza con unos hábitos dentales pobres y qué pretende esta campaña en relación a estas zonas pobres?
4. ¿Cuáles crees que son algunos de los objetivos a largo y a corto plazo de estos proyectos?
5. ¿Puedes establecer alguna conexión entre la población boliviana y la población de la zona donde creciste o dónde vives? ¿Existen los mismos problemas? ¿Hay alguna similitud?
6. ¿Crees que una campaña del gobierno es suficiente para cambiar hábitos dentales? ¿Qué sería suficiente para cambiar estos hábitos? ¿Qué sería suficiente para hacerte cambiar hábitos dentales a ti personalmente?

---

10 "El 98% de la población boliviana tiene problemas buco-dental." *Eju!*. *Vida.* 25 febrero, 2013. Web. 6 enero 2015. <http://eju.tv/2013/03/el-98-de-la-poblacion-boliviana-tiene-problemas-buco-dental/>.
"Bolivia sonríe salud para todos. Boletín informativo Anual- Gestión 2013.

CONADOS	COGNATES
La anestesia	Anesthesia
La dentina[11]	Dentin
El/La dentista	Dentist
La inflamación	Inflammation
La muela	Molar
Los tranquilizantes	Tranquilizers

PARTES DE LA BOCA	PARTS OF THE MOUTH
La amígdala	Tonsil
El colmillo	Canine tooth
Los dientes de leche	Baby teeth
Los dientes permanentes ("de carne") [12]	Permanent teeth
La encía	Gum
El esmalte	Enamel
El incisivo (diente)	Incisor
La lengua	Tongue
La mandíbula	Jaw
La muela o diente del juicio	Wisdom tooth
El paladar	Palate
La raíz	Root
El techo de la boca	Roof of the mouth

MÁS VOCABULARIO	MORE VOCABULARY
El aliento	Breath
Los aparatos (España)/ Los frenos o frenillos (Latinoamérica)[13]	Braces
El canal de la raíz/El conducto	Root canal

La corona (funda dental)	Crown/Dental caps
La dentadura postiza	Dentures
El empaste	Filling
El hilo dental	Dental floss
Los implantes dentales	Dental implants
El enjuague bucal	Mouth wash
El puente dental	Dental bridge
La placa dental	Dental plaque

VERBOS	VERBS
Enjuagarse	To rinse
Hacer gárgaras	To gargle
Hacer radiografías (rayos X)	To take X rays
Raspar	To scrape
Sacar/Extraer (un diente)	To pull (a tooth)
Sellar	To seal
Usar/Pasar el hilo dental	To floss

SÍNTOMAS	SYMPTOMS
El dolor agudo	Sharp pain
La encías inflamadas	Inflammed gums
La infección de las encías	Gum infection
El sangrado de las encías	Gums bleeding
La sensibilidad de las encías	Sensitive gums
El sarro	Tartar
La placa dental	Plaque

11 La dentina es la parte más exterior del diente.
12 "Dientes de carne" es el término coloquial mediante el cual se conoce a los dientes permanentes.
13 Aunque hay variedades dialectales, cada día se acepta más el anglicismo brackets.

TRASTORNOS DENTALES	DENTAL CONDITIONS
Las caries	Cavities
El cáncer oral	Oral cancer
La gingivitis	Gingivitis
La piorrea	Piorrhea
El rechinamiento de los dientes	Teeth grinding

ENFERMEDADES[14]	SÍNTOMAS	TRATAMIENTOS
La *caries* es un deterioro progresivo de la capa exterior del diente llamada esmalte, que acaba por destruirlo.	*Los síntomas* de las caries son cavidades visibles en los dientes y una sensación de dolor en los dientes, sobre todo después de consumir bebidas o alimentos dulces y fríos.	*El tratamiento* de las caries es hacer empastes, coronas y conductos radiculares. Los empastes son la extracción de todo el material destruido y reemplazamiento por aleaciones de oro, plata o porcelana. Las coronas son fundas dentales. Los conductos, también llamados canal de raíz o endodoncia, son la extracción de la pulpa o interior del diente, el cual contiene la raíz del diente, vasos sanguíneos y tejido conjuntivo. El tratamiento varía dependiendo de la severidad de la caries y del proceso de destrucción.
El cáncer oral es un cáncer que afecta la cavidad oral y faringe y está asociado a prácticas de riesgo como tabaquismo en cualquiera de sus formas (mascar tabaco, pipa) o alcohol. La probabilidad de este cáncer aumenta con la contracción sexual del virus HPV (papilomavirus humano genital).[15] Es decir, la adquisición del HPV por vía sexual, aumenta la probabilidad de producir HPV en la zona oral, y éste de causar cáncer oral.	*Los síntomas* comprenden llagas o heridas en alguna zona de la cavidad oral o faringe, dolor de garganta, pérdida de peso sin aparente causa, dolor de oídos, hinchazón y dolor, aunque también puede que sea asintomático.	*El tratamiento*, como cualquier cáncer, requiere de quimioterapia, radioterapia o tratamientos combinados.

14 Fuente: ADA (American Dental Association). http://www.ada.org/en/

15 CDC (Centers for Disease Control and Prevention): Human Papillomavirus (HPV). http://www.cdc.gov/std/HPV/STDFact-HPVandoralcancer.htm

La gingivitis es inflamación de las encías causadas por bacterias que forman una placa que se deposita sobre los dientes. Se considera a la gingivitis como al estado inicial de la enfermedad de las encías.	*Los síntomas* de la gingivitis es el sangrado de las encías.	*El tratamiento* es curativo, limpieza de boca por un higienista dental; pero también profiláctico, es decir, cepillarse los dientes y usar el hilo dental después de cada comida para evitar que se produzca más placa e inflamación.
La piorrea o periodontitis es una inflamación de las encías alrededor de los dientes causada por una bacteria que hace que las encías se separen de los dientes. En esta separación o espacios se puede formar una infección.	*Los síntomas* de la piorrea dental son sangrado de las encías, inflamación, enrojecimiento, retracción de las encías, mal aliento y dolor de las encías.	*El tratamiento* está dirigido a la reducción de la infección, extracción del diente e implante de nuevos dientes. Asimismo, la adquisición de buenos hábitos de limpieza oral es primordial.
El rechinamiento de los dientes es una afección de los dientes causada por ansiedad, problemas del sueño, una mordida anormal de los dientes o la ausencia de dientes o de dientes fragmentados que impiden que exista un alineamiento correcto entre los dientes superiores e inferiores.	*Los síntomas* comprenden dolores de cabeza leve, dolor de mandíbula, dolor en los dientes, dientes que se mueven o dientes que se fragmentan.	*El tratamiento* comprende técnicas de relajación si la causa es estrés y un protector dental que dificulta la práctica de rechinar los dientes. También se pueden dar antiinflamatorios para reducir el dolor de los dientes y mandíbulas.

¿Y si el diente se ha destruido y perdido?...Entonces se requiere de un *tratamiento restaurativo*. Aquí tienes varios tratamientos restaurativos.

Una corona es una cobertura que se coloca sobre la totalidad de un diente débil para fortalecerlo o cuando está roto o gastado.

Un puente *dental,* en cambio, es una prótesis en forma de diente, que llena el espacio o vacío entre dos dientes para que el resto de los dientes no se muevan. Se utiliza cuando se han perdido dientes y queda un espacio entre dos o más dientes.

Un implante es un diente artificial que se coloca junto con el hueso. La diferencia entre el implante y el puente es que el implante es mucho más fijo y no requiere de la manipulación de los dientes sanos contiguos al implante, que pueden terminar deteriorándose con el tiempo. Asimismo, los implantes son mucho más estéticos que los puentes.

A). Correspondencias

_____ **1.** Empastes	**a.** Root canal
_____ **2.** Corona	**b.** Roof of the mouth
_____ **3.** Dientes de leche	**c.** Cavities
_____ **4.** Dientes permanentes (de carne)	**d.** Molar
_____ **5.** Canal de raíz	**e.** Wisdom teeth
_____ **6.** Placa	**f.** Baby teeth

_____ **7.** Techo de la boca   **g.** Crown

_____ **8.** Caries   **h.** Permanent teeth

_____ **9.** Muela   **i.** Plaque

_____ **10.** Diente del juicio   **j.** Fillings

B). Responde. Contesta las preguntas con un compañero según el vocabulario del capítulo.

1. ¿Cómo se llama al deterioro progresivo y destrucción de los dientes?_____

2. ¿Cómo se llama la parte más exterior del diente?_____

3. ¿Cómo se llama al tejido rosáceo entre los dientes que los envuelve y sujeta?_____
_____

4. ¿Cómo se llama al tratamiento de la caries?_____
_____

5. ¿Cuáles son algunas prácticas de riesgo asociadas a enfermedades de la boca, dientes y faringe?_____

6. ¿Cuáles son algunos de los hábitos de prevención que debemos practicar para mantener la salud de nuestros dientes?_____

C). Elabora. Eres el dentista de una consulta en la que muchos de tus pacientes son hispanos. Acabas de revisar/examinar los dientes del hijo de la señora González y descubres que tiene caries. Explícale a la mamá de tu paciente en forma de conversación en un lenguaje sencillo qué enfermedad o condición tiene su hijo, los síntomas y el tratamiento que recomiendas. Haz lo mismo con dos otros pacientes que tienen gingivitis y piorrea. Asegúrate de usar el vocabulario del capítulo.

_____ _____

_____

_____

_____

_____

_____

D). Escribe. Te han invitado a dar una charla en un centro comunitario de un barrio hispano de la ciudad de Los Ángeles sobre los hábitos de prevención de algunas enfermedades y/o condiciones dentales como caries, gingivitis, y cáncer oral. Prepara la charla escribiéndola primero y practicándola después de forma oral delante de toda la clase como si ellos fueran tu audiencia. Los estudiantes que hacen el papel de audiencia pueden hacer preguntas para hacerlo más real.

_____

_____

_____

_____

_____

_____

_____

GRAMÁTICA EN CONTEXTO

USO DE PRONOMBRES DE OBJETO DIRECTO E INDIRECTO

Los pronombres se usan para evitar repeticiones durante la conversación y poder transmitir más información en menos tiempo. Los pronombres que tienen esta función se llaman *Pronombres de Objeto Directo* y *Pronombres de Objeto Indirecto*. A continuación vamos a hacer un repaso de lo que ya has estudiado en otros cursos anteriores de español.

Pronombres de Objeto Directo (Pron. OD)

Persona	Singular	plural
1ª	Me	Nos
2ª	Te	Os (solo en España)
3ª	Lo/La	Los/Las

Recuerda que la función del objeto directo es recibir la acción del verbo. Es decir, el pron. OD explica/identifica qué o quién recibe la acción del verbo, puesto que aquél puede ser una persona o cosa.

Ejemplo: María se cepilla los dientes todos los días

Para localizar el objeto directo, hazte la pregunta: ¿qué se cepilla María? O ¿qué o quién recibe la acción inmediata de cepillar? La respuesta es *dientes*. *Dientes* es el objeto directo.

Estos pronombres siempre se ubican ANTES del verbo conjugado cuando hay sólo un verbo en la oración.

- Doctor, ¿Me cepillo **los dientes tres veces al día**? (*Dientes*=objeto directo)
- Doctor, ¿**los** cepillo tres veces al día? (*los*=pronombre de objeto directo)
- La recepcionista tiene una **cita** disponible para mañana (*Cita* = objeto directo)
- La recepcionista **la** tiene disponible para mañana (*la* = pronombre de objeto directo)

Cuando hay un verbo conjugado más un infinitivo en una oración, hay dos lugares donde se pueden ubicar los pronombres: antes del verbo conjugado o inmediatamente después del verbo en infinitivo en una sola palabra.

Ejemplo:
- Los niños quieren comprar **pasta dental** de Dora la exploradora (*pasta dental*=OD)
- Los niños **la** quieren comprar / Los niños quieren comprar**la** (*la*=pronombre de OD)
- Necesito tener **una revisión dental** pronto (*una revisión dental*=Objeto directo)
- **La** necesito tener pronto / Necesito tener**la** pronto (*la*=pronombre de objeto directo)

Pronombres de Objeto Indirecto (Pron. OI)

Persona	Singular	plural
1ª	**Me** (a mi)	**Nos** (a nosotros-as)
2ª	**Te** (a ti)	**Os** (a vosotros-as) (solo en España)
3ª	**Le** (a él, a ella, a usted)	**Les** (a ellos, a ellas, a ustedes)

Recuerda que la función del objeto indirecto es recibir la acción del objeto directo.

Ejemplo:
El dentista me dio cepillos de dientes gratis.
¿Qué cosa me dio el dentista? **Respuesta:** cepillos de dientes gratis.
Cepillos de dientes es el objeto directo.
Ahora bien: *¿A quién* el dentista le dio cepillos de dientes gratis? o ¿Qué o quién recibe la acción de los cepillos de dientes? Respuesta: *a mí.*
Por tanto, el objeto indirecto que corresponde para "a mí", es *me.*

Más ejemplos de cómo localizar el objeto indirecto:

- Yo quiero pagar <u>al dentista</u> con un cheque
             OI
- Yo quiero pagar**le** con un cheque

(Nota: En español es correcto colocar el objeto indirecto y el pronombre de objeto indirecto en la misma oración aunque suene redundante.

Por tanto, es correcto decir: Yo quiero pagar**le**   **al dentista** con un cheque

                                                  Pron. OI   OI

El orden de los pronombres de objeto directo e indirecto cuando se combinan

En algunas ocasiones vas a necesitar substituir un objeto directo y un objeto indirecto al mismo tiempo.

1. El pronombre de objeto indirecto SIEMPRE se ubica ANTES del pronombre de objeto directo.

- Mi mamá **me** mandó **un recordatorio** para ir al dentista.=Mi mamá **me lo** mandó

                 OI   OD   Pron. OI Pron. OD

Para oraciones que tienen dos verbos, el orden es el mismo:

- El dentista quiere hacer**me** un **empaste** la próxima semana
- El dentista **me lo** quiere hacer la próxima semana

Cuando tienes que substituir el objeto directo y el indirecto por un pronombre respectivamente y este objeto indirecto es "le" o "les", éste cambia a "se".

> *Ejemplo:*
> - **Le** di   **la información** a **la recepcionista** = **Se la** di
>
> Pron. OI   OD   OI   Pron.OI Pron OD
>
> - El dentista **le** recomendó **a Juana** comprar buenos **cepillos de dientes** =
>
>   Pron. OI   OI   OD
>
>   El dentista **se lo** recomendó
>
>   Pron. OI Pron OD

A). Reemplaza por un pronombre. Debes reemplazar el objeto directo e indirecto por un pronombre de objeto directo o indirecto en la siguiente conversación entre Ana y su madre. Ten en cuenta que algunas veces al reemplazar el pronombre de OD y de OI, éstos se agrupan formando una sola palabra. En tal caso vas a encontrar un solo espacio para sustituir ambos pronombres:

Ana: Hola mamá. Mira, vengo del dentista y me ha dicho que tengo varias caries.

Madre: ¿Caries? ¿Cuántas tienes?

Ana: Varias, y tiene que hacerme empastes.

Madre: ¿Cuándo te 1._____ va a hacer?

Ana: La próxima semana. Tengo mucho miedo al dolor. El doctor dice que me va a poner anestesia.

Madre: Tranquila hija, en seguida que 2._____ 3._____
ponga, no vas a sentir nada.

Ana: Mamá, el doctor también dijo que si continuo teniendo tantos problemas de caries, me va a tener que extraer la muela que me duele a veces.

Madre: No hija, no va a tener que sacar 4._____, a partir de ahora vas a cepillarte los dientes religiosamente después de cada comida.

Ana: El doctor me dio unos panfletos con información sobre cómo evitar las caries.

Madre: ¿5._____ has leído ya?

Ana: No, aún no, pero los voy a leer pronto.

Madre: Sí, hija, eres muy joven para tantos problemas con los dientes. Por cierto, ¿el doctor no te dijo nada de usar hilo dental?

Ana: Pues sí, pero no 6._____ he probado nunca y parece que me van a doler las encías con el hilo dental, ¿no?

Madre: No hija, no te van a doler. Tienes que usar 7._____cuidadosamente.

Ana: Vas a ver, mamá, que voy a evitar tener caries a partir de ahora.

Madre: Sí, hija, ya verás cómo lo consigues.

B). Llena los blancos. Ha pasado una semana y Ana volvió al dentista para hacerse los empastes. Su madre le hace muchas preguntas para saber cómo fue:

Madre: ¿Te dolió mucho el empaste?

Ana: No mamá, no 1._____dolió mucho, solo un poquito

Madre: ¿Te puso una inyección?

Ana: Sí, me 2._____ puso.

Madre: ¿Te hizo alguna radiografía?

Ana: No, no me 3._____ hizo, pero tengo que volver en un mes.

Madre: ¿Te va a extraer alguna muela?

Ana: No, no me 4._____ va a extraer.

Madre: ¿Te ha recomendado usar hilo dental?

Ana: Sí, me 5._____ ha recomendado.

Madre: ¿Te dio una cita ya para el mes que viene?

Ana: No, no me 6._____ ha dado aún, voy a tener que llamar por teléfono mañana....

DIÁLOGOS PROFESIONALES

Termina los diálogos. Completa los diálogos con la palabra más adecuada de la sección del vocabulario del capítulo.

Diálogo A: *Un Dolor de muelas*

Don Juan acude al dentista por un dolor muy agudo en una de las muelas. El doctor Vargas le hace preguntas a Don Juan para ver qué pasa. Adopta el rol de don Juan y contesta las preguntas que el doctor Vargas le hace a Don Juan.

Dr. Vargas: Hola Don Juan, ¿cómo está? ¿Cuál es el motivo de su visita?

(1) Don Juan: _____

Dr. Vargas: ¿Qué muela le duele? ¿Le duele mucho?

(2) Don Juan: _____

Dr. Vargas: ¿Tiene algún otro síntoma además del dolor?

(3) Don Juan: _____

Dr. Vargas: Me gustaría saber un poco los hábitos dentales que tiene?

(4) Don Juan: _____

Dr. Vargas: Muy bien en cepillarse los dientes tan frecuentemente, pero ¿usa hilo dental?

(5) Don Juan: _____

Dr. Vargas: Pues debería, es muy importante que use el hilo dental. Hay espacios que el cepillo no llega a limpiar pero el hilo dental sí…Déjeme examinarlo.

(6) Don Juan: _____

Dr. Vargas: Bueno, veo una caries en esta muela. Podríamos confirmar la caries con una radiografía, pero esta caries es muy obvia.

(7) Don Juan: _____

Dr. Vargas: Pues…tenemos que hacer un empaste.

(8) Don Juan: _____

Dr. Vargas: Bueno, le va a hacer un poquito de daño pero le voy a poner anestesia local.
El doctor Vargas le hace un empaste a Don Juan….

Dr. Vargas: Bueno, ya está listo para irse a casa. Recuérdeme todos los hábitos dentales que debe practicar para evitar otra caries…

(9) Don Juan: _____

Dr. Vargas: Muy bien, pues hágalo y no va a tener tantas caries…

(10) Don Juan: _____

Dr. Vargas: Si, venga a verme de todas formas en tres meses para hacer una revisión y para hacer una limpieza de boca para evitar la acumulación de sarro…

(11) Don Juan: _____

Dr. Vargas: Perfecto pues, nos vemos en tres meses Don Juan…

Diálogo B: *Un caso de gingivitis*

Doña María, que está embarazada de dos meses acude a la consulta del doctor Vargas porque las encías le sangran mucho y no sabe por qué. El doctor Vargas la examina y llega a un diagnóstico de gingivitis. Esta vez, vas a hacer el rol del doctor. Escribe lo que crees que el doctor Vargas le va a decir a la paciente…

(1) **Dr.Vargas**: _____

_____

Dña. María: Muy bien gracias….bueno, en realidad no muy bien…me sangran mucho las encías.

(2)**Dr.Vargas**: _____

Dña. María: Desde hace 4 meses, pero desde hace dos meses me sangran más.

(3)**Dr.Vargas**: _____

Dña. María: No, no me duelen los dientes pero siempre me sangran en cada embarazo.[16]

(4)**Dr.Vargas**: _____

Dña. María: ¿Ve alguna otra cosa en el examen?

(5)**Dr.Vargas**: _____

Dña. María: ¿Y qué puedo hacer para las encías inflamadas?

(6)**Dr.Vargas**: _____

Dña. María: Bueno, pues voy a intentar cepillarme siempre y usar el hilo dental después de cada comida.

(7)**Dr.Vargas**: _____

Dña. María: ¿Qué? ¿Gingivitis? ¿Qué es eso?

(8)**Dr.Vargas**: _____

Dña. María: Voy a hacer todo lo que me ha dicho para evitar la gingivitis…

(9)**Dr.Vargas**: _____

Dña. María: Muy bien doctora, nos vemos en dos meses….

CONEXIÓN PROFESIONAL

Le hacemos al doctor Vargas unas preguntas sobre la salud dental de los hispanos en los Estados Unidos. Lee la entrevista y piensa qué medidas concretas crees que se podrían tomar sobre los problemas que el doctor plantea.

---

16   El sangrado de encías puede ocurrir de forma muy común durante los primeros meses de embarazo.

Entrevistador: Doctor Vargas, ¿cuáles son los problemas dentales más importantes que usted ve entre los hispanos en los EEUU?

Dr. Vargas: Bueno, hay muchos y graves pero se puede resumir en dos: hay una disparidad entre aquéllos que tienen acceso a un cuidado dental y aquéllos que no, como es el caso de muchísimos hispanos. Además, hay muchas barreras a la atención dental.

Entrevistador: ¿Y cuáles son esas barreras?

Dr. Vargas: Una baja cobertura médica, es decir, pocos latinos que tienen seguro dental; barreras lingüísticas, poco conocimiento del sistema sanitario estadounidense y finalmente un alto costo de servicios dentales. Todos estos problemas no lo serían tanto si no fuera porque muchos hispanos tienen un poder adquisitivo (*earning power*) que no les permite pagar por unos servicios dentales.

Entrevistador: ¿Qué sección de la población hispana es más afectada?

Dr. Vargas: Los más afectados son los migrantes agrícolas y especialmente sus hijos… los problemas son varios. Primero, una falta de hábitos dentales adecuados así como las barreras anteriormente mencionadas; segundo, el hecho que están aislados de las ciudades y no puedan acudir a servicios médicos dentales.

Entrevistador: ¿Cuáles son las condiciones dentales más comunes?

Dr. Vargas: Caries, enfermedades periodentales (encías) y complicaciones producto de estas dos condiciones como por ejemplo piorrea.

Entrevistador: ¿Qué problemas cree que hay por parte de los latinos?

Dr. Vargas: Hay una falta de buenos hábitos dentales, cepillarse los dientes, uso del hilo dental, acudir a la consulta dental para chequeos.

Entrevistador: Por último, ¿cuáles cree que son algunas medidas de política pública para combatir todos estos problemas que usted ha mencionado?

Dr. Vargas: Bueno, primero, enfatizar la atención preventiva a través de campañas de prevención, divulgación y otros medios de comunicación que sean en español y que sean culturalmente sensibles a la población a la que va dirigida.

Segundo, aumentar la concienciación sobre la importancia de una salud dental sana en las escuelas a alumnos y a los padres de éstos por medio de charlas o actividades en el aula.

Tercero, alentar a los pacientes a ir a las consultas dentales por medio de recordatorios por correo o mensajes de texto y educar a los hispanos sobre el funcionamiento del sistema sanitario estadounidense (*Health care*) para que confíen en éste.

Por último, es necesario implementar la ley de haber traductores en los departamentos de salud y clínicas dentales federales para fomentar (*to foster*) la confianza entre dentista y paciente, aunque lo ideal sería que los mismos dentistas aprendieran español.

Entrevistador: Muchas gracias por sus palabras Doctor.

Dr.Vargas: Por nada, ha sido un placer.

Después de leer...

A). Analiza, escribe y comparte.

 Paso 1: Escribe. Después de haber leído la entrevista, analiza las respuestas del doctor Vargas y escribe en las siguientes columnas cuál es el problema o problemas que los hispanos tienen que les impide tener una salud dental satisfactoria, cuáles son las causas de los problemas del sistema sanitario estadounidense en relación a los latinos y cuáles las medidas que se pueden tomar para combatir el problema.

Problemas	Causas	Medidas

 Paso 2: Comparte. Para práctica oral, ahora comparte con el compañero o con toda la clase qué ideas escribiste.

RELATIVIDAD CULTURAL

[1] Outreach campaigns

La salud dental en los países de habla hispana se ha considerado en muchas ocasiones como algo menos importante que la salud del cuerpo. Para empezar, en muchos de estos países donde existe un sistema sanitario público, no se ha cubierto la salud dental excepto en Cuba. En España por ejemplo que sí existe un sistema sanitario público, ni siquiera los empastes están cubiertos por la seguridad médica social. Asimismo, en los países latinoamericanos que no tienen seguro médico social, el cuidado dental no es algo alcanzable para todos.

A lo anterior, podemos añadir que aparte del factor económico, la adquisición de unos buenos hábitos dentales no es algo que ni la escuela ni los padres han promocionado tanto como otros hábitos que están relacionados con el cuerpo como no fumar o no beber mucho alcohol. Por esta razón, los problemas dentales han sido un problema tan grande en algunos países latinoamericanos que el gobierno se ha visto en la necesidad de lanzar **campañas de divulgación [1]** para educar a la población, tal como se refleja en la lectura del inicio del capítulo. En España, el problema está más relacionado con una crisis económica en este país que ha dejado a muchos sin los medios para costearse unos servicios dentales, que con una falta de buenos hábitos.

[2] To be cared for
[3] It takes precedence
[4] Lack

Finalmente, en Latinoamérica existe en algunos países una escasez de dentistas que hace que no se construyan suficientes clínicas dentales o suficientes dentistas que estén dispuestos a trabajar en lugares rurales donde se encuentran grandes poblaciones indígenas.

Por todas estas razones, el dentista estadounidense con clientes hispanos se enfrenta a muchos obstáculos culturales que impiden una salud dental satisfactoria.

Aunque existen clínicas federales dentales en los Estados Unidos, la escasez de éstas y la lejanía geográfica hace que muchos hispanos que no tienen seguro médico y que podrían calificar para ser **atendidos [2]** en estas clínicas, no puedan ir. Debido a que muchos hispanos están sujetos a una situación laboral irregular por su estatus jurídico, faltar al trabajo para ir al dentista es casi un lujo. Por consiguiente, el dentista estadounidense va a tener que tener en cuenta una situación laboral que **toma precedencia [3]** a una médica, en la cual aquel va a tener que realizar ciertas acomodaciones para llevar a cabo una serie de servicios. Asimismo, muchos problemas dentales de niños hispanos se deben a una imposibilidad por parte de los padres de llevar a sus hijos al dentista para proteger un trabajo que, si existe una situación de ilegalidad jurídica, deben conservar a toda costa.

En referencia a los niños, un cambio en los hábitos culturales alimenticios ha resultado en problemas dentales para aquéllos. Es decir, la familia hispana que emigra a los EEUU, ha incorporado ciertos hábitos alimenticios no saludables, –como el incremento de azúcar y grasas en la dieta–, que no solamente han resultado en una obesidad infantil en hispanos cada vez mayor, sino en unos problemas dentales que se agregan a los médicos. La obesidad puede causar una diabetes de tipo 2, lo que puede causar a su vez una enfermedad de las encías e infecciones en éstas, algo que se llama *candidiasis bucal*. Si a esto se suma, una **carencia [4]** de unos buenos hábitos dentales de limpieza y cuidado de los dientes, el resultado es la existencia de unos problemas dentales que no solo no desaparecen sino que aumentan.

En conclusión, la cultura que se **vincula [5]** a unas prácticas dentales pobres, la *aculturación* o integración cultural de unos hispanos en EEUU en cuanto a dietas, y la situación socio económica jurídica de este individuo, así como las mismas barreras lingüístico culturales a las que se enfrenta este paciente, hace que los dientes sea una de las partes de la salud más olvidada.

A). Para profundizar. Discute con un compañero las siguientes preguntas y después compartan con toda la clase sus ideas, opiniones o comentarios.

1. ¿Cuáles crees que son algunas acciones concretas que el dentista no hispano o hispano, trabajando en un país no latino puede hacer para educar a su paciente hispano?

2. ¿Cuáles crees que son algunas situaciones concretas de muchos hispanos en países a los que éstos emigran (como EEUU) que impiden que este paciente tome control de su salud dental?

3. ¿Cuáles podrían ser algunas medidas que el gobierno del país al que los hispanos emigran, tendría que llevar a cabo teniendo en cuenta el contexto cultural de los hispanos?

4. ¿Cuáles crees que son algunos elementos culturales del país al que el hispano emigra que son perjudiciales para la salud dental?

PROYECTOS DE GRUPO

1. Diseña un panfleto informativo dirigido a los hispanos que crees que ayudaría a solucionar cualquiera de los problemas que has leído anteriormente. Por ejemplo, puedes hacer un panfleto sobre cómo cambiar los hábitos dentales de los latinos o cómo educar a las madres para que enseñen buenos hábitos a sus hijos. Piensa primero antes de diseñar el panfleto, qué objetivo general a largo plazo buscas llevar a cabo y luego otros objetivos a corto plazo que quieres conseguir, así como qué metodología y/o qué recursos vas a emplear (gráficos, psicológicos, etc...) para alcanzar a tu grupo poblacional.

2. Ve a un colegio o escuela secundaria donde hay muchos estudiantes latinos y da una clase sobre cómo adquirir buenos hábitos dentales. Haz esto preferiblemente en la clase de español en la escuela secundaria. ¿Qué reacción tuvieron tus alumnos? ¿Qué preguntas te hicieron?

3. Diseña un cuento infantil en la que cuentas la historia de un niño y su experiencia en el dentista. Encuadérnalo y distribúyelo en escuelas si es posible, o en clínicas dentales privadas o en Departamentos de Salud (*Health Departments*)

4. Haz un anuncio publicitario o comercial. Grábalo y cuélgalo en *Facebook* u otras redes sociales. Piensa qué quieres conseguir con tu comercial, piensa en las personas que necesitas, así como otros recursos (música, primeros planos, vestuario, etc...)

¡A ACTUAR!: CASOS CLÍNICOS

 Paso 1: Escribe. Elabora un diálogo entre doctor y paciente incorporando el vocabulario y la gramática de este capítulo y de otros que ya has estudiado. Asegúrate de incorporar la razón de la visita/examen físico, síntomas, tratamiento y pronóstico.

 Paso 2: Dramatiza. Ahora dramatiza estas situaciones que has escrito.

CASO CLÍNICO A: *Un caso de caries*

Mariano es un hombre de sesenta años de edad que acude a una clínica dental federal con mucho dolor. Mariano siempre ha tenido muchos problemas con sus dientes pero últimamente ha tenido dolor muchas veces y ya no puede continuar su vida normal sin quejarse del dolor continuamente. Escribe una conversación entre el dentista y el paciente. El dentista quiere saber:

1. Cuál es la causa por la que acude hoy al consultorio.
2. Los problemas previos relacionados con los dientes y con otras enfermedades que tienen un impacto en los dientes del paciente (diabetes, estado inmunológico débil) y problemas dentales específicos (dentadura postiza, caries, historial de coronas, extracción de dientes, uso de frenillos en el pasado).
3. La historia familiar dental de Mariano.
4. Los hábitos dentales del paciente (cepillado de dientes, número de veces que se cepilla al día, el uso de hilo dental).
5. La tolerancia al dolor que tiene Mariano.

El dentista le explica a Mariano después de examinarlo que le va a hacer una radiografía para detectar exactamente el problema y le explica el plan de acción durante los próximos días:

1. Primero, le va a hacer algunos empastes.
2. Luego, le va a colocar dos coronas.
3. A continuación, le va a hacer una limpieza de dientes.
4. Finalmente le va a tener que extraer dos muelas del juicio que le están provocando a Mariano bastante dolor.

Asimismo, asegúrate que incluyes en tu diálogo el rol del dentista, el cual le explicará a Mariano:

1. La importancia de cepillarse los dientes después de cada comida.
2. La importancia de acudir a las revisiones dentales frecuentemente.
3. La importancia de evitar cierto tipo de alimentos con mucho azúcar que son propensos a crear caries.
4. La importancia de usar el hilo dental después de cada comida.
5. Alguna otra cosa en la que puedas pensar que sea necesaria.

CASO CLÍNICO B: *Un caso de bulimia durante el embarazo*

Juana es una chica de dieciocho años que está embarazada y que acude al dentista por un fuerte dolor en sus dientes que se acentúa cuando come o bebe algo muy frío. Juana está de dos meses (periodo cuando pueden ocurrir trastornos *teratógenos* o malformaciones del embrión), y por tanto, es muy importante que no tome ninguna medicación a menos que esté indicada por su médico obstetra (*obstetrician*).

El dentista observa caries, indicador de una pobre salud bucal por parte de la paciente, y encías que sangran muy fácilmente, lo cual también puede ser normal durante el embarazo. No obstante, también observa una falta de esmalte importante en sus dientes. El dentista sospecha que Juana es bulímica dada su extrema delgadez y en vista de la ausencia de esmalte en sus dientes provocado por el ácido del vómito. El doctor Vargas le hace un cuestionario exhaustivo, especialmente porque el embarazo de Juana está en riesgo al no aportar los nutrientes necesarios debido a una posible condición bulímica.

Escribe un diálogo entre dentista y paciente en la que el doctor Vargas le hace varias preguntas y le informa sobre un posible diagnóstico, sobre un tratamiento y sobre el pronóstico:

1. El dentista pregunta si ha habido una pérdida de peso o ganancia de peso durante el embarazo.
2. El dentista pregunta si está siendo visitada por un médico obstetra que está controlando su embarazo.
3. El dentista pregunta si ha tenido problemas dentales previos.

4. El dentista pregunta sobre el comportamiento que la paciente tiene con respecto a la comida: qué alimentos come y con qué frecuencia.

5. El dentista intenta averiguar el perfil psicológico/emocional y le pregunta a la paciente cómo se siente con respecto a su embarazo y a los cambios estéticos de su cuerpo.

6. El dentista informa a la paciente sobre el plan de acción: tratamiento de las caries, limpieza dental, referencia a un médico obstetra si es que no está controlándose su embarazo.

7. El dentista le informa a la paciente de un posible diagnóstico de bulimia y le informa sobre el pronóstico: el dentista le va a advertir que la bulimia no solo es contraproducente (peligroso) para su embarazo sino que también puede perder todos sus dientes y requerir dentadura postiza con el tiempo.

PARTE III: EN LA CONSULTA DEL MÉDICO

LECTURA CULTURAL

CUBA: LA POLÉMICA DE UN SISTEMA NACIONAL DE SALUD[17]

[1] Confirms

El sistema sanitario en Cuba es conocido tanto por los medios de comunicación como por su propio gobierno como uno de los mejores a nivel internacional. Según el gobierno cubano, la base de su eficiencia reside en los recursos humanos –médicos, enfermeras, técnicos médicos–, más que en los tecnológicos y de infraestructura. Asimismo, el gobierno **ratifica [1]** que su sistema está en constante reforma de mejora. No obstante,

17   Carmen Muñoz. "El falso mito de la sanidad cubana." *ABC.es Internacional. Actualidad.* 17 marzo, 2013. Web. 18 junio, 2015. http://www.abc.es/internacional/20130317/abci-falso-mito-sanidad-cubana-201303161813.html

hay una discrepancia entre la publicidad e imagen que el gobierno vende y la opinión de sus ciudadanos. Según **sondeos [2]** y encuestas realizadas, las quejas van desde tener que traerse al hospital donde uno va a **ingresar [3]** la toalla, el jabón y la manta, a la del mismo maltrato por parte de un personal médico que tiene que trabajar en un sistema **sobresaturado [4]** y en el que hay una deficiencia tanto de recursos económicos como de personal médico.

Fuentes anticastristas han identificado el problema del sistema nacional de salud cubano en tres: un deterioro de los **centros hospitalarios [5]**, una inadecuada atención profesional y un déficit de personal médico.

Otras fuentes de la misma naturaleza nos informan que en realidad, no es que el sistema sanitario cubano esté en cuestión, lo que ocurre es que existe una disrepancia en cuanto no solo el trato sino a los recursos médico-tecnológicos empleados en aquéllos que tienen cierto **nivel adquisitivo [6]** económico y aquéllos que no. Así pues, los privilegiados económicamente y los turistas, son tratados mucho mejor que el resto de la población civil, que tiene que conformarse con un trato –sea humano, sea médico–, muy diferente al de la minoría privilegiada.

A este problema cualitativo se añade uno cuantitativo en la escasez de médicos que existe en la isla. Efectivamente, Cuba exporta médicos a otros países como Venezuela donde hay una mayor **escasez [7]** de este personal. El gobierno castrista argumenta que tiene un "compromiso internacional" con países vecinos cuando lo que en realidad ocurre es que este tipo de acuerdos no solo ayuda a **estrechar lazos [8]** con un país aliado comunista asimismo, sino que al mismo tiempo recibe gran cantidad de dinero del gobierno venezolano por enviar profesionales de este tipo. Por otra parte, estos mismos profesionales que emigran a Venezuela a ejercer sus profesiones, ganan en dólares, lo cual les permite regresar a Cuba después de unos pocos años con un nivel de vida mucho más alto que el que tenían antes de haberse marchado. Tanto sea si el gobierno **alienta [9]** la emigración de estos profesionales a otros países como que ellos mismos deciden marcharse, el que resulta en total desventaja es el ciudadano civil cubano.

Ante tal situación, podríamos preguntarnos cuál es la solución que le **depara [10]** a un país comunista en el que sus ciudadanos realmente no tienen otra opción que la de **atenerse [11]** a un sistema de salud deficiente en el que irónicamente el mismo gobierno contempla la salud como un derecho constitucional que debe garantizar a toda la población.

Como prueba final de un sistema sanitario cubano es la que el mismo expresidente Fidel Castro ofreció al acudir a servicios médicos internacionales para tratar su enfermedad en lugar de dar ejemplo y atenerse a los servicios médicos del propio país del que él mismo era el presidente.

A). ¿Comprendiste? Contesta las siguientes preguntas en base a la lectura con un compañero.

1. ¿Qué significa decir que Cuba tiene un sistema nacional de salud?
2. ¿Cuál es el problema del sistema nacional de salud cubano en términos generales?
3. ¿Por qué el gobierno cubano envía profesionales médicos a Venezuela? ¿Quién gana en el intercambio? ¿Quién pierde?
4. ¿Qué perspectivas crees que le depara al país en vista a la lectura?

 B). Para profundizar. Discute con un compañero las siguientes preguntas. Después, compartan con toda la clase sus ideas, opiniones o comentarios.

1. ¿Puedes nombrar algunos países en los que haya un sistema de salud social? ¿Y uno privado? ¿Has vivido en algún país donde hay un sistema de salud social? ¿Qué piensas de ello?
2. ¿Cuáles crees que son las ventajas y desventajas de un sistema o de otro?
3. ¿Crees que es mejor tener un sistema de salud social con muchos problemas o tener un sistema de salud privado que funciona muy bien pero al que no todos pueden acceder? En otras palabras, la asistencia de salud tendría que ser un derecho o un privilegio?
4. ¿Qué piensas de la situación "desprivilegiada" de la clase media en países como Estados Unidos? No pueden optar a programas como *Medicaid* por ganar más del mínimo, o a otras facilidades de un sistema de bienestar (*Welfare*), pero no pueden permitirse ciertos privilegios en materia de salud, especialmente ante la aparición de una enfermedad crónica o de una enfermedad importante que requiere un tratamiento largo como por ejemplo el cáncer. ¿Qué hace el gobierno con respecto a esta clase social?

VOCABULARIO

En esta sección tienes varios puntos importantes de vocabulario. Algunas de las tablas que encontrarás a continuación son aplicables a todos los sistemas del organismo y otras son específicas de cada sistema. Examínalo para poder aplicarlo en las conversaciones con el paciente hispano que vas a ir creando tanto en los ejercicios más adelante como en las actuaciones.

1. Los verbos

SISTEMA RESPIRATORIO	RESPIRATORY SYSTEM
Escupir	To spit
Exhalar	To exhale
Expectorar	To cough up
Inhalar	To inhale
Respirar	To breath
Roncar	To snore
Toser	To cough

SISTEMA CARDIOVASCULAR	CARDIOVASCULAR SYSTEM
Aliviar	To relieve (the pain)
Bombear	To pump (the blood)
Doler/Hacer daño	To hurt
Emperorar	To get worse (the pain)
Irradiar	To radiate (the pain)
Latir	To pound/To race (the heart)
Recetar	To prescribe (medication)
Señalar/Indicar (el dolor)	To point to (the pain)
Tomar signos vitales (presión arterial, pulso, temperatura)	To check vital signs (blood pressure, pulse, temperature)

SISTEMA GASTROINTESTINAL	GASTROINTESTINAL SYSTEM
Hacer deposiciones/ Evacuar	To pass stool/To have a bowel movement
Tener dolor	To have pain/To hurt
Tener gases	To pass gas
Vomitar	Vomitar

SISTEMA ENDOCRINO E INMUNOLÓGICO	ENDOCRINE AND INMUNOLOGIC SYSTEM
Aumentar/Perder peso	To gain/To lose weight
Estar irritable	To be irritable
Fatigarse	To become fatigued
Miccionar/Orinar	To urinate
Tener contracciones musculares	To have muscle contractions
Tener fiebre	To have fever
Tener morados	To have bruises
Sangrar	To bleed
Ver borrroso	To see blurry/To have blurred vision
Ver doble	Double vision
Ver manchas negras	To see dark spots
Zumbar los oídos	To ring (the ears)

SISTEMA GENITOURINARIO	GENITOURINARY SYSTEM
Bajar el periodo/ la regla/la menstruación	To start your period
Notar cambios (en los pechos, en el periodo)	To notice changes (breasts, period)
Tener bultos (en los pechos)	To have lumps (in the breasts)
Tener hoyuelos (en los pezones)	To have dimpled nipples
Tener llagas genitales	To have genital sores
Tener secreciones vaginales	To have vaginal secretions

2. El dolor

SISTEMA NEUROLÓGICO	NEUROLOGIC SYSTEM
Adormecer (las extremidades)	To go numb/To fall asleep
Apretar	To squeeze
Caminar de puntillas	To walk on your tiptoes
Doblar/Flexionar (brazos, piernas)	To bend (arms, legs)
Doler la cabeza	To have a headache
Estar agitado	To be agitated
Jalar/Estirar hacia sí	To pull
Levantar las cejas	To raise your eyebrows
Soltar	To release
Tener cambios bruscos de humor y de personalidad drásticos	To have sudden mood swings and drastic changes in personality
Tener convulsiones	To have convulsions
Tener delirios	To have delusions
Tener demencia	To have dementia
Tener disfagia... "me cuesta tragar"	To have dysphagia (difficulty in swallowing)
Tener distrofia muscular..."los músculos no me aguantan"	To have muscular dystrophy
Tener temblores	To have the tremors
Tener vértigo	To have vertigo
Tener vómitos "a chorro" o en escopetazos	To have projectile vomit

EL DOCTOR PREGUNTA...	EL PACIENTE PREGUNTA...
¿Dónde le duele? Señale con el dedo... *Where does it hurt? Can you point to it?*	¿Me puede recetar alguna medicación para el dolor? *Can you prescribe any medication for the pain?*
¿Qué tipo de dolor tiene? *What kind of pain do you have?*	¿Me puedo tomar hierbas para el dolor? *Can I take some herbs for the pain?*
¿Hay algo específico que le provoque dolor? *Is there anything specific that triggers this pain?*	¿Va a empeorar este dolor? *Is this pain going to get worse?*
¿Por cuánto tiempo ha tenido este dolor? *How long have you had this pain?*	¿Es normal este dolor? *Is this pain normal?*
¿Se ha intentado tomar algún medicamento por su cuenta? ¿Le ha hecho algún efecto? *Have you taken any medication on your own? Did it work?*	¿Por qué yo tengo dolor y mi vecino que tiene lo mismo no tiene? *Why do I have this pain and my neighbor who has the same illness doesn´t have pain?*
¿Ha experimentado este dolor antes? *Have you experienced this pain before?*	
¿Hay alguna postura que le alivie el dolor? *Is there any body position that alleviates/ lessens that pain?*	

3. Tipos de dolor

TIPOS DE DOLOR	TYPES OF PAIN
Agudo	*Sharp*
Constante	*Constant*
Intermitente	*Intermittent*
Lacerante/Punzante	*Stabbing/Piercing*
Leve	*Mild*
Opresivo	*Oppressive*
Sordo	*Dull*

4. Los síntomas. Observa a continuación en la columna de la izquierda que una cosa es el síntoma bajo el cual el médico conoce una circunstancia médica determinada y la otra es la forma cómo el paciente lo expresa. Algunos síntomas presentan formas lingüísticas muy coloquiales de expresión y otros no tanto.

SISTEMA RESPIRATORIO	RESPIRATORY SYSTEM
El ahogo... "Siento que me ahogo..."	*Suffocation... "I feel like I am suffocating..."*
La cianosis/La piel de color azul... "Tengo la piel como de color azul..."	*Cyanosis or bluish discoloration of the skin... "My skin has turned blue..."*
Las crepitaciones	*"Crackles"*
La dificultad para respirar... "No puedo respirar bien...Me falta el aire..."	*Difficulty breathing... "I can't breathe well..."*
El dolor en el pecho... "Me duele el pecho..."	*Chest pain... "My chest hurts..."*
La sangre en esputos (hemoptisis)... "Echo sangre cuando expectoro..."	*Blood in sputum... "I am spitting up blood..."/"Blood comes up when I spit..."*

Las sibilancias... "Escucho silbidos cuando respiro..."	*Wheezing... "I wheeze when I breathe..."*
La tos... "No puedo dejar de toser..."	*Cough... "I can't stop coughing..."*

SISTEMA CARDIOVASCULAR	CARDIOVASCULAR SYSTEM
Congestión venas cuello o hinchazón de las venas del cuello.	*Distended neck veins*
El dolor opresivo... "Siento un dolor aplastante en el pecho..."	*Crushing, squeezing, tightening pain... "I feel a crushing pain in my chest..."*
El dolor irradiado en la mandíbula, espalda y/o brazo... "El dolor se me ha extendido a la mandíbula, espalda y/o brazo..."	*Radiating pain in the jaw, back and/or arm... "The pain radiates (travels, moves) into my jaw, and/or arm..."*
La dificultad para respirar... "No puedo respirar bien...Me falta el aire..."	*Breathing difficulty... "I can't breathe well...I can't catch my breath..."*
La hinchazón en manos, pies y piernas... "Se me hinchan las manos, pies y piernas..."/"El anillo no me entra/los zapatos no me entran..."	*Swollen hands, feet, and legs... "My hands, feet and legs are swollen..."/"My ring doesn't fit me anymore..."/"My shoes don't fit anymore..."*
La indigestión... "Tengo un empacho..."/"Tengo un atiborramiento..."	*Indigestion... "I have indigestión."*
Los mareos... "Me da vueltas la cabeza..."	*Dizziness... "My head is spinning..."*

Las náuseas o los vómitos... "Me da ganas de vomintar/devolver."	Nausea or vomiting... "I throw up sometimes."
Las palpitaciones... "Siento que el corazón me va a cien por hora".	Heart palpitations... "It feels like my heart is going a hundred mph."
La sensación de muerte..."Siento que me voy a morir."	Feeling of impending death... "I feel like I am going to die."
Los soplos	Heart murmurs
La sudoración profusa..."No paro de sudar..."	Profuse sweating... "I can't stop sweating..."
La tos... "Toso un poco/bastante/mucho…"	Cough... "I cough a little/quite a bit/a lot…"

SISTEMA GASTROINTESTINAL	GASTROINTESTINAL SYSTEM
El ardor/La acidez de estómago..."Tengo mucha acidez de estómago, me quema el estómago…"	Heartburn... "My stomach is acidic, my stomach burns…"
Los calambres abdominales..."Tengo retortijones…"	Abdominal cramping... "I am cramping"/"My stomach is cramping…"
La constipación/El estreñimiento... "Me cuesta mucho ir al baño..."	Constipation... "I can't go the bathroom..."
Las deposiciones negras	Dark, black or tarry stools
La diarrea... "Voy como agua..."	Diarrhea... "It runs like wáter..."

El dolor abdominal... "Me duele la barriga..."	Abdominal pain... "My stomach hurts..."[18]
La falta de apetito (anorexia)... "No tengo hambre, he perdido el apetito…"	Poor appetite... "I am not hungry, I have lost my appetite..."
Los gases... "Tengo gases a menudo…"	Passing gas
Las heces delgadas	Pencil-like stools/ Narrow stools
Las náuseas y/o vómitos... "Tengo nauseas…"/"Devuelvo/Vomito a veces/mucho…"	Nausea and/ Vomiting... "I feel nausea…"/"I throw up sometimes/all the time..."
La plenitud abdominal (Dispepsia)... "Me siento lleno todo el tiempo…"	Abdominal fullness (Dyspepsia)... "I feel (stomach) discomfort all the time…"

SISTEMA URINARIO	URINARY SYSTEM
El dolor en la micción (Disuria)... "Me duele cuando orino/hago pipi…"	Pain at urination (Dysuria)..."It hurts when I urinate/go pee…"
El dolor en los riñones que se irradia en la espalda... "El dolor se me extiende aquí en la espalda…"	Pain in the kidneys that radiates to the back... "The pain radiates from here on my back…"
La expulsión de cálculos o arenillas... "Echo polvillo o arenilla cuando orino…"	Passing of kidney stones... "I am passing/urinating stones…"

---

18 Observa que "barriga" no es la traducción literal de "stomach", pero éstos son los términos usados verbalmente en los respectivos idiomas español e inglés para referirse a un dolor abdominal.

La incontinencia urinaria... "No llego al baño y me orino encima..."	*Urinary incontinence...* "I can't make it to the bathroom and I wet myself..."
La micción frecuente (Polaquiuria)... "Voy al baño todo el tiempo..."	*Frequent urination...* "I am going to the bathroom all the time..."
La retención de líquidos (Edema)... "La ropa, los zapatos y los anillos no me entran..."	*Fluid retention (Edema)...* "My clothes, shoes, and rings don't fit me..."
La sangre en la orina (Hematuria)... "Hago sangre en la orina..."	*Blood in the urine (Hematuria)...* "There is blood in my urine..."
La urgencia miccional... "No puedo aguantarme de ir al baño..."	*Immediate urination urge...* "I can't hold it, I always feel like I need to go to the bathroom..."

SISTEMA REPRODUCTIVO	*REPRODUCTIVE SYSTEM*
Los bochornos/Los sofocos/Los calores... "Tengo unos bochornos/calores/sofocos que no aguanto..."	*Hot flashes...* "I am having hot flashes that are unbearable..."
Los bultos/Las masas en los pechos... "Tengo como bultitos en los pechos..."	*Breast lumps...* "I have small lumps in my breasts..."
Los cambios del estado de ánimo... "Estoy irritable todo el tiempo, no soporto a nadie..."	*Changes in mood...* "I am irritable all the time, everyone bothers me..."
Las dificultades en las eyaculaciones o las erecciones dolorosas o con sangre... "No puedo mantener una erección..."	*Difficulty when ejaculating or painful ejaculations or ejaculations with blood...* "I can't keep an erection..."

El dolor en los genitales... "Me duele abajo..."	*Sores on the genitals...* "It hurts down there..."
La menstruación demasiado abundante (Hipermenorrea)... "Tengo una regla muy abundante, me viene como a chorro..."	*Abundant menstruation (Hypermenorrhoea)...* "I have a very heavy period, it just gushes out..."
El retraso de la menstruación (Amenorrea)... "Se me ha cortado la regla..."	*Delayed/Late or Short menstruation (Amenorrhoea)...* "I don't get my period anymore..."
Las secreciones genitales... "Tengo flujos por abajo..."	*Genital secretions or discharge...* "I am getting fluid down there..."

SISTEMA OSEOMUSCULAR	*MUSCULOSKELETAL SYSTEM*
El dolor articular y el dolor en la movilidad... "Me cuesta mover las manos, brazos y me cuesta caminar..."	*Joint pain and pain when moving...* "It is hard for me to move my hands, arms and it is hard for me to walk..."
El enrojecimiento de la piel de la articulación	*Skin redness at the joint*
La limitación de la movilidad... "No puedo mover las piernas o los brazos como antes..."	*Restricted mobility...* "I can't move my legs or arms like before..."
La rigidez articular matutina... "Por la mañana es imposible levantarme..."	*Morning stiffness in the joints...* "In the mornings, it is impossible to get out of bed..."
La deformidad de las articulaciones... "Se me ven las manos deformadas..."	*Deformity of the joints...* "My hands are deformed..."

Los crujidos articulares... "Me suenan los brazos o piernas..."	Creaking or grating sound in the joints... "My arms and legs crack/creak..."

SISTEMA ENDOCRINO	ENDOCRINE SYSTEM
El aumento de sed (Polidipsia)... "Tengo sed todo el tiempo..."	Increased thirst (Polydipsia)... "I am thirsty all the time..."
El aumento del hambre (Polifagia)... "Tengo hambre todo el tiempo..."	Increased appetite (Polyphagia)... "I am hungry all the time..."
El aumento o pérdida de peso... "He ganado peso...la ropa no me entra..."/ "He perdido peso, la ropa me cae..."	Gain or loss of weight... "I have gained/lost weight, my clothes don't fit me anymore."
El aumento de la micción... "Voy al baño todo el tiempo..."	Increased urination... "I am going to the bathroom all the time..."
El bocio	Goiter
Los cambios en la conducta... "Estoy más irritable, no aguanto a nadie..."	Behavioral changes... "I am very irritable, I can't stand to be around people..."
Los cambios del ciclo menstrual... "La regla se me ha desbaratado/ trastocado..."	Menstrual cycle changes... "My period has me feeling a little off-kilter/upset..."
El discurso lento... "Me cuesta hablar, hablo como lento..."	Slow speech... "I have difficulties speaking, I slurr..."
La distribución del vello anormal... "Me sale pelo donde no me tiene que salir..."	Abnormal hair growth... "Hair is growing where it shouldn't..."

SISTEMA NEUROLÓGICO	NEUROLOGIC SYSTEM
Las convulsiones	Seizures
El dolor de cabeza... "Tengo jaquecas..."	Headaches... "I get migraines..."
La debilidad... "Me siento débil..."	Fatigue... "I feel weak..."
El dolor generalizado... "Tengo mal de cuerpo, me duele todo el cuerpo..."	Overall aches, widespread pain... "I don't feel right, my whole body hurts..."
El entumecimiento... "Se me duermen los pies y las manos..."	Numbness... "My feet and hands go numb..."
La falta de entendimiento o confusión mental... "No entiendo las cosas, siempre me confundo, estoy atontado..."	Lack of understanding or confused thinking... "I have trouble understanding things, I feel confused, I am scatterbrained..."
El hormigueo... "Siento como cosquillas en los pies y manos..."	Tingling... "I feel tickling in my feet and hands..."
El mareo... "Siento que la cabeza me da vueltas..."	Dizziness... "I feel like my head is spinning in circles..."
La parálisis facial... "No puedo mover la cara...tengo la cara tonta..."/"siento la cara rara..."	Facial paralysis... "I can't feel my face...my face is droopy..."
La pérdida de conciencia... "Siento que me voy a caer redonda..."	Loss of consciousness... "I feel like I am going to pass out..."

SISTEMA NEUROLÓGICO	NEUROLOGIC SYSTEM
La pérdida de equilibrio... "No tengo equilibrio, me caigo continuamente..."	*Loss of balance... "I can't get my balance, I fall down constantly..."*
Los trastornos del habla... "Estoy tonto al hablar, no me salen las palabras..."	*Speech and language disorders... "I can't talk right, the words won't come to me..."*
La visión borrosa... "Veo borroso..."	*Blurred visión... "Everything looks blurry..."*

5. La enfermedad

EL DOCTOR PREGUNTA...	EL PACIENTE PREGUNTA...
¿Ha tenido esta enfermedad antes? *Have you had this disease before?*	**¿Qué me pasa? ¿Qué enfermedad tengo?** *What's happening with me? (What's going on with me?) What disease do I have?*
¿Tiene algún conocimiento sobre el curso de la enfermedad, síntomas, tratamiento? *Do you know anything about this disease and its progression, symptoms and treatment?*	**¿Es grave? ¿Me voy a morir de esto? ¿Me voy a quedar con secuelas?** *Is it serious? Am I going to die from this? Am I going to have any aftereffects?*
¿A qué atribuye usted la causa de esta enfermedad? *What do you think caused this disease/illness?*	**¿Es esta enfermedad contagiosa? ¿Puedo contagiar a alguien?** *Is this illness contagious? Can I infect someone else?*

¿Hay algún antecedente familiar en su familia de esta enfermedad? *Is there any family history of this disease?*	**¿Por cuánto tiempo puedo contagiar la enfermedad?** *For how long will I be contagious?*
¿De qué manera interfieren con su vida los síntomas de la enfermedad? *In what way do the symptoms of the disease interfere with your life?*	**¿Cuánto tiempo pasará antes que note una mejoría?** *How long before I will experience any improvement?*
¿Cuándo empezaron los síntomas de la enfermedad? *When did the symptoms start?*	**¿Puedo trabajar/ir a la escuela? ¿Puedo hacer vida normal?** *Will I be able to work/go to school? Will I be able to have a normal life?*
	¿Hay algo que no debiera hacer? *Is there anything that I shouldn't do?*
	¿Cuándo tengo que volver a la consulta? *When do I have to come back to see you?*

6. Las enfermedades más prevalentes por sistemas

SISTEMA RESPIRATORIO	RESPIRATORY SYSTEM
El asma *Asthma*	El asma es una enfermedad crónica que inflama y estrecha las vías respiratorias causando una dificultad en la respiración.

La bronquitis *Bronchitis*	Es una inflamación de los bronquios a causa de una infección. La bronquitis es una consecuencia de la enfermedad pulmonar obstructiva crónica[19].
El cáncer de pulmón *Lung cancer*	Es el crecimiento maligno de células en los pulmones, los cuales constituyen el foco original del cáncer.
El embolismo pulmonar *Pulmonary embolism*	Es un bloqueo súbito de una arteria pulmonar normalmente a causa de un coágulo de otra parte del cuerpo que se desprende.
El enfisema *Emphysema*	Es una enfermedad consecuencia de la *Enfermedad Pulmonar Obstructiva crónica* que consiste en la destrucción de tejido pulmonar y que resulta en una dificultad respiratoria importante.
La neumonía *Pneumonia*	Es una infección de los alveolos (una parte de los pulmones) a causa de bacterias o virus.
La tuberculosis *Tuberculosis*	Es una enfermedad infecciosa bacteriana que afecta principalmente a los pulmones.

SISTEMA CARDIOVASCULAR	CARDIOVASCULAR SYSTEM
La angina de pecho *Chest pain*	La angina es un dolor opresivo que se siente cuando el músculo cardíaco no recibe suficiente sangre.

El ataque cardíaco/El infarto *Heart attack*	Es una obstrucción del flujo de la sangre al corazón debido a grasa acumulada en forma de placas.
La insuficiencia cardíaca *Cardiac failure*	Es una afección en la cual el corazón no puede bombear suficiente sangre al resto del cuerpo.
La arritmia *Arrythmia*	Son anormalidades del ritmo cardíaco.
La HTA o Hipertensión arterial *High blood pressure*	Es el aumento de la presión de la sangre en los vasos sanguíneos debido a un aumento del líquido corporal o a un estrechamiento de los vasos sanguíneos.

SISTEMA GASTROINTESTINAL	GASTROINTESTINAL SYSTEM
El cáncer de colon *Colon cancer*	Es un crecimiento maligno de células en el colon como foco primario del cáncer.
La gastritis *Gastritis*	Es una inflamación de la mucosa que reviste el estómago a causa de un aumento de ácido clorhídrico.
La úlcera péptica *Peptic ulcer*	Es una llaga (*ulcer*) en una de las capas del estómago o duodeno a causa de una bacteria o del uso de antiinflamatorios.

---

19   La *enfermedad pulmonar obstructiva crónica* se traduce al inglés como *Chronic Obstructive Pulmonary Disease* y tiene dos formas de presentación: la bronquitis crónica y el enfisema. Aunque ambas tienen causas diferentes, ambas resultan en una obstrucción respiratoria que el paciente experimenta con una dificultad respiratoria

SISTEMA OSEO MUSCULAR	MUSCULOSKELETAL SYSTEM
La artritis *Arthritis*	Es una enfermedad en la cual hay una inflamación de las articulaciones causando movilidad limitada, dolor y a la larga una deformidad de las articulaciones.
La artrosis *Arthrosis*	Es una enfermedad que afecta el cartílago de las articulaciones produciendo limitación en la movilidad, dolor e incapacidad funcional.
Las fracturas *Fractures*	Es una ruptura de los huesos.
La osteoporosis *Osteoporosis*	Es un aumento de la porosidad de los huesos con lo que éstos se vuelven más frágiles y más propensos a fracturarse.

SISTEMA GENITOURNARIO Y REPRODUCTIVO	GENITOURINARY AND REPRODUCTIVE SYSTEM
El cáncer de próstata *Prostate cancer*	Es el crecimiento de células malignas en la próstata en el hombre.
El cáncer de mama *Breast cancer*	Es el crecimiento de células malignas en la mama. Puede afectar a hombres como a mujeres pero es muchísimo más prevalente en mujeres. Depende de cuando se detecta el cáncer, el tratamiento ofrece más o menos soluciones.

La clamidia y la gonorrea *Chlamydia and Gonorrhea*	Son enfermedades de transmisión sexual causada por la transmisión de una bacteria a través de sexo oral, vaginal o anal. Puede no producir síntomas hasta más tarde y causar los siguientes síntomas: dolor al orinar, secreciones vaginales o del pene e infertilidad entre otras manifestaciones.
El herpes genital *Genital herpes*	Es una enfermedad de transmisión sexual que se transmite mediante sexo oral, vaginal o anal. Al igual que el *SIDA*, el virus puede quedarse toda la vida en el cuerpo. La infección ocurre a brotes. Es decir, episodios en los que se presenta síntomas que luego remiten y que vuelven a aparecer al cabo de un tiempo. No hay tratamiento para este virus. Los síntomas son llagas, ampollas y secreciones que se confunden muy fácilmente con granos u otras afecciones de la piel.
La insuficiencia renal *Renal failure*	Es el fallo del sistema renal en su función de filtro para el desecho de toxinas del organismo. El tratamiento es diálisis o trasplante de riñón.
Las piedras renales *Kidney stones*	Es la existencia de piedras en varios puntos de los conductos urinarios: riñones o uréteres.

El SIDA *AIDS*	Llamado síndrome de inmunodeficiencia humana. Esta enfermedad consiste en la vulneración del sistema inmunitario mediante la adquisición de un virus que se queda en el cuerpo de por vida. A medida que el sistema inmunitario se debilita, el organismo queda expuesto a más infecciones incapaces de combatir sin tratamiento, llamadas infecciones oportunistas.

SISTEMA NEUROLÓGICO	*NEUROLOGIC SYSTEM*
El accidente cerebro-vascular/El derrame cerebral (El *Ictus*)[20] *Stroke*	Es una interrupción del torrente sanguíneo en los vasos sanguíneos del cerebro a causa de un coágulo en éstos o de una ruptura de éstos.
El alzheimer *Alzheimer's disease*	Enfermedad neurode-generativa en la que se produce una muerte de las neuronas y que se caracteriza por una pérdida de la memoria inmediata y otras capacidades mentales.
La meningitis *Meningitis*	Es una infección que puede ser causada por una bacteria o un virus que produce una inflamación de las meninges y de la médula espinal.
El traumatismo craneoencefálico *Head injury*	Es una lesión de la médula espinal a causa de una fuerza traumática externa.

7. Las enfermedades y las vacunas

La culebrilla	*Herpes Zoster*
La difteria	*Diphteria*
La hepatitis	*Hepatitis*
Las paperas	*Mumps*
El papilomavirus humano	*Human Papillomavirus (HPV)*
La poliomelitis	*Poliomyelitis*
La rabia	*Rabies*
El sarampión	*Measles*
La tos ferina	*Whooping cough*
La varicella	*Chickenpox*

8. Preguntas sobre las pruebas diagnósticas

EL DOCTOR PREGUNTA...	EL PACIENTE PREGUNTA...
¿Se ha hecho esta prueba alguna vez antes? ¿Cuántas veces? *Have you had this test done before? How many times?*	**¿Qué prueba es esta? ¿Cómo se llama?** *What test is this? What is the name of it?*
¿Sabe cómo funciona? ¿Le han explicado antes? *Do you know how it works? Have they explained it to you before?*	**¿Por qué tengo que hacerme esta prueba?** *Why do I have to have this test done?*
¿Sabe para qué sirve? *Do you know what it is for?*	**¿Me va a doler?** *Is it going to hurt?*
	¿Para qué sirve esta prueba? *What is this test for?*

---

20 El término ictus solo se utiliza en España y es un término coloquial.

EL DOCTOR PREGUNTA...	EL PACIENTE PREGUNTA...
	¿Cuántas veces me voy a tener que hacer esta prueba? *How many times am I going to have this test done?*
	¿Qué pasa si sale positiva/negativa? *What happens if the test comes out positive/negative?*
	¿Es una prueba muy cara? *Is it a very expensive test?*
	¿Dónde me tengo que hacer esta prueba? *Where do I have to have this test done?*

9. Las diferentes pruebas diagnósticas más comunes por sistemas que vas a tener que explicarle a tu paciente

PRUEBAS DEL SISTEMA RESPIRATORIO	EL OBJETIVO DE ESTA PRUEBA ES...
Auscultación con el estetoscopio *Auscultation with the stethoscope*	El médico coloca el extremo del estetoscopio sobre el pecho del paciente y el objetivo es la detección de sonidos anormales cuando el paciente inhala o exhala como por ejemplo sibilancias o crepitaciones.
La broncoscopia *The bronchoscopy*	Sirve para detectar enfermedades respiratorias mediante la visualización de las vías aéreas o introducción de un tubo por la boca hasta los pulmones.
La gasometría *An arterial blood gas test*	Es la extracción de sangre arterial para ver la cantidad de oxígeno que se tiene en las arterias para comprobar que la sangre que va al corazón lleva suficiente oxígeno para luego ser bombeada al resto del organismo.
El examen de la función pulmonar o la espirometría *Pulmonary function test or spirometry*	Son unas pruebas que miden tanto la capacidad pulmonar para inhalar y exhalar aire así como para movilizar el oxígeno de ese aire desde los pulmones hasta las células del resto del organismo.
Los rayos x *X rays*	La radiografía es una imagen del tórax (corazón, pulmones, vías respiratorias) para ver anormalidades anatómicas, o sea, formas raras o anormales de estos órganos.
La tomografía computarizada *CT scan*	Es una máquina que emite rayos X para crear imágenes de una parte del cuerpo en específico y ver si se detectan problemas.

PRUEBAS DEL SISTEMA CARDIO-VASCULAR	EL OBJETIVO DE ESTA PRUEBA ES...
El cateterismo *Catheterization*	Introducción de un catéter o tubo por una arteria del brazo o de la ingle mediante el uso de un contraste que permite ver el trayecto del catéter por dondequiera que pasa, normalmente hasta el corazón. Sirve para medir el oxígeno en ciertas partes del corazón, medir la presión en las cámaras (aurículas y ventrículos) del corazón, tomar muestras de sangre o detectar estrechamientos de los vasos sanguíneos.
La angiografía *Angiography*	Es la visualización de las arterias cardiacas por medio de cateterismo o inserción de un catéter a las arterias del corazón. Se utiliza para detectar placas de ateroma o grasa.
La angioplastia *Angioplasty*	La angioplastia es la apertura de un estrechamiento de alguno de los vasos sanguíneos del corazón mediante un cateterismo y colocación de un *stent*.
La coronariografía *Coronariography*	Prueba que sirve para examinar las arterias coronarias (del corazón) mediante la introducción de un catéter que llega al corazón. Se inyecta un contraste o líquido de color en el catéter que permite ver el recorrido del catéter.
El ecocardiograma *Echocardiogram*	Es un examen en el que se utilizan ondas sonoras para crear imágenes del corazón.
El eletrocardiograma *Electrocardiogram (EKG,ECG)*	Una prueba que registra la actividad eléctrica del corazón y detecta las lesiones del músculo cardíaco.

La prueba de esfuerzo (ergometría) *Stress Test*	Prueba en la que se reproduce el esfuerzo y se registra el nivel de tolerancia al ejercicio físico para detectar posibles alteraciones y limitaciones del corazón.
La tomografía *Tomography*	Prueba que sirve para analizar el flujo o recorrido de la sangre entre el corazón y las arterias que van a éste.

PRUEBAS DEL SISTEMA GASTRO-INTESTINAL	EL OBJETIVO DE ESTA PRUEBA ES...
El examen abdominal *Abdominal examination*	El médico o doctor presiona el abdomen del paciente para detectar posibles masas abdominales.
El examen rectal *Digital rectal examination*	El médico o doctor examina el recto del paciente mediante el tacto digital para revelar la presencia de masas en pacientes con cáncer rectal. Esta prueba no detecta el cáncer de colon.
El examen de sangre oculta en heces (SOH) *Fecal/Stool occult blood test*	Es una prueba para detectar pequeñas cantidades de sangre en las heces, lo que podría ser indicio de cáncer de colon.
La colonoscopia *Colonoscopy*	Es un examen del intestino grueso o colon mediante una endoscopia o una pequeña cámara anexada a un tubo que se introduce en el cuerpo para llegar al colon. El paciente está sedado y la preparación implica una limpieza de los intestinos mediante ingesta de líquidos los dos días antes y la aplicación de enemas rectales.

La gastroscopia *Gastroscopy*	Es un procedimiento diagnóstico mediante endoscopia o introducción al paciente de un tubo por la boca (con anestesia). Este tubo tiene en el extremo una cámara y llega hasta el estómago y al intestino delgado para ver alteraciones anatómicas, masas y cuerpos extraños.

PRUEBAS DEL SISTEMA ENDOCRINO	EL OBJETIVO DE ESTA PRUEBA ES...
El análisis de sangre y de orina *Blood and urine test*	Sirve para detectar el nivel de glucosa en sangre u orina.
El examen físico *Physical examination*	El doctor va a examinar y hacer preguntas al paciente sobre cambios en peso, cambios en la distribución de grasas y de vello, cambios sensoriales, acumulación de líquidos, cambios de comportamiento, del apetito, de la capacidad de controlar el estrés, de si existe inflamación y de cambios de estados anímicos como depresión.
Los niveles plasmáticos de hormonas *Plasma levels of hormones*	Sirve para detectar los cambios de niveles en ciertas hormonas, tanto por exceso como por defecto.
Las pruebas radiológicas (imágenes de ciertas partes del cuerpo) *Radiologic testing*	Ejemplos de estas pruebas son: Rayos X, resonancias magnéticas, ecografías, gammagrafías. Todas estas pruebas son para proporcionar información sobre posibles alteraciones anatómicas.

PRUEBAS DEL SISTEMA GENITOURINARIO	EL OBJETIVO DE ESTA PRUEBA ES...
El análisis de orina *Urinalysis-testing, urine culture*	Esta prueba sirve para estudiar el sedimento o turbulencia de la orina. El cultivo de la orina sirve para ver si hay infección y el estudio de las células sirve para ver si hay crecimiento de tumores.
El antígeno prostático específico *Prostate-specific antigen tests* **(Prueba en el hombre)**	Es la presencia de una sustancia o antígeno en la sangre producido por las células de la próstata que está en cantidades anormales.
La biopsia *Biopsy*	Es la extracción y examen de tejidos para ver si hay células cancerosas.
La citoscopia *Cytoscopy*	Es la visualización directa del interior de la uretra, próstata y vejiga mediante una endoscopia o tubo.
La ecografía *Ultrasound scan*	Método no invasivo que permite visualizar riñones y glándulas suprarrenales (situadas en el riñón) por si hay malformaciones.
La ecografía transrectal prostática *Transrectal ultrasound*	Es la utilización de un emisor de sonidos que emite unas ondas que crean imágenes de la próstata para estudiar si hay anormalidades.
El examen rectal *Rectal examination*	Examen del recto mediante la introducción del dedo enguantado para ver si hay malformaciones, lo cual puede ser indicativo de cáncer de próstata.

La exploración mamaria *Medical examination of the breasts*	Es la exploración de los pechos de la mujer mediante la inspección y palpación para ver si hay formación de masas anormales.
La mamografía *Mammogram*	Es el examen y visualización de las mamas mediante la producción de imágenes de éstas.
La radiología simple de los riñones *Plain X-rays*	Los rayos X sirven para tomar imágenes de los órganos urinarios.
La resonancia magnética de los riñones *Magnetic resonance*	Es una prueba que permite ver si hay anomalías en la morfología o anatomía, en la fisiología o funcionamiento y en la patología (condiciones anormales) de los órganos urinarios.
La urografía *Intravenous urography*	Son imágenes radiológicas del riñón, vías urinarias y vejiga para detectar anormalidades.

PRUEBAS DEL SISTEMA OSEO MUSCULAR	EL OBJETIVO DE ESTA PRUEBA ES...
El análisis de orina y sangre *Blood test/Urine culture*	Examen de orina y sangre que sirve para detectar si hay fósforo y calcio en la orina y sangre como ocurriría en la enfermedad de la osteoporosis.
La artroscopia *Arthroscopy*	Es una prueba en la que se introduce un aparato óptico en una articulación para observar la superficie de los huesos.

PRUEBAS DEL SISTEMA OSEO MUSCULAR	EL OBJETIVO DE ESTA PRUEBA ES...
La biopsia muscular *Muscle biopsy*	Es la extracción y examen de una muestra del tejido muscular para ver si hay trastornos neuromusculares.
La densitometría *Densitometry*	Detecta la densidad del hueso en enfermedades como la osteoporosis.
La gammagrafía ósea *Bone scan*	Es la introducción de un elemento radioactivo en los huesos para diagnosticar tumores óseos.

PRUEBAS DEL SISTEMA NEUROLÓGICO	EL OBJETIVO DE ESTA PRUEBA ES...
El análisis de sangre *Blood test*	Extracción de sangre para ver los niveles de ciertas sustancias del cerebro que podrían indicar infección.
La angiografía *Angiography*	Sirve para detectar bloqueos u obstrucciones de venas o arterias en el cerebro. Se coloca un catéter por una arteria del cuello que llega a las arterias cerebrales para diagnosticar accidentes vasculares cerebrales o tumores cerebrales.
La ecografía cerebral (Ej: la tomografía computada, La resonancia magnética) *CAT scan, MRI (Magnetic resonance)*	Es la obtención de imágenes para detectar tumores, malformaciones de vasos sanguíneos o hemorragias.

La electroencefalografía *Electroencephalography*	Sirve para detectar la actividad eléctrica del cerebro con el objetivo de diagnosticar trastornos convulsivos, tumores o trastornos psiquiátricos.
Las imágenes ultrasónicas *Ultrasonic imaging*	Es la emisión de ondas sonoras mediante las que se obtienen imágenes para analizar el flujo sanguíneo cerebral, con el objetivo de diagnosticar accidentes cerebrovasculares o tumores cerebrales.
Las pruebas genéticas *Genetic tests*	Sirven para detectar enfermedades neurológicas que se han heredado genéticamente de los padres de uno. Las pruebas más comunes son la amniocentesis y el ultrasonido uterino. Una de las enfermedades más comunes que se detectan con estas pruebas es la *espina bífida*.
La punción lumbar *Lumbar puncture/ Spinal tap*	Es la extracción de líquido cefalorraquídeo del cerebro con el propósito de disminuir la presión cerebroespinal o para el diagnóstico de meningitis.

10. Las medicaciones

EL DOCTOR PREGUNTA...	EL PACIENTE PREGUNTA...
¿Conoce esta medicación? ¿Ha tomado antes esta medicación? *Are you familiar with this medication? Have you taken this medication before?*	**¿Qué medicación es esta?** *What kind of medication is this?*
¿Sabe para qué sirve? *Do you know what it is for?*	**¿Para qué sirve?** *What is it for?*
¿Sabe que hay efectos secundarios? *Do you know about the side effects?*	**¿Por cuánto tiempo me la tengo que tomar?** *For how long do I have to take it?*
¿Se está tomando alguna medicación por cuenta propia? *Have you self medicated?*	**¿Cómo me la tengo que tomar?** *How do I have to take it?*
¿Se ha tomado alguna medicación de venta libre? *Have you taken any over the counter medications?*	**¿Me puedo tomar lo mismo que mi vecino/amigo se está tomando?** *Can I take the same medication as my neighbor/friend?*
¿Ha tomado algún otro remedio aparte de medicación? *Have you taken any other remedies?*	**¿Hay alguna medicación más barata que ésta? ¿Existe una versión genérica del medicamento?** *Is there any medication cheaper than this? Is there a generic brand?*
¿Ha entendido cómo se tiene que tomar esta medicación? *Have you understood how you have to take this medication?*	**¿Qué pasa si me olvido de tomarla una vez?** *What happens if I forget to take the medication once?*
	¿Cuánto tiempo va a pasar antes que note mejoría con esta medicación? *How long before I experience an improvement as a result of taking this medication?*

11. Acerca de los medicamentos

TIPOS DE MEDICAMENTOS	MEDICATION TYPE
Los analgésicos/ Los calmantes *Analgesics/Pain killers*	Sirven para calmar el dolor
Los antiácidos *Antiacids*	Sirven para disminuir el ácido del estómago
Los antibióticos *Antibiotics*	Sirven para combatir las infecciones
Los antidepresivos *Antidepressants*	Sirven para combatir la depresión
Los antidiarreicos *Antidiarrheal*	Sirven para cortar la diarrea
Los antiinflamatorios *Anti-inflammatory drugs*	Sirven para reducir la inflamación
Los antihistamínicos *Antihistamines*	Sirven para combatir las alergias
Los antipiréticos *Antipyretic*	Sirven para combatir la fiebre
Los antisépticos *Antiseptics*	Sirven para combatir el crecimiento de bacterias
Los antitusígenos *Cough suppressant*	Sirven para reducir la tos
Los antivirales *Antiviral drugs*	Sirven para combatir los virus que provocan enfermedades
Los broncodilatadores *Bronchodilators*	Sirven para abrir las vías aéreas y respirar mejor
Los diuréticos *Diuretics*	Sirven para producir orina o micción
Los expectorantes *Expectorants*	Sirven para facilitar la eliminación de mucosidad
Los laxantes *Laxatives*	Sirven para provocar la evacuación intestinal
Los mucolíticos *Mucolytics*	Sirven para reducir la producción de mucosidad

12. Administración de los medicamentos

LAS FORMAS DE ADMINISTRACIÓN	METHODS OF ADMINISTRATION
Antes de cada comida	*Before each meal*
Cada cuatro horas	*Every four hours*
Con las comidas	*With meals*
En ayunas	*On an empty stomach*
Entre comidas	*Between meals*
Parches	*Patches*
Por vía intravenosa o "por vena"	*Intravenous use*
Uso tópico	*Topical use*
Vía inhalatoria	*By inhalation*
Vía oral o "por boca"	*By mouth*
Vía rectal	*By rectum*

13. Medidas de conversión. Es muy común en las culturas hispanas usar medidas diferentes al sistema de conversión estadounidense. Aquí tienes el equivalente.

1 metro (*meter*)	1.0936 yardas (*yards*)
1 centímetro (*centimeter*)	0.39370 pulgadas (*inches*)
1 milímetro (*mililiter*)	0.033814 onzas (*ounces*)
1 litro (*liter*) **o 4 vasos**	1.33814 onzas (*ounces*) approximately 4 cups
1 cucharada sopera	1 tablespoon
1 cucharadita	1 teaspoon

A). Correspondencias. Empareja una palabra de la columna de la izquierda en español con una de la columna de la derecha en inglés.

_____	**1.** Expectorar	**a.** *To hurt*
_____	**2.** Toser	**b.** *To evacuate*
_____	**3.** Bombear	**c.** *To have delusions*
_____	**4.** Latir	**d.** *To ring (the ears)*
_____	**5.** Hacer deposiciones	**e.** *To cough*
_____	**6.** Sangrar	**f.** *To have vaginal secretions*
_____	**7.** Zumbar los oídos	**g.** *To cough up*
_____	**8.** Tener secreciones vaginales	**h.** *To pump*
_____	**9.** Adormecer	**i.** *To go numb*
_____	**10.** Doblar/Flexionar	**g.** *To pound/To race (the heart)*
_____	**11.** Tener delirios	**k.** *To bend*
_____	**12.** Doler (le a uno)	**i.** *To bleed*

B). ¿A qué síntomas se está refiriendo el paciente? Estás traduciendo para el doctor y el paciente te explica los síntomas que tiene. Con un compañero adivinen cuál es el síntoma al que se está refiriendo el paciente.

> *Ejemplo:*
> *Ana dice que le suenan los brazos y piernas....*
> *El doctor entiende que Ana tiene **crujidos articulares**.*

B.1) El Sr. González se queja de:
1. Hacer sangre al orinar _____
2. No llegar al baño a tiempo _____
3. Que los zapatos no le entran _____
4. Que echa polvillo cuando orina _____

B.2) Doña Juana le dice a su doctor:
1. Que tiene un dolor aplastante _____
2. Que sintió que se iba a morir _____
3. Que no le entra el anillo en su dedo _____
4. 4. Que le falta el aire como cuando tuvo un ataque de corazón _____

B.3) Ana explica a la enfermera que:
1. Le duele abajo _____
2. Tiene flujos por abajo _____

3. Se le ha cortado la regla _____

4. Tiene unos calores inaguantables _____

B.4) Juanito le cuenta a su traductor que:

1. Tiene mal de cuerpo _____

2. La cabeza le da vueltas _____

3. Se encuentra como atontado _____

4. Siente la cara rara sin poder moverla bien _____

5. Tiene un cosquilleo en los pies todo el tiempo _____

C). ¿Qué enfermedad es? Lee las siguientes descripciones y adivina qué enfermedad es.

1. Es una enfermedad crónica que consiste en un estrechamiento y constricción de las vías respiratorias causando una dificultad en la respiración.

_____

2. Es una enfermedad infecciosa bacteriana que afecta principalmente a los pulmones y puede estar latente durante muchos años.

_____

3. Es una afección que ocurre cuando el corazón no puede bombear suficiente sangre al resto del cuerpo.

_____

4. Es una inflamación de la capa que reviste el interior del estómago a causa de un aumento del ácido clorhídrico.

_____

5. Es una inflamación de las articulaciones que causa dolor, movilidad limitada y deformidad de éstas.

_____

6. Es una enfermedad venérea causada por una bacteria cuyos síntomas son secreciones vaginales, dolor al orinar, y que puede causar infertilidad.

_____

7. Es la falta de flujo sanguíneo al cerebro a causa de un coágulo o de la ruptura de algún vaso sanguíneo cuya manifestación más común es la parálisis de la mitad del cuerpo.

_____

D). ¿Para qué sirven estas pruebas? Algunos de tus pacientes van a someterse a varias pruebas diagnósticas y tienes que explicarles en tus propias palabras y en un lenguaje entendible lo que son y para qué sirven. Escribe cómo les explicarías.

1. Una broncoscopia

_____

_____

_____

2. Una colonoscopia

_____

_____

_____

3. Un cateterismo

_____

_____

_____

4. Una gastroscopia

_____

_____

_____

5. Una biopsia

_____

_____

_____

E). Medidas de conversión. Contesta las preguntas que se proponen a continuación calculando la medida equivalente según la información que se proporciona en el capítulo sobre las medidas de conversión.

1. El doctor aconseja a doña Juana, la cual ha tenido piedras en los riñones, beber aproximadamente 62 onzas de agua al día. ¿Qué cantidad de agua el médico tendría que decirle en mililitros o en vasos para que lo pueda entender?

_____

2. El Sr. Pérez, el cual acaba de tener un episodio de angina de pecho, no puede caminar mucho porque se cansa cuando camina 55 yardas. El doctor, el cual sabe que probablemente el señor Pérez no conoce las yardas, le pregunta cuántos metros camina antes de cansarse. ¿Cuántos metros le dice el paciente al doctor que camina antes de cansarse?

_____

3. El doctor encontró en uno de los senos de la señora García un tumor de 1.18 pulgadas. ¿Cuántos centímetros tendría que decirle el doctor que mide el tumor de la señora García para que ésta pueda entenderlo?

_____

GRAMÁTICA EN CONTEXTO

EL MODO SUBJUNTIVO: Oraciones nominales, adjetivales y adverbiales con los tiempos del presente, imperfecto y pluscuamperfecto

1. El subjuntivo se usa principalmente en oraciones subordinadas. Es decir, aquellas oraciones que dependen de una oración principal para tener sentido.
2. Existen tres tipos de oraciones con el subjuntivo: nominales, adjetivales y adverbiales.
3. Entre oración principal y oración subordinada, se requiere el uso de la conjunción *que*.
4. El subjuntivo se usa cuando el sujeto de la oración principal y subordinada son diferentes. Si ambas oraciones tienen el mismo sujeto, entonces se usa el infinitivo en la oración subordinada en lugar del subjuntivo.

> **Ejemplo:**
>
> INCORRECTO: *Yo quiero **que yo salga** negativa para la prueba de tuberculosis.*
> CORRECTO: *Yo quiero **salir** negativa en la prueba de la tuberculosis.*

Oraciones nominales

Son aquellas en las que las oraciones subordinadas funcionan como un sustantivo; es decir, funcionan como un objeto directo. (OP= oración principal, OS= oración subordinada).

> **Ejemplo:** _Quiero_   _medicinas para el dolor._
> **Verbo/OP**   **Objeto directo/OS**
>
>   _Quiero_   _que me den medicinas para el dolor._
> **Verbo/OP**   **Objeto directo/ OS**

En las oraciones nominales se utilizan ciertos verbos "especiales" o expresiones. Estos verbos "especiales" transmiten la imposición de una voluntad de una persona a otra persona o a un objeto; una emoción; una duda o una negación. Los verbos con los que se usan el subjuntivo en este caso son:

- expresiones de emoción (_**alegrarse, entristecerse, ponerse contento, lamentar, sentir, esperar, temer, avergonzarse de, encantarle (a uno), gustarle (a uno), molestarle (a uno), sorprenderle (a uno**_).
- Verbos de voluntad e influencia (_**querer, desear, necesitar, preferir, querer, insistir en, oponerse a**_)
- Expresiones impersonales con el verbo _Ser_ y algunos adjetivos como: _**bueno, malo, mejor, fantástico, deseable, fácil, imposible, posible, difícil, increíble, curioso, probable, lástima, una pena, una lástima,**_ etc...

> **Ejemplo:** _Es una lástima+que+no_ vengas _a la fiesta_
> **Subjuntivo**

Una excepción al uso de subjuntivo en expresiones impersonales son aquellas expresiones impersonales que expresan certidumbre. Con éstas expresiones debemos usar el modo indicativo.
En este ejemplo anterior, aunque algo puede pasar que no se cure, existe certidumbre en la mente del hablante.

> **Ejemplo:** _Es cierto que, es verdad que, es seguro que...voy a curarme._

Oraciones adjetivales

Las oraciones adjetivales son aquellas cuya oración subordinada funciona como un adjetivo. La función de un adjetivo es describir un sustantivo o nombre. La oración subordinada (que requiere el subjuntivo) describe o dice algo sobre un sustantivo que está en la oración principal y al que se le llama *antecedente*.

Además, recuerda que el subjuntivo en las oraciones adjetivales se usa cuando algo no existe o no existe todavía. Es decir cuando hay cierta incertidumbre de que algo va a ocurrir. Por el contrario, cuando hay total certidumbre, usamos el indicativo.

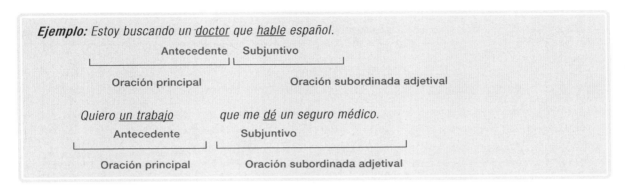

Oraciones adverbiales

Las oraciones adverbiales son aquellas oraciones cuya oración subordinada funciona como un adverbio. Un adverbio puede modificar (o describir) un sustantivo, un verbo u otro adverbio.

Cuando el verbo en la oración principal aún no ha ocurrido, utilizaremos el subjuntivo para el verbo de la oración subordinada. Por el contrario, cuando el verbo de la oración principal ya ha ocurrido o es un hecho, entonces utilizaremos el indicativo.

Observa las siguientes expresiones adverbiales si se usan con el modo Indicativo o Subjuntivo:

SIEMPRE SUJUNTIVO		SUBJUNTIVO O INDICATIVO	
Para que	So that/In order to	Cuando	When
A fin de que	So that	Apenas	As soon as
A menos que	Unless	En cuanto	As soon as
Salvo que	Unless	Tan pronto como	As soon as
A no ser que	Unless	Aunque	Although
Antes de que	Before	A pesar de que	Despite
Con tal de que	As long as/ Provided that	Después de que	After
Sin que	Without	Mientras	While
En caso de que	In case of	Hasta que	Until

A). El subjuntivo en oraciones nominales. Llena los huecos con el verbo en subjuntivo o en indicativo en los siguientes diálogos.

CASO CLÍNICO: El Dr. Smith tiene un paciente mexicano, don José, que no habla nada de inglés y viene a la consulta a causa de los siguientes síntomas: **dificultad respiratoria** que aumenta cuando hace ejercicio, **respiración jadeante** (*Wheezing*) y **tos**. El médico le hace preguntas para intentar averiguar qué tiene don Juan. Rellena el diálogo entre doctor y paciente utilizando **el tiempo verbal adecuado** de los verbos que se proporcionan en parétesis:

DIÁLOGO 1: *Explicando síntomas y pruebas diagnósticas*

Dr. Smith: Buenos días, don Juan. ¿Cómo se encuentra hoy?

Don Juan: No muy bien, me (**costar**) 1._____ mucho respirar. Me canso enseguida, especialmente cuando trabajo. Hay días que no (**poder**) 2._____ ir a trabajar. Doctor, ojalá me (**poder**) 3._____ dar algo para poder respirar mejor.

Dr. Smith: ¿Cuánto tiempo lleva con estos síntomas? Además, quiero saber si fuma.

Don Juan: No, (**dejar de**) 4._____ fumar hace un año y volví a fumar hace cuatro meses. Llevo sin poder respirar bien durante unos tres meses.

Dr. Smith: Bueno, necesito (**hacer**) 5._____ le unas pruebas; una radiografía de tórax, unos exámenes de función pulmonar y un análisis de sangre. Quiero que (**venir**) 6._____ enseguida que lo llamen de la clínica para hacerse estas pruebas.

DIÁLOGO 2: *Dando recomendaciones*

No es bueno que (**cansarse**) 7._____, y sobre todo es muy importante que no (**fumar**) 8._____. Además es esencial que (**aprender**) 9._____ a toser correctamente y que (**respirar**) 10. _____ hondo y que (**exhalar**) 11._____ por la boca. También (**beber**) 12. _____ dos litros de agua, unos 8 vasos, para hacer las secreciones más líquidas. Don Juan, si fuma y no hace lo que le aconsejo, es probable que (**emperorar**) 13._____.

DIÁLOGO 3: *Reflexiones del paciente*

Don Juan: Doctor, muchas gracias. Si (**saber**) 14._____ antes que usted hablaba español, habría venido antes a la clínica. Mi vecino paisano mexicano también, me dijo que (**venir**) 15._____ a esta clínica porque habían doctores que hablaban el español.

Dr. Smith: Me alegro que (**sentirse**) 16._____ cómodo viniendo aquí, pero no (**olvidarse**) 17._____de hacer todo lo que le he dicho.

Al cabo de unos días don Juan vuelve a la consulta para los resultados de las pruebas y el médico le diagnostica **enfermedad pulmonar obstructiva crónica**...

DIÁLOGO 4: *Los resultados de las pruebas llegaron*

Dr. Smith: Hola otra vez, don Juan. ¿Cómo se encuentra en el día de hoy?

Don Juan: Finalmente (**dejar de**) 18._____ fumar definitivamente y todos los días (**beber**) 19._____ los dos litros de agua que usted me (**recomendar**) 20._____. También, intento no cansarme pero en general no creo que (**mejorar**) 21._____.

Dr. Smith: Don Juan, los resultados de las pruebas ya (**llegar**) 22._____ y usted tiene una enfermedad obstructiva crónica. Esto significa que usted (**tener**) 23._____una inflamación y una constricción de las vías aéreas. Esta es la razón por la que usted no puede respirar bien.

DIÁLOGO 5: *El tratamiento*

Dr. Smith: Quiero que (**tomarse**) 24._____ esta medicación. Esto hará que las vías aéreas (**abrirse**) 25._____. ¡Ah! Y es evidente que no (**deber**) 26._____ fumar nunca más, porque si fuma otra vez, usted (**empeorar**) 27._____. Si no hubiera empezado a fumar hace cuatro meses, seguramente (**no tener**) 28._____ tanta dificultad en respirar.

También le daré antibióticos para (**evitar**) 29._____ posibles infecciones e inhaladores de esteroides para que la inflamación (**reducirse**) 30._____.

No deje de tomarse todo esto a menos que (**terminar**) 31._____ el tratamiento durante dos semanas. Entonces, en dos semanas, (**volver**) 32._____ a verme y veremos cómo se encuentra.

Don Juan: Muchísimas gracias, doctor. Me (**asegurar**) 33. _____ de hacer todo lo que me ha dicho.

B). El subjuntivo con cláusulas adverbiales: condición, propósito e incertidumbre. Alguna de estas situaciones son demandas (*lawsuits*) y otras son situaciones muy corrientes en el sistema sanitario en relación con el paciente hispano. Léelas y escribe **tú opinión o reflexión** que puedas hacer sobre ellas. Usa el subjuntivo o indicativo según convenga.

> *Ejemplo:* Una mujer de setenta años va a una consulta a causa de un dolor en la cadera. El doctor le hace rayos X y le dice que debe hacerse un reemplazo de cadera. Después de la operación, la paciente continúa con el mismo dolor y desarrolla una infección en la zona. La paciente se queja de que el doctor le había dicho que podían haber complicaciones en cualquier operación quirúrgica pero no la había avisado específicamente de un posible riesgo de infección. La paciente presenta una demanda contra el cirujano.
>
> 1. Ella **puso** la demanda solo para que el doctor le **pagara** dinero.
> 2. Ella **puso** la demanda **cuando** se **dio** cuenta que **podía** ganar dinero del caso.
> 3. El juez **falló** (ruled) a favor de la paciente y le **dio** el derecho a una compensación a **pesar de que** su demanda **fuera** ridícula.

CASO CLÍNICO 1: Una mujer mexicana a la que se le iba a hacer una cesárea a las siete de la mañana acude al hospital sin estar en ayunas. Ella dice que las instrucciones preoperatorias no decían en español lo importante que era que ella estuviera en ayunas a partir de las doce de la noche anterior. Cuando llega por la mañana y la enfermera le pregunta si está en ayunas y ella dice que no, la paciente quiere demandar al hospital porque se tuvo que posponer su cesárea al día siguiente y su esposo que la acompañaba no pudo trabajar ese día. (Los hospitales que reciben algún tipo de ayuda del gobierno, deben ofrecer por ley traducción de algún tipo).

> **Ejemplo:** *El hospital dijo que no se le iba a hacer una cesárea **a menos que** la paciente **estuviera** en ayunas.*

1. _____

_____

2. _____

_____

CASO CLÍNICO 2: Un paciente peruano con un problema de hipertensión muy importante acude a urgencias con mareos, visión borrosa, dolor de cabeza, zumbidos de los oídos, sangrado por la nariz y una presión arterial de 240/180. El paciente, después de ser tratado y estabilizado, amenaza al asistente social del hospital que va a demandar a éste porque en su pasada visita a urgencias, el personal médico no dejó entrar a su mujer y no le dieron las instrucciones médicas a ella que es la persona que ayuda a su esposo con el tratamiento médico. El paciente dice que en Latinoamérica la familia siempre forma parte de las decisiones médicas y está totalmente implicada en el cuidado médico de los miembros de la familia.

> **Ejemplo:** *El traductor del hospital **hubiera tenido** que preguntarle al paciente si entendía las instrucciones **con tal de que** se **hubiera** evitado este episodio de hipertensión.*

1. _____

_____

2. _____

_____

CASO CLÍNICO 3: Un hombre acude a una consulta de medicina familiar con los siguientes síntomas: falta de apetito, inquietud e insomnio. La paciente se comunica con el médico a través de un traductor (no profesional, lo cual es bastante común). El paciente le dice al traductor que tiene un "mal de ojo" y el traductor le traduce al médico con las siguientes palabras: "he is complaining that his eye hurts". El médico pregunta cuál de los dos ojos y el paciente responde al traductor sin una respuesta específica. El médico examina los ojos del paciente y no ve nada anómalo aunque lo nota muy ansioso. El médico envía al paciente a casa y lo refiere a un oculista.

> **Ejemplo:** El traductor no entendió al paciente **cuando** éste le **dijo** que tenía mal de ojo.

1. _____
_____

2. _____
_____

CASO CLÍNICO 4: Don Marcos, un paciente puertorriqueño de 55 años de edad, acude a su consulta periódica del médico con su mujer por presentar una EPOC (*enfermedad pulmonar obstructiva crónica*). Los síntomas que presenta son: dificultad respiratoria, tos, sensación de ahogo, pérdida de peso e hinchazón (por la insuficiencia cardíaca que desarrolla). El médico pregunta a don Marcos si está fumando, a lo que el paciente contesta que no y su esposa lo contradice diciéndole al médico que su marido, en efecto, sí está fumando. Cuando don Marcos escucha esto, le dice a su mujer gritando y en tono amenazador: "*Cállate mujer, mejor hubiera sido que te hubieras quedado en casa, la próxima vez no vas a venir conmigo*". El médico le dice a don Marcos que en este país o en este hospital no se toleran gritos y amenazas de esta manera, a lo que don Marcos le contesta: "*es mi mujer y le digo lo que quiero*".

> **Ejemplo**: Don Marcos estaba tranquilo **hasta que** su mujer lo **contradijo**.

1. _____
_____

2. _____
_____

Existen normas o ideas sobre la salud y el cuerpo que se mantienen en una cultura y que dictan de alguna manera unos comportamientos en referencia a la salud y al cuerpo de uno. A continuación puedes leer sobre algunas de ellas.

Las enfermedades venéreas o de transmisión sexual

La cultura sexual es aún un tabú en muchas culturas y ámbitos. La tendencia a no utilizar condones con la pareja, particularmente cuando existe una relación supuestamente estable y monógama por al menos una de las dos partes, puede acarrear la transmisión de enfermedades venéreas. Para la pareja desprevenida, existe una confianza hacia la otra persona mediante la cual no se cuestiona la posible promiscuidad sexual del compañero o compañera. En definitiva, el usar condones significaría que existe una falta de confianza en la pareja, que de alguna manera pondría en peligro no solo la integridad de ésta, sino que cuestionaría una serie de normas culturales machistas que aún permanecen en algunos ámbitos. Estos mismos ámbitos o entornos en los que aun perdura el machismo, de alguna manera trascienden fronteras socio-económicas y culturales y pueden afectar a individuos de cualquier nacionalidad o clase social.

En definitiva, a algunas personas no les gusta usar condones, por eso puede ser práctico plantear su uso desde antes de empezar a tener relaciones. De hecho, al usar un condón proteges tanto tu salud como la de tu pareja también. Además, llegar a un acuerdo de antemano disminuye la presión de "solo por hoy"[21] u otros problemas como alergias a ciertos tipos de materiales de los cuales están hechos algunos condones.

La dieta y hábitos de ejercicio

Los hispanos que llegan a los Estados Unidos llegan con unos hábitos alimenticios que incluyen verduras, legumbres y frutas. No obstante, a medida que pasan los años su dieta alimenticia va cambiando a la de una dieta típica estadounidense. La nueva dieta del hispano contiene un alto

---

21 "Solo por hoy" es la forma como es conocido el tópico cultural que se refiere a la ausencia del uso del condón "solo por esta vez".

contenido en grasas y azúcares. Esta es la razón por la que los hispanos son uno de los grupos poblacionales más afectados por las enfermedades cardiovasculares. A esto se añade la falta de ejercicio. Si en sus países de origen, la gente está más acostumbrada a trasladarse en bicicleta, caminando o en transporte público, el sistema estadounidense no facilita tanto estas formas de transporte. El resultado es una disminución de ejercicio y un aumento de peso y toda una serie de enfermedades asociadas a unos hábitos de salud.

La visión de la enfermedad

Aunque no se pueden hacer generalizaciones, algunos hispanos se identifican con una visión de la enfermedad que no corresponde exclusivamente a la visión biomédica sino a una de sociocultural. Bajo esta última perspectiva, la causa de las enfermedades no es puramente basada en unos síntomas o en unos resultados de unas pruebas diagnósticas sino en unas creencias culturales. A estas enfermedades que se les atribuye un origen socio cultural se las llama *enfermedades de filiación cultural*[22]. *El susto*, el *empacho*, los *nervios* o el *mal de ojo* son ejemplos de ello y todas ellas responden a un conjunto de síntomas cuyo origen es religioso, espiritual o psicológico. *El susto* podría definirse como un colapso emocional a una situación imprevista; *el empacho* responde a una serie de síntomas intestinales después de haber comido demasiado o haber comido algo que no nos sienta bien; y *el mal de ojo* le ocurre a alguien cuando es mirado con envidia. Los remedios terapéuticos que muchos hispanos utilizan especialmente en sus países de origen comprenden desde hierbas, pócimas, rituales religiosos u otros como la *limpia*. La *limpia* es un ritual de limpieza

---

22   Síndrome de filiación cultural es un término de antropología médica referido a un síndrome psicosomático que se reconoce como una enfermedad que afecta a una sociedad o cultura específica.

tanto física como espiritual mediante la que se pasa un huevo por todo el cuerpo al mismo tiempo que se hace una oración. Por consiguiente, es importante que el profesional médico adquiera no solo una competencia lingüística sino también cultural para que pueda respetar y entender el punto de vista del paciente, al mismo tiempo que le ofrece a éste un tratamiento médico. Existe, pues, una disparidad entre el tratamiento médico y el cultural, y es por esta razón que los médicos deben comprender y respetar estos tratamientos culturales de sus pacientes hispanos siempre y cuando no se produzcan interferencias con el tratamiento convencional. De otra manera, el paciente pierde la confianza con su médico y no vuelve a la consulta.

La familia

La familia es algo muy importante en el mundo hispano. La familia constituye el centro de la vida del individuo. La familia extensiva predomina sobre la familia nuclear. Este rol de la familia en todas las áreas de la vida se transfiere también a la salud. Por tanto, cuando uno de los miembros de la familia se enferma, las decisiones no se toman individualmente sino en bloque. Esta forma de pensar choca con la visión individualista típica de sociedades occidentales desarrolladas en las que el individuo y sus intereses son el centro de la sociedad. Es muy importante, pues, que este profesional médico conozca esta visión, la respete al mismo tiempo que pueda cumplir con una serie de leyes federales mediante las cuales se protege la confidencialidad[23] de un diagnóstico y de un tratamiento. Buscar el punto medio puede ser un reto pero la mejor solución para un individuo hispano que al mismo tiempo que necesita una privacidad, necesita asimismo de una familia, especialmente en un país emigrante en el que se siente más vulnerable.

---

23 La *ley de confidencialidad de información sobre la salud* del *US Department of Health & Human Services Office for Civil Rights* estipula unos estándares mediante los cuales se protege la privacidad médica del paciente de varias maneras. Por ejemplo, el paciente tiene derecho a recibir un informe respondiendo a cuándo y por qué se compartió información sobre su salud; derecho a solicitar que se le contacte en otro lugar que no sea el domicilio personal; derecho a pedir que no se divulgue la información del paciente y derecho a presentar quejas o reclamaciones. En inglés se conoce a esta ley como la *HIPAA security rule.* http://www.hhs.gov/ocr/privacy/index.html

A). ¿Comprendiste? Contesta las preguntas según la lectura con un compañero y luego compartan con el resto de la clase.

1. ¿Cuáles son las intersecciones que se producen entre salud y cultura en cada uno de los apartados que acabas de leer? En otras palabras, ¿cuáles son algunas de las prácticas culturales que tienen un impacto en la salud?
2. ¿Cómo se contrasta esta manera cultural de ver la salud con la perspectiva de tu país? ¿Hay puntos en común entre ambas culturas?
3. Después de leer estas mini lecturas, ¿cuáles crees que pueden ser algunos malentendidos culturales en el ámbito de la salud entre doctor y paciente y cómo se podrían resolver?

ALGUNAS ESTADÍSTICAS Y LA SALUD PÚBLICA

 A continuación tienes estadísticas extraídas de la Organización Mundial de la Salud sobre enfermedades que son prevalentes entre los hispanos, especialmente aquéllos que viven en EEUU. Léelas y analiza la información.

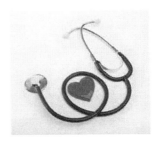

Datos y cifras: *Las enfermedades cardiovasculares* **(ECV)**[24]

1. Las ECV son la principal causa de muerte en EEUU. Representa la primera causa de muerte a nivel mundial.
2. Las proyecciones estadísticas indican que en el año 2030 perderán su vida cerca de 23,3 millones de personas por enfermedades cardiovasculares y que continuará siendo la principal causa de muerte a nivel mundial.
3. La mayor parte de las ECV pueden prevenirse si se intervienen sobre los factores de riesgo. Estos son: el consumo de tabaco, las dietas no saludables y la obesidad, la inactividad física o sedentarismo, la hipertensión arterial, la diabetes y el aumento de los lípidos en la dieta.

---

24 Organización Mundial de la Salud. Nota descriptiva. Enero 2015. http://www.who.int/mediacentre/factsheets/fs317/es/

Datos y cifras: *El cáncer*[25]

1. El cáncer constituye una de las principales causas de morbilidad y mortalidad en todo el mundo.
2. En el año 2012, los cánceres que se diagnosticaron con más frecuencia en el hombre fueron los de pulmón, próstata, colon y recto, estómago e hígado, y en la mujer, los de mama, colon y recto, pulmón, cuello uterino y estómago.
3. Las proyecciones para el futuro revelan un aumento de nuevos casos en aproximadamente un 70% en los próximos 20 años.
4. Aproximadamente un 30% de las muertes por cáncer están vinculadas a hábitos dietéticos y prácticas de riesgo. Estas son: índice de masa corporal elevado, ingesta reducida de frutas y verduras, falta de actividad física, consumo de tabaco (siendo el más importante) y consumo de alcohol.

Datos y cifras: *La tuberculosis*[26]

1. La tuberculosis constituye la segunda causa mundial de mortalidad a nivel mundial que es causada por una infección, después del SIDA.
2. En el año 2013 hubo 9 millones de personas que contrajeron esta enfermedad y 1,5 millones murieron por su causa.
3. Hay un descenso en el número de personas que contraen tuberculosis cada año, aunque esto ocurre de forma muy lenta.
4. La tuberculosis es la principal causa de muerte de enfermos seropositivos (VIH positivo) o enfermos del SIDA, y representa una cuarta parte de las muertes en este grupo.

Datos y cifras: *La obesidad infantil*[27]

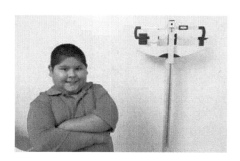

1. En el año 2010 se proyectó que habían 42 millones de niños obesos en el mundo.
2. En el año 2014, un 39% de adultos de 18 años o edades superiores tenían sobrepeso y un 13% eran obesos.

---

25 Organización Mundial de la Salud. Nota descriptiva N° 297. Febrero 2015. http://www.who.int/mediacentre/factsheets/fs297/es/
26 Organización Mundial de la Salud. Nota descriptiva N°104. Octubre 2014. http://www.who.int/mediacentre/factsheets/fs104/es
27 Organización Mundial de la Salud. Nota descriptiva N°311. Enero 2015. http://www.who.int/mediacentre/factsheets/fs311/es/

3. La obesidad ya no es exclusivamente característico de países desarrollados sino también de países en desarrollo con ingresos medios o bajos.

4. Los niños obesos tienen más probabilidad de convertirse en adultos obesos, lo cual se vincula a numerosas enfermedades y condiciones como: enfermedades cardiovasculares, trastornos del aparato locomotor, diabetes, y problemas psicológicos entre otros.

5. Es posible prevenir la obesidad.

Datos y cifras: *La enfermedad pulmonar obstructiva crónica (EPOC)*[28]

1. En el año 2005 murieron más de 3 millones de personas a causa de EPOC.

2. De forma aproximada se calcula que un 90% de las muertes por EPOC ocurren en países en vías de desarrollo con ingresos bajos o medios.

3. La principal causa de la EPOC es el humo del tabaco, tanto provenga de fumadores activos como pasivos (*second hand smokers*).

4. En la actualidad, afecta casi por igual a ambos sexos, en parte debido al aumento del consumo de tabaco entre las mujeres de los países de ingresos elevados.

5. Con un tratamiento, es posible retrasar la progresión de esta enfermedad.

6. No obstante, se prevé que, en ausencia de tratamiento pero también ante la exposición a unas prácticas de riesgo como, y en particular la exposición al humo del tabaco, las muertes por EPOC aumenten en más de un 30% en los próximos 10 años.

Datos y cifras: *Las enfermedades venéreas*[29]

1. Según los Centros para el Control y Prevención de Enfermedades (CDC o Center Disease Control), existen 19 millones de nuevos casos de enfermedades venéreas en EEUU cada año.

2. Esta organización, asimismo calcula que el índice de clamidia es tres veces mayor entre mujeres latinas que en mujeres de raza blanca, que la tasa de sífilis es el doble y que el índice de VIH/SIDA es casi cuatro veces mayor entre mujeres latinas que entre mujeres de raza blanca.

---

28   Organización Mundial de la Salud. Nota descriptiva N°315. Octubre de 2014. http://www.who.int/mediacentre/factsheets/fs315/es
29   "Health Disparities in HIV/AIDS, Viral Hepatitis, STDs, and TB" http://www.cdc.gov/spanish/especialesCDC/Mes_ETS/

3. Las causas que se creen para ello es la pobreza, la falta de asistencia médica y el uso ilegal de drogas, pero también la ausencia del uso de condón o preservativo por causas culturales así como por una conducta mediante la cual se subestima el comportamiento sexual promiscuo de la pareja con personas infectadas.

4. La mitad de todos los jóvenes sexualmente activos en los Estados Unidos contraerán una ETS antes de los 25 años, y la mayoría no sabrá que la tiene.

5. Debido al hecho que las pruebas diagnósticas para la detección de ETS (enfermedades de transmisión sexual) **NO SON** parte de un examen médico rutinario, **es imperativo que el individuo exprese en la consulta médica el deseo de hacerse las pruebas pertinentes para la detección de ETS.**

Datos y cifras: *Las caídas*[30]

1. Las caídas representan la segunda causa mundial de muerte por lesiones accidentales o no intencionales solo después de los accidentes de tráfico.

2. Aproximadamente unas 424.000 personas mueren debido a caídas, y más de un 80% de esas muertes ocurre en países de bajos y medianos ingresos.

3. El grupo más afectado son la gente mayor de 65 años. Las caídas en este grupo son algunas de ellas mortales.

4. Algunas caídas podrían prevenirse con entornos más seguros y políticas más eficaces para reducir los riesgos de éstas.

Datos y cifras: *La diabetes*

1. Se calcula que hay más de 347 millones de personas con diabetes en el mundo.[31]

2. Más del 80% de las muertes por diabetes se contabilizan en países de ingresos bajos y medios.[32]

3. La OMS (Organización Mundial de la Salud/*World Health Organization*) proyecta que la diabetes va a representar la séptima causa de mortalidad en el año 2030.[33]

30   Organización mundial de la salud. Nota descriptiva N° 344. Octubre 2012. http://www.who.int/mediacentre/factsheets/fs344/es/

31   Danaei G, Finucane MM, Lu Y, Singh GM, Cowan MJ, Paciorek CJ et al. "National, regional, and global trends in fasting plasma glucose and diabetes prevalence since 1980: systematic analysis of health examination surveys and epidemiological studies with 370 country-years and 2.7 million participants."*Lancet* 378. 9785 (2011): 31–40.

32   Mathers CD, Loncar D. "Projections of global mortality and burden of disease from 2002 to 2030." *PLoS Med*, 3.11 (2006): e 442.

33   Organización Mundial de la Salud. Nota descriptiva N° 312. Noviembre del 2014.
http://www.who.int/mediacentre/factsheets/fs312/en/

4. Unas prácticas de conducta como una dieta sana, actividad física de forma regular, el mantenimiento de un peso corporal normal y evitar el consumo de tabaco, pueden prevenir o retrasar la aparición de diabetes de tipo 2.[34]

Datos y cifras: *El accidente cerebrovascular*[35]

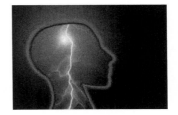

1. Los accidentes cerebrovasculares son la tercera causa principal de muerte en los Estados Unidos y la causa principal de discapacidad grave a largo plazo.

2. Existen cerca de 795.000 accidentes cerebrovasculares por año en EEUU. Casi 610.000 son nuevos casos y casi 185.000 son recurrentes.

3. Casi 75% de los casos ocurren en personas mayores de 65 años y un 25% en personas menores de 65 años.

4. Bajo un criterio racial, el accidente cerebrovascular afecta más a la raza afroamericana.

5. Los antecedentes familiares juegan un factor importante en la aparición de ACV.

LA PREVENCIÓN Y PROYECTOS DE GRUPO

Paso 1: Lee. Examina las cifras y estadísticas de cada una de las enfermedades en la sección anterior.

Paso 2: Relaciona y escribe. Escribe una lista de hábitos de salud y prácticas de riesgo que se mencionan en la lectura o que se pueden deducir de ella (*Ejemplo: tabaquismo*). ¿Con qué enfermedad se relaciona esta práctica de riesgo? *(Ejemplo: tabaquismo con cáncer de pulmón)*. ¿Se te ocurre alguna práctica de riesgo específica de la población hispana en relación con alguna enfermedad?

Paso 3: Diseña. Elige una enfermedad de la lista que creaste en el *Paso 2* con la que te identifiques para intentar prevenirla. Diseña una campaña publicitaria o un panfleto publicitario para intentar erradicar esta enfermedad que has elegido. Piensa en un objetivo general a largo plazo y unos objetivos más específicos a corto plazo. ¿Cuáles son éstos? ¿Cómo llevarías a cabo esta campaña o propaganda? ¿Qué recursos utilizarías? ¿A qué grupo poblacional quisieras alcanzar?

---

34   Organización Mundial de la Salud. Nota descriptiva N° 312. Noviembre del 2014. http://www.who.int/mediacentre/factsheets/fs312/en/

35   Centros para el Control y la Prevención de Enfermedades. Accidentes cerebrovasculares. http://www.cdc.gov/spanish/especialesCDC/DerrameCerebral/

Paso 4: Presenta. Presenta a tu profesor/a y a la clase tu proyecto. ¿Cuáles fueron los objetivos a largo y a corto plazo (*long and short term*) cuando empezaste este proyecto? ¿Cambiaron estos objetivos? ¿Cuál fue la metodología que usaste? ¿Por qué usaste esta metodología? ¿Qué otras estrategias visuales estéticas, psicológicas o de otro tipo usaste para alcanzar a tu grupo poblacional? ¿Hubo resultados? ¿Cuántas personas participaron en el proyecto? ¿A qué personas tuviste que entrevistar o pedir ayuda?

Instrucciones:

- Cuando estés diseñando tu campaña o proyecto, incorpora valores culturales importantes para la población en cuestión (hispana, infantil, población mayor) y su relación a unos hábitos de salud.

- Incorpora tendencias demográficas, sociales, políticas o jurídicas que consideres importante.

  Por ejemplo: la dificultad de regularizar la situación migratoria de tantos hispanos que llegan a EEUU de forma ilegal, conlleva que no puedan conseguir trabajos mediante los cuales pueden tener un seguro médico a través de un trabajo y por tanto, no puedan acceder a un sistema de salud. Existe, pues, un factor político-jurídico que impide la obtención de un seguro médico y el acceso a un sistema sanitario y por consiguiente a un tratamiento médico ante una enfermedad.

- Asegúrate que propones una solución realista.

Ejemplos de proyectos:

- Diseñar panfletos o propaganda dirigida a la población hispana para la eliminación de diabetes o cualquier otra enfermedad de alta morbilidad entre los hispanos.
- Campaña para la prevención de caídas a la gente mayor.
- Campaña de enseñanza a niños y adolescentes para evitar la obesidad infantil. La campaña debería diseñarse para ponerla en práctica en colegios y escuelas secundarias. (Ejemplo: clases de dietética en las que se podrían pensar recetas sabrosas pero saludables basada en los gustos de los estudiantes, ofrecimiento de nuevas dietas en los comedores de los colegios, diseños de nuevos menús para colegios o escuelas secundarias, etc...)
- Campañas de enseñanza contra las enfermedades venéreas. ¿Dónde podrían ir dirigidas? ¿A qué grupos de la población hispana podrían ir dirigidos? ¿Cómo podría llegarse psicológicamente a cada grupo poblacional? ¿Qué elementos culturales tendrías que tener en cuenta para tu campaña? ¿Y lingüísticos?
- Producción de anuncios comerciales o pequeños documentales.
- Representaciones ficcionales *(Role plays)* en el aula.
- Entrevistas a especialistas en el campo.
- Estudios sociológicos y/o de salud pública.

En esta sección se ofrecen unos casos clínicos que son prevalentes entre los hispanos en EEUU.

Paso1: **Examina.** Primero, lee la información que se proporciona en cada caso clínico sobre unas circunstancias médicas a las que llega el paciente protagonista de cada caso clínico, el diagnóstico que se le da, los síntomas que presenta y el tratamiento que se le aplica.

Segundo, lee con cuidado la descripción de la enfermedad en cuestión (definición de la enfermedad, causas, tratamiento, pronóstico, etc...) que se plantea en cada caso clínico en la siguiente página web: http://www.nlm.nih.gov/medlineplus/. Simplemente escribe en la caja de búsqueda (*search box*) el nombre de la enfermedad que estás buscando y te va a aparecer una descripción exhaustiva de aquélla. También puedes usar la página de web que se proporciona en cada caso clínico para cada enfermedad.

Paso 2: Escribe. Ahora, escribe una conversación entre paciente y profesional médico y/o intérprete en base a la información que se proporciona en cada caso clínico o la información que encontraste en el sitio de web que se proporcionó en el Paso 1.

En tu conversación vas a tener que incluir:

- El proceso de entrevista entre profesional médico (o intérprete médico) y paciente en referencia a una serie de <u>síntomas</u>;
- <u>Preguntas</u> que el paciente le hace al profesional médico sobre por ejemplo por qué apareció la enfermedad y <u>preguntas del profesional médico</u> al paciente sobre hábitos de salud.
- <u>El diagnóstico</u> que el profesional médico le da al paciente.
- <u>Recomendaciones</u> que el profesional médico le da al paciente, le informa de un <u>pronóstico</u> de la enfermedad así como de <u>complicaciones</u>, y le asigna un <u>tratamiento</u>.

> *Ejemplo:*
> **Paciente**: Doctor González, ¿por qué tengo esta enfermedad?
> **Doctor**: Don Luis, usted se contagió de la tuberculosis porque ha estado en contacto con alguien que tenía la bacteria de la tuberculosis. No es nada que usted haya hecho mal.

Paso 3: Dramatiza. Representa estas conversaciones enfrente de la clase. Intenta ser lo más realista que puedas y utiliza recursos para ello (un computador para enseñar a tu paciente radiografías, una bata blanca, un estetoscopio, ruidos que simulen la obtención de presión arterial, etc...)

 Paso 4: Critica positivamente. Hagan comentarios constructivos toda la clase en cuanto a puntos gramaticales, culturales o de contenido para mejorar la representación y/o resalta asimismo puntos positivos de ésta.

Instrucciones:

- Incorpora en el diálogo aspectos culturales que tú creas pueden influir en la causa de la enfermedad, tratamiento o hábitos de salud de este paciente.
- Usa el vocabulario y la gramática del capítulo.
- Piensa en cuáles son preguntas importantes de contenido o puntos que se deben incluir en el diálogo entre profesional médico y paciente (ejemplo: en enfermedades venéreas, es imprescindible que el profesional médico indique al paciente cómo prevenir el contagio mediante la abstinencia sexual o el uso de preservativos o condones).

EJEMPLO DE CONVERSACIÓN ENTRE PACIENTE Y DOCTOR:

Aquí tienes un ejemplo de conversación entre paciente y profesional médico. Examina el ejemplo y haz lo mismo con los casos clínicos que se proponen. Sé creativo.

Caso clínico: *Hipertensión arterial y colesterolemía*

El Sr. Gutiérrez acude a la consulta médica con dolores de cabeza, fatiga inexplicable y falta de respiración. El doctor después de una exploración física y algunas pruebas diagnósticas, le diagnostica una hipertensión arterial e hipercolesterolemia y le da un tratamiento para ello.

NOTA: Observa tanto las frases o palabras subrayadas como las anotaciones en tinta roja para ver cómo se han incorporado tanto los <u>síntomas</u>, los <u>tratamientos</u>, <u>los aspectos culturales</u> y <u>los elementos gramaticales</u> de este capítulo.

Doctor:	Buenos días señor Gutiérrez, ¿cómo está hoy?
Sr. Gutiérrez:	He venido porque no me encuentro muy bien últimamente.
Doctor:	¿Qué le pasa?
Sr. Gutiérrez:	Tengo <u>dolores de cabeza</u> bastante usualmente, me canso mucho y <u>me falta el aire</u>.
Doctor:	Dice que se cansa mucho, ¿cuánto tiene que caminar para sentirse cansado?
Sr. Gutiérrez:	Si camino <u>50 metros</u> ya me canso.
Doctor:	Eso no es mucho. Bueno, déjeme hacerle unas preguntas. ¿Desde cuándo ha ocurrido esto?
Sr. Gutiérrez:	Desde hace unos meses pero ahora me siento peor.
Doctor:	¿Algún síntoma más aparte de la fatiga?
Sr. Gutiérrez:	Bueno, <u>me duele la cabeza</u> bastante seguido. Siento como <u>palpitaciones</u> en mi cabeza.

(Síntomas en Sección *Vocabulario* del capítulo)

(Uso de medidas de conversión específicas en Sección *Vocabulario* del capítulo. Componente cultural)

(Síntomas en Sección *Vocabulario* del capítulo)

Doctor: Bueno señor Gutiérrez, éste es el plan. Voy a hacerle una exploración física, una **prueba de esfuerzo** (*Stress test*) y un análisis de sangre. De momento esto es todo.

Durante la exploración física…

Doctor: Señor Gutiérrez, voy a **auscultarle** los pulmones con este **estetoscopio**. A ver, **respire hondo**…así…ahora **suelte** el aire….**inspire, expire**.

Ahora le voy a tomar la **tensión arterial** y le voy a **tomar el pulso** y la **temperatura**.

El Doctor le toma la tensión arterial y el pulso…

Doctor: Ahora le voy a hacer una **prueba de esfuerzo**.

Sr. Gutiérrez: ¿Qué es una prueba de esfuerzo?

Doctor: **Una prueba de esfuerzo es una prueba en la que va a tener que pedalear en una bicicleta estática y le vamos a poner unos cables conectados a una máquina que van a monitorizar su pulso. Así, recreamos el esfuerzo que usted hace al hacer actividad física pero lo hacemos de una forma controlada porque podemos parar en cualquier momento que empiece a sentirse cansado.**

Sr. Gutiérrez: ¿Qué más tiene que hacerme?

Doctor: Un **análisis de sangre**. La enfermera le va a sacar sangre y lo vamos a llamar con los resultados.

Después de los resultados de las pruebas…

Doctor: Sseñor Gutiérrez, ya tenemos los resultados de las pruebas.

Sr. Gutiérrez: Doctor, me **gustaría que mi esposa estuviera presente**. No importa lo que sea que tenga que decirme.

Doctor: Muy bien, si usted quiere, no hay problema.
Hemos encontrado que tiene una presión arterial de 150/120. Su tensión arterial es muy alta. También hemos encontrado el colesterol alto y el nivel de ejercicio que su corazón puede aguantar es bajo.

Sr. Gutiérrez: ¿Me voy a morir?

Doctor: No, no se va a morir, pero si no recibe un tratamiento puede terminar con diabetes, y un ataque de corazón. Entonces, su salud peligraría. Por tanto, éste es el plan: le voy a dar una dieta baja en sal, baja en grasas y azúcares y alta en fibras y verduras. Quiero que baje de peso. También deje de fumar y no beba nada de alcohol. También quiero que haga ejercicio moderado. Si se cansa, deténgase pero camine cada día un poco.
Le voy a dar una medicación para bajar la tensión arterial y el colesterol, pero el mejor tratamiento es la dieta de momento.
¿Tiene alguna pregunta?

(Prueba diagnóstica (en Sección *Vocabulario* del capítulo).

(Verbos en Sección *Vocabulario* del capítulo)

(Prueba diagnóstica en Sección *Vocabulario* capítulo).

(Explicación de prueba diagnóstica en Sección *Vocabulario* capítulo)

(Prueba diagnóstica en Sección *Vocabulario* capítulo)

Sra. Gutiérrez:	Doctor, no dude que le voy a hacer a mi esposo la dieta adecuada pero quiero preguntar si **podríamos tomar unas hierbas que tomamos en el pueblo de donde** somos.
Doctor:	Bueno, necesito saber qué tipo de hierbas son estas que usted se quiere tomar. Entiendo que ustedes confían en otros tratamientos más naturales pero necesito más información. Quiero que llamen a la enfermera y le digan el nombre de las hierbas y que vuelvan en un mes y vamos a ver los niveles de glucosa, de colesterol, la tensión arterial y lo voy a pesar de nuevo.
Sr. Gutiérrez:	Muchas gracias, Doctor. Hasta entonces.
Doctor:	Muy bien Señores Gutiérrez, hasta entonces.

SISTEMA RESPIRATORIO

Caso clínico 1: *Enfermedad pulmonar obstructiva crónica*

https://www.nlm.nih.gov/medlineplus/spanish/ency/article/000091.htm

Paciente hispano de 60 años, fumador de un paquete diario, acude a urgencias hospitalarias acompañado de su esposa con los siguientes síntomas: dificultad respiratoria importante de hace varias semanas, tos con mucosidad, sibilancias a la auscultación, fatiga importante y fiebre. El paciente trabaja en una fábrica de productos químicos. Ninguno de los dos habla inglés. Al final de la visita se produce un **diagnóstico de** *enfermedad pulmonar obstructiva crónica*.

Pruebas diagnósticas: Análisis de sangre, broncoscopia, radiografía, cultivo de esputos.

Tratamiento curativo:
- Broncodilatadores
- Oxígeno en casa
- Esteroides

Tratamiento preventivo:
- Beber líquidos
- Ejercicio moderado
- Dieta equilibrada para fortalecer el sistema inmunitario y evitar infecciones

Caso clínico 2: *Tuberculosis+VIH positivo*

https://www.nlm.nih.gov/medlineplus/spanish/tuberculosis.html
https://www.nlm.nih.gov/medlineplus/spanish/ency/article/000594.htm
http://www.cdc.gov/tb/esp/publications/factseries/tbandhiv_es.htm

Paciente de 35 años colombiano que acude a una clínica federal (*Health Department*) con los siguientes síntomas: fiebre, pérdida de peso importante en los últimos meses, esputos con sangre, dolor torácico *(chest pain)*, fatiga, sudoración nocturna y tos. El doctor realiza un análisis de sangre que revela que el paciente es **seropositivo (HIV+).** El paciente era desconocedor de este diagnóstico. El **diagnóstico secundario** resulta ser *tuberculosis activa* **(tercera fase)***.*

La exploración física revela ganglios linfáticos inflamados.
Pruebas diagnósticas que se realizan: Debido a los síntomas respiratorios, se realiza la prueba de tuberculina, rayos X que muestran manchas blancas, análisis de sangre y un cultivo de los esputos.

Tratamiento curativo:
  • Antibióticos
  • Antiretrovirales

Primero se va a tratar la tuberculosis con los antibióticos y después de controlar ésta, se va a medicar con los antiretrovirales para combatir la infección del virus del SIDA.

Tratamiento paliativo y preventivo:
  • Usar máscara para taparse la cara
  • Lavarse las manos frecuentemente
  • Uso de condones o preservativos durante las relaciones sexuales
  • Dieta equilibrada para fortalecer el sistema inmunitario y líquidos

Recomendaciones al paciente: Explicarle posibles efectos secundarios de usar retrovirales y antituberculosos.

> **Caso clínico 3:** *Asma alérgico*

https://www.nlm.nih.gov/medlineplus/spanish/ency/article/000141.htm

Paciente de 10 años acude a urgencias hospitalarias acompañado de su madre con los siguientes síntomas: dificultad respiratoria progresiva, ansiedad, sudoración, picor (*itching*), enrojecimiento de los ojos y tos. El examen físico muestra una coloración de piel y mucosas (tejidos) normales, tiraje inter y subcostal *(pulling of the skin between the ribs)*, respiración de 55 por minuto y sibilancias sin el uso del estetoscopio.

Pruebas diagnósticas: Las pruebas complementarias muestran un atrapamiento de aire en los pulmones y la gasometría unos niveles de oxígeno por debajo de la normalidad. Dados los antecedentes familiares de *asma alérgico*, se le realizan pruebas cutáneas a ácaros (*mites*) que resulta positiva. El **diagnóstico final** resulta ser *asma alérgico por sensibilización a ácaros.*

Tratamiento:

- Corticoides inhalados para tratar la inflamación de la mucosa bronquial
- Broncodilatadores por vía inhalatoria de acción prolongada y de acción inmediata
- Antihistamínicos para tratar los síntomas del asma (picor, enrojecimiento de los ojos, estornudos)

SISTEMA CARDIOVASCULAR

Caso clínico 4: *Insuficiencia cardíaca*

https://www.nlm.nih.gov/medlineplus/spanish/ency/article/000158.htm

Varón de 56 años acude a urgencias hospitalarias acompañado de su esposa con un dolor de pecho opresivo, sudoración, ansiedad, fatiga, hinchazón de extremidades (retención de líquidos o *edema*), venas hinchadas del cuello y dificultad respiratoria. El paciente es fumador activo de un paquete de cigarrillos diarios, y tiene una historia de hipertensión arterial no controlada e hipercolesterolemia o colesterol alto.

Pruebas diagnósticas: Electrocardiograma que revela arritmias, una prueba de esfuerzo, análisis de sangre y una angiografía diagnóstica que revelan una obstrucción de la arteria coronaria derecha debido a una placa de ateroma (grasa). Se produce un **diagnóstico de** *insuficiencia cardíaca.*

Tratamiento:

- Cambios en el estilo de vida: eliminar o limitar el consumo de sal, evitar alimentos precocinados que contienen mucha sal, limitar el consumo de líquidos, dejar de fumar, perder peso.
- Fármacos o medicinas: *Betabloqueantes* (para disminuir el consumo y demanda de oxígeno del corazón), *anticoagulantes* (para evitar la formación de coágulos), *diuréticos* (para provocar la micción y eliminación de líquidos), medicación para mantener dilatados los vasos sanguíneos y controlar la presión arterial y *fármacos inotrópicos* (*inotropes*) para ayudar a bombear la sangre.
- Cirugía: Angiografía para mantener las arterias dilatadas, colocación de un *Stent* o malla metálica que mantiene la arteria dilatada en el lugar de la obstrucción.

https://www.nlm.nih.gov/medlineplus/spanish/heartattack.html

Varón de 65 años, con historia de enfermedad cardiaca acude a urgencias hospitalaria llevado por los paramédicos y acompañado por su mujer, la cual había llamado a servicios de urgencias.

El paciente tiene <u>antecedentes médicos</u> de hipertensión arterial, colesterol alto, tabaquismo y obesidad importante.

El paciente llega aún consciente, aunque mareado, presentando los siguientes <u>síntomas</u>: dolor de pecho opresivo y aplastante, dolor irradiado en la mandíbula, brazos y hombros, dificultad para respirar, edema o acumulación de líquidos, taquicardia, sibilancias bronquiales, sudoración, indigestión y mareos.

El paciente está muy agitado y repite que se va a morir (sensación de muerte).

Se **diagnostica un** *infarto o ataque de corazón.*

Pruebas diagnósticas que se realizan:

- Auscultación de posibles ruidos anormales (soplos) mediante el estetoscopio
- Ecografía
- Angiografía coronaria (para ver el flujo de la sangre en el corazón)
- Radiografía de tórax que muestra una cardiomegalia o agrandamiento anormal del corazón (como efecto compensatorio del corazón para bombear la sangre que debe alimentar todas las células del organismo).
- Electrocardiograma que muestran arritmias y una *hipertrofia ventricular izquierda* y *derecha* (o engrosamiento de las válvulas dentro de las cavidades del corazón como forma de compensar la constricción o estrechamaiento de las arterias del corazón).
- Análisis de sangre (para ver el sodio y potasio).

Tratamiento:

- Monitorización o control del corazón
- Oxigenoterapia
- Vía intravenosa para la administración de medicamentos

- Nitroglicerina y morfina para reducir el dolor en el pecho
- Aspirina u otros anticoagulantes para disminuir el riesgo de formación de coágulos o disolver los que ya existen
- Medicamentos o electrochoques para tratar las arritmias
- Angioplastia para abrir los vasos sanguíneos estrechos
- Colocación de un Stent o malla metálica para mantener la arteria coronaria abierta después de haber hecho la angioplastia.

SISTEMA GASTROINTESTINAL

Caso clínico 6: *Ulcera péptica o gastritis*

https://www.nlm.nih.gov/medlineplus/spanish/ency/article/000206.htm

Varón de 49 años, fumador, bebedor social importante, y consumidor de antiinflamatorios habitualmente debido a una fractura por caída de un primer piso mientras trabajaba en construcción. El paciente es asimismo consumidor de comida picante en bastantes ocasiones.

Acude a urgencias con un cuadro de gastritis aguda con los siguientes <u>síntomas</u>: dolor, náuseas, vómitos con sangre, deposiciones negras con sangre, fatiga, pérdida de peso y sensación de plenitud.

El **diagnóstico es** *gastritis aguda* a causa de la bacteria H. Piloris.

Pruebas diagnósticas que se le realizan:

- Endoscopia de vías altas
- Análisis de sangre para detectar la bacteria que produce la gastritis y el nivel de anemia
- Examen de sangre oculta en heces
- Biopsia

Tratamiento:

- Dejar de tomar antiinflamatorios de forma habitual
- Dejar de tomar alcohol y comida picante, los cuales son irritantes
- *Antiácidos* para evitar la producción de ácidos del estómago que son irritantes
- *Antagonistas H2* para reducir la producción del ácido del estómago
- *Inhibidores de la bomba de protones (Proton-Pump Inhibitor)* para la reducción duradera de la producción del ácido del estómago

Caso clínico 7: *Cáncer de colon*

https://www.nlm.nih.gov/medlineplus/spanish/ency/article/000262.htm

Paciente mexicano de 59 años que acude al consultorio con los siguientes <u>síntomas</u>: cambios en hábitos intestinales, heces con sangre y delgadas, pérdida de peso y dolor abdominal.

En la entrevista con el doctor, el paciente afirma tener antecedentes familiares de cáncer por los cuales padre y hermano murieron de diferentes cánceres.

En la dieta, se revela una dieta alta en grasas y baja en verduras y frutas.
La exploración física revela a su vez dolor y una masa palpable en zona abdominal.

En los análisis de sangre se evidencia anemia y el test de sangre (análisis de sangre) oculta en heces es positivo, lo cual significa que existe sangre en las heces.

Pruebas diagnósticas: Exploración física, análisis de sangre, test de sangre oculta en heces, colonoscopia.

Diganóstico: *Cáncer de colon*, estadio II.

Tratamiento:
- *Colectomía* o extirpación de una sección del colon
- Combinación de quimioterapia, radioterapia
- Dieta adecuada y adquisición de nuevos hábitos alimenticios que incluyan verduras y frutas

SISTEMA ENDOCRINO

Caso clínico 8: *Diabetes mellitus tipo 2*

https://www.nlm.nih.gov/medlineplus/spanish/ency/article/000313.htm

Ramón es un adulto de 67 años, jubilado de una estatura de 1.70 meters (5.58 feet) y 90 kilos de peso (198 *pounds*) y fumador. Desde que se jubiló se queda en casa casi todo el día sin nada más que hacer que mirar la tele, comer y navegar en internet. Ramón se queja de los siguientes <u>síntomas</u>: mucha sed, más hambre, incremento de la orina, y visión borrosa.

Ramón llega a la consulta del doctor acompañado de su esposa. El motivo de acudir al doctor es visión borrosa que le impide ver bien el ordenador y la televisión. Se produce un **diagnóstico de** *diabetes mellitus tipo 2.*

Pruebas diagnósticas: Análisis de sangre y prueba de tolerancia oral a la glucosa.

Tratamiento:

- Hospitalización del paciente y administración de infusión contínua de insulina (*continuous insulin infusión*) por vena
- Dieta antidiabética
- Pérdida de peso
- Ejercicio apropiado a su condición
- Educación sanitaria sobre: chequear niveles de glucosa diariamente, tipo de dieta, frecuencia comidas, administración de insulina y cantidad, uso de calzado apropiado, hidratación piel.

Caso clínico 9: *Diabetes gestacional*

https://www.nlm.nih.gov/medlineplus/spanish/ency/article/000896.htm

Paciente salvadoreña de 26 años, presenta 30 semanas de embarazo y sin cuidado prenatal durante este tiempo. Presenta antecedentes familiares de diabetes por parte de madre.

La exploración física y entrevista con el médico revela obesidad e hipertensión arterial. Acude al consultorio con los siguientes síntomas: incremento de la sed, hambre, micción, fatiga, visión borrosa y mareos. Se produce un **diagnóstico de** *diabetes gestacional.*

Pruebas diagnósticas: Prueba de tolerancia a la glucosa y un análisis general de sangre que confirma un aumento de los niveles de glucosa anormales.

Tratamiento:

- Prueba diaria de la glucosa. Los valores deben ser 95 mg/dL en ayunas y 120 mg/dL una hora después de comidas. Se le explica a la paciente los valores que requieren de insulina para saber cuando debe administrarse insulina ella misma.
- Administración propia de insulina
- Programación actividad física

- Dieta adecuada repartida en 5 veces al día (control de la sal, dieta rica en fibras y baja en calorías)
- Control tensión arterial a diario
- Control del peso semanalmente
- Ecografías programadas según evolución embarazo

Caso clínico 10: *Hipotiroidismo*

https://www.nlm.nih.gov/medlineplus/spanish/ency/article/000353.htm

Mujer de 50 años, recién inmigrada a los EEUU de una zona rural de Colombia, acude a la consulta médica acompañada de su esposo (el cual lleva varios años en EEUU) con los siguientes síntomas: fatiga, aumento de peso importante, cambios en la voz, hinchazón manos, cara y pies y el cuello hinchado (*bocio*).

La exploración física: Revela algunos síntomas por los que la paciente acude a la clínica. Los síntomas que presenta son: bocio a la simple vista, discurso lento, cabello delgado y quebradizo, uñas quebradizas, y ronquera de voz.
La entrevista médico-paciente revela una posible falta de yodo, imprescindible para la producción de la hormona tiroidea.

Pruebas diagnósticas:

- Analítica de sangre general para conocer los niveles de T4 y TSH. Los valores de estas hormonas revelan unos niveles disminuidos de la hormona tiroidea, lo que se conoce como *hipotiroidismo*.
- Ecografía de la tiroides para ver si hay células cancerosas.

Se produce un **diagnóstico de** *bocio asociado a un hipotiroidismo.*

Tratamiento:
- Reposición de la T3 mediante una pastilla diaria (*Levotiroxina*) en ayunas diari-amente. Avisar a la paciente que aunque mejoren los síntomas, NO se debe dejar de tomar la pastilla a diario. Aconsejar que es mejor tomarse la pastilla por la mañana en ayunas y a la misma hora y esperar al menos media hora antes del desayuno.
- Debido al aumento de peso y a la tendencia del organismo a ganar peso, es importante mantener una dieta baja en grasas y rica en frutas y verduras.

- Analítica al cabo de un mes por los próximos 6 meses hasta que los niveles de la hormona se estabilicen.
- Administración de pequeñas cantidades de yodo.

SISTEMA ÓSEOMUSCULAR

Caso clínico 11: *Fractura por caída+angina de pecho*

https://www.nlm.nih.gov/medlineplus/spanish/ency/article/000001.htm
https://www.nlm.nih.gov/medlineplus/spanish/angina.html

Carlos es un trabajador de la construcción que se ha caído de una distancia de cinco metros mientras trabajaba y se ha fracturado el fémur y la tibia. Carlos es fumador, lo que aumenta el riesgo de fracturas al vincularse el tabaco a una disminución de densidad ósea (*bone mineral density*).
Algunos de los <u>síntomas</u> que presenta al llegar a la sala de urgencias son ligero mareo, taquicardia, fracturas en la pierna y pie izquierdos, dolor en el brazo izquierdo, dolor agudo de pecho, dificultad respiratoria, sudoración y dolor en el lugar de las fracturas. Después de haber hablado con el paciente, el médico sospecha que Carlos pueda tener una angina de pecho además de las fracturas.
La entrevista con el paciente revela hipertensión, colesterol alto y enfermedad cardíaca como antecedentes familiares.

Se produce un **diagnóstico de:** *Fractura pierna izquierda+angina de pecho+hipertensión arterial y colesterolemia.*

Pruebas diagnósticas:

- RX de la pierna y pie izquierdo
- Electrocardiograma
- Auscultación con estetoscopio
- Análisis de sangre (para ver los niveles de sodio y potasio)

Tratamiento curativo:
- Reducción huesos fracturados (*closed reduction of bone*) y colocación yeso (*cast*)
- Medicación para facilitar el flujo sanguíneo cardíaco
- Medicación para estabilizar la tensión arterial
- Oxigenoterapia
- Sueroterapia (*Intravenous therapy*)

Tratamiento profiláctico:

- Beber líquidos
- Mantener dieta adecuada para evitar sobrepeso debido a la inmovilidad forzada, al mismo tiempo que se fortalece el sistema inmunitario y se evitan infecciones
- Inmovilidad de la extremidad afectada y mantener ésta en alto para no favorecer la retención de líquidos

SISTEMA GENITOURINARIO

Caso clínico 12: *VIH/SIDA*

https://www.nlm.nih.gov/medlineplus/spanish/ency/article/000594.htm

Paciente de 30 años, homosexual, acude a la consulta médica con los siguientes síntomas: dolor de cabeza, diarrea, pérdida de peso, ganglios hinchados, escalofríos (*chills*), malestar general, fatiga inexplicable.

La entrevista médica con el paciente revela que éste es un paciente a riesgo de ser seropositivo. El doctor determina hacer una prueba analítica de sangre como prueba diagnóstica para la detección de anticuerpos del virus del sida. Ésta sale positiva y el doctor le remite al paciente **el diagnóstico de** *seropositivo del virus del SIDA*.

Tratamiento:

- *Antiretrovirales* de varios tipos para detener la multiplicación del virus, para fortalecer el sistema inmunitario del paciente y para evitar las infecciones oportunistas (*opportunistic infections*).
- Uso de condones durante el contacto sexual y pruebas de diagnóstico para la pareja del paciente.
- Dieta sana y equilibrada para fortalecer el sistema inmunológico.

El paciente no tiene familia como soporte social pero cuenta con amistades de la comunidad gay.

Caso clínico 13: *Clamidia*

https://www.nlm.nih.gov/medlineplus/spanish/ency/article/001345.htm

Varón de 35 años, emigrante de Puerto Rico llama por teléfono a un centro para el control y prevención de enfermedades en el que explica los síntomas que tiene: secreción en el pene, dolor en los testículos y sensación de ardor al orinar. La enfermera le pregunta si es promiscuo sexualmente, a lo que el paciente responde afirmativamente. Se programa una cita a la que el paciente acude al día siguiente. La enfermera le recomienda usar preservativos hasta no tener un diagnóstico. Durante la consulta se extrae una muestra de secreción de los genitales que se lleva a laboratorio y sale positiva para clamidia. Se produce un **diagnóstico de <u>clamidia</u>**.

La entrevista médica con el paciente revela el no uso de preservativos durante las relaciones sexuales e historia clínica de EST o enfermedades venéreas.

Tratamiento:

- Antibióticos para tratar la infección.
- Recomendaciones para evitar nuevos episodios de clamidia y otras enfermedades de transmisión sexual (exámenes periódicos, protección con preservativos durante la relación sexual, y tratamiento con antibiótico de la pareja/s del paciente).

Caso clínico 14: *Cáncer de próstata*

---

https://www.nlm.nih.gov/medlineplus/spanish/ency/article/000380.htm

Paciente de 60 años, acude a la consulta médica con los siguientes <u>síntomas</u>: dolor en la zona del tórax y espalda, incontinencia urinaria e intestinal, deseo urgente de micción, aumento de micción y goteo.

Pruebas diagnósticas:

- Tacto rectal
- Biopsia
- Análisis de sangre para la detección del PSA (antígeno prostático específico)

Diagnóstico: *Cáncer de próstata estadio III.*

Tratamiento curativo:

- *Prostactomía radical*
- Quimioterapia
- Radioterapia

Tratamiento paliativo para el dolor: analgésicos y esteroides.

Caso clínico 15: *Cáncer de mama*

---

https://www.nlm.nih.gov/medlineplus/spanish/ency/article/000913.htm

Mujer de 58 años viene a la consulta con los siguiente <u>síntomas</u>: secreción por uno de los senos, retracción del pezón (*nipple retraction*), enrojecimiento en una zona del seno afectado y dolor en éste. La paciente presenta estos síntomas desde hace pocos meses pero ha rehusado acudir a atención médica.

La exploración física revela presencia de un bulto y ganglios linfáticos ligeramente hinchados. La entrevista médica revela antecedentes familiares de cáncer.

Pruebas diagnósticas: Examen clínico de la zona y mamografía programada.

Diagnóstico: *Cáncer de mama en estadio II.*

Tratamiento curativo:

- Cirugía (*Mastectomía parcial* del seno afectado),
- Disección de los ganglios
- Radioterapia
- Terapia hormonal
- Quimioterapia

Tratamiento profiláctico:

- Analgésicos para el dolor
- Dieta adecuada para fortalecer el sistema inmunitario
- Grupos de apoyo psicológico

SISTEMA NEUROLÓGICO

Caso clínico 16: *Meningitis bacteriana*

---

https://www.nlm.nih.gov/medlineplus/spanish/ency/article/000607.htm
https://www.nlm.nih.gov/medlineplus/spanish/ency/article/000680.htm

Paciente de seis años que viene a urgencias acompañado de padres con los siguientes síntomas: alteración estado general, fotofobia (sensibilidad a la luz), náuseas y vómitos, convulsiones y rigidez de nuca y fiebre que no cede al *Tylenol*.

Las pruebas diagnósticas son: punción lumbar y análisis del líquido cefalorraquídeo extraído de la punción, pruebas de detección de antígeno, una tomografía computarizada (TAC) y un hemocoultivo (para ver si hay bacterias en la sangre).

Diagnóstico: *meningitis bacteriana*

El tratamiento:

- Hospitalización
- Antibióticos por vía venosa
- Corticoides para reducir la inflamación de las meninges o membranas que envuelven el cerebro

Caso clínico 17: *Accidente cerebrovascular (derrame cerebral)*

https://www.nlm.nih.gov/medlineplus/spanish/ency/article/000726.htm
Paciente de 65 años que acude a urgencias llamadas por su mujer al presenciar desmayo del paciente en el suelo sin casi conciencia.
Presenta los siguiente síntomas: confusión mental, torpeza al hablar (*slurred speech*), entumecimiento en la mitad de la cara y cuerpo y dolor de cabeza.

Pruebas diagnósticas:

- Se hace una exploración física para detectar problemas de visión, habla y coordinación muscular.
- Tomografía computarizada que revela un coágulo de sangre desprendido a la zona cerebral.
- Angiografía.

Diagnóstico: *Accidente cerebrovascular*.

Tratamiento:

- Administración de *trombolíticos* (*thrombolytic agents*) para disolver el coágulo.
- Anticoagulantes para evitar la formación de más coágulos.

Tratamiento preventivo:

- Terapia de deglución debido al problema de deglución que presenta el paciente.
- Logopedia (*Speech therapy*) para facilitar el habla en el paciente.
- Fisioterapia.

CAPÍTULO 3

La banca y las finanzas

"A la mujer fea, el oro la hermosea"

Dicho popular

¿Qué significa este refrán? ¿Estás de acuerdo con lo que dice? ¿Qué tiene que ver con el dinero? ¿Cómo podrías expresar este refrán de otra manera en tus propias palabras?

LA BANCA Y LA COMUNIDAD EN COLOMBIA[1]

En los últimos años ha surgido en Colombia una mayor importancia en la responsabilidad social que el sector bancario tiene hacia la población, tanto con fines financieros como no financieros. Entre los primeros destaca la educación económica al **usuario bancario [1]** –especialmente a aquellos sectores más pobres de la sociedad, y con ello luchar contra la desigualdad social–, así como el **fomento [2]** de una atención efectiva al consumidor durante las transacciones bancarias. Entre los fines no financieros, son importantes **recalcar [3]** la creación de políticas de empleo dignas, la lucha contra la financiación del terrorismo y la garantía sobre el cuidado del medio ambiente.

De idea tradicional de la banca en la que unos pocos se enriquecen a expensas del cliente se está empezando a quedar atrás, pues, en Colombia, el sector bancario se ha **puesto a disposición [4]** de la sociedad para mejorar la economía individual del ciudadano y de esta forma, mejorar su vida.

Algunas de las estrategias mediante las cuales la banca ha contribuido a estos objetivos son: educación a la población mediante programas especiales y asesoría individual en los mismos bancos.

Algunos de los servicios mediante los cuales se asesora al cliente son: financiación de vivienda, **obtención [5]** de tarjetas de débito y crédito, adquisición de líneas de crédito o préstamos para crear empresas, actividades que promueven el ahorro, y por supuesto ayuda y un servicio impecable al cliente, como por ejemplo en la **domiciliación de pagos [6]**, transferencias bancarias, extracción o ingresos de dinero en efectivo en las cuentas bancarias corrientes o de ahorros o cobro de **cheques a terceros [7]**.

[1] Bank customer
[2] Encouragement
[3] To emphasize
[4] Made available
[5] Conferment
[6] To set up direct deposit
[7] Third party checks

---

1   Balance Social de la Banca Colombiana 2011. Asobancaria.

Todos estos objetivos se materializaron en un programa creado en el 2011 llamado *Saber más, tener más* mediante el cual se vislumbra la idea de la educación financiera como clave para una mejor vida económica.

Al mismo tiempo, el sector bancario se ha dado cuenta de la necesidad de colaboración con la política para influenciar en la creación de currículums o programas académicos en los primeros años de escolarización, y así enseñar buenos hábitos financieros a los niños ya desde muy jóvenes.

Con el objetivo de alcanzar a más gente, los programas de educación *Saber más, tener más* han sido dirigidos a diferentes sectores de la población, entre ellos aquéllos con un nivel de **alfabetización [8]** más deficiente y por tanto más vulnerables económicamente.

Otra forma mediante la cual se han llevado a cabo estos objetivos educacionales ha sido mediante la creación de páginas de web como por ejemplo www.cuadresubolsillo. com, mediante la cual se ofrece todo tipo de información como manejo del crédito, uso efectivo de los servicios financieros, seguridad bancaria para que no se produzcan fraudes o robo de identidad, así como información sobre los derechos del consumidor y el papel de la banca en todas estas funciones.

El tema de la vivienda es uno de los roles más importantes en los que el sector bancario se ha involucrado. Los bancos asesoran mediante reuniones individuales con el cliente y sus familias o mediante cursos de finanzas para éstos poder tomar mejores decisiones en cuanto a adquisición de créditos y mantenimiento de la vivienda después de haberla comprado.

Información sobre cómo hacer inversiones efectivamente e inteligentemente ha constituido otro de los objetivos del sector bancario.

Para el objetivo específico de promover una seguridad y evitar los fraudes bancarios o el **robo o usurpación de identidad [9]**, el sector bancario ha colaborado con la Policía Nacional para establecer formas en cómo evitar esta clase de delitos.

Con todos estos objetivos y creación de medidas específicas de acción, hoy puede decirse que la banca se ha acercado a la población y que con todo ello, ha contribuido no solo a un crecimiento de la economía, sino también, a una mejora de la vida diaria del colombiano.

 A). ¿Comprendiste? Contesta las preguntas con un compañero en base a la lectura y después compartan con el resto de la clase.

1. ¿Cuáles son algunos de los objetivos económicos de la banca colombiana?

_____

_____

_____

2. ¿Cuáles crees que son algunos de los objetivos de la banca colombiana que van más allá de lo económico?

_____

_____

_____

3 ¿Cuáles crees que son algunas de las estrategias para conseguir estos objetivos?

_____

_____

_____

4. ¿Cuáles son algunas de las entidades no bancarias a las que los bancos se asocian para conseguir sus objetivos?

_____

_____

_____

5. ¿Cuáles son algunas de las operaciones bancarias que se pueden hacer en un banco?

_____

_____

_____

B). Para profundizar. Discute las siguientes preguntas con un compañero y luego compartan igualmente con toda la clase.

1. ¿Qué opinas de las funciones de la banca en Colombia?
2. ¿Qué similitudes ves con la banca en tu propio país?
3. En Colombia, la banca ha asumido responsabilidades sociales como la lucha contra la financiación del terrorismo o la preservación del medio ambiente, ¿existe esto en tu país? ¿Cuáles crees que son otras áreas de la sociedad con las que la banca tendría que contribuir para tratar de eliminar problemas sociales?
4. ¿Puedes pensar en alguna función social que los bancos en tu país podrían involucrarse para tratar un problema que existe en la sociedad de tu país o evitar otros?

VOCABULARIO

Este es el vocabulario que se usa con más frecuencia en referencia a las diferentes transacciones bancarias y financieras. Úsalo como referencia para todas las actividades que se proponen a lo largo del capítulo.

COGNADOS	COGNATES
El depósito	Deposit
El cheque	Check
El contrato	Contract
La descripción legal de una propiedad	Legal description of a property
La información preliminar	Preliminary information
Los intereses (de un préstamo)	Interest (of a loan)
El pasaporte	Passport
Las transacciones/ Las operaciones de banco	Bank transactions

VERBOS	VERBS
Aceptar/Aceptado	To accept/Accepted
Adjuntar/Anexar	To attach
Avalar	To guarantee
Cobrar/Cambiar (un cheque)	To cash a check
Declararse en quiebra	To file for bankruptcy
Depositar/Ingresar	To deposit

Domiciliar (el sueldo)	To set up direct deposit
Domiciliar (facturas)	To set up direct debit
Hacer un depósito o ingreso/Ingresar/Depositar	To make a deposit
Rechazar	To reject
Reembolsar	To refund
Revisar/Comprobar/ Chequear (el saldo)	To check
Sobregirar	To overdraft

EL CLIENTE DEL BANCO	THE BANK CUSTOMER
El consumidor	The consumer

LOS PAGOS	PAYMENTS
Al contado	In cash
A plazos	Installments
Cantidad	Amount
Cargo	Fee

Cobro	Collection
En metálico/En efectivo	Cash
Extracción	Withdrawal
Receptor del pago	Payee

EL MERCADO DE VALORES	THE STOCK MARKET
Las acciones	Stocks
El/La accionista[2]	Stockholder
La bolsa	The Stock Exchange

LOS PRÉSTAMOS	LOANS
El/La avalista	Cosignatory
La carta de aceptación	Acceptance letter
La carta de rechazo	Rejection letter
El comité de préstamos	Loan committee
El deposito/El enganche	Down payment
La fianza	Bail/Bond/Deposit
La inversión	Investment
Invertir	To invest
La paga y señal	Token payment
El prestamista/El prestador	Moneylender
El prestatario	Borrower
El rechazo	Rejection
Las regulaciones del préstamo	Loan regulations
Los requisitos de elegibilidad	Eligibility requirements
La solicitud de préstamo	Loan application

EL BANCO Y EL BANQUERO	THE BANK AND THE BANKER
El contador/La contadora	Accountant
El director/La directora del banco	Branch manager
El empleado/La empleada del banco	Bank teller
La sucursal del banco	Bank branch
La transferencia bancaria	Bank wire
La ubicación del banco	Bank location

EL CRÉDITO	THE CREDIT
La cuenta delincuente	Delinquent account
El estado financiero	Financial status
El informe crediticio	Credit report/ Financial report
La morosidad	Defaulting/ Delinquency
El moroso/La morosa	Defaulter/ Defaulting debtor
El puntaje de crédito	Credit score
La quiebra	Bankruptcy
La tarjeta de crédito	Credit card

LOS DOCUMENTOS DEL BANCO	THE BANK DOCUMENTS
El documento anexo o adjunto	Attachment
La cédula de extranjería	Foreign identification card
La letra de cambio	Letter of credit
El pagaré	Promissory note
El remitente o pagador	Remitter

2   Palabras que terminan en –ista pueden ser tanto masculinas como femeninas teniéndose que cambiar solo el artículo para hacer referencia al género al que se refiere.

LAS CUENTAS BANCARIAS	THE BANK ACCOUNTS
La chequera	Check book
La cuenta corriente	Checking account
La cuenta de ahorros	Saving account
El extracto del banco	Bank statement
Los fondos	Funds
El saldo	Balance
La tarjeta de debito	Debit card
El/La titular de la cuenta	Account holder

LOS INGRESOS	INCOME
Los ahorros	Savings
El comprobante de ingreso	Deposit slip
El deposito/El ingreso	Deposit
La ganancia	Profit
La nómina/El salario/ La paga	Paystub/Salary/ Paycheck
El reembolso	Refund
Los requisitos de reembolso	Refund eligibility

EL BANCO Y LA AGENCIA TRIBUTARIA	THE BANK AND THE IRS
La declaración de impuestos/La declaración fiscal	Tax return
Los impuestos	Taxes
Las regulaciones de la agencia tributaria	IRS policies

LA PROPIEDAD	PROPERTY
El embargo/La ejecución hipotecaria	Foreclosure
La hipoteca	Mortgage
El patrimonio neto de una casa	Home equity
El propietario-a	Owner
El seguro hipotecario	Morgatge life insurance
El solar/El terreno	Lot
La tasación/La valoración de una propiedad	Appraisal
El valor de una propiedad	Property value

A). ¿Qué palabra es? Con un compañero consulten el vocabulario general del capítulo para encontrar la palabra que responde a cada definición. Presten atención si necesitan un sustantivo o un verbo, tal como se indica en paréntesis al final de cada definición.

1. Valor que se hace de una propiedad o bien inmueble (*sustantivo*).

_____

2. Persona cuyo nombre figura como propietaria de una cuenta, una propiedad o un servicio (*sustantivo*).

_____

3. Normas oficiales especificadas por escrito bajo las cuales se rige cualquier servicio financiero (*sustantivo*).

_____

4. Persona que toma prestado de otra para comprar una propiedad (*sustantivo*).

_____

5. Sacar más dinero del que se dispone de una cuenta bancaria (*verbo*).

_____

6. Cantidad que se paga cada mes para el pago de una vivienda de compra (*sustantivo*).

_____

7. Cantidad que se paga al inicio cuando se compra una propiedad (*sustantivo*).

_____

8. Persona que presta dinero para comprar una casa o abrir un negocio por ejemplo (*sustantivo*).

_____

B). Traducir al español y definir. Traduce al español y define cada término en tus propias palabras. Después de traducir y definir cada palabra, comparte con el resto de la clase tus definiciones sin decir la palabra y deja que tus compañeros adivinen la palabra en base a tu definición.

1. Loan

_____

_____

2. Deliquency

_____

_____

3. Credit line

_____

_____

4. Bank statement

_____

_____

5. Token payment

_____

_____

C). Llena los espacios en blanco. A continuación tienes una serie de diálogos en los que ocurren varias operaciones bancarias que Mary Brown, una estudiante de Geología en la *Universidad Nacional de Colombia* lleva a cabo en un banco de Bogotá. Elige la palabra más adecuada del banco de palabras.

DIÁLOGO 1:   *Abriendo una cuenta corriente en Colombia*

Ahorros Corriente Cargo Domiciliar Débito Saldo Cuenta Regulaciones

---

Cajero: Hola, buenos días señorita. ¿Cómo está en el día de hoy?

Cliente: Muy bien, gracias. Veo que tienen mucho trabajo hoy.

Cajero: Buenos días…pues sí, estamos un poquito ocupados. ¿En qué puedo ayudarle?

Cliente: Quiero abrir una 1._____

Cajero: ¿Qué tipo de cuenta? 2. _____ o de 3. _____?

Cliente: Una cuenta de ahorros por favor. ¡Ah! ¿Me puede decir si cobran por mantener una cuenta abierta?

Cajero: No cobramos ningún 4. _____ por mantener la cuenta abierta si tiene una cuenta de ahorros con al menos un 5. _____ de 308.000 pesos colombianos. Ahora bien, si necesita una tarjeta de 6._____ asociada a esta cuenta, le vamos a cobrar 36.000 pesos al mes de cargo.

Cliente: ¡Qué caro!

Cajero: Bueno, otra forma de no pagar por tener una tarjeta de débito es 7._____ el sueldo a la cuenta corriente.

Cliente: Bueno, eso suena un poco mejor…pero pagar 36.000 pesos colombianos al mes por tener una tarjeta de débito me parece desorbitado (*outrageous*).

Cajero: Señorita, lo siento mucho, pero son 8._____del gobierno, todos los bancos lo hacen. Puede dirigir una queja si desea al director del banco pero me temo que son normas.

Cliente: Gracias.

DIÁLOGO 2: *Haciendo un ingreso y comprobando el saldo*

Comprobante de depósito (o de ingreso) Titular Fondos Comprobar Transacciones Ingreso

Cliente: Hola, buenos días.

Cajero: Buenos días señorita, ¿Cómo está hoy?

Cliente: Me gustaría 1. _____ mi saldo.

Cajero: ¿Es usted la 2._____ de la cuenta?

Cliente: Sí, yo misma…

Cajero: ¿En cuál de las cuentas quiere hacer el 3._____, en la cuenta corriente o en la cuenta de ahorros?

Cliente: En la cuenta corriente porque no estoy segura si hay 4. _____ en la otra cuenta. ¿Me podría decir si alguna cuenta tiene un saldo negativo?

Cajero: Déjeme ver. No hay saldo negativo pero por muy poco. Rellene el 5. _____ con el número de cuenta donde quiere hacer el ingreso.

El cliente escribe el número de cuenta en el comprobante de depósito....

Cajero: Aquí tiene su comprobante del ingreso que acaba de hacer.

Cliente: Gracias, por cierto, necesito saber las últimas 6. _____ en esta cuenta.

Cajero: La última fue un pago en *Hamburguesas El Corral*, la anterior fue en *Tiendas Jumbo Colombia* y la tercera fue en la gasolinera *Terpel*.

Cliente: Muy bien, muchas gracias.

Cajero: ¿Necesita algo más?

Cliente: No, gracias, hasta otro día.

DIÁLOGO 3: *Cobrando (o cambiando) un cheque, ingresándolo y sacando dinero*

Transacción/Operación   Ahorros   Ingresarlo   Cobrar/Cambiar

Cajero: Buenos días, ¿Cómo está señorita?

Cliente: Muy bien, gracias. Necesito 1. _____ este talón/cheque. Después, quiero 2. _____ en la cuenta de 3. _____. Ahora que lo pienso, necesito llevarme 22.500 pesos de los 100.000 pesos del cheque.

Cajero: Muy bien, entonces, quiere cobrar un cheque por 100.000 pesos, llevarse en metálico 22500 pesos e ingresar el resto.

Cliente: Correcto.

Cajero: ¿Necesita hacer alguna otra 4. _____ ?

Cliente: Solo esto por hoy está bien, gracias.

DIÁLOGO 4: *Comprando una casa*

Los padres de Mary quieren estar cerca de su hija y han decidido comprar una casa en Colombia para estar cerca de ella. Van a solicitar un préstamo en un banco de Bogotá. Llena los blancos con la palabra más idónea de las que se proporcionan en el banco de palabras.

Cantidad	Préstamo	Contrato	Hipoteca	Rechazo	Preliminar
Aceptación	Solar/Terreno	Interés	Valoración/Tasación		Propietarios

Empleado del banco: Buenos días señores Brown, ¿en qué puedo atenderlos?

Cliente: Estamos interesados en comprar una casa y queríamos pedir un 1. _____ para ello.

Empleado del banco: ¿Dónde está ubicada la casa?

Cliente: La casa está en la Avenida de las Américas, en una zona donde hay muchas residencias.

Empleado del banco: ¿Cuál es el valor de la casa?

Cliente: 885.000 millones de pesos

Empleado del banco: ¿Ya ha firmado un 2. _____ de compra con el vendedor?

Cliente: Sí.

Empleado del banco: ¿Puedo ver una copia de este contrato?

Cliente: Sí claro, aquí está.

Empleado del banco: ¿Cuál es el tamaño del 3. _____?

Cliente: 400 hectáreas.

Empleado del banco: ¿Da (dar) la casa de cara al agua? (*facing the water*)

Cliente: No.

Empleado del banco: ¿Cuántos pisos tiene?

Cliente: Si incluyo el ático, tiene tres pisos.

Empleado del banco: ¿Tiene aire acondicionado o calefacción?

Cliente: Sí, tiene los dos.

Empleado del banco: ¿Cuántos años tiene la casa?

Cliente: Aproximadamente 50 años.

Empleado del banco:	Nuestro tasador hará una 4. _____ de la casa y el banco decidirá sobre el préstamo.
Cliente:	¿Qué tipo de 5. _____ tendré que pagar?
Empleado del banco:	Aproximadamente un 6.5%. ¿Tiene esta propiedad alguna 6._____ previa?
Cliente:	El Banco Central de Colombia tiene la primera hipoteca.
Empleado del banco:	¿Y cuál es la 7. _____ que se debe de esa propiedad?
Cliente:	Más o menos 253.000.000 de pesos.
Empleado del banco:	Muy bien, ésta es la información 8. _____ que necesitamos para completar el primer paso del préstamo. El departamento de préstamos evaluará su información y los llamaremos para comunicarle una decisión. Si se acepta, le enviaremos una carta de 9._____ y le enviaremos una actualización en el que se verá que ustedes son los nuevos 10. _____ de la casa. En caso contrario, le enviaríamos una carta de 11. _____ explicando las razones por las que se le negó el préstamo.

D). Llena los espacios en blanco. Aquí tienes la solicitud que el padre de Mary llena para conseguir el préstamo y poder comprar la casa. Utiliza **nueve** de las diez palabras que se proporcionan para completar esta solicitud de crédito. Ten en cuenta de conjugar los verbos que se proporcionan según corresponda.

---

1. **Adjuntar/Anexar**
2. **Anexo**
3. **Año en curso**
4. **Estimado-a-os-as /Distinguido-a-os-as**
5. **Estado financiero**
6. **Nómina**
7. **Préstamo**
8. **Requisitos de elegibilidad**
9. **Solicitud**
10. **Solicitar**

CARTA SOLICITUD DE CRÉDITO

Jonathan L. Brown

Calle Obando 1C-48 Centro

528503 Tumaco, Nariño

Colombia

Tel: (57) 2403 2200 Fax: (57) 2403 4455

Productosfinancieros@co.com

22 de enero de 2017
GRUPO BANCOCOLOMBIA
Calle 72 N° 8-24 Piso 7
Edificio calle 72
Bogotá
(57-1) 343 00 00

1. _____ Señores:

Por medio de esta carta 2. _____ un 3. _____ de 7785.00 millones de pesos colombianos a nombre mío para finales de diciembre del 4. _____ para poder realizar la compra de una vivienda.
5. _____ el formulario que Uds. me enviaron, y una lista de referencias financieras. También he incluido una copia de mi último 6. _____ en el que se refleja una 7. _____ fija de 1.475 dólares mensuales.
Quedo a la espera de una respuesta a mi 8._____ en la cual se indiquen los 9. _____.

Muy atentamente,
Jonathan L. Brown
Anexos: un estado financiero y una lista de referencias.
X_____
Jonathan Brown
Owner of Productos financieros

E). Escribe un informe económico. Imagínate que eres el cliente del ejercicio anterior y tienes que preparar un estado financiero y una lista de referencias para pedir el préstamo para comprar una casa. Haz una lista de bienes y propiedades que tienes, gastos fijos, ingresos fijos o temporales y una lista de referencias económicas de gente que pueda dar fe de tu comportamiento económico.

_____

_____

_____

_____

_____

_____

_____

_____

_____

_____

_____

 Informes Matutinos: (Presentación Individual breve de 3-5 minutos). La presentación es un informe de un profesional que ha leído una noticia de relevancia con el tema del capítulo y está presentando el material a una mesa directiva durante una junta. Los miembros de la mesa tienen el derecho y la responsabilidad de hacer preguntas. Puedes utilizar notas, pero únicamente como fuente de referencia, no leas directamente.

 Paso 1: Elige un artículo de un periódico latinoamericano o una revista producida en español como *La Opinión* o *Time en español*. En la introducción de este texto encontrarás una lista de fuentes para tu informe. El artículo debe de enfocarse en el sistema bancario o financiero de Colombia, Panamá o algún otro país latinoamericano. Además, en lo posible el informe se debe relacionar con el tema programado para el día de clases en que presentarás el informe.

 Paso 2: Desarrolla un informe que incluya:

    A. Introducción: 1 minuto

        1. Nombre del estudiante

        2. El interés profesional del estudiante

        3. El nombre y fuente del artículo

    B. Cuerpo (lo más importante de la presentación), 2-3 minutos para resumir los datos más relevantes del artículo.

        1. Resumen del artículo

        2. Relevancia y análisis (por qué es importante este artículo)

        3. Conclusiones

Paso 3: Presenta el informe a la mesa directiva (la clase).

Paso 4: Preguntas de la mesa directiva sobre el informe (la clase).

GRAMÁTICA EN CONTEXTO

EL PRESENTE PERFECTO

El *Presente perfecto* se forma con el verbo auxiliar *Haber* + **Participio pasado**.

Yo	**He**	Participio pasado verbo
Tú	**Has**	Participio pasado verbo
Él/Ella/Usted	**Ha**	Participio pasado verbo
Nosotros-as	**Hemos**	Participio pasado verbo
Vosotros-as	**Habéis**	Participio pasado verbo
Ellos-as/Ustedes	**Han**	Participio pasado verbo

Ahora bien, para formar el **participio pasado**, simplemente elimina la terminación -ar, -er, -ir y añade *-ado* (para verbos -ar verbs) o *-ido* (para verbos -er y -ir).

hablar	a~~r~~ + ado = **hablado**
comer	e~~r~~ + ido = **comido**
vivir	i~~r~~ + ido = **vivido**

No obstante, debes tener en cuenta que hay algunos verbos que forman el participio pasado de forma irregular:

ABRIR (*TO OPEN*)	ABIERTO (*OPENED*)
Componer (*To form/To put together*)	**Compuesto** (*Formed/Put together*)
Cubrir (*To cover*)	**Cubierto** (*Covered*)
Decir (*To say*)	**Dicho** (*Said*)
Describir (*To describe*)	**Descrito** (*Described*)
Devolver (*To return*)	**Devuelto** (*Returned*)
Escribir (*To write*)	**Escrito** (*Written*)
Freír (*To fry*)	**Frito o freído** (*Fried*)[3]

Imprimir (*To print*)	**Impreso o imprimido** (*Printed*)
Hacer (*To do*)	**Hecho** (*Done*)
Morir (*To die*)	**Muerto** (*Died*)
Poner (*To put*)	**Puesto** (*Put*)
Proveer (*To provide*)	**Provisto o proveído** (*Provided*)
Resolver (*To resolve*)	**Resuelto** (*Resolved*)
Romper (*To break*)	**Roto** (*Broken*)
Suponer (*To suppose*)	**Supuesto** (*Supposed*)
Ver (*To see*)	**Visto** (*Seen*)
Volver (*To return*)	**Vuelto** (*Returned*)

---

3   Existen unos pocos verbos en español que presentan un participio pasado regular y uno irregular, siendo ambos válidos y pudiéndose usar indistintivamente. Éstos son: Freir (freído/frito), Imprimir (imprimido/impreso), Proveer (proveído/provisto).

Usos del *Presente Perfecto:*

1. Usamos el *Presente perfecto* para expresar una acción en el pasado que no ha terminado aún o cuyo efecto continúa en el presente.

> *Ejemplos:*
>
> ***Este año ha sido un año muy difícil para mí económicamente***
> *This year has been very difficult for me financially (This year is not concluded yet)*
> ***Esta semana ha sido una semana muy ocupada***
> *This has been a very busy week*

2. Usamos el *presente perfecto* con *expresiones de frecuencia* y con los adverbios *mucho, poco*, para expresar acciones que ya han terminado (con las expresiones *ya, muchas veces, una vez*); con acciones que han terminado recientemente; o con acciones que no han terminado necesariamente y que continúan en el presente (con las expresiones *todavía, aún, muchas veces, poco*).

> *Ejemplos:*
>
> ***Ya he terminado de llenar el formulario de solicitud de un crédito*** *(Action is concluded)*
> *I have already finished filling out the credit application*
> ***Una sola vez he sido clienta de ese banco*** *(Action is concluded)*
> *I have been a customer of that bank just once*
> ***Aún/Todavía no he terminado de llenar el formulario de solicitud de crédito*** *(Action is not concluded)*
> *I still have not finished filling out the credit application*
> ***Muchas veces he sido clienta de ese banco*** *(And I continue being a customer)*
> *I have been a customer of that bank many times*

 A). Reescribe. Cambia el verbo subrayado de las siguientes frases al *presente perfecto*.

1. La banca en Colombia <u>supone</u> una ayuda a la economía colombiana.

_____

_____

2. La población colombiana <u>aprende</u> a manejar su dinero gracias a las clases que los mismos bancos ofrecen para sus clientes.

_____

_____

3. La banca <u>hace</u> una gran obra social en Colombia con la lucha antiterrorista y la lucha para la preservación del medio ambiente.

_____

_____

4. Los bancos en Colombia <u>ponen</u> a disposición del ciudadano programas para financiar vivienda de una forma asequible y justa para el ciudadano.

_____

_____

5. Se <u>escriben</u> muchas cosas sobre la banca en Colombia por ser una innovación en cuanto al acercamiento con sus clientes.

_____

_____

 B). Termina las frases. Kevin es un estudiante extranjero que ha ido a Panamá para pasar un año. Kevin quiere abrir una cuenta bancaria. Después de muchos trámites y problemas, el director del banco le dice a Kevin que es muy difícil para un extranjero abrir una cuenta bancaria debido a la creencia que los extranjeros no reportan su dinero al proceder del narcotráfico. Kevin habla con sus padres por teléfono acerca de la situación pero la conexión telefónica no es muy buena. Intenta deducir qué crees que Kevin está diciéndoles a sus padres. Usa el _presente perfecto_ si es necesario.

> _**Ejemplo:**_ _No puedo abrir una cuenta bancaria,_ **_así que he tenido que guardar mi dinero en casa, lo cual es muy imprudente y peligroso._**

1. He intentado hablar con el director del banco pero _____

_____

_____

2. He ido a todos los bancos de Panamá pero _____

_____

_____

3. He decidido que voy a poner una queja porque _____

_____

_____

4. Si no me permiten abrir una cuenta bancaria _____

_____

_____

C). Escribe. Finalmente Kevin después de muchas peleas con el banco pudo abrir una cuenta bancaria. A continuación hay una serie de situaciones que le acaban de ocurrir esta semana en referencia a sus finanzas. Kevin escribe en un correo electrónico a sus padres todo lo que ha pasado. Ahora tú escribe lo que crees que Kevin ha escrito a sus padres en cuánto a las acciones que ha llevado a cabo para cada situación que le ha ocurrido. Utiliza la primera persona como si fueras Kevin y el *presente perfecto* cuando sea necesario.

Ejemplo:

Situación: *Kevin estaba en el banco para sacar dinero y el empleado del banco le dijo que no había fondos.*

Reacción/Acción de Kevin*: No me lo podía creer. <u>He tenido</u> que transferir fondos de la cuenta de ahorros a la cuenta corriente.*

1. **Situación**: Kevin está en el supermercado comprando comida y quiere pagar con su tarjeta de débito. Pasa (*he swipes*) la tarjeta por la máquina y la cajera le dice que la tarjeta no funciona.

   Reacción/Acción: _____

   _____

   _____

2. **Situación:** Kevin está en un autobús y alguien le acaba de robar la cartera con todas las tarjetas de crédito y débito.

   Reacción/Acción: _____

   _____

   _____

3. **Situación:** Kevin está revisando el saldo de su cuenta corriente por internet y se da cuenta de que hay unas transacciones que él no ha hecho.

   Reacción/Acción: _____

   _____

   _____

D). Escribe. Estás hablando con tu madre, la cual te quiere dar unos consejos sobre cómo manejar tu dinero y tus cuentas. Ella te hace preguntas para ver si estás tomando precauciones para proteger tus finanzas. Escribe algunas de las preguntas que crees que ella te va a hacer.

(Algunas sugerencias pueden ser: dejar todas las tarjetas de crédito en casa, revisar las cuentas bancarias en línea a diario, contratar un servicio de anti robo de identidad, etc...).

> *Ejemplo:*
>
> ¿Ya ***has comprado*** *un servicio de protección contra robo de identidad para proteger tus cuentas bancarias?*

1. _____

2. _____

3. _____

4. _____

5. _____

DOCUMENTOS BANCARIOS

A continuación tienes una serie de definiciones de conceptos bancarios. Intenta familiarizarte con estos términos y para qué sirven. Luego, haz las actividades correspondientes que se proponen a continuación.

1. **Cheque:** Durante el proceso del uso de un cheque, hay tres personas involucradas: el titular o también llamado *librador* de una cuenta bancaria que es el que escribe el cheque; la institución bancaria que hace el pago; y el recipiente de ese pago, el *beneficiario*. Por tanto, un cheque es el pago de una cantidad de dinero de un librador a un beneficiario por medio de una cuenta bancaria de la que salen los fondos.

    Las partes de un cheque son: el nombre del banco; la serie, tipo y número del cheque como prueba que identifica el cheque como verdadero y cuya información es verificada por la lectura mecánica del cheque por una máquina; la ciudad y fecha de expedición; el valor o cantidad en números y letras; el nombre del beneficiario o portador; la firma del titular de la cuenta; y el número de la cuenta.

2. **Cuenta bancaria:** Cuenta de la que salen fondos o se depositan.

3. **Boleto de depósito o ingreso:** Papel que el cliente debe rellenar en el que consta la cantidad que se ingresa o deposita en una cuenta.

4. **Recibo de depósito o ingreso:** Es un papel que el cliente que ha hecho un ingreso o depósito recibe inmediatamente después de la realización de esta operación bancaria.

5. **Talonario o chequera:** Libreta de cheques.

6. **Letra de cambio:** Título de crédito representativo de dinero. Es una orden escrita de una persona que da la orden de pago (el banco) a la que se la llama *girador* a otra a la que se la llama *girado* para que éste último pague una cantidad a un tercero al que se le llama *beneficiario*. El banco o girador es pues el intermediario entre una persona que debe dinero (girado) a otra (beneficiario). La letra de cambio es, en definitiva, una garantía por parte de un banco a un beneficiario de que va a recibir un dinero por una venta que hace.

7. **Vale o pagaré:** Es una promesa de pago en la que un *deudor* (comprador) se compromete a pagar a un *acreedor* (persona a la que se le debe dinero y vendedor de un producto) una cantidad determinada en un lugar determinado y día específico. No hay intermediario como en la letra de cambio. El que se obliga a pagar la cantidad es el *librador* y el que recibe la cantidad es el *tomador* o *beneficiario*.

Ambos documentos, la *letra de cambio* y el *pagaré*, son pues, garantías o promesas de pago por parte de un comprador (quien compra un producto) a un vendedor (quien vende un producto) y ambas son operaciones comunes en transacciones comerciales que se realizan a nivel internacional, es decir, entre un comprador y vendedor que residen en diferentes países en los que hay más riesgo de que una de las dos partes no cumpla con su rol del contrato. Las diferencias más importantes entre la letra de cambio y el pagaré son éstas:

- La *letra de cambio* NO especifica cuándo esa transacción de pago va a realizarse mientras que el *pagaré* estipula exactamente cuándo se va a realizar el pago del comprador al vendedor.
- El *pagaré* es emitido por el comprador (persona que paga por un producto), mientras que la *letra de cambio* es emitida por el acreedor o persona beneficiaria que recibirá el pago de un producto que vende.

A). Partes de un cheque. Escribe las partes del cheque que corresponde a cada número según la información que se proporciona más arriba. Los cheques de los países de habla hispana presentan diferencias con los cheques estadounidenses. Aquí tienes un ejemplo:

Cheque 1 (Author's work)

1. _____

2. _____

3. _____

4. _____

5. _____

6. _____

7. _____

8. _____

9. _____

B). Boleto de depósito. A continuación tienes un boleto de depósito o comprobante de ingreso de un banco de los EEUU y otro de Colombia respectivamente. Estudia cada parte del documento y explica cuáles son las diferencias y/o similitudes entre ambos documentos.

DEPOSIT TICKET ❶			
	Cash ❺		
	Checks ❻		
Date ❷			
Name on account ❸			
Bank of the West ❹			
Summerville, OR 40404			
	Subtotal❼		
	Less cash ❽		
	Total ❾		

Comprobante de depósito en un banco de Estados Unidos (Author´s work)

1. Nombre del documento
2. Fecha en la que se realiza el depósito
3. Nombre del titular de la cuenta donde se realiza el depósito
4. Nombre del banco del que procede la cuenta donde se realiza el depósito
5. Cantidad que se deposita en metálico
6. Cantidad depositada en cheque o cheques
7. Cantidad total que se deposita combinada en cheques y/o en metálico
8. Cantidad que uno no deposita del cheque depositado y que se queda el cliente en metálico
9. Cantidad total depositada

BANCO COLOMBIA ❶	EFECTIVO ❻	BILLETES ❹	
FECHA___❷_____		MONEDAS ❺	
_____			
Firme aquí en presencia del cajero	LISTA DE CHEQUES ❼		
por el dinero recibido ❸			
	TOTAL DE OTRO LADO ❽		
: 5467 6598 745032567 65098 5476000 321	MENOS EFECTIVO RECIBIDO ❾		
	DEPOSITO NETO ❿		

Comprobante de depósito en un banco de Colombia (Author's work)

1. Nombre del banco donde se hace el depósito
2. Fecha en la que se hace el depósito
3. Firma de la persona que hace el depósito
4. Cantidad de dinero que se deposita en forma de billetes
5. Cantidad total de dinero que se deposita en monedas

6. Cantidad total de dinero que se deposita en efectivo en forma de billetes y monedas

7. Cantidad total que se deposita en forma de cheques

8. Cantidad que el cliente se queda en forma de efectivo

9. Cantidad total depositada

_____

_____

_____

_____

_____

_____

_____

_____

_____

_____

_____

_____

_____

¡A ESCRIBIR Y A CONVERSAR!

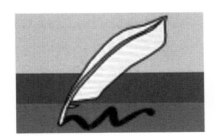

A). Escribe y comparte. Aquí tienes varias propuestas de escritura. Sigue los siguientes pasos: Haz una lluvia de ideas (*brainstorming*), investiga (si se requiere), y finalmente escribe una composición de media a una página. Por último, comparte lo que escribiste con un compañero o con el resto de la clase.

1) *Tu primera experiencia bancaria.* ¿Recuerdas cuándo fue la primera vez que abriste una cuenta bancaria? ¿Cuándo fue? ¿Cómo fue? ¿Cuánto dinero ingresaste en la cuenta? ¿Cómo fue creciendo esa cuenta? ¿Qué tipo de cuenta bancaria era? ¿Tenías familiares que ingresaban dinero en cumpleaños o navidad por ejemplo?

2) *Tú y las tarjetas de crédito.* ¿Cuándo fue la primera vez que obtuviste una tarjeta de crédito? ¿Qué edad tenías? ¿Cuántas tarjetas tienes ahora? ¿Quién las paga? ¿Usas tarjetas de crédito solo para emergencias o para comprar cosas a diario? ¿Pagas tus tarjetas de crédito enseguida o tarde cuando ya casi no hay crédito? ¿Cuál es tu comportamiento económico con referencia a tarjetas de crédito? ¿Vives a crédito o prefieres gastar solo cuando tienes el dinero para pagar algo que quieres comprar?

3) *Los bancos en tu ciudad.* Escribe sobre tu experiencia con los bancos de tu pueblo o ciudad. ¿Cómo es tu banco? ¿Son serviciales? ¿Sabes si tienen préstamos especiales para gente joven que quiere ir a la universidad o para gente que quiere abrir su primer negocio? ¿Cómo son los intereses? ¿Te cobran por tener una tarjeta de débito cada mes? ¿Tienen sucursales en todo el país o es un banco que solo opera en el estado dónde vives? ¿Qué beneficios tiene este banco que no tiene otro banco? ¿Por qué tienes cuentas con ellos?

LAS NOTICIAS DEL DÍA

 Aquí tienes una noticia que fue publicada por el periódico *El Colombiano* sobre cómo ayudar a los más pobres en Colombia. Léela y haz las actividades que se proponen a continuación.

"*SÍ ES POSIBLE GENERAR RIQUEZA ENTRE LOS MÁS POBRES DE COLOMBIA*"[4]

Cuando Manuel Méndez del Río Piovich fue director general del grupo BBVA, uno de los **conglomerados [1]** financieros más grandes del mundo por activos, pensaba desde el piso 25 de un gran edificio en Madrid (España), que la mejor manera de ayudar a los más pobres era la **caridad [2].**

[1] Conglomerado: Unión de bancos

[2] Caridad: Ayuda económica a los pobres

---

4   Fernando Rojas, Juan T. "Sí es posible generar riqueza entre los más pobres de Colombia." *El Colombiano.* 19 abril, 2014. Web. 4 octubre, 2015. http://www.elcolombiano.com/si_es_posible_generar_riqueza_entre_los_mas_pobres_de_colombia-HXEC_291363

"Nada más **equivocado [3]**", afirma ahora como presidente de la Fundación Microfinanzas BBVA. La iniciativa creada en 2007, independiente en gobierno y gestión del **banco ibérico [4]**, pretende atender al mayor número de personas de los menores **ingresos [5]** posibles **otorgando [6]** crédito para fines productivos. Por eso sus utilidades se **reinvierten [7]** en apoyar más **emprendedores [8]**.

Con esa idea han **desembolsado [9]** en siete años préstamos por más de 6.300 millones de dólares (unos 12,1 billones de pesos, de hoy) a más de 4 millones de **microempresarios [10]** en América Latina. El 96 por ciento de ellos ha salido de la pobreza, asegura Méndez del Río.

Méndez del Río, quien desde 1981 hizo una carrera ascendente en la banca internacional, defiende la tesis de que "todas las finanzas no producen desarrollo", que "no se puede nutrir el apetito de ganancias por cuenta de arruinar a las personas" y que "la regulación debe ser diferenciada para quienes hacen finanzas productivas".

¿Está en contra del asistencialismo [11]?

"No tenemos nada contra esa idea, pero la Fundación no está de acuerdo con **esquemas de subsidios** y **subvenciones [12]**".

¿Cuál es la razón?

"Porque creemos en la dignidad y capacidad de las personas y sabemos que nuestros clientes pueden **sembrar [13]** futuro con sus medios. Creo que solo hay una manera de salir de la pobreza: **propiciando [14]** que los más vulnerables tengan una actividad productiva, **generen [15]** ingresos propios, empleen a los demás y crezcan. De esa forma sí es posible generar riqueza entre los más pobres de Colombia y de toda América Latina".

No dar el pescado, enseñar a pescar…

"Así es. Datos globales del Banco Mundial nos indican que de cada 10 personas que han salido de la pobreza, ocho lo han hecho por un pequeño **emprendimiento [16]**, por su esfuerzo personal, nunca por el asistencialismo. Las subvenciones tienen que ver más con la caridad, sea pública o privada y quien recibe está contento, pero sigue en la pobreza".

¿Qué debería hacer el gobierno para **fomentar [17]** el desarrollo entre los más pobres?

"No hay gobierno que tenga el dinero para que 14 millones que viven en la pobreza en Colombia puedan desarrollar actividades productivas, pero el sector privado sí que lo tiene. El Gobierno debe tender puentes entre la iniciativa privada y actividades productivas de las comunidades pobres. Hay que encontrar caminos para que el dinero privado llegue con unas relaciones adecuadas de **riesgo [18]** y de **rendimiento [19]**, nada más".

[3] Equivocado: No correcto

[4] Banco ibérico: Banco de España

[5] Ingresos: Dinero que entra

[6] Otorgando: Donando/ Concediendo/Dando

[7] Reinvierten: Invirtiendo de nuevo

[8] Emprendedores: Personas con iniciativa

[9] Desembolsado: Gastado/ Costeado

[10] Microempresarios: Empresarios que manejan poca cantidad de dinero en las empresas que estos empresarios crean

[11] Asistencialismo: Sistema que cree en la ayuda a los más pobres como por ejemplo en el sistema educativo o en el ámbito de la salud

[12] Esquemas de subsidios y subvenciones: Un sistema de ayudas a los más pobres

[13] Sembrar: Plantar

[14] Propiciando: Favoreciendo o ayudando a que algo ocurra

[15] Generen: Originen o hagan que algo ocurra

[16] Emprendimiento/Emprender: En esta lectura se refiere a empezar un negocio o una iniciativa de negocio

[17] Fomentar: Inducir/ Alimentar/Provocar que algo ocurra

[18] Riesgo: Inseguridad/ Incertidumbre

[19] Rendimiento: Productividad/Rentabilidad

20] <u>Licuadora</u>: Aparato de cocina que sirve para mezclar frutas, verduras y cualquier otro alimento para hacer purés

[21] <u>Apelar</u>: Acudir/Recurrir/Usar/Pedir ayuda a un sistema (por ejemplo judicial)

[22] "<u>Gota-gota</u>": Muy despacio o muy lentamente

¿Qué responsabilidad le cabe a los bancos en la falta de educación financiera?

"Debería ser una obligación para todas las entidades. Así como cuando se compra una **licuadora [20]**, que viene con instrucciones, un alfabeto funcional, entre muchas más cosas, debe aprender a separar sus cuentas personales y las de la empresa antes de pensar en un crédito. La carencia de educación financiera hace a la gente pobre **apelar [21]** a sistemas irregulares de crédito como el "**gota-gota**" **[22]**, sin ni siquiera antes tocar las puertas del crédito formal".

 A). ¿Comprendiste? Contesta las preguntas en base a la lectura con un compañero y luego compartan con el resto de la clase.

1. ¿Quién es Manuel Méndez del Río Piovich y qué ha hecho para el mundo de la banca?

2. ¿Cuál es su idea sobre el rol de la banca para el ciudadano?

3. ¿Qué papel tienen los gobiernos y el sector privado según Manuel?

4. "No dar el pescado, enseñar a pescar", ¿cómo se puede interpretar esto en el contexto de esta lectura? ¿Qué ejemplo usa para ilustrar este dicho de la caña de pescar?

5. ¿De quién es la responsabilidad de la educación financiera según Manuel Méndez del Río Piovich?

 B). Para profundizar. Discute las siguientes preguntas con un compañero y luego compartan de nuevo con el resto de la clase.

1. ¿Por qué crees que algunas personas creen en los subsidios y en un sistema de bienestar (*Welfare*) en lugar de en la idea de trabajar duro? ¿Es algo cultural, es algo generacional, es algo ideológico? ¿Con qué tiene que ver que alguien prefiera que el gobierno asista en sus facturas que en trabajar duro para pagarlo él mismo?

2. ¿Cómo se puede romper el ciclo del asistencialismo?

3. En el mundo de la banca, los banqueros (*bankers*) son conocidos por ser gente que solo busca enriquecerse. En cambio, Manuel Méndez del Río Piovich cree en un concepto de *banca social*. ¿Es esto posible? ¿Cómo se podría difundir este concepto de la banca social dentro de este mundo?

4. Este artículo habla de dar préstamos para la gente con ingresos muy reducidos. Los ricos no necesitan tanto los préstamos porque tienen dinero para invertir y crear más dinero. Los pobres necesitan y reciben ayudas, pero… ¿qué pasa con la clase media, los que no son ricos pero tampoco pobres?

Aquí tienes una entrevista a María Celaya, nacida en México pero viviendo en los Estados Unidos desde muy jovencita. María lleva muchos años trabajando en el sistema bancario de Estados Unidos, particularmente con clientes hispanos. Ha sido desde empleada de banco (*teller*) a directora de un banco y ha trabajado asimismo en diferentes estados del país. Lee la entrevista y haz las actividades que se proponen a continuación:

Entrevistador: ¿Cómo es la profesión de banquero? ¿Cuáles son las condiciones de trabajo (horarios, paga, jerarquía, etc...)?

María Celaya: Las condiciones de trabajo son bastante parecidas a los trabajos de oficina. Se cobra por salario y no por hora. Entro a las nueve de la mañana y salgo a las cinco de la tarde de lunes a viernes, no tengo que trabajar los fines de semana. En cuanto a la jerarquía, antes trabajaba en un banco en el que era la directora pero ahora tengo que dar cuenta a otros empleados superiores a mí. No obstante, también tengo otros empleados que me tienen que reportar a mí.

Entrevistador: ¿Hay buenas oportunidades en este campo para el profesional bilingüe en Estados Unidos?

María Celaya: Muchísimas, especialmente si el lugar de trabajo es una zona donde hayan muchos hispanos. En estados del sur, por ejemplo, hay más necesidad de profesionales bilingües, por tanto, se valora mucho más el empleado que hable español e inglés bien que en otros estados. Yo, por ejemplo, empecé desde abajo, y a las ocho semanas ya me habían ascendido por hablar español, aunque no tuviera una carrera universitaria sino solo un poco de estudios en una universidad de dos años.

Entrevistador: ¿Cómo es el cliente hispano en comparación al cliente no hispano?

María Celaya: Bueno, el cliente hispano es más humilde que el estadounidense. Ellos no esperan mucho de uno, solo que se les ayude en funciones que son básicas para ellos como cobrar un cheque, o cualquier otra transacción básica. Otra característica es que le dan mucha importancia a lo que uno les aconseja sobre el dinero. La razón de ello es que al no ganar mucho dinero, este dinero lo cuidan mucho.

También, son un poco intransigentes con algunas operaciones bancarias. Por ejemplo, a veces vienen para cobrar un cheque para poder pagar el alquiler, no para gastar en caprichos, y no aceptan muy bien que el dinero de ese cheque no esté disponible enseguida. Así pues, no son exigentes en general pero cuando no entienden por qué algo está ocurriendo o cuando hay mucho en juego (como el pago del alquiler a tiempo), expresan su frustración.

Puede ser un poco paradójico, humildes pero a la vez exigentes según la operación bancaria.

Entrevistador: ¿Cuáles son algunos aspectos culturales que tiene que tener en cuenta el profesional de la banca al tratar al cliente hispano, y cómo de importante son estos aspectos culturales para conservar a ese cliente?

María Celaya: Bueno, la humildad como mencionaba antes pero otra cosa muy común es el machismo. Normalmente vienen los esposos y no sus mujeres al banco, aunque muchos de los cheques están a nombre de la mujer. Por tanto, si el esposo viene a cobrar un cheque que está a nombre de la mujer, y ella no viene al banco, no entienden cómo no se puede cobrar el cheque sin que su mujer esté presente. La idea detrás de este comportamiento es que ellos, los hombres son los que ganaron este dinero, y las mujeres pues, no tendrían que ser necesarias para cobrarlos. También he observado que les cuesta más obedecer órdenes de una mujer que trabaja en el banco que de un hombre.

Entrevistador: ¿Cree que el cliente hispano es muy arraigado a su cultura y a su forma de lidiar con la comunidad –relaciones bancarias, entre otras cosas–, o por el contrario se adapta a la cultura del país donde vive?

María Celaya: Creo que sí, que son muy arraigados a su cultura y cuánto más mayores, más lo son. No obstante, hay un punto medio, o sea, se familiarizan con el sistema bancario, con los papeleos, con el funcionamiento del banco pero a la vez, traen ese componente cultural de la humildad y la lealtad a la relación con el empleado del banco. La mayoría de clientes hispanos vienen a nuestro banco porque se lo dicen unos a otros, no porque ellos hayan encontrado el banco por sí mismos, y una vez te llegan a conocer, solo quieren tratar contigo.

Entrevistador: ¿Cómo el cliente hispano ve al profesional de la banca? Por ejemplo, en EEUU, "el cliente siempre tiene la razón". ¿Es así para el cliente hispano?

María Celaya: Para ellos la relación cliente-banquero es algo muy importante porque su dinero está en juego y si pensamos que ellos han venido a este país para trabajar y para ganar dinero, es fácil entender que el empleado del banco sea una parte vital de la comunidad. Por esta misma razón, atienden y traen todos los papeles que se les pida, son muy responsables en este sentido.

Entrevistador: Pues aquí terminamos con esta entrevista y muchísimas gracias por su tiempo.

María Celaya: Por nada, ha sido un placer.

  A). Escribe y conversa.

Paso 1: Describe. ¿Cuáles son posibles adjetivos con los que podrías describir al cliente hispano y al cliente estadounidense? Comparte con un compañero y luego escriban en las diferentes columnas.

Paso 2: Describe más. Después, haz lo mismo con frases que describan sus actitudes en referencia a las finanzas y a los aspectos culturales detrás de estas actitudes.

CLIENTE HISPANO: ACTITUDES	CLIENTE ESTADOUNIDENSE: ACTITUDES
1. El cliente hispano es **humilde.**	1. El cliente estadounidense es **impaciente.**
2.	2.
3.	3.
CLIENTE HISPANO: ASPECTOS CULTURALES	CLIENTE ESTADOUNIDENSE: ASPECTOS CULTURALES
El cliente hispano no cuestiona al empleado del banco	1. El cliente estadounidense es más directo en referencia a los servicios bancarios que pide.
2.	2.
3.	3.

¡A TRADUCIR!

Recuerda las sugerencias que se hacen en el capítulo de *Lo jurídico* sobre cómo traducir. Traducimos los conceptos, las ideas y no solo las palabras. Traduce a continuación los siguientes textos que se proponen untilizando el vocabulario del capítulo si es necesario.

A). Traduce del español al inglés. Los padres de Mary no consiguieron el crédito que pedían y aquí tienes una carta en la que les notifican el rechazo de aquél (*acknowledgment of a loan rejection*). Traduce al inglés la carta en el espacio que se proporciona en la carta en blanco más abajo.

RECIBO DE RECHAZO DE SOLICITUD DE CRÉDITO

GRUPO BANCOCOLOMBIA

Calle 72 N° 8-24 Piso 7

Edificio calle 72

Bogotá

(57-1) 343 00 00

Jonathan L. Brown
Calle Obando 1C-48 Centro
528503 Tumaco, Nariño
Colombia
Tel: (57) 2403 2200 Fax: (57) 2403 4455
Productosfinancieros@co.com

Estimado Señor Brown:

Habiendo recibido su carta del día 17 de enero solicitando una línea de crédito de 885.000 millones de pesos, lamentamos comunicarle que debido a su vulnerable estatus financiero no se le puede conceder un préstamo de más de 400.000 millones de pesos.

Lamentamos mucho el impacto que esta estipulación bancaria significa y de cualquier inconveniente que ello le pueda causar.

Esperando servirle en un futuro próximo, quedamos a su disposición.

Cordialmente suyo,

Alejandro Torres
Gerente, Departamento de Crédito.

B). Traduce del inglés al español. Los padres de Mary acuden a otro banco colombiano, que por fin les dan el crédito para comprar la casa. Esta es la carta de aceptación que los padres de Mary reciben del banco BBVA Colombia. Traduce la carta al español esta vez.

Mortgage Application

BBVA Colombia

Carrera 8# 13-42

Bogotá, Cundinamarca

Colombia

Telf. 57 13427760

Jonathan L. Brown
Calle Obando 1C-48 Centro
528503 Tumaco, Nariño
Colombia
Tel: (57) 2403 2200 Fax: (57) 2403 4455
Productosfinancieros@co.com

Dear Mr. Brown:

This is to advise you that we have finished our review of your application for a homeowner´s mortgage and I am pleased to notify you that we have approved you for a total amount of 885.888 millions of Colombian pesos.

The initial term of the loan is 5 years at an annual fixed interest rate of 5%. We will provide you with the opportunity to take low-cost mortgage life insurance when you come to our office to sign the documents.

José Zapatero will contact you next week to set up an appointment to sign the final documents and formalize the agreement.

We thank you for your interest in our bank and for considering us for your credit needs. We look forward to a long and mutually beneficial relationship.

For any additional questions you might have regarding your loan, do not hesitate to contact me at 57 134 27760.

Cordially,

Guadalupe Gutiérrez
Senior Associate, Homeowners Loan

(Recuadro en blanco con líneas para escribir)

C).Traduce al inglés. El Ministerio de Asuntos Exteriores de Colombia ha preparado un documento informativo para los ciudadanos estadounidenses que residen en Colombia y que quieren abrir una cuenta bancaria. El Ministerio de Asuntos Exteriores entregó este documento al consulado de los Estados Unidos en Colombia para sus ciudadanos estadounidenses. El documento, que está en español, debe ser traducido al inglés. Tradúcelo al inglés para que los ciudadanos estadounidenses puedan entenderlo.

Abrir una cuenta bancaria como extranjero en Colombia es una tarea nada fácil. Aquí tiene una lista sobre los requisitos de cómo abrir una cuenta bancaria como extranjero. Los requisitos que usted como cliente tendrá que presentar son:

- Solicitud personal
- Evidencia de ingresos
- Copia de identificación del titular y autorizados, legibles y vigentes
- Copia del pasaporte
- Copia de recibo de servicios públicos (factura del agua, electricidad, etc…)
- Una carta de un abogado alegando estatus legal en el país
- Perfil del cliente de Puesto de Bolsa
- Declaración de la renta de al menos dos años
- Si no tiene cuentas en un banco en Colombia, deberá presentar referencias bancarias de un banco de primer orden y referencias bancarias del banco en el país de origen

Paso 1: Prepara en casa. Tu profesora ha propuesto hacer teatro en la clase. A continuación tienes unas situaciones que la clase va a representar. Escribe varios puntos centrales sobre los cuales se va a basar la escritura del diálogo.

1. *Haciendo una transferencia bancaria.* Te encuentras en Colombia y tus padres te han hecho una transferencia bancaria desde los EEUU a tu cuenta corriente porque necesitas sacar el dinero para poder hacer unos pagos. Invéntate un diálogo entre tus padres y tú informándote sobre la transferencia y después entre el empleado del banco y tú en el que sacas tu dinero.

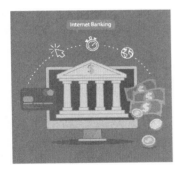

2. *Pidiendo un préstamo de estudios al banco.* Necesitas pedir un préstamo al banco para pagar la matrícula de un máster en enseñanza del inglés como segunda lengua en la universidad de la ciudad donde vives en Colombia. Escribe un diálogo entre tú y el empleado del banco en el que solicitas información sobre los requisitos para conseguir el préstamo. El empleado del banco te va a preguntar si tienes algún avalador (*cosigner*), si tienes alguna propiedad, o si tienes alguna fuente de ingreso para poder afrontar la devolución del préstamo. También te va a preguntar cuáles son tus gastos u otras responsabilidades económicas.

3. *Comprobando el crédito.* Estás pensando en pedir un crédito pero antes necesitas saber tu puntaje crediticio o crédito. Llamas a la agencia de crédito para averiguarlo. En la conversación con el agente, pregúntale algunos métodos en cómo mejorar tu crédito.

4. *Pensando en invertir.* Has heredado una cantidad suficientemente considerable para no guardarla en la cuenta corriente y no sabes qué hacer con este dinero, así que decides ir al banco y pedir consejo a un asesor financiero. Este te ofrece varias opciones de ahorro e inversión.

Paso 2: Escribe. Después de escribir una estructura del diálogo en casa (preguntas sobre las cuales gira la entrevista) vamos a escribir toda la clase un guion modelo. Tu profesora lo va a escribir en la computadora en clase y lo va a proyectar a medida que toda la clase contribuye con comentarios para que todos lo puedan ver mientras se escribe. Incorpora la parte cultural que has aprendido en la entrevista con el profesional de la banca.

 Paso 3: Representa. Ahora es momento de representar lo que escribiste en los pasos previos. El resto de la clase va a anotar comentarios para mejorar el diálogo y va a hacer crítica constructiva.

 Paso 4: Compartan. ¿Qué se pudo mejorar? Contribuyan toda la clase con comentarios que anotaron mientras miraban la representación.

CAPÍTULO 4

La comunidad y la policía

> **"A cada cual lo suyo...y a Dios lo de todos"**

Dicho popular

¿Qué significa este refrán? ¿Cómo se podría aplicar en el contexto de este capítulo? ¿Hay algún refrán en tu idioma nativo similar a este? ¿Tienes algún refrán en tu idioma nativo que tenga relación con este capítulo de la comunidad?

LECTURA CULTURAL I

INSEGURIDAD CIUDADANA EN PERÚ Y EL SISTEMA POLICIAL[1]

[1] Lack of public safety
[2] Linked
[3] Working conditions

La **inseguridad ciudadana [1]** es y continúa siendo uno de los problemas sociales más importantes en Perú. En concreto, en la capital, Lima, la inseguridad ciudadana es un problema que se encuentra **vinculado [2]** a varias razones.

Algunas de estas razones son escasos recursos, una base de datos o plataforma de comunicación deficiente – lo que resulta en que no se pueda detectar los movimientos de los narcotraficantes–, una falta de tecnología generalizada, unas malas **condiciones laborales [3]** para los agentes policiales y finalmente, un marco jurídico

---

1   "¡Alarmante!: Un robo cada 5 minutos en Lima". *Peru 21*. Actualidad. 5 mayo, 2013. Web. 26 diciembre, 2014. http://peru21.pe/actualidad/alarmante-robo-cada-5-minutos-lima-2129570.
"Sancionarían penalmente reincidencia de delitos menores y el reglaje." *Perú 21*. 3 abril, 2013. Web. 1° junio, 2015. http://peru21.pe/actualidad/sancionarian-penalmente-reincidencia-delitos-menores-y-reglaje-2124784

que no permite que los policías puedan actuar sin temor porque no se apoya a este profesional. En pocas palabras, puede resumirse en que no hay suficiente personal humano, no hay tecnología y no hay armas.

Según una encuesta realizada a 71.187 personas, un 30.5% de personas fue víctima de un delito y el 86.2 % de estas personas afectadas por algún tipo de delito decidieron no realizar una denuncia. Las razones son varias pero la respuesta más común al preguntar el por qué no ponían una denuncia fue "porque era una pérdida de tiempo". Con esta respuesta uno puede deducir la falta de confianza que el ciudadano peruano tiene en su propio sistema policial.

Las buenas noticias son que en el año 2013 el presidente Ollanta Humala decidió invertir en la *Policía Nacional*, reforzando personal, tecnología, patrulleros, una nueva central de emergencia que puede llegar a recibir hasta 40.000 llamadas por día, un registro de **huellas dactilares [4]**, armas y municiones. Aun así, la gente tiene una percepción en la que no se hace lo suficiente para la comunidad. En referencia a esta acción del gobierno según una ley que éste había aprobado, algunas de las funciones de la Policía quedan definidas como:

1. Mantener la seguridad y tranquilidad públicas para permitir el **libre ejercicio [5]** de los derechos fundamentales de la persona expresados en la Constitución de Perú.
2. Prevenir, combatir, investigar y denunciar los delitos y faltas previstos en el **Código Penal [6]** así como aplicar las sanciones que señala el *Código Administrativo de Contravenciones de Policía*.
3. Garantizar la seguridad ciudadana.
4. **Velar [7]** por la seguridad de los bienes y servicios públicos.

No obstante, aunque las funciones de la Policía están estipuladas por la constitución, la realidad muestra ser otra. Por ejemplo, en Lima en el año 2013 se produjo un robo cada cinco minutos. La mayoría de los incidentes se trataron de robos, **hurtos [8]** de móviles, carteras, bolsos y mochilas, aunque a veces podían terminar en casos criminales cuando

[4] Fingerprints
[5] Free exercise
[6] Penal code
[7] To keep
[8] Robberies

[9] Bearer
[10] Admitted
[11] Recurrent crime or recurrent criminal behavior

la víctima se resistía o era **portadora [9]** de arma, algo que es cada vez más común entre la población civil.

Una de las razones por las que estos robos continúan ocurriendo hoy en día se debe a que el Código Penal no contempla prisión cuando la cantidad robada supera la remuneración mínima vital, que es de 750 nuevos soles (moneda peruana). Esto conlleva que muchos carteristas "entren por una puerta y salgan por la otra" al cabo de unas pocas horas de haber **ingresado [10]** en prisión.

Algunos congresistas han visto la necesidad de hacer nuevos cambios legislativos y han presentado proyectos de ley en los que las **faltas con reincidencia [11]** se consideren como castigo y por tanto, sean castigadas. Esta ley, que ya fue aprobada, penaliza a aquéllos autores de robos que hayan cometido una falta más de tres veces. Si antes, este tipo de robos "pequeños" de carteras o móviles, no tenían ninguna carga punitiva o castigo, ahora, este tipo de robos pasará a ser delito. De esta manera, se consiguen dos objetivos: uno, que la gente denuncie tales hechos, y dos, que los autores de tales delitos piensen dos veces antes de cometerlo. En definitiva, la prevención es el objetivo más importante.

 A). ¿Comprendiste? Contesta y comparte las respuestas en base a la lectura con un compañero.

1. ¿Cuál es uno de los problemas sociales más importantes de Perú según el texto?
2. ¿Cuáles son algunos problemas que se han asociado al sistema policial peruano en referencia a la inseguridad ciudadana?
3. ¿Cuáles son algunas de las funciones de la Policía en Perú?
4. ¿Qué tipo de robos ocurren en Lima mayoritariamente?
5. ¿Cuál es una razón que alimenta la continuación de estos robos?
6. ¿Cuál ha sido la sugerencia de algunos congresistas en relación a la resolución de estos robos?

 B). Para profundizar. Discute con un compañero y luego compartan con el resto de la clase.

1. ¿Qué opinas del problema de inseguridad ciudadana en Perú, específicamente en Lima? ¿Te sorprende? ¿Por qué crees que existe?
2. ¿Qué cambios legislativos (las personas que hacen las leyes), o medidas crees se deberían tomar para evitar "un robo cada cinco minutos" como dice el texto?
3. Según las fuentes de las que se extrajo la información del texto, no es que no haya dinero para solventar las deficiencias policiales, sino que no hay buena administración de ello. ¿Qué opinas de ello?

4. ¿Qué piensas del Código Penal peruano en el que un carterista (*pickpocket*) entra a prisión y sale el mismo día solamente porque el valor o cantidad de dinero robado no cae dentro de cierto límite? ¿Crees que es justo? ¿Es igual en tu país?

5. ¿Qué piensas de lo que dice el texto sobre el hecho que hay cada vez más gente que lleva arma para defenderse? ¿Es lo mismo en los EEUU o en tu país? ¿Todo el mundo tendría que tener el derecho de poder comprar un arma? ¿Estás a favor de tener un arma en casa? ¿Cuáles crees que tendrían que ser los requisitos o requerimientos para llevar arma?

6. El texto habla sobre la percepción u opinión de los habitantes en referencia a lo que está haciendo el gobierno para incrementar más eficientemente el papel de la Policía ante la inseguridad ciudadana. ¿Cómo se puede mejorar el papel de la Policía? ¿Cuál crees que es la situación en tu país en referencia a la opinión de la gente sobre la Policía? ¿Es positiva o negativa?

7. ¿Puedes establecer alguna otra similitud entre lo que has leído en el texto y la misma situación en tu país?

LECTURA CULTURAL II

LA SEGURIDAD SOCIAL Y LOS CUERPOS DE POLICÍA LATINOAMERICANOS[2]

La seguridad social en Latinoamérica es una cuestión de gran polémica ya que es una gran preocupación para gran parte de la ciudadanía. El ser policía es una gran responsabilidad; sin embargo, en muchos países latinoamericanos no es una profesión que recibe el respeto de sus **pueblos [1]**. Quizá esa falta de respeto se deba a la mala reputación que algunas fuerzas de policía han adquirido. No obstante, varios países se han **esforzado [2]** por cambiar esa mala imagen que se tiene de los cuerpos policiales en los países latinoamericanos.

Generalmente, para ser policía en Latinoamérica existe una gran diversidad de niveles de estudio y preparación con programas de capacitación que cuentan con una duración desde seis meses hasta tres años. Además del periodo de entrenamiento, la rigurosidad con que se selecciona y capacita a los candidatos tiene mucho que ver con la calidad de sus integrantes. **Indudablemente [3]**, los países que cuentan con programas de estudio más estructurados, con mejores prestaciones para sus empleados, al igual que con salarios bien remunerados, suelen ser los que obtienen

[1] People
[2] Earnest
[3] Undoubtedly

---

2 Mizrahi, Dario. "Chile Y Colombia, Los Países Con La Policía Más Confiable." *Infobae América*. Infobae América, 22 Sept. 2013. Web. 21 Sept. 2015. <http://www.infobae.com/2013/09/22/1508838-chile-y-colombia-los-paises-la-policia-mas-confiable>.

los mejores resultados. "Uno de los trabajos más complejos del mundo es el policial. Tiene múltiples funciones, muy difíciles que no puede realizar cualquier persona, y que requieren equilibrio emocional y contar con muchas **herramientas [4]** metodológicas y tácticas", explica Jorge Araya Moya, especialista en seguridad ciudadana de la Universidad de Chile, en una entrevista con Darío Mizrahi de Infobae. "Mandar a la calle a un muchacho de 20 años que pasó sólo 6 meses en una escuela de formación que apenas le dio un **barniz [5]** muy general sobre cómo disparar y algunas cosas más, es un riesgo para el funcionario y para la ciudadanía. Es no valorar la función policial", **agrega [6]**.

¿Pero cuáles son los países latinoamericanos que mejores resultados han obtenido en la formación de sus fuerzas de seguridad? "Hay dos cuerpos de policía que se destacan en América Latina: Carabineros de Chile y Policía Nacional de Colombia. ¿Qué tienen? Hay un esfuerzo grande por atraer a los mejores. Para eso cuentan con un sistema de bienestar social muy integral para los agentes y sus familias. Así, el oficial piensa dos veces antes de meterse en problemas, porque tiene mucho que perder", explica Hugo Acero Velázquez, ex secretario de Seguridad de Bogotá, en una entrevista con Infobae.

Según el Barómetro Global de la Corrupción 2013, que realiza *Transparencia Internacional*, Colombia y Chile son, junto a Uruguay, los países en los que la policía tiene los mayores niveles de **confianza [7]** ciudadana. ¿Cómo lo consiguieron? En Chile por ejemplo, la policía es muy disciplinada. En este país, hay dos policías nacionales que funcionan de forma autónoma, bajo la órbita del Ministerio de Interior: Carabineros de Chile y la PDI (Policía de Investigaciones de Chile).

Carabineros es una fuerza uniformada que tiene entre sus funciones la prevención y la persecución del delito, el control del tránsito y el mantenimiento del orden público. Tiene entre 40 y 45 mil integrantes.

"Los suboficiales, que son los agentes comunes y corrientes, pasan por mecanismos de selección muy rigurosos: el **postulante [8]** debe contar con una hoja de vida **intachable [9]** y hasta se investiga su historia familiar para asegurarse de que no hayan personas comprometidas con delitos dentro de la familia. Luego entra en un período de formación de 1 año y medio en la escuela de suboficiales", dice Araya Moya.

"Para los oficiales -continúa- el mínimo de formación inicial es de 3 a 4 años, y luego de cumplir determinado período de servicio, tienen que volver a formarse, no en la escuela de oficiales, sino en la academia superior de ciencias policiales. Allí, **realizan [10]** una especialización que dura 2 años".

La PDI es una policía civil, compuesta por detectives. No actúa en la prevención, sino por orden de los fiscales y los tribunales de justicia, para investigar científicamente. Tiene unos 8 mil integrantes.

"La selección también es muy rigurosa -dice Araya Moya-. Al ser aceptados, pasan por un período de instrucción de 4 años, del que salen con el título de detectives. A lo largo de su carrera tienen la oportunidad de asistir a cursos de especialización».

Otra de las claves del éxito de la policía chilena es el gran sentido de **pertenencia [11]** que tienen sus integrantes, lo que se relaciona directamente con que están formados con disciplina militar.

"El agente pertenece a la institución en **plenitud [12]** y tiene que estar **disponible [13]** a cualquier hora. No está sujeto al código de trabajo ni al de otros funcionarios públicos, y hasta tiene que pedir autorización para casarse", cuenta Araya Moya.

"Esto tiene una parte positiva y una negativa. Por un lado, los hombres tienen un gran **compromiso [14]** con la institución, lo que le da mayor solidez y la hace menos permeable a la corrupción -los casos de irregularidades de este tipo son muy poco frecuentes- y a otros males presentes en las policías latinoamericanas. Pero por otro es como si se crearan un mundo aparte, lo que los separa un poco de la ciudadanía, y favorece que se vean involucrados en casos de exceso de violencia", agrega.

Colombia es importante en este contexto policial porque se le considera el país que regeneró sus fuerzas de seguridad.

Gracias a una profunda **depuración [15]** de la policía, realizada durante los años 90, el país consiguió en pocos años que la institución pasara de tener uno de los niveles de desaprobación más altos de la región, a ganar una amplia aceptación entre sus ciudadanos.

"Antes la policía tenía una credibilidad del 17%, pero se avanzó en un proceso de transformación por el que salieron más de 15 mil agentes por corrupción y otros problemas. Como era una fuerza muy militarizada, se comenzó a dar una formación con contenido más civilista, **ligada [16]** a entes académicos, pero sin abandonar el enfoque en la persecución del delito. Aún persisten elementos militaristas, pero se avanzó mucho", dice Acero Velázquez.

Como ejemplo de los cambios introducidos, el especialista señala la profesional-ización de la formación, que antes no superaba los 6 meses en algunos casos, y que hoy se hace en un curso de 1 año y mucho más riguroso en sus exigencias.

También se profesionalizó la carrera policial. "Para llegar a ser un general de la República en términos policiales -dice-, son casi 25 años de servicio y hay que pasar por muchos ascensos. Y para ascender es necesario asistir a un nuevo curso de 6 meses o 1 año. No es que por ser amigo del presidente alguien se va a quedar con el cargo".

Acero Velázquez resume las claves del éxito en tres puntos. "Lo primero es una buena selección, para, como en cualquier empresa, tener los mejores empleados. Segundo, una buena capacitación. Y tercero, bienestar social para los agentes y sus familias, con salud y educación para sus hijos, espacios de recreación, y buenos salarios. Sólo así

[11] Belonging
[12] Completely
[13] Available
[14] Commitment
[15] Purging
[16] Tied

se puede ver a la policía como una buena **carrera [17]** y atraer a los mejores jóvenes", explica.

Según una encuesta reciente, la policía colombina tiene un 58% de confianza entre los ciudadanos.

Artículo adaptado de: *Chile y Colombia: Los Países con la policía más confiable por Dario Mizrahi*

 A). ¿Comprendiste?: Después de leer el artículo responde las preguntas sobre la lectura con un compañero.

1. ¿A qué se debe que la profesión de policía no reciba el respeto de sus ciudadanos?
2. ¿Cómo se pueden describir los programas de estudio para formarse como policía en Latinoamérica?
3. ¿Qué tipo de funciones debe saber realizar un policía?
4. ¿Qué países cuentan con los mejores sistemas de policía en América Latina?
5. Qué hace mejores a los policías de Chile y Colombia?
6. ¿Qué funciones tienen los Carabineros de Chile?
7. Además de una hoja de vida intachable, ¿qué otros aspectos se investigan en los Suboficiales de los Carabineros de Chile?
8. ¿Qué significa depuración?
9. Después de tener una fuerza con formación militarista en Colombia, ¿de qué forma se transforma la fuerza policial?
10. ¿Cuáles son algunos de los cambios que se introducen en el proceso de formación del cuerpo de policía en Colombia?

 B). Para Profundizar: Con un compañero responde y comenta las siguientes preguntas.

1. ¿Qué opinas del esfuerzo que han realizado los cuerpos de policía de Chile y Colombia por mejorar la calidad de sus servicios y sus integrantes?
2. ¿Qué cualidades comparten en común los Carabineros de Chile y la Policía Nacional de Colombia?
3. ¿Piensas que es justo que para llegar a ser "Suboficial" dentro de los "Carabineros de Chile" se investigue también a su familia?, ¿Y qué piensas de si son culpables de algunos delitos que no puedan ascender o continuar en su puesto?

4. ¿Cuáles son los aspectos que en tu opinión han sido más efectivos para combatir la corrupción dentro de los cuerpos de policía de Chile y Colombia?

C). Comparaciones y conclusiones: Después de leer las dos lecturas y responder las preguntas de ¿Comprendiste? y la sección de *Para profundizar*, **compara las dos lecturas** sobre la inseguridad ciudadana en Perú y la lectura sobre el sistema policial, la seguridad social y los cuerpos de policía latinoamericanos.

<u>**Paso 1:**</u> Haz una lista de los problemas de inseguridad social que existen en el Perú.

<u>**Paso 2:**</u> Haz otra lista con las causas de esos problemas.

<u>**Paso 3:**</u> Haz una lista de las medidas que se han tomado en Chile para mejorar el cuerpo policial.

<u>**Paso 4:**</u> Haz una lista de las medidas que se han tomado en Colombia para mejorar el cuerpo policial.

<u>**Paso 5:**</u> Después de hacer estas listas discute las siguientes preguntas en grupos de tres o más.

1. ¿Piensas que existen paralelos entre los problemas que experimenta el cuerpo policial del Perú y los problemas con que se enfrentaron los cuerpos policiales de Chile y Colombia? Si estás de acuerdo, ¿cuáles son los paralelos? Si no estás de acuerdo ¿Por qué? ¿Cómo son diferentes?

2. ¿Crees que las medidas que se tomaron en Chile y Colombia darían resultado en el Perú o en otros países de Latinoamérica? ¿Cómo? ¿Por qué sí? ¿Por qué no? Explica cuáles medidas funcionarían y cuáles no.

3. EEUU está atravesando por una crisis de confianza (*crisis of confidence*) en cuanto a sus cuerpos de policía. Tomando en cuenta lo que tú personalmente sabes sobre este problema, argumenta cómo es similar o diferente la situación que se vive en el Perú y la situación que se experimenta en los EEUU en cuanto a los problemas que los ciudadanos de minorías raciales y étnicas viven en los EEUU.

4. El cuerpo de policía de EEUU también está experimentando problemas de moral, de confianza y de posible racismo. De hecho, las minorías raciales de este país se quejan de maltrato y exceso de violencia por parte de los oficiales de policía. ¿Qué piensas que se podría hacer para mejorar esas relaciones entre la policía y sus ciudadanos, en un país que según las proyecciones demográficas las minorías pasarán a ser la mayoría dentro de unas décadas?

D). Escribe: Desarrolla un párrafo que analice tanto las listas que hiciste como las dos preguntas que respondiste para integrar los resultados en un párrafo. Después de leer y responder las preguntas, toma una postura sobre la situación que experimenta el Perú. Decide si es posible que los cambios que se efectuaron en Chile y Colombia puedan mejorar la inseguridad social en el Perú o no. También explica si ves paralelos en cuanto a la problemática de EEUU y la situación policial peruana.

Sección 1: LOS ROBOS

COGNADOS	COGNATES
El cuerpo de la Policía Nacional[3]	*National Police*
El procedimiento	*Procedure*
El protocolo	*Protocol*

VERBOS	VERBS
Actualizar	*To update*
Averiguar	*To find out*
Aparcar/Estacionar	*To park*
Cerrar con llave	*To lock*
Denunciar	*To report/To press charges*
Empujar/Dar un empujón	*To push*
Entrar en una casa un ladrón	*To break into a house*
Llenar/Rellenar	*To fill out*
Forzar una cerradura	*To force a lock*
Pillar/Agarrar/Coger a un ladrón (in Spain)	*To catch (a thief)*
Recobrar	*To recover*
Registrar una pistola	*To register a pistol*
Robar	*To rob/To steal*

SUSTANTIVOS	NOUNS
El asalto	*Assault/Burglary*
El atraco	*Robbery/Mugging*
El castigo	*Punishment*
La compañía aseguradora	*Insurance company*
Encendido/Apagado (el motor)	*On/Off (engine)*
La fianza	*Bail*
Las huellas dactilares	*Fingerprints*
El informe/El reporte de robo/La denuncia	*Robbery report*
El interrogatorio	*Questioning*
El ladrón	*Thief*
La marca	*Brand*
El modelo	*Make (of the car)*
La propiedad	*Ownership*
El propietario	*Owner*
La sección de robos	*Robbery Division*
El sospechoso/La sospechosa	*The suspect*
El titular	*Title holder*
El título	*Title deed*

---

3   Debe hacerse una distinción mediante el uso del artículo apropiado entre *la policía* o entidad que tiene como objetivo la protección del orden público y *el policía* o sujeto parte de esta entidad. En el caso que nos refiramos a un agente femenino, normalmente se utiliza *la mujer policía o la oficial de policía*.

Sección 2: LA POLICIA Y LA COMUNIDAD

VERBOS	VERBS
Amenazar/ Amenazado	To threaten/Threatened
Emborracharse/ Embriagarse	To get drunk
Estar borracho/Estar ebrio	To be drunk
Falsificar un carnet de identidad	To forge (an ID)
Golpear	To hit
Gritar	To scream
Ligar	To hook up
Liarse a puñetazos	To engage in fisticuffs
Molestar/Molestado	To bother/Disturbed
Someterse a/ Entregarse a	To submit oneself
Tomar constancia (de unos hechos)	To leave a written record of some facts/To take notice of facts

SUSTANTIVOS	NOUNS
El burdel/El prostíbulo	Brothel
La comisaría de policía	Police station
La descripción física	Physical description
La discoteca	Nightclub
La pelea/La disputa	Fight
La falsificación	Forgery
El pederasta/El pedófilo	Pedophile
El proxeneta	Pimp
El secuestro	Kidnapping/Abduction
El testigo presencial	Witness

Sección 3: LA POLICÍA Y LA CARRETERA

COGNADOS	COGNATES
El/La alcohólico-a	Alcoholic
El estatus legal	Legal status
La línea	Line
La orina	Urine

VERBOS	VERBS
Adelantar un coche	To pass someone driving
Arrimarse/Detener	To pull over
Atrapar (a alguien)	To get hold of someone
Atropellar (a alguien)	To run over someone
Caminar por esta línea	To walk on that line
Comparecer ante el juzgado/ante la corte	To appear in court
Dolerle a uno (*requires indirect object pronouns*)	To hurt
Contar con los dedos	To count on one´s fingers
Cruzar la calle	To cross the street
Cruzar delante mío	To jump out in front of me
Decir el alfabeto	To recite the alphabet
Extender (ie) los brazos	To stretch out your arms
Negarse	To refuse
Poner una multa	To give a ticket
Prestar atención	To pay attention
Recoger	To pick up
Salir/Bajarse del coche	To step out the car
Saltarse una señal de alto	To run a stop sign

VERBOS	VERBS
Saltarse un semáforo en rojo	Fail to stop at a red light/ Run a red light
Someterse/Entregarse	To submit (oneself)
Soplar	To blow
Suspender	To suspend
Tener prisa/Estar apurado	To be in a rush
Tocarse la punta de la nariz	To touch the end of one´s nose

SUSTANTIVOS	NOUNS
La acera	Curb
El adelantamiento negligente	Negligent overtaking/ Negligent passing
Los antecedentes penales	Criminal records
El aliento	Breath
El coche de patrulla	Patrol car
El delito penal	Criminal offense/ Felony
La educación vial	Traffic education
La infracción de tráfico	Traffic violation/Traffic offense
La licencia de conducir/ El carnet de conducir/El permiso de conducir	Driver´s licence
El límite de velocidad	Speed limit
La multa de tráfico	Traffic ticket
El peatón	Pedestrian
El permiso de residencia	Residence permit
El permiso de trabajo	Work permit
La prueba de alcohol/ de alcoholemia	Sobriety test
El registro del coche	Car registration
El seguro del coche	Car insurance
La señal de tráfico	Traffic sign

SUSTANTIVOS	NOUNS
La señal de espera "Camine" o "No camine" (en el semáforo de peatones)	Wait sign "Walk" or "Don´t walk"(in the traffic light for pedestrians)
La tarjeta de residente	Permanent resident card
La velocidad máxima	Speed limit

Sección 4: UN ACCIDENTE DE COCHE Y LAS REPARACIONES

COGNADOS	COGNATES
El accidente	Accident
El acelerador	Accelerator
El carburador	Carburator
La colisión/El choque	Collision
La gasolina	Gas/Gasoline
El reporte/El informe	Report
El túnel	Tunnel
La visibilidad	Visibility

VERBOS	VERBS
Apagar el motor/las luces	To turn off the engine/ lights
Asegurar el coche/ Tener el coche asegurado	To insure the car/To have the car insured
Chocar	To crash
Chocar por detrás/Me chocaron por detrás	Rear-end collisions or accidents/ To crash from behind/ To hit from behind/To be hit from behind
Chocar lateralmente/ Me chocaron lateralmente	To hit the side of a car/ To get hit on the side of my car

VERBOS	VERBS
Dejar de pisar los frenos/ Soltar los frenos	To release the brakes
Desviarse	To detour
Doler (le a uno) Lastimarse	To be hurt/To get hurt
Encender el motor/las luces	To turn on the engine/ lights
Manejar con descuido o con negligencia	To drive recklessly
Mantener/Conservar la derecha	To keep the right-of-way
Pararte la policía	To be pulled over by police/To get pulled over
Pisar en los frenos/ Frenar con el pedal	To step on the brakes
Quedarse quieto	To stay still
Revisar/Chequear	To check
Salir del coche/carro	To step out the car
Sangrar	To bleed
Sentirse mareado	To feel dizzy
Tocar el claxon/la bocina	To blow the horn
Tomar las huellas digitales	To fingerprint
Tirar basura	To litter
Tomar precauciones	To take precautions

SUSTANTIVOS	NOUNS
El accidente en cadena	Multiple vehicle collision
Los antecedentes de tráfico	Traffic record
El arcén	Emergency lane
El arma	Weapon
El asiento del conductor	Driver seat

SUSTANTIVOS	NOUNS
El asiento del pasajero/del acompañanate	Passenger seat
El asiento trasero	Back seat
El atajo/El desvío	Shorcut
El atasco/El embotellamiento	Traffic jam
La autopista	Highway
La bocina/El claxon	Horn
La bomba de agua	Water pump
La bujía	Spark plugs
La calle sin salida	Dead end street
La camilla	Stretcher
El cambio de marchas/El cambio de velocidades	Gear gift
El capó	Hood
La carretera de doble dirección	Two way road
La carretera de peaje	Toll road/Toll motorway
La citación	Summons
El coche de patrulla	Patrol car
El conductor borracho	Drunk driver
La cuadra	Block
El derecho a vía	Right-of-way
El desvío	Detour
La escena del accidente	The scene of an accident
Las esposas	Hand cuffs
La etiqueta de inspección de seguridad	Safety inspection sticker
Los espejos laterales	Side view mirrors
El espejo retrovisor	Rear view mirror
El filtro	Filter
El freno de mano	Hand brake
Los frenos	Brakes
La gasolinera	Gas station

SUSTANTIVOS	NOUNS	SUSTANTIVOS	NOUNS
La grúa	The tow truck	La orden judicial	Warrant
El guardabarros	Fender	La orilla de la acera	Edge of the curb
La inspección del coche	Car inspection	La parte trasera del coche/carro	Rear of the car
La libertad condicional	Parole/Probation		
El límite de velocidad máxima	Maximum speed limit	El paso de cebra/El paso de peatones	Crosswalk
El límite de velocidad mínima	Minimum speed limit	El parquímetro	Parking meter
		El peatón	Pedestrian
Las luces cortas/ delanteras	Head lights	La plaza	Square
Las luces largas	High beam lights	El portaguantes/La guantera	Glove compartment
Las luces de la placa	Tag lights	La zona concurrida	Crowded area
Las luces traseras	Rear lights	La rueda pinchada/La llanta pinchada	Flat tire
Las luces intermitentes	Hazard lights	El semáforo en rojo	Red light
El maletero	Trunk		
La matrícula/La chapa/ La placa	Tag		

A). Sinónimos. Busca en el capítulo palabras que tengan el mismo significado.

    1. Desvio   _____

    2. Emborracharse   _____

    3. El paso de cebra   _____

    4. Disputa   _____

    5. Atasco   _____

    6. Placa   _____

B). Definiciones. Busca el sustantivo o verbo que describe las siguientes definiciones.

Ejemplo: Sirve para detener el coche.....*frenos*

    1. Persona que camina en la calle_____

    2. Señal para el peatón que indica no caminar_____

    3. Las ruedas del coche no tienen aire_____

4. Espejo con el que se ven los coches de detrás mientras conducimos _____

5. Carretera en la que tienes que pagar _____

6. Documento que te permite conducir/manejar un coche _____

7. Conduces sin cuidado, conduces con _____

8. El policía o agente toma nota de forma oficial de unos hechos que han ocurrido _____

_____

C). Juego. Dividir la clase en dos grupos. Cada grupo tiene que escribir en un papel definiciones de palabras del capítulo sin incluir la palabra en la definición. El otro grupo tiene que adivinar de qué palabra se trata. El grupo que adivina más palabras del otro grupo, tiene más puntos y gana.

Para hacerlo un poco más difícil, el grupo que tiene que adivinar la palabra, o sea, el grupo B, tiene que escribirla y deletrearla en la pizarra correctamente para obtener un punto por palabra.

Ejemplo:

Grupo A dice: *"Es un lugar donde hay mucha gente".*
Grupo B adivina la palabra: *"zona concurrida".*

D). Diálogos. Llena los blancos con palabras del banco de palabras que se proporciona. Hay algunas palabras extras en este banco que no vas a necesitar.

DIÁLOGO 1: *Una pelea a la salida de una discoteca*

Contexto: Estás en una discoteca con tu novia y un extraño (*a stranger*) está intentando ligar (*hook up*) con ella. Tú, aunque estás un poco borracho, no toleras esta situación y te lías a puñetazos con el extraño. La policía viene a la discoteca y le explicas lo que ha ocurrido y por qué empezaste a golpear al otro hombre.

Testigo	Denuncia	Pelea	Borracho	Comisaria	Ligar
Huellas dactilares		Fianza	Libertad condicional		

Extraño (a la novia): Hola guapa, ¿Estás sola? ¿Cómo una chica tan guapa como tú está sola?
Novia: No estoy sola, mi novio ha ido a buscar bebidas.
Extraño: Pues no me lo creo, yo creo que estás sola…

Novia: Mira, déjame en paz (*leave me alone*), ¿vale? Además, estás 1._____y no sabes lo que dices. ¡Ay⁴ no!, mi novio ya te ha visto…

Tú: ¡¡eh, eh, eh tú!! ¿Qué haces molestando a mi novia?

Extraño: No es tu novia, que más quisieras tú que fuera tu novia (*you wish she was your girlfriend…*)

Tú (a tu novia): Cariño, ¿te ha molestado este imbécil?

Novia: Un poco…

Tú: ¡¡Uff!! Te voy a hacer una cara nueva por haber querido 2._____ con mi novia.

Extraño: Pero, ¿qué dices? Ella ha venido a hablar conmigo primero.

El extraño y tú se lían a golpes…alguien ha llamado a la policía….

Policía: ¿Qué pasa aquí? ¿Por qué se están peleando ustedes?

Extraño: Este imbécil me ha empezado a golpear sin motivo y me ha amenazado con hacerme una cara nueva. Mi amigo es 3._____ de lo que ha ocurrido. Él lo ha visto todo.

Tú: Este imbécil estaba intentando ligar con mi novia.

Policía: A ver señorita, ¿cuál de los dos dice la verdad?

Novia: Bueno, la verdad es que estaba intentando ligar conmigo…

Policía: ¿Y esto es motivo para tener una 4._____ a puñetazos? Usted, ¿quiere poner una 5._____ contra esta persona que lo ha golpeado?

Extraño: ¡Por supuesto que quiero poner una denuncia!

Policía: Pues va a tener que acompañarme a la 6._____ de policía.

El policía se dirige a tí…

En cuanto a usted, va a tener que venir conmigo a la comisaría para tomarle las 7. _____, y hacer un interrogatorio formal. Si tiene suerte, pagando una 8._____ no va a pasar la noche en la cárcel. En el peor de los casos, si tiene que ir a prisión, quizás puede recibir 9._____

Tu: ¿Qué? ¡¡Yo solo estaba defendiendo a mi novia!!

Novia: ¡¡Cariño!!

DIÁLOGO 2: *Un policía te para por exceso de velocidad*

Contexto: Acabas de salir de la discoteca y tu amigo te lleva a tu casa en su coche. Están conduciendo un poco más rápido de lo permitido y la policía les para. Llena los espacios en blanco con palabras del banco de palabras. Piensa en qué tiempo verbal vas a necesitar para los verbos.

---

4   Esta expresión se traduce al inglés como "¡Oh no!"

Límite	Documentos		Residencia	Saltarse	Velocidad
Licencia	Acera	Accidente	Prueba del alcohol	Estatus legal	Multa

Policía: Arrímense los dos un poco más a la 1._____ para no molestar a los otros coches. ¿Me puede dar su 2. _____ por favor?

Conductor: Aquí está, señor policía.

Policía: ¿Es usted de aquí? ¿Y el pasajero?

Conductor: No, soy de los EEUU. Mi amigo es de aquí.

Policía: ¿Me puede mostrar sus 3. _____ de residente legal?

Conductor: No los tengo conmigo pero traigo una fotocopia.

Policía: ¿Tiene tarjeta de 4. _____?

Conductor: No, soy estudiante en la universidad.

Policía: ¿Qué está estudiando?

Conductor: Estoy estudiando clases de nivel avanzado de español.

Policía: ¿Ha estado bebiendo? ¿De dónde viene?

Conductor: Un par de cervezas solo. Vengo de la discoteca.

Policía: ¿Por qué se pasó el 5._____ de velocidad? La 6. _____a la que conducía era de 120 km/hora.

Policía: Vamos a hacer la 7._____. Sople por aquí lo más fuerte que pueda.

Conductor: No estoy borracho. (*Sopla….*)

Policía: Muy bien, negativo pero se 8. _____ un semáforo en rojo al salir de la ciudad. Podría haber causado un 9. _____ de tráfico. Voy a tenerle que poner una 10. _____ por exceso de velocidad al menos y le perdono haberse pasado el semáforo en rojo. Además, vamos a tener que comprobar su 11. _____ desde la comisaría ya que no trae los originales.

Conductor: ¡¡Pero si estoy aquí legalmente…!!

Policía: Sí, pero no tiene papeles con usted y si usted es extranjero en otro país, usted está sujeto a que se le pidan (*you are submitted to be asked*) documentos por cualquier agente de la ley y con más razón en una situación en la que ha violado la ley de tráfico.

Venga con nosotros y el pasajero si tiene licencia de conducir puede conducir y traernos su documentación a la comisaría.

DIÁLOGO 3: *En la escena de un accidente de tráfico*

Contexto: Estás manejando en una carretera de doble dirección y te das cuenta que hay un coche detrás de ti que quiere adelantarte pero no puede porque hay coches que vienen de la otra dirección. El coche de detrás tuyo está conduciendo muy cerca de ti y de repente escuchas el choque del coche de atrás con el tuyo. Los dos detienen el coche, se arriman a la acera y aparcan el coche...tú eres el conductor #1, el coche de detrás es el conductor #2.

Negligencia	Antecedentes	Multa	Infracción	Frenos
	Registro	Adelantamiento negligente		
Luces traseras	Seguro	Delito	Visibilidad	

Conductor 1: ¿Qué pasó? ¿Estás loco? ¿Por qué conducías tan cerca de mí?

Conductor 2: Tú eres el que está loco por conducir tan despacio...además, con este tiempo la 1.___ _____ es muy mala, casi no podía ver.

Conductor 1: Eso lo va a decidir la policía.

Llaman a la policía... viene la policía....el oficial sale de su coche y se acerca a los dos conductores...

Policía (*a los dos*): Licencias de conducir por favor, el 2. _____ de la placa del coche y prueba de 3. _____ del coche.

Policía (*al conductor 1*): A ver, los dos... ¿qué pasó?

Conductor 1: Yo estaba conduciendo y él estaba conduciendo muy muy cerca de mí.

Policía: ¿A qué velocidad estaba conduciendo?

Conductor 1: A 120 kilómetros por hora, como la señal indicaba.

Conductor 2: No es cierto señor policía, estaba conduciendo a 80 kilómetros por hora.

Conductor 1: Oficial, no es verdad.

Policía: Mentir es una 4. _____ de la ley y pueden ir a la cárcel por mentir a las autoridades. Pregunto otra vez, ¿a qué velocidad estaba manejando usted?

Conductor 1: A 120 kilómetros por hora...

Policía (*al conductor 2*): ¿Y usted no pudo disminuir la velocidad y tuvo que chocar con él...?

Conductor 2: No pude controlar los 5. _____, cuando me di cuenta era ya muy tarde para frenar...además, una de las luces de su coche no funcionan.

Policía (*al conductor 2*): Le voy a poner una 6. _____.

Conductor 2: ¿Por qué?

Policía: Por conducir con 7. _____ , y por 8. _____ _____

Conductor 2: ¿Esto se va a mostrar en mis 9._____ de tráfico?

Policía: Naturalmente, usted ha cometido un 10. _____. A usted (*dirigiéndose al Conductor # 1*) le voy a poner otra multa por conducir con las 11._____ estropeadas. Ahora pueden volver a sus coches y conduzcan con cuidado.

DIÁLOGO 4: *Denunciando en la comisaría el robo de un coche*

Contexto: Tu amigo te ha prestado su coche y cuando sales por la mañana para ir a la universidad, te das cuenta que el coche no está. Desesperado, llamas a la policía que te dice de ir a la comisaría a poner la denuncia y a interrogarte sobre el robo. A continuación tienes el diálogo que toma lugar cuando vas a la comisaría a poner la denuncia.

Propietario	Aparcado	Título	Emergencia	Denuncia
Marca	Inspección	Asegurado		Reporte
Matrícula		Cerrado con llave	Valor	

Policía: Buenos días, señor. ¿Tiene alguna 1._____?

Tú: ¡Me han robado el coche!!

Policía: ¿Tiene el 2._____ de propiedad del coche?

Tú: Bueno, tengo una copia porque el original estaba en el coche.

Policía: ¿Quién es el 3. _____ del coche?

Tú: Mi amigo que está de vacaciones y le estoy guardando el coche.

Policía: ¿Cómo ocurrió el robo? ¿Dónde estaba 4._____ el coche?

Tú: Creo que me lo robaron por la noche. Cuando salí de casa hace media hora para ir a clase el coche ya no estaba.

El coche estaba aparcado en la calle Pasaje los Claveles, en Lima.

Policía: Bueno, pues tendrá que poner una 5._____ y llenar algunos formularios. Dígame de qué año es el coche, la 6. _____ y el año.

Tú: Es un Toyota Aygo del año 2015.

Policía: ¿Cuál es el 7._____ del coche?

Tú: Aproximadamente de 9.550 euros.

Policía: ¿La 8._____ estaba al día?

Tú: Sí, mi amigo la actualizó hace solo un mes.

Policía: Y ¿cuándo pasó el coche la 9._____ mecánica obligatoria?

Tú: Hace dos meses. El coche funcionaba perfectamente.

Policía: Dígame, ¿el coche estaba 10._____?

Tú: Por supuesto.

Policía: ¿Las ventanas cerraban bien?

Tú: Sí, todo perfectamente.

Policía: ¿Tenía algo de valor en el coche?

Tú: No, nada.

Policía: ¿El coche estaba 11._____? ¿Por cuál compañía?

Tú: Por *Segurauto*.

Policía: ¿Ha llamado ya a la compañía aseguradora?

Tú: Mi amigo, quién es el propietario del coche, ha llamado pero ellos piden el 12._____ policial.

Policía: Bueno, ahora vamos a llenar los formularios. Vamos a necesitar un número de contacto de su amigo para informarle en caso de encontrar el coche.

Tú: Sí claro, el número es 51 1 998755611.

INFORMES MATUTINOS

 Informes matutinos: (Presentación Individual breve de 3-5 minutos). La presentación es un informe de un profesional que ha leído una noticia de relevancia al tema del capítulo y está presentando el material a una mesa directiva durante una junta. Los miembros de la mesa tienen el derecho y la responsabilidad de hacer preguntas. Puedes utilizar notas, pero únicamente como fuente de referencia, no leas directamente.

 Paso 1: Elige un artículo de un periódico o una revista producida en español como *La Opinión* o *Time en español*. En la introducción de este texto encontrarás una lista de fuentes para tu informe. Este capítulo se enfoca en la comunidad y la policía y la seguridad e inseguridad en el Perú, Chile y a menor escala en Colombia. Además, en lo posible el informe se debe de relacionar con el tema programado para el día de clases en que presentarás el informe.

Paso 2: Desarrolla un informe que incluya:

    A. Introducción: 1 minuto

        1. Nombre del estudiante

        2. El interés profesional del estudiante

        3. El nombre y fuente del artículo

    B. Cuerpo (lo más importante de la presentación), 2-3 minutos para resumir los datos más relevantes del artículo.

        1. Resumen del artículo

        2. Relevancia y análisis (por qué es importante este artículo)

        3. Conclusiones

 Paso 3: Presenta el informe.

Paso 4: Preguntas de la mesa directiva sobre el informe (la clase).

MANDATOS

Los mandatos formales con "usted" deben emplearse con aquellas personas a las que se muestra un respeto por su edad o calidad de persona, con gente que no conoces o en ciertos ambientes profesionales (el médico, el juez, el policía, la enfermera, etc...). El mandato informal "*tú*" se emplea con aquellas personas que tienen tu misma edad o son más jóvenes que uno.

> *Ejemplos:*
>
> Salga del coche (*mandato formal y singular*)
> Levante el capó del coche (*mandato formal y singular*)
> Suelte los frenos (*mandato formal y singular*)
> Chicos, no manejéis tan rápido (*esta forma de mandato se usa solo en España y es informal y plural*)
> Arregla el coche (*mandato informal y singular*)

Los mandatos pueden conjugarse:

- En la 2ª persona del singular informal (cuando una persona, hablando en registro informal, da una orden a otra)
- En la 2ª persona del plural informal (cuando una persona, hablando en registro informal, da una orden a dos o más personas.Esta forma solo se usa en España).
- También pueden conjugarse en la 1ª persona del plural (lo que equivale al inglés: *let´s+verb*).
- Por último pueden conjugarse en la 2ª persona del singular formal (cuando una persona, hablando en registro formal, da una orden a otra) y en la 2ª persona del plural formal (cuando una persona, da una orden a dos o más personas a la vez).

Los mandatos regulares de la 1ª persona plural y de la 2ª persona singular y plural

Aquí tienes los pasos para la formación de estos mandatos (*nosotros, Ud., y Uds*.):

- Determinar la raíz de la forma de la 1ª persona del singular (*yo*) del presente del indicativo
- Cambiar la vocal del infinitivo
- Agregar la vocal apropiada a la raíz
- Agregar las terminaciones personales

CONJUGACIÓN/ INFINITIVO	1ª PERSONA SINGULAR PRES. INDICATIVO	RADICAL	CAMBIO DE VOCAL	PERSONA	TERMINACIÓN	MANDATO
-AR VERBS **Hablar**	**hablo**	**habl-**	-a- → e	Ud. nosotros Uds.	--- -mos -n	Hable Hablemos Hablen
-ER VERBS **Beber**	**bebo**	**beb-**	-e- → a	Ud. nosotros Uds.	--- -mos -n	Beba Bebamos Beban
-IR VERBS **Vivir**	**vivo**	**viv-**	-i- → a	Ud. nosotros Uds.	--- -mos -n	Viva Vivamos Vivan

Los mandatos irregulares de la 1ª persona plural y de la 2ª persona singular y plural

Los verbos *estar*, **ir,** *saber* y *ser* son irregulares en su formación del mandato afirmativo:

INFINITIVO	UD.	NOSOTROS	UDS.
Estar	**Esté**	**Estemos**	**Estén**
Ir	**Vaya**	**Vamos***	**Vayan**
Saber	**Sepa**	**Sepamos**	**Sepan**
Ser	**Sea**	**Seamos**	**Sean**

*Los mandatos de la 1ª persona plural (*nosotros/nosotras*) de los verbos *ir* e *irse* son muy irregulares:
Afirmativo: **Vamos** o **Vámonos** o **Vayamos**
Negativo: **No vayamos** o **No nos vayamos**

Los mandatos regulares de la 2ª persona del singular

El mandato afirmativo de la 2ª persona del singular usa como base la forma de la 3ª persona del singular del presente del indicativo; el mandato negativo se forma de manera igual que la de *Ud*. pero añadiendo un "No" antes del verbo y una –s al final del verbo formando una sola palabra.

INFINITIVO	BASE (3ª PERSONA DEL PRESENTE DE INDIC.)	MANDATO AFIRMATIVO	MANDATO NEGATIVO
Hablar	habla	**Habla**	**No hables**
Beber	bebe	**Bebe**	**No bebas**
Vivir	vive	**Vive**	**No vivas**

Los mandatos irregulares de la 2ª persona del singular

Hay varios verbos que son irregulares en la formación del mandato informal de la 2ª persona del singular.

INFINITIVO	AFIRMATIVO	NEGATIVO
Decir	**Di**	No digas
Hacer	**Haz**	No hagas
Poner	**Pon**	No pongas
Salir	**Sal**	No salgas
Ser	**Sé**	No seas
Tener	**Ten**	No tengas
Venir	**Ven**	No vengas

Los mandatos regulares de la 2ª persona del plural

El mandato afirmativo de la 2ª persona del plural (*vosotros/vosotras*) se usa solo en España y se forma al quitar la -r del infinitivo y añadir -d; el mandato negativo se forma de manera igual que la de *Ud*., pero añadiendo –is y el "No" antes del verbo.

INFINITIVO	- R	AFIRMATIVO	NEGATIVO
Hablar	habla-	**Hablad**	**No habléis**
Beber	bebe-	**Bebed**	**No bebáis**
Vivir	vivi-	**Vivid**	**No viváis**

Los mandatos regulares con los verbos reflexivos, con los pronombres de objeto directo (OD) e indirecto (OI)

El mandato **afirmativo** con los verbos reflexivos y pronombres de OD, OI y recírpocos requiere de una ubicación especial.

Los mandatos con los verbos reflexivos:

El mandato afirmativo de 1ª persona plural (nosotros/nosotras) elimina la –s de la terminación –emos (para verbos que terminan en –AR) y de –amos (para verbos que terminan en –ER y en IR):

Ejemplo:

Verbo en infinitivo	Mandato CORRECTO	Mandato INCORRECTO
Levantarse	Levantémonos	~~Levantémosnos~~
Ponerse	Pongámonos	~~Pongámosnos~~
Vestirse	Vistámonos	~~Vistámosnos~~

La ubicación del pronombre con los pronombres reflexivos es la siguiente: el pronombre se coloca después del verbo cuando es un mandato afirmativo y antes del verbo cuando es un mandato negativo.

INFINITIVO	RADICAL	PERSONA	AFIRMATIVO	NEGATIVO
Bañarse	bañ-	tú	Báñate	No te bañes
		Ud.	Báñese	No se bañe
		nosotros/nosotras	Bañémonos	No nos bañemos
		vosotros/vosotras	Bañaos	No os bañéis
		Uds.	Báñense	No se bañen

Los verbos reflexivos de una sílaba, como por ejemplo *irse,* retienen la –d al formar el mandato de la 2ª persona plural.

Ejemplo: Irse   Idos

Los mandatos con los pronombres de Objeto Directo (OD):

Fíjate en la ubicación del pronombre en los siguientes ejemplos cuando el verbo es un mandato. El pronombre de objeto directo se coloca después del verbo en mandato cuando éste es afirmativo formando una sola palabra, y antes del verbo cuando éste es negativo.

Ejemplo:	Paga <u>la multa</u> antes de la fecha límite OD
Mandato *Tú afirmativo:*	Pága**la** ya (la multa) Pron. OD
Mandato *Tú negativo:*	No **la** pagues aún (la multa) Pron OD
Mandato *Nosotros:*	Paguémos**la** (la multa) Pron. OD
Mandato *Ud. Afirmativo:*	Págue**la** a tiempo (la multa) Pron OD
Mandato *Ud. Negativo:*	No **la** pague después de la fecha límite Pron. OD
Mandato *Uds. Afirmativo:*	Páguen**la** a tiempo Pron OD
Mandato *Uds. Negativo:*	No **la** paguen tarde Pron. OD

Los mandatos con pronombres de Objeto Indirecto (OI):

La ubicación de los pronombres es igual que con los pronombres de OD.

Mandato *Tú afirmativo:*   Pága<u>le</u> <u>la multa</u> <u>al señor policía.</u>
                   Pron. OI OD   OI

Recuerda que en español el pronombre de OI puede ir en la misma frase que el mismo OI aunque pueda parecer una redundancia. Igual que con los pronombres de OD, la ubicación del pronombre de OI es después del verbo en mandato afirmativo formando una misma palabra, y antes del verbo cuando el mandato es negativo.

Mandato *Tú negativo:*   No <u>le</u> pagues <u>al policía</u> la multa después de la fecha límite.
                 Pron. OI   OI

Mandato *Nosotros:*   No <u>le</u> paguemos la multa aún <u>al policía.</u>
                 Pron. OI   OI

Mandato *Ud. Afirmativo:*   **Págue**<u>le</u> la multa a tiempo <u>al policía.</u>
                 Pron. OI   OI

Mandato *Ud. Negativo*: No le pague la multa al policía más tarde de la fecha límite.
                                  Pron. OI   OI

Mandato *Uds. Afirmativo*: Páguenle la multa al policía.
                                  Pron. OI   OI

Mandato *Uds. Negativo*: No le paguen la multa al policía después de la fecha límite.
                                  Pron. OI   **OI**

A). Conduciendo en Perú. Vives en Perú y tu familia peruana acaba de ayudarte a sacar la licencia de conducir pero aún no tienes mucha experiencia en cómo conducir en este país. Además, no sabes muy bien cómo llegar a los lugares (no tienes GPS). A continuación tienes una serie de circunstancias en las que te encuentras el primer día que conduces. Responde a cada situación usando el mandato apropiado.

1. Tu familia peruana te da algunas recomendaciones en cómo conducir. ¿Qué recomendaciones te han dado? Escríbelas usando los mandatos.

_____

_____

_____

_____

_____

_____

2. Ahora te dan indicaciones para llegar al centro comercial que quieres ir para comprar regalos para tu familia en los EEUU. Como el camino es muy largo, decides anotar las direcciones que ellos te dan. Escríbelas usando los mandatos que ellos te dan. Inventa un punto de partida y uno de destino.

> *Ejemplo*:
>
> Primero, **toma** la primera calle a la derecha que se llama calle Tomás de Aquino

_____

_____

_____

3. Estás conduciendo de camino al centro comercial y de repente escuchas la sirena de un coche de policía detrás de ti. Ambos (tú y el policía) se arriman a la acera y el policía te da varias órdenes siguiendo el protocolo ante una infracción vial. Las infracciones que has cometido son: conducir demasiado despacio, haberte saltado algunas señales de tráfico y no tener contigo los papeles del coche. Enumera en una secuencia las órdenes del policía. Utiliza mandatos y los verbos que has aprendido en la sección de vocabulario.

Ejemplo: Apague las luces del coche...

B). *Sea un buen ciudadano en su comunidad....*éste es el eslogan que el gobierno de Perú ha lanzado a la población debido a la inseguridad ciudadana que la gente ha experimentado recientemente en esta gran ciudad. Además, las escuelas han incluido una clase de ciudadanía en la que los estudiantes aprenden a cómo ser mejores ciudadanos. Aquí tienes uno de los textos que los estudiantes aprenden. Después de leer la lectura, escribe en una lista las recomendaciones que el gobierno da usando mandatos.

Ejemplo: *Tenga empatía con otros ciudadanos con menos recursos*

Ser un buen ciudadano es algo muy importante. ¿Qué es ser un buen ciudadano? Primero, tener empatía, lo cual es algo muy importante. Cuando uno tiene empatía, puede ponerse en la **piel del** prójimo [1] y de esta forma, ayudar a otro. Ejemplos de ello sería comprar una medicina para una mamá que no puede salir a la calle porque su hijo está enfermo o dar comida a alguien que lo necesita y que está pidiendo en la calle.

Segundo, ser respetuoso con la gente también es algo vital. Por ejemplo, cuando está conduciendo, insultar a otros conductores no está bien. Si todos insultáramos cuando estamos conduciendo, habrían muchos más accidentes de tráfico. Otro ejemplo de respeto sería ser respetuoso con nuestros compañeros de clase o con nuestros superiores.

Tercero, conocer la ley es parte de ser un buen ciudadano. Si no conocemos la ley, podemos cometer infracciones más fácilmente. Por ejemplo, si no sabemos que está prohibido hablar por el celular mientras uno maneja, podemos causar un accidente de tráfico que **involucre [2]** a más personas que a nosotros mismos.

Cuarto, reconocer que el medio ambiente es parte de la comunidad, es también ser buen ciudadano. El medio ambiente es de todos y **es cosa de todos [3]**. Por ejemplo, uno puede reciclar, tirar la basura en los contenedores adecuados para ello o simplemente ahorrar papel, electricidad o agua.

Quinto, es importante tener una consideración especial con ciertos individuos de la población –gente mayor, niños y gente enferma o con **discapacidades [4]** – y con los animales también. Todos ellos son vulnerables. Además, uno tiene que pensar que aunque nosotros no seamos uno de ellos, quizás tenemos a alguien en nuestra familia que sí lo es. En referencia a los animales, no abandonar a nuestros animales y ser responsables si tenemos una **mascota [5]** es un ejemplo de respeto. Hay cada año un gran número de animales abandonados y entre todos tendríamos que evitar esto.

Finalmente, hacer voluntariado es la prueba final de nuestro compromiso con la sociedad en la que vivimos mediante el sacrificio de nuestro tiempo y recursos económicos.

En conclusión, ser buenos ciudadanos es responsabilidad de todos porque todos formamos la sociedad.

_____

_____

_____

_____

DOCUMENTACIONES: LEYES DE LA AUTOPISTA, SEÑALES Y MEDIDAS DE EQUIVALENCIA

LA LEY EN LA AUTOPISTA

El nivel de alcoholemia permitido en EEUU, en Perú, Chile y otros países latinoamericanos es diferente. Veamos un ejemplo:

EN EEUU:[5]

1. **La ley requiere que usted se someta a una prueba química para determinar el contenido de alcohol y/o drogas en la sangre.**

   You are required by law to submit to a chemical test to determine the alcohol and/or drug content of your blood.

2. **La ley exige que se someta a la obtención de muestras de su aliento con el fin de hacer un análisis químico para determinar el contenido de alcohol de su sangre.**

   The law requires you to submit to the taking of samples of your breath for the purpose of making chemical tests to determine the content of alcohol in your blood.

3. **La ley considera que usted se encuentra bajo la influencia de alcohol si la prueba de aliento muestra que el contenido de alcohol en la sangre es 0.08% o más.**

   The law presumes that you are under the influence of alcohol if the breath test shows that your blood alcohol content is 0.08% or more.

_____

5   New Jersey Motor Vehicle Commission Standard Statement for Operators of a Motor Vehicle- N.J.S.A. 39: 4-50.2 (e) (Revised & effective, April 26, 2004). Esta ley permite a un oficial de la ley pedir a un individuo del que se sospecha que se encuentra bajo la influencia del alcohol o drogas, a someterse a una prueba. Asimismo, existe la *Ley de consentimiento expreso* (*Implied Consent Law*) al que todos los conductores están sujetos al poseer una licencia de conducir. Aunque aquí nos hemos referido a la ley en el estado de New Jersey, muchos otros estados contemplan esta misma ley. Por tanto, aunque la *Ley de consentimiento expreso* sea algo federal, cada estado determina la existencia de lugares estipulados de forma rutinaria (*Sobriety Checkpoints*) donde se realizan las pruebas de alcoholemia y las multas asociadas a conducir bajo la influencia del alcohol y/o drogas o de que no los halla.

EN PERÚ[6]:

En Perú se ha lanzado un proyecto de ley que busca modificar el *artículo 274* del *Código Penal*, el cual permite la presencia de alcohol en la sangre hasta los 0,5 gramos -litro.

La Comisión de Transportes del Congreso aprobó el proyecto de ley que propone la **"tolerancia cero"** para aquellos individuos que conduzcan bajo efectos del alcohol o drogas; es decir, el no permitir ni una gota de alcohol en la sangre para manejar.

Asimismo, la penalidad por conducir bajo los efectos del alcohol o estupefacientes será no menor de seis meses ni mayor de dos años o será de servicio comunitario de cincuenta y dos a ciento cuatro días de inhabilitación de conducción, lo que consta en el *artículo 36 inciso 7.*

 A). Para profundizar. Comparte con un compañero primero y luego con el resto de la clase.

1. ¿Estás familiarizado-a con lo que dice la ley sobre tener que someterse a una prueba de alcoholemia por el oficial? ¿Qué opinas? ¿Cuál crees que es el objetivo que se persigue con esta ley? ¿Es justa?

2. ¿Qué opinas de la ley en Perú o del anteproyecto de ley sobre "tolerancia cero" y de las consecuencias de romper la ley?

3. ¿Crees que unas leyes estrictas sobre las pruebas de alcoholemia y la suspensión de la licencia de conducir o prisión puede realmente evitar accidentes de tráfico, especialmente accidentes mortales?

4. ¿Encuentras alguna otra alternativa a estas leyes para evitar accidentes mortales relacionados con drogas o alcohol?

LAS SEÑALES DE CARRETERA

Las señales de carretera se dividen en tres: reglamentarias, –en rojo–, preventivas, –en amarillo–, e informativas, –en azul–. Además, algunas veces, algunas señales son de color marrón, como por ejemplo para informar de *museos, cascadas, playas, minas* o *fauna.* A continuación tienes algunas señales de carretera en español. ¿Qué significan estas señales? Examínalas y utilízalas para la actividad de práctica.

---

6   Proyecto de Ley que modifica el *artículo 274°* del *Código Penal* y agrega un nuevo artículo, el *274-B*, al anterior. http://www2.congreso.gob.pe/Sicr/TraDocEstProc/Contdoc02_2011_2.nsf/0/047c026064c8b79f05257cc80077bc11/$FILE/PL03409280414.pdf

Señales reglamentarias

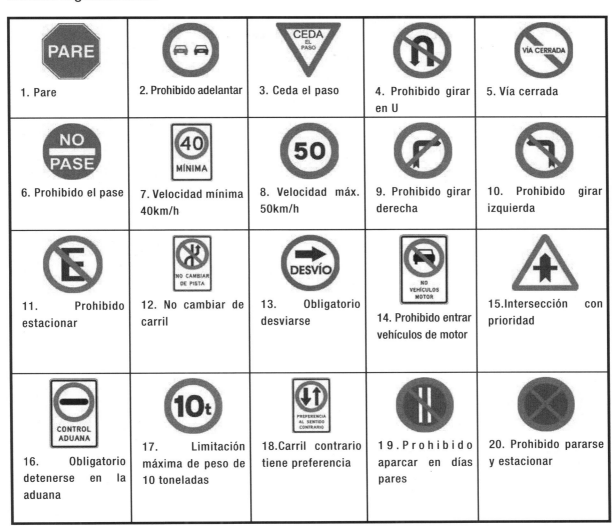

1. Pare	2. Prohibido adelantar	3. Ceda el paso	4. Prohibido girar en U	5. Vía cerrada
6. Prohibido el pase	7. Velocidad mínima 40km/h	8. Velocidad máx. 50km/h	9. Prohibido girar derecha	10. Prohibido girar izquierda
11. Prohibido estacionar	12. No cambiar de carril	13. Obligatorio desviarse	14. Prohibido entrar vehículos de motor	15.Intersección con prioridad
16. Obligatorio detenerse en la aduana	17. Limitación máxima de peso de 10 toneladas	18.Carril contrario tiene preferencia	19.Prohibido aparcar en días pares	20. Prohibido pararse y estacionar

Señales preventivas

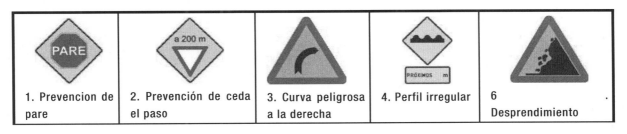

1. Prevencion de pare	2. Prevención de ceda el paso	3. Curva peligrosa a la derecha	4. Perfil irregular	6 Desprendimiento

7. Superficie deslizante	8. Incorporación por la derecha	9. Peligros	10. Empieza doble dirección	11. Zona escolar
12. Puente angosto	13. Curva pronunciada	14. Cruce a nivel de ferrocarril	15. Fin de obras	16. Vía lateral derecha
17. Bifurcación	18. Estrechamiento de calzada por la izquierda	19. Curvas peligrosas a la derecha	20. Intersección con circulación giratoria	21. Cruce de vías

Señales informativas

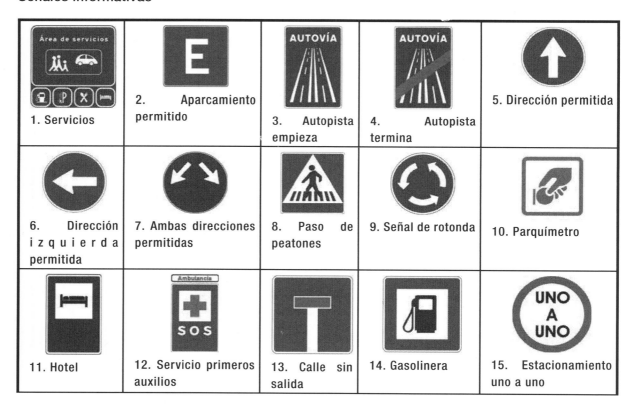

1. Servicios	2. Aparcamiento permitido	3. Autopista empieza	4. Autopista termina	5. Dirección permitida
6. Dirección izquierda permitida	7. Ambas direcciones permitidas	8. Paso de peatones	9. Señal de rotonda	10. Parquímetro
11. Hotel	12. Servicio primeros auxilios	13. Calle sin salida	14. Gasolinera	15. Estacionamiento uno a uno

A). Escribe y traduce. Escribe en tus propias palabras qué significa cada señal de tránsito. Después, traduce la señal al inglés.

1. _____

2. _____

3. _____

4. _____

5. _____

6. _____

7. _____

8. _____

9. _____

10. _____

11. _____

12.

13.

14.

15.

16.

17.

18.

19.

20.

21.

B). Juego. En esta actividad, la clase se va a dividir en dos grupos. Cada grupo tomará unos minutos para dibujar unas señales de tráfico en tarjetas sin que el otro grupo lo pueda ver. Cada grupo tomará turnos en adivinar las señales de tráfico, que tendrán que decir en español sin mirar.

Ejemplo: Grupo 1 enseña este dibujo al grupo 2:

El grupo 2 va a tener que adivinar la señal y decir: "Prohibido estacionar".

El grupo que acierta a adivinar más señales bien, gana.

MEDIDAS DE EQUIVALENCIA

Como puedes ver, en los países de habla hispana se utiliza el sistema métrico. Aquí tienes un sistema de equivalencia que debes aprender cuando manejas en la carretera o cuando preguntas indicaciones (*directions*) para llegar a algún lugar en un país de habla hispana:

1 kilómetro	0.62 millas (*miles*)
1 kilómetro	1000 metros (*meters*)
1 metro	1.09 yardas (*yards*)
1 metro	3.28 pies (*feet*)

C). Calcula. Estás conduciendo y no conoces muy bien el camino para llegar a Lima. Te paras en una zona de descanso (*rest area*) para consultar el mapa. Mientras estás mirando el mapa que parece bastante confuso, ves una señal en la zona de descanso donde hay una indicación que dice que hay una gasolinera a 200 metros y un hotel a 500 metros. Finalmente decides ir a la gasolinera a preguntar.

Tú: Perdone señor, ¿estoy muy lejos de llegar a Lima?

Empleado de gasolinera: Aún faltan 15 kilómetros para llegar a la ciudad de Lima pero la ciudad de Lima es muy grande. Depende del lugar donde vaya, pueden ser más de 15 kilómetros…

Tú: Voy al centro de Lima a recoger a mi amigo y luego vamos al aeropuerto.

Empleado de la gasolinera: Entonces, aún le quedan 25 kilómetros para llegar al centro de Lima, y otros 15 km para llegar al aeropuerto desde el centro.

1. ¿A cuántos pies está la zona de descanso de la gasolinera?_____

2. ¿Cuántas millas te faltan para llegar a Lima?_____

3. ¿A cuántos pies estás desde la zona de descanso al hotel y desde la gasolinera al hotel?_____

_____

4. ¿A cuántas millas estás del aeropuerto de Lima? _____

5. ¿A cuántos metros estás del centro de Lima y del aeropuerto? _____

Aquí tienes unos cuantos escenarios...completa los diálogos para que la conversación tenga sentido.

ESCENARIO 1: *Alguien entró en tu apartamento.* En tu estadía en Perú, haces muchas excursiones los fines de semana. Un domingo por la noche vuelves de tu viaje de fin de semana y descubres que alguien ha entrado en tu apartamento y ha robado varias cosas de valor; tu computador portátil, la televisión, y la impresora. Tú y tu compañero de piso llaman a la policía.

Recepcionista: Hola buenas noches, ¿cómo le puedo ayudar? ¿Cuál es el motivo de la llamada?

1. Tú: _____

_____

_____

Recepcionista: Muy bien, necesito algo de información. Primero, ¿quién está en el apartamento en estos momentos? ¿Cree que el ladrón aún se encuentra en el piso?

2. Tú: _____

_____

_____

Recepcionista: Ahora mismo envío un carro de patrullas a la casa para tomar constancia de los hechos.

Al cabo de un rato vienen los policías a la casa y empieza el interrogatorio...

Policía: Hola, buenas noches. A ver, cuéntenos qué pasó, ¿cuándo descubrió el robo y dígame si el apartamento está tal como lo dejó?

3. Tú: _____

_____

_____

Policía: Entonces, le robaron solo el computador, la televisión y la impresora. ¿Robaron algunos documentos como pasaportes o partidas de nacimiento?

4. Tú: _____

_____

Policía: La cerradura no está forzada, ¿quién más tiene la llave del apartamento aparte de usted y su compañero de apartamento? ¿Alguien más?

5. Tú: _____

_____

Policía: Bueno, vamos a tener que recoger huellas dactilares.

6. Tú: _____

_____

Policía: Va a tener que venir a la comisaría, es un procedimiento muy sencillo.

Finalmente, ¿me puede decir el valor al que ascienden los objetos robados? Esto es importante porque según el valor de los objetos robados, la sanción va a ser diferente en caso de atrapar al ladrón.

7. Tú: _____

_____

ESCENARIO 2: *Apartamento-prostíbulo*. Estás en tu apartamento tranquilamente mirando la tele cuando de repente escuchas a una mujer gritar "¡¡Socorro!!" (*Help*!!). Sales al rellano (*landing*) pero todo es silencio. Al cabo de unos minutos escuchas más gritos. Crees que hay una mujer en peligro así que llamas a la policía. La policía viene y te empieza a interrogar; de dónde vino el grito, cuántas veces lo has escuchado, y si conoces a la gente que vive en el apartamento de donde salieron los gritos. Tú le dices al policía que no conoces a la gente que vive en ese apartamento pero que siempre ves gente entrar y salir, especialmente hombres. La Policía[7] sospecha un piso-burdel donde mantienen a chicas encerradas y explotadas.

Policía: A ver, dígame cómo empezó todo….

1. Tú: (*Hint: Tell the policeman about the screams for help.*) ⸺⸺⸺⸺⸺

⸺⸺⸺⸺⸺⸺⸺⸺⸺⸺⸺⸺⸺⸺⸺⸺⸺⸺⸺⸺⸺⸺⸺⸺⸺⸺⸺

⸺⸺⸺⸺⸺⸺⸺⸺⸺⸺⸺⸺⸺⸺⸺⸺⸺⸺⸺⸺⸺⸺⸺⸺⸺⸺⸺

Policía: ¿Eso fue todo lo que escuchó? ¿Por cuánto tiempo escuchó esos gritos antes de llamarnos? ¿Había escuchado antes esos gritos antes de hoy?

2. Tú: ⸺⸺⸺⸺⸺⸺⸺⸺⸺⸺⸺⸺⸺⸺⸺⸺⸺⸺⸺⸺⸺⸺⸺

⸺⸺⸺⸺⸺⸺⸺⸺⸺⸺⸺⸺⸺⸺⸺⸺⸺⸺⸺⸺⸺⸺⸺⸺⸺⸺⸺

⸺⸺⸺⸺⸺⸺⸺⸺⸺⸺⸺⸺⸺⸺⸺⸺⸺⸺⸺⸺⸺⸺⸺⸺⸺⸺⸺

Policía: Muy bien, hágame una breve descripción de la pareja que vive en ese piso ¿Me los podría describir con detalle? ¿Ha entablado alguna vez conversación (*Have you ever struck up a conversation?*) con ellos en el ascensor por ejemplo?

3. Tú: (*Hint: You might want to tell the police you have coincided with the couple two or three times in the elevator and give the officer a detailed physical description of the couple as well as how they relate to other neighbors like you.*):

⸺⸺⸺⸺⸺⸺⸺⸺⸺⸺⸺⸺⸺⸺⸺⸺⸺⸺⸺⸺⸺⸺⸺⸺⸺⸺⸺

⸺⸺⸺⸺⸺⸺⸺⸺⸺⸺⸺⸺⸺⸺⸺⸺⸺⸺⸺⸺⸺⸺⸺⸺⸺⸺⸺

⸺⸺⸺⸺⸺⸺⸺⸺⸺⸺⸺⸺⸺⸺⸺⸺⸺⸺⸺⸺⸺⸺⸺⸺⸺⸺⸺

⸺⸺⸺⸺⸺⸺⸺⸺⸺⸺⸺⸺⸺⸺⸺⸺⸺⸺⸺⸺⸺⸺⸺⸺⸺⸺⸺

Policía: ¿Ha visto alguna vez alguna chica muy joven entrar en el piso?

---

7 Aquí, la palabra *Policía* se refiere al cuerpo de policía como institución, y no al individuo.

4. Tú: *(Hint: You might want to tell the police you always see men coming in and out of the apartment and that you find that very strange.)*:

_____

_____

_____

Policía: Entonces, ¿siempre son hombres que entran y salen de este piso? ¿Estas personas que entran y salen del piso, son vecinos de estos apartamentos también o son completos extraños?

5. Tú: *(Hint: You can tell the policeman that the men coming in and out of the apartment are not neighbors.)*:

_____

_____

_____

Policía: ¿A qué hora vienen estos hombres al apartamento de su vecino? ¿De noche, en pleno día? ¿Hay alguna hora más común que otra?

6. Tú: _____

_____

_____

Policía: Muy bien, muchas gracias por su colaboración. En caso necesario de tener que testificar ante un jurado (*jury*), debe estar dispuesto. Deme un número de contacto para ponerme en contacto con usted en caso necesario.

7. Tú: _____

_____

_____

[1] Defender/Proteger

[2] Puso una demanda o una reclamación judicial

[3] Ser digno de algo

[4] Uno de los Departamentos en los que se divide el Gobierno de un país

[5] División judicial que representa al gobierno, que tiene como función la acusación en un tribunal por un fiscal que representa a dicho gobierno

 Aquí tienes una noticia de un periódico de Perú sobre la inseguridad ciudadana. Léela y completa las actividades después de la lectura.

"FISCALES EN ALERTA DURANTE FIESTAS DE FIN DE AÑO PARA RESGUARDAR SEGURIDAD"[8]

Lima, 24 diciembre 2014. *Andina, agencia peruana de noticias.*

Los fiscales de todo el país se mantendrán en vigilancia y alerta, para **resguardar [1]** la seguridad ciudadana durante las celebraciones de Navidad y Año Nuevo, a fin de prevenir la ocurrencia de delitos que pongan en peligro el orden público y la integridad física de la población.

De este modo los fiscales continuarán con los operativos y diligencias para evitar la fabricación, transporte, depósito y comercialización clandestina de pirotécnicos.

Asimismo, se supervisarán las terminales terrestres y controlarán el buen estado de las unidades de transporte que movilizan por estas fechas, a decenas de familias que viajan por todo el Perú.

Según el Ministerio Público, esta medida fue dispuesta por el fiscal de la Nación, Carlos Ramos Heredia, quien **demandó [2]** que fiscales Penales, Civiles, de Familia, de Prevención de Delito, Mixtos y Especializados actúen de forma inmediata frente a un hecho que **amerite [3]** la presencia del **Ministerio Público [4]**.

Por último, todas las acciones realizadas por los fiscales deberán ser informadas al despacho de la **Fiscalía de la nación [5]**.

De esta manera, el Ministerio Público reafirma su compromiso en defensa de la ley, la seguridad pública y de servicio a la población.

 A). ¿Comprendiste? Contesta las preguntas en base a la lectura con un compañero.

1. ¿De qué va el artículo? ¿Cuál es la idea principal?

2. En relación a la lectura introductoria del capítulo, ¿por qué crees que se necesitan tomar todas estas medidas? ¿Ha cambiado la situación del año

---

8 "Fiscales en alerta durante fiestas de fin de año para resguardar seguridad." *Andina, agencia peruana de noticias.* 24 diciembre, 2014. Web. 4 octubre, 2015.
http://www.andina.com.pe/agencia/noticia-fiscales-alerta-durante-fiestas-fin-ano-para-resguardar-seguridad-536738.aspx

2013, año en la que ocurren los hechos descritos en la lectura introductoria del capítulo y la fecha de este artículo que estamos discutiendo (2014)?

3. ¿Por qué crees que se tiene que reforzar la seguridad en época navideña? ¿Qué pasa en navidad que requiere más seguridad?

4. ¿Hay alguna situación similar en otra zona geográfica que conozcas bien?

CONEXIÓN PROFESIONAL

 Paso 1: En esta sección, vamos a ofrecerte una entrevista a un policía de habla hispana. Léela y trata de comprender palabras o expresiones que no conozcas. Piensa en puntos que te han llamado la atención.

Entrevistador: ¿Por qué se hizo policía? ¿Fue algo vocacional?

Policía: Ya de pequeño quise ser policía. Soñaba con ello y siempre jugaba a policías y ladrones con mis hermanos pequeños. Yo siempre era el policía y mis hermanos eran los ladrones a los que agarraba.

Entrevistador: ¿Qué tal es ser policía en una ciudad como Lima? ¿Reconoce la gente su trabajo? ¿Cuál es la percepción que la gente tiene de los policías? ¿Cree que esto cambia según la zona dónde uno trabaja?

Policía: Bueno, hay gente de todo. La gente mayor siempre atiende a instrucciones más que la gente joven. Los jóvenes no confían en el sistema policial y por tanto, no confían en nosotros. Se rebelan más solo por ser jóvenes. Además, hay demasiada inseguridad ciudadana para que la gente confíe en nosotros como sistema.

Entrevistador: Entonces, en base a lo que acaba de decir, deduzco que el sistema policial no es efectivo en su país ¿Qué cree que es lo mejor y lo peor del sistema policial de su país?

Policía: Lo mejor es los recursos humanos, es decir, nosotros los policías. Tenemos muchas ganas de hacer las cosas bien pero no tenemos recursos materiales. Por tanto, esto último sería lo más inefectivo. No tenemos suficientes armas, ni suficiente dinero para contratar a más personal, ni suficiente tecnología. Todo es muy limitado.

Entrevistador: ¿Piensa que va a poder ser policía el resto de su vida?

Policía: Quiero pero no lo prometo. Veo a muchos policías más veteranos que yo que dejan la profesión. La falta de recursos materiales significa que debemos trabajar con más riesgo y cuando uno tiene una familia, es difícil de poner la seguridad de la gente antes que la tuya propia o la de tu familia. Veremos qué pasa. De momento tengo muchas ganas de seguir siendo policía pero sé que esto puede cambiar.

Entrevistador: Últimamente ha habido mucha polémica sobre el poder que los policías deberían tener en la comunidad. ¿Qué cree sobre esto? ¿Los policías deberían estar más protegidos por el sistema o cree que los policías abusan de su autoridad?

Policía: Como mencioné antes, debido a la inseguridad ciudadana, cada vez la gente confía menos en nosotros y nos retan más. Eso significa que tenemos que reforzar más la seguridad y a veces eso puede implicar una pelea física entre una gente que se rebela en la calle y nosotros los policías. Nosotros también debemos proteger nuestras vidas. Ahora bien, policías corruptos hay en todas partes, y el sistema también puede ser corrupto en que apoya al policía sin examinar quién tiene la culpa, si el ciudadano civil o el policía.

Paso 2: Después de haber leído esta entrevista, ¿crees que existen diferencias entre países en cuanto a las funciones del sistema policial y en cuanto a las condiciones de trabajo, o por el contrario, crees que hay uniformidad? Además, ¿cómo crees que un policía estadounidense contestaría estas preguntas? Comparte tus respuestas con un compañero.

Paso 3: Ahora, mediante libre participación comparte con el resto de la clase ideas que consideras importantes de esta entrevista. ¿Por qué crees que son importantes?

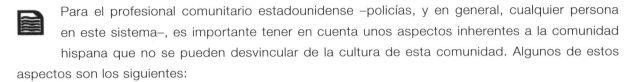

Para el profesional comunitario estadounidense –policías, y en general, cualquier persona en este sistema–, es importante tener en cuenta unos aspectos inherentes a la comunidad hispana que no se pueden desvincular de la cultura de esta comunidad. Algunos de estos aspectos son los siguientes:

1. Una visión del sistema policíal y de la fuente jurídica que, aunque representa la autoridad, es incapaz de establecer un orden social, en parte apoyado por un sistema jurídico deficiente que no penaliza ciertas infracciones. Esto significa que, de alguna manera, muchos hispanos no confían en un sistema tanto policial como jurídico en sus países de origen que resuelvan unos problemas de la sociedad.

2. Una visión –en muchos casos–, de un cuerpo tanto policial como judicial corrupto que no va a poder solventar las necesidades sociales. A causa de esto se deduce el siguiente punto.

3. Una visión por parte de la sociedad de la futilidad de denunciar unos hechos a causa de los cuales un sistema policial no va a creer y/o un sistema judicial que no va a implementar una penalización o castigo.

4. Una inseguridad ciudadana, especialmente en ciudades grandes, que tiene sus ramificaciones a pequeña escala en pequeños robos, y a escala mayor, en la adhesión a un sistema de bienestar basado en el fraude.

5. Un orden social del que el ciudadano no participa. Es decir, existe una percepción por parte de éste de que no es su rol el de intervenir en casos en los que se producen infracciones de la ley, sino que ésta es responsabilidad exclusiva del policía y del cuerpo de policía. En las sociedades de habla hispana, existe, pues, una ausencia de responsabilidad social muy importante. A su vez, existe una contradicción en este punto, pues el ciudadano hispano espera que sea la autoridad quien intervenga, pero al mismo tiempo no cree en la eficacia de un sistema legal.

6. Finalmente, aunque hay una diferencia entre las zonas urbanas y rurales, en las primeras existen unas dinámicas culturales en las que la desconfianza y la precaución es lo que rige en las relaciones sociales entre la gente y que a su vez es resultado de la inseguridad ciudadana existente en muchas grandes ciudades.

A). Para profundizar. Comparte con un compañero y luego con el resto de la clase.

1. ¿Crees que existen diferencias entre la policía en países hispanos y en Estados Unidos en base a lo que acabas de leer?

2. ¿Qué similitudes puedes establecer entre lo que acabas de leer y la situación en tu propia comunidad o en la comunidad en la que has crecido?

3. ¿Puedes pensar en situaciones concretas o ejemplos concretos que podrían representar cosas que acabas de leer en la lectura?

4. ¿Cuál es la imagen del policía estadounidense en EEUU? ¿A qué valores *culturales* crees que se adhiere el policía estadounidense? ¿A qué valores *profesionales* se adhiere?

5. ¿Crees que existe un prototipo de policía que responde a un perfil racial, social y o cultural dentro de un mismo país?

6. ¿Crees que es posible cambiar estos paradigmas culturales en cuanto a la visión que la sociedad hispana tiene sobre la policía en sus países? ¿Qué sería necesario para cambiar esta visión? ¿Puede cambiarse la cultura? ¿Puede la globalización cambiar aspectos culturales específicos?

7. ¿Cómo puede evitarse que una comunidad hispana transfiera unos valores o estereotipos que tiene sobre la comunidad policial de su país al país al que ha emigrado? Es decir, ¿cómo puede el profesional estadounidense que trabaja con una comunidad hispana cambiar o romper una visión cultural tan fuerte de, por ejemplo, desconfianza hacia el policía y el sistema policial? Pero también, ¿cómo puede una comunidad hispana que vive en EEUU entender las diferencias culturales en cuánto a un sistema policial estadounidense? Piensa en ejemplos concretos y específicos.

PROYECTOS DE GRUPO

 Aquí tienes varios proyectos de grupo. Elige uno y preséntalo a la clase. ¿Cuáles fueron los objetivos a corto y a largo plazo? ¿Cuáles fueron los sujetos involucrados? ¿Cuáles fueron las dificultades en llevarlo a cabo? ¿Qué recursos empleaste? ¿Cuáles son los resultados?

PROYECTO 1: *Una campaña publicitaria*

En algunas ciudades, el uso del teléfono móvil en el coche ha producido más muertes al volante que incluso el alcohol. Diseña una campaña publicitaria para que la gente sea consciente de los peligros del uso del teléfono. Puedes hacer un panfleto o puedes hacer un mini video. Utiliza estadísticas reales para informar al grupo poblacional al que va dirigido la campaña para inculcar (*instill*) en la gente el peligro real de enviar mensajes de texto mientras se conduce. Puedes recurrir a la comisaria de tu barrio o ciudad para obtener estas estadísticas. Como parte de tu campaña, puedes hacer además de un panfleto, un video en español e inglés y pedir a la comisaria donde sacaste información anteriormente que lo cuelguen en su sitio de web para que tenga una mayor difusión.

PROYECTO 2: *La educación vial en la escuela*

Los niños deben aprender las normas básicas de las señales de tráfico: cuándo deben cruzar, cuándo no, cómo identificar ciertas señales de peatones y algunos peligros de la ciudad. Imagínate que te han invitado para ir a una de las escuelas públicas de tu ciudad para dar una lección sobre educación vial. Haz la planificación de la clase (*lesson plan*). Piensa en qué vas a enseñar y en cómo lo vas a enseñar y qué materiales vas a usar. Si quieres, puedes realmente intentar poner en práctica esta actividad e ir a una escuela. ¿Cómo fue la experiencia? ¿Cuál era el nivel de conocimiento de los chicos de la escuela en referencia a la educación vial? Puedes dar tu presentación a la escuela secundaria en tu idioma nativo pero presentar los resultados a tu clase en español.

PROYECTO 3: *Una campaña antirrobos*

En algunas grandes ciudades los robos de carteristas es algo muy común. Los carteristas especialmente intentan robar a los turistas despistados (*distracted*) en aeropuertos, estaciones de trenes, metro, auto-buses y cafeterías. Diseña una campaña antirrobo en la que informas a los ciudadanos y turistas sobre las estrategias de robos de algunos carteristas, pero sobre todo, en cómo se puede evitar. También, puedes investigar algunos puntos de destino para universidades en las que se hace un *Study abroad* e informar a los estudiantes que viajarán a estas ciudades sobre cómo evitar una situación de robos.

¡A ACTUAR!: CASOS COMUNITARIOS

Paso 1: Para hacer en casa. Aquí tienes varias situaciones que pueden ocurrir en la comunidad. Escribe los diálogos entre las diferentes partes para luego representarlas. Intenta que sean lo más realistas posibles.

1. *Un accidente en cadena en la carretera.* Ha habido un accidente en cadena en la carretera. Los vehículos afectados son un camión, un coche y una moto-cicleta. El motorista está muy herido y está en el suelo sangrando. Escribe las siguientes conversaciones:
   1.1 Un testigo presencial ha llamado a la policía. El testigo le dice a la policía que ha ocurrido un accidente y que necesitan una ambulancia en la escena del accidente. El operador hace

las típicas preguntas de si hay heridos, si alguien está sangrando, si están conscientes o inconscientes, etc...

1.2   La policía llega a la escena y hace preguntas a los conductores del coche y camión. Cada parte da su versión de los hechos acerca de cómo ha ocurrido el accidente. Antes de escribir piensa en qué personas están involucradas, y la secuencia de los hechos, es decir, cómo ocurrió el accidente exactamente.

2. ***Robo en la casa***. Estás listo para ir a dormir, son aproximadamente las 11 horas de la noche y estás en la cama a punto de dormirte. De repente escuchas un ruido extraño. Alguien está intentando forzar la cerradura de la puerta. No te mueves pensando que son ladrones. Los ladrones entran y casi sin hacer ruido, se llevan varias cosas. Al cabo de un rato, cuando ya no escuchas ningún ruido más, sales de tu cuarto y llamas a la policía. Escribe una conversación simulando las siguientes situaciones:

2.1   Llamas a la policía explicando los hechos y requiriendo su presencia en la escena del robo.

2.2   Al día siguiente llamas a la compañía aseguradora del apartamento para hacer el informe y proceder al reembolso de los objetos robados.

3. ***Un caso de pederastia en un centro comercial.*** Estás en un centro comercial y eres testigo presencial de un intento de secuestro. Hay un hombre que está intentando acercarse a un niño ofreciéndole caramelos. La mamá del niño está un poco distraída y no ha visto nada. De repente la madre del niño se da cuenta y hace una terrible escena gritando al hombre que no se acerque a su hijo. Escribe las siguientes conversaciones:

3.1   El agente de ventas del centro comercial llama a la policía pero el tipo ya se ha ido. La policía contesta diciendo que van a llegar enseguida a la escena del incidente.

3.2   La policía te interroga como testigo presencial del acontecimiento. Tienes que darles una descripción física del aspecto físico del supuesto pederasta y de cómo se desenvolvieron (*unfolded*) los hechos porque la madre está demasiado nerviosa.

Escribe una conversación entre tú y el oficial de policía en la que se reflejan todos estos acontecimientos.

3.3   La policía finalmente interroga a la madre y le da unos consejos para que este incidente no vuelva a ocurrir.

4. ***Robo en Lima.*** Estás con unos amigos tuyos estadounidenses en el centro de Lima cuando de repente alguien empuja a tu amigo John como "por accidente". De repente John se da cuenta (*realizes*) que le han robado la bolsa de un "estirón". John guardaba el pasaporte,

tarjetas de crédito y la licencia de conducir de su país en la bolsa. A continuación escribe tres diálogos para las siguientes situaciones:

4.1 Acompañas a John a la comisaría para poner la denuncia y hablas por él porque John no habla español.

4.2 Van al consulado de los EEUU para hacer una petición para un nuevo pasaporte. Ustedes deben decirle al cónsul que a John le han robado el pasaporte, y preguntarle qué documentos se necesitan para obtener un nuevo pasaporte. También le preguntan cuánto tiempo se va a tardar en llegar el nuevo documento para poder cambiar el boleto de avión.

4.3 Finalmente van a la agencia de viajes de la aerolínea para cambiar la fecha de regreso de John a los EEUU.

5. *Se estropeó el carro.* Estás pasando las vacaciones de primavera con algunos amigos en Machu Picchu. De camino, el carro en el que viajan empieza a tener problemas hasta que finalmente se termina de estropear. Por suerte, uno de tus amigos tiene servicio de asistencia de carretera con el seguro del carro. Escribe las siguientes conversaciones:

5.1 Alguien llama por teléfono a asistencia de carretera y les explica que necesitan una grúa para trasladar el carro al mecánico más cercano para arreglarlo. Dales la ubicación exacta donde se estropeó el coche y la dirección del mecánico. Invéntate las direcciones.

5.2 Una vez ya han llegado y el carro está en el mecánico, explícale al mecánico qué problemas ha tenido el coche hasta que dejó de funcionar. El mecánico te va a hacer las preguntas pertinentes para diagnosticar cuál es el problema del carro.

5.3 Llamen a un taxi que los va a llevar al hotel más próximo desde el taller mecánico.

Paso 2: Dramaticen. Ahora actúen las situaciones que han escrito en el paso anterior (Paso 1).

Paso 3: Critiquen. Después de haber actuado las situaciones que todos prepararon en casa, toda la clase va a participar con comentarios sobre puntos positivos o sugerencias. Argumenten sus comentarios.

CAPÍTULO 5

La vivienda y los bienes y raíces

"Cada uno en su casa es rey, pero la mujer hace la ley."

Dicho popular

¿Qué significa el refrán? ¿Crees que es correcto usarlo hoy en día? ¿Es un refrán machista? ¿Hay algún refrán equivalente en inglés o en otro idioma que conozcas?

VIVIR SOLOS O ACOMPAÑADOS EN ESPAÑA...[1]

Hace tan solo unos años atrás vivir solo era considerado un estigma, un estigma que ya ha **pasado a la historia [1]**. No obstante cada vez son más las personas que eligen vivir solas por voluntad propia, fenómeno que se **vislumbra [2]** como global. En España, con o sin crisis, esto es asimismo una realidad. En países como Francia, el Reino Unido, Alemania o el Japón, es no solo una realidad sino algo común. En Estados Unidos, también, aunque no de una manera uniforme, sino en determinadas ciudades como Seattle,

[1] Became history
[2] Is regarded
[3] Single family home
[4] Trend
[5] Nature/Kind/Sort
[6] Life expectancy
[7] Job market
[8] Loneliness
[9] Accompanied
[10] Lonely

San Francisco, Denver o Minneapolis es común también vivir solo. En España, aún con la crisis, el número de **viviendas unipersonales [3]** ha crecido. Según Eric Klinenberg, un sociólogo de *University of New York*, la **tendencia [4]** es que cuánto más desarrollado un país es, mayor es la tendencia al individualismo, o sea, a no tener que hacer sacrificios a la hora de compartir. No obstante, hay varias razones de otra **índole [5]** que contribuyen a que cada vez exista más gente que vive sola. Entre ellas, una mayor **esperanza de vida [6]** y la incorporación al **mercado laboral [7]** de las mujeres.

Contrario a lo que se pueda pensar, estas personas que viven solas no buscan más **soledad [8]**, sino más libertad en cuánto a compartir su tiempo o privatizarlo. Así pues, muchas personas que comparten piso, no significa que estén más **acompañados [9]**, sino que tienen que respetar más normas con respecto a unos horarios, y a un comportamiento dentro del espacio compartido. Los **"solitarios" [10]**, en cambio, no solo

---

1 *"Cada vez más solos…por elección."* El mundo.*Economía*. 19 marzo, 2012. Web. 13 junio, 2015. http://www.elmundo.es/elmundo/2012/03/15/economia/1331832866.html

no tienen que preocuparse por dichas normas sino que disfrutan de una vida social más rica al verse obligados a no **estar relegados [11]** a una vida de soledad. Por tanto, el vivir solos, **fomenta [12]** de alguna manera, una vida social rica. Además, afirma el sociólogo, la era de la tecnología nos ayuda a estar en contacto con quien queremos y cuando queremos. Por esta razón, el vivir solos ya no solo no es un estigma, sino un privilegio que no todos, debido a la crisis, pueden disfrutar.

En España, desde que empezó la crisis en el 2007, el número de viviendas unifamiliares también ha crecido, lo cual no deja de ser **paradójico [13]**. La mayoría de las personas que viven solas son personas que, aunque con **trabajos precarios [14]**, trabajan, y aún a expensas de sacrificar otras cosas, prefieren vivir solas que tener que compartir piso y poder tener acceso económico a pequeños lujos de otra clase.

En cuanto a la vida de pareja, Klinenberg afirma que la crisis hace que más gente no quiera establecer **vínculos [15]** familiares y de pareja viviendo juntos, puesto que en lugar de ayudar a la buena comunicación de aquélla, **resta [16]** independencia y libertad y crea fricción. En general, resta control sobre la propia vida.

En definitiva, pues, vivir solos **engloba [17]** un gran espectro de situaciones personales, pero transmite, un nuevo fenómeno social que no solo no parece que se va a reducir, sino lo contrario, no solo en **países desarrollados [18]**, sino también aún con menos rapidez, en **países en desarrollo [19]**.

A). ¿Comprendiste? Contesta las siguientes preguntas en base a la lectura con un compañero.

1. ¿Cuál es el tema de la lectura?
2. ¿Quién vive solo?
3. ¿Qué países se identifican con este nuevo fenómeno social?
4. ¿Con qué valores o tendencias se relaciona el vivir solo?
5. ¿Cuáles son algunas razones por las que la gente vive sola?
6. ¿Por qué vivir solo es un privilegio en lugar de un estigma social como antes?
7. ¿Cómo se relaciona el vivir solos con la vida en pareja?

B). Para profundizar. Discute con un compañero las siguientes preguntas y comparte tu experiencia al respecto. Después, compartan con toda la clase sus ideas, opiniones o comentarios.

1. ¿Qué piensas de la lectura? ¿Estás de acuerdo?
2. ¿Cuál es tu experiencia en referencia a vivir solo? ¿Has vivido solo alguna vez? ¿Conoces a alguien que vive solo? ¿Cuál es su experiencia? ¿Cuáles crees que son las ventajas/desventajas de vivir solo?
3. ¿Crees que vivir solo es sinónimo de sentirse solo? ¿Por qué sí o por qué no?

4. ¿Por qué crees que hay gente que quiere vivir sola?

5. ¿Crees que hay alguna diferencia cultural entre el estadounidense y el hispano en cuánto a vivir solo?

VOCABULARIO

COGNADOS	COGNATES
El contrato	Contract
El depósito	Deposit
La renta	Rent
La televisión de cable o de pago	TV cable
Los transportes públicos	Public transportation

VERBOS	VERBS
Colgar cuadros	To hang paintings
Darse de alta	To Sign up
Desalojar	To vacate
Estropear	To break down
Reparar/Arreglar	To fix
Subarrendar/Realquilar	To sublease/To sublet
Ubicar	To locate

EL APARTAMENTO/EL PISO	THE APARTMENT
El aire acondicionado central	Central heating
El anuncio (del apartamento)	Apartment advertisement
Las cacerolas	Pots
La casa adosada	Townhome
La casa separada	Detached house
Las contrapersianas	Shutters
La cubertería	Silverware
La lavadora	Washing machine
La lavandería	Laundry room
La llave de respuesto	Spare key
Los muebles (amueblado, adj.)	Furniture (furnished, adj)
Las persianas	Blinds

Las sartenes	Frying pans
La secadora	Clothes dryer
La vajilla	Dish set
La ubicación	Location

LOS SERVICIOS DE LA CASA	SERVICES
El agua	Water
La electricidad	Power
El internet	Internet
El teléfono fijo	Land line

EL CONTRATO	THE LEASE/THE MORTGAGE CONTRACT
El arrendador[2]/El casero	Landlord
El contrato de arrendamiento	Apartment lease
El inmueble	Property
El inquilino/El arrendatario	Tenant
Las reparaciones	Repairs
El subarriendo	Sublease

EL BARRIO	THE NEIGHBORHOOD
La estación/La parada de metro	Subway station

LOS PAGOS	PAYMENTS
El alquiler/La renta	The rent
Las facturas	Bills
La hipoteca	Mortgage
Los impagos	Outstanding payments

---

2   La palabra *arrendador* se usa en el contrato de arrendamiento o en un contexto más formal, mientras que la palabra *casero* se utiliza en uno más informal.

LA LEY	THE LAW
El desahucio	Eviction
El desalojo	Eviction
La ejecución	Implementation
La notificación/El aviso/La orden de desahucio o desalojo	Eviction order/Notice

EXPRESIONES IDIOMÁTICAS	EXPRESSIONS
A cargo del inquilino	At the tenant's expense
A cargo del propietario	At the owner's expense
Estar equipado con	Equipped with
Pagar por adelantado	To pay in advance

LA COMUNIDAD	THE COMMUNITY
La asociación de vecinos	Neighborhood association
Los gastos comunitarios	Communal expenses

A). Llenar los blancos. Estás buscando vivienda y por fin has encontrado el piso (*apartamento*) de tus sueños, pero te das cuenta que pagar el alquiler tu solo es difícil. Pones un anuncio en el periódico para conseguir un compañero/a de piso y empiezas a recibir llamadas de posibles candidatos. Llena los blancos entre el candidato a inquilino y tú. Usa palabras del banco de palabras y piensa en el tiempo verbal más adecuado en el caso de que necesites utilizar verbos.

Por adelantado	Secadora	Vajilla	Teléfono fijo	Agua
Anuncio	Servicios	Renta/Alquiler	Internet	Amueblado
Lavadora	Facturas	A cargo del propietario	Llave de repuesto	Depósito Parada
Contrato	Reparaciones	Electricidad	Inquilinos	Sartenes

Teléfono suena.......Riiiiiing!!

Tú: Sí diga, ¿quién es?

Candidato: Hola, estoy llamando porque he visto un 1. _____ en el periódico para compartir piso por 300 euros.

Tú: Sí ¿Cómo te llamas? ¿Qué información quieres saber sobre el apartamento?

Candidato: Me llamo Laura y soy estudiante universitaria. Me gustaría saber qué 2. _____ están incluidos en los 300 euros.

Tú: Bueno, pues solo el alquiler del piso. Los servicios del 3. _____, la 4. _____ y el 5. _____ son aparte, mitad y mitad entre tú y yo.

Candidato: ¿El internet es rápido? ¿Qué velocidad tiene?

Tú: Bueno, no es la velocidad más rápida pero está bien.

Candidato: ¿Qué tamaño es el dormitorio?

Tú: No es muy grande pero es de un tamaño decente. Hay una cama, una mesita de noche y un escritorio.

Candidato: Entonces, ¿No puedo traer mis muebles?

Tú: ¡Uy, no! El piso está totalmente 6. _____.

Candidato: Vale, no importa. Mis muebles son viejos de todas formas. ¿Hay algunas normas en la casa?

Tú: Sí. Las normas son con respecto a animales, ruidos y pagos. Primero, el propietario no permite animales porque hacen mucho ruido y destrozan cosas de la casa. Segundo, no puedes escuchar la radio o la televisión en tu habitación después de las once de la noche porque oigo todo desde mi habitación. Finalmente, vas a tener que pagar el/la 7. _____ el día 1 de cada mes 8. _____ y puntualmente. ¡Ah! Se me olvidó, vas a tener que pagar un 9. _____ de dos meses por adelantado. Al marcharte, yo te voy a reembolsar el dinero del depósito y tú me devuelves la llave 10. _____. Los gastos comunitarios son 11. _____, nosotras no tenemos que pagarlos. Las 12. _____ de los servicios vienen el primero de cada mes, pero yo ya te diré cuánto me tienes que pagar por éstos.

Candidato: Me parece bien pero tengo más preguntas. ¿Cómo es el barrio? ¿Hay crimen? ¿Es seguro? ¿Conoces a tus vecinos?

Tú: Sí, el barrio es bastante seguro aunque es mejor no caminar muy tarde en la noche. Los vecinos son bastante normales aunque aquí nadie habla con nadie.

Candidato: Olvidé preguntar si hay servicio de 13. _____ en el piso. Es que aún no tengo móvil[3]. También quiero saber cómo puedo lavar la ropa.

Tú: Aquí el teléfono es caro, así que aún no hay teléfono en la casa, pero pronto lo voy a instalar. En cuanto a lavar la ropa, la casa tiene 14. _____ y 15. _____ para secar la ropa. El piso está equipado con todo. Incluso hay 16. _____ y 17. _____ en la cocina para cocinar. No tienes que traer nada.

Candidato: ¡Ah! Olvidé preguntar, ¿cómo son los transportes? ¿Hay buena comunicación con el centro de la ciudad?

Tú: Pues bastante buena. Hay un par de autobuses que te llevan al centro y hay una 18. _____ de metro a diez minutos caminando. No hay parada de taxis pero éstos son caros de todas formas.

Candidato: ¿Vas a incluirme en el 19. _____ del apartamento?

Tú: No, yo soy la única persona incluida en el contrato. No es necesario por el momento incluirte. Todo está a mi nombre, luego tú me pagas todo a medias. Finalmente, quiero explicarte que las 20. _____ son a cargo del propietario del piso, pero tenemos que asegurarnos de no estropear nada porque el propietario es muy antipático y no le gusta gastar dinero en reparaciones. ¡Ah! Y el propietario no permite tampoco a los 21. _____ colgar cuadros.

---

3 *Móvil* es una variación regional de la palabra *celular* que se usa en España.

Candidato:	¿Cuándo puedo venir a ver el piso?
Tú:	Puedes venir ahora mismo si quieres.
Candidato:	Perfecto, pues ahora mismo voy, en más o menos media hora…
Tú:	Muy bien, pues hasta ahora.

B). Circunlocución: es el acto de describir una palabra de una manera alternativa sin usar la palabra. Ahora, en grupos de dos, un estudiante tiene que elegir una palabra del banco de palabras sin decirle a su compañero de qué palabra se trata y dar una definición. El otro estudiante tiene que adivinar de qué palabra se trata.

La orden de desahucio o desalojo Contrato Impago	El subarriendo	La asociación de vecinos
Gastos comunitarios Inquilino		

Ejemplo:

Estudiante A dice: _Lo que pagas cada mes al arrendador_
Estudiante B contesta: _Alquiler o renta_

Informes Matutinos: (Presentación Individual breve de 3-5 minutos). La presentación es un informe de un profesional que ha leído una noticia de relevancia con tema del capítulo y está presentando el material a una mesa directiva durante una junta. Los miembros de la mesa tienen el derecho y la responsabilidad de hacer preguntas. Puedes utilizar notas, pero únicamente como fuente de referencia, no leas directamente.

 Paso 1: Elige un artículo de un periódico o una revista producida en español. En la introducción de este texto encontrarás una lista de fuentes para tu informe. Este capitulo se enfoca en la vivienda desde España, así que enfoca tu búsqueda en este país. Ejemplos de algunos temas pueden ser la recuperación del mercado inmobiliario y el aumento del valor de los pisos, la reacción de los bancos y el gobierno a los desahucios o las nuevas leyes inmobiliarias. Además, en lo posible el informe se debe de relacionar con el tema programado para el día de clases en que presentarás el informe si es que hay un tema en concreto para ese día.

Paso 2: Desarrolla un informe que incluya:
    A. Introducción: 1 minuto
        1. Nombre del estudiante
        2. El interés profesional del estudiante
        3. El nombre y fuente del artículo

    B. Cuerpo (lo más importante de la presentación), 2-3 minutos para resumir los datos más relevantes del artículo.
        1. Resumen del artículo
        2. Relevancia y análisis (por qué es importante este artículo)
        3. Conclusiones

 Paso 3: Presenta el informe.

Paso 4: Preguntas de la mesa directiva sobre el informe (la clase).

GRAMÁTICA EN CONTEXTO

LOS PRONOMBRES RELATIVOS

Éstos son los pronombres relativos en español:

PRONOMBRES RELATIVOS
2. Que
3. Quién (quienes)
4. El cual (la cual, los cuales, las cuales)
5. El que (la que, los que, las que)
6. Lo que
7. Lo cual
8. Cuyo (cuya, cuyos, cuyas)

En primer lugar, ¿qué función tienen los pronombres relativos?

Un pronombre relativo hace referencia a un sustantivo (*noun*) de la oración principal (*main clause*) al que se llama *antecedente* e introduce una oración subordinada, conectando ambas.

El uso del pronombre relativo es absolutamente necesario en español, mientras que en inglés puede omitirse.

---

1. QUE

- Es el pronombre relativo más común. Se refiere a personas o cosas y se traduce en inglés como *that, who, whom, which.* Aquí tienes algunos ejemplos de cómo se usa:

Ejemplos:

Hay una casa preciosa en venta en mi barrio
There is a beautiful house for sale in my neighborhood
La casa me gusta muchísimo
I like the house a lot
Estas dos frases se unen mediante el uso de un pronombre relativo:
Hay una <u>casa</u> preciosa en venta en mi barrio _que_ me gusta muchísimo

    Antecedente

There is a beautiful house (<u>that</u>) I love for sale in my neighborhood

- El pronombre relativo *que* no se usa con preposiciones excepto en el caso de *con, de,* y *en:*

Ejemplo:

Me gustó <u>la soltura</u> *con que* arreglaste el malentendido con el banco acerca de la hipoteca   Antecedente

I liked the ease <u>with which</u> you fixed the misunderstanding with the bank about the mortgage

2. *QUIEN, QUIENES*

- Este pronombre relativo y el plural de éste, *quienes,* se usa para hacer referencia a personas exclusivamente.
- El pronombre relativo *quién* o *quienes* se utiliza en cláusulas no restrictivas (*nonrestrictive clauses*), es decir, aquellas en las que una coma sigue al antecedente. Las cláusulas no restrictivas añaden información extra sobre el antecedente, mientras que en las clausulas restrictivas no se usa comas porque la información en estas oraciones es esencial para poder entender el antecedente. La información no es adicional. A continuación tienes unos ejemplos contextualizados de cómo se usa este pronombre relativo:

Ejemplo:

Juan es el agente de ventas. Juan me habló muy bien de este barrio
<u>Juan</u>, *quien* es el agente de ventas, me habló muy bien de este barrio
Antecedente
Juan, <u>who</u> is the real estate agent, spoke very highly of this neighborhood

- El pronombre relativo *quien* o *quienes* se utiliza después de una preposición:

Ejemplo:

<u>Juan</u> es *con quien* hablé en la oficina de bienes y raíces
Antecedente
Juan is <u>who</u> I spoke <u>to</u> in the real estate office
<u>Juan</u> es *con quien* estoy tramitando la compra de la casa
Juan is <u>who</u> I am negotiating the purchase of the house

3. *EL CUAL, LA CUAL, LOS CUALES, LAS CUALES*

- Las variedades según género y número de este pronombre son:
  El cual, la cual, los cuales, las cuales

- Este pronombre relativo se refieren a cosas o personas.

- El pronombre relativo *el cual* y sus variantes, *la cual, los cuales, las cuales,* se usa para referirse a cosas en frases no restrictivas, es decir, aquéllas en las que hay el antecedente, coma, y la oración subordinada. En estas frases *el cual* (o *la cual, los cuales las cuales*) puede sustituirse por *que:*

Ejemplo:

El sitio de web, *el cual (=que)* **me dio Juan, tiene un listado de todas las casas en**
Antecedente   **venta en esta ciudad**
The web site, which Juan gave me, has a list of all the houses on sale in this city

- El pronombre relativo *el cual* y sus variantes, *la cual, los cuales, las cuales*, se usa para referirse a personas en frases no restrictivas (antecedente, coma, pronombre relativo, oración subordinada). En este caso, el pronombre relativo *el cual* o cualquiera de sus variantes, puede sustituirse por *quien* o *que:*

Ejemplo:

Ana, *la cual (=que=quien)* **me vendió la casa, es la mejor agente inmobiliaria que**
Antecedente   **he conocido nunca**
Ana, who sold me the house, is the best real estate agent that I have ever known

- Este pronombre relativo, *el cual* o sus variedades, se usa para referirse a cosas después de una preposición. En este caso, *el cual, la cual, los cuales* o *las cuales* también puede substituirse por el pronombre relativo *que:*

Ejemplos:

La ley hipotecaria de *la cual/de la que* **te hablé es nefasta para el ciudadano medio**
     Antecedente Preposición
The mortgage law, which I told you about, is horrible for the average citizen
La empresa inmobiliaria para *la cual/la que* **trabajo es una de las mejores**
     Antecedente   Preposición
The real estate office for which I work is one of the best in the industry

- Este pronombre relativo *el cual* o sus variedades, se usa para referirse a *personas* después de una preposición. En este caso, el pronombre relativo *el cual*, puede sustituirse por *quien* (o *quienes*):

Ejemplo:

El juez, *por el cual* (*por quien*) no sentía ninguna simpatía, acabó fallando (*ruling*)
Antecedente   **a favor del propietario de la vivienda y tuve que dejar la casa**
The judge for whom I didn´t feel any amiability, ended up ruling in favor of the home-owner and I had to give up the house.

4. EL QUE, LA QUE, LOS QUE, LAS QUE

- Las variedades de *El que* según género y número de este pronombre son: *La que, las que, los que.*
- Este pronombre se usa después de preposiciones y se puede reemplazar por *el cual, la cual, los cuales, las cuales*:

Ejemplo:

La casa *por la que* tenía tantas memorias de la niñez, fue finalmente vendida
The house <u>for which</u> he had so many childhood memories, was finally sold

5. LO QUE, LO CUAL, QUE

- Este pronombre no se refiere a *personas* o *cosas* sino a *ideas* o *hechos*, y por tanto, son neutros. En este caso *lo que* se puede reemplazar por *lo cual*:

Ejemplos:

Ha habido muchos desahucios, *lo que* (*lo cual*) muestra la falta de humanidad de las leyes hipotecarias
There have been many evictions, <u>which</u> show the lack of humanity of the mortgage laws
María por fin pudo comprar una casa, *lo cual* (*lo que*) alegró mucho a su familia
María finally could buy a house, <u>which</u> made her family very happy

- Cuando _Lo que_ no se traduce al inglés como _which_ sino como _what (the thing that)_, no se puede reemplazar por _lo cual_:

> _Ejemplo:_
>
> **El trato desinteresado del agente de ventas fue _lo que_ no me gustó de los servicios de esta compañía**
> _The uninterested treatment of the sales agent was what I didn´t like about this company´s service_

- Después de verbos de información (_saber, explicar, contar, decir, informar_), el pronombre relativo que hace referencia a tal información no especificada en la oración es _qué_ (con acento) o _lo que._ Pueden intercambiarse el uno por el otro:

> _Ejemplo:_
>
> **Díganos _qué/lo que_ necesitamos saber del barrio donde está ubicada la casa que nos gusta**
> _Tell us what we need to know about the neighborhood where the house we like is located_

- La expresión _todo lo que_ es traducida al inglés como _everything_ o _all_:

> _Ejemplo:_
>
> **Todo _lo que_ quiero saber es si vale la pena gastarse ese dinero en hacer obras en una casa vieja**
> _All I want to know is if it´s worth it to spend all that money on remodeling an old house like this one_

6. _CUYO, CUYA, CUYOS, CUYAS_

- Las variaciones según género y número de este pronombre son: _cuyo, cuya, cuyos, cuyas_. Por tanto, este pronombre tiene que concordar (_agree_) en género y número con el sustantivo que le precede:

> _Ejemplos:_
>
> **El agente de ventas, cuyo carisma era obvio, consiguió vender esa casa que había estado en venta por mucho tiempo** (carisma= palabra masculina)
> _The sales agent, whose charisma was obvious, managed to sell that house that had been on sale for such a long time_
> **El agente de ventas, cuya inteligencia era obvia, consiguió vender esa casa que había estado en venta por mucho tiempo**
> _The sales agent, whose intelligence was obvious, managed to sell that house that had been on sale for such a long time_

- Este pronombre se traduce en inglés como *whose, which,* y *the….of which:*

- Algunas expresiones en inglés requieren el uso de *cuyo* para ser traducidas:

A). Llena los blancos. Usa el pronombre relativo apropiado:

Juan y Ana se casaron hace un año y medio y finalmente van a comprar una casa. Están buscando una casa 1. _____ tenga cuatro habitaciones, un jardín y una piscina para el verano. No obstante, no han ahorrado mucho dinero para el depósito, 2. _____ es un problema porque van a tener que pagar uno. Ana, 3. _____ es muy ahorradora y tiene algún dinero ahorrado pero Juan no lo sabe. Los padres de Ana, 4. _____ también son muy ahorradores, no están de acuerdo con que Ana pague la fianza con el dinero que ella ahorró durante años y están muy enfadados con su hija, 5. _____ hace muy infeliz a Ana. 6. _____ piensan los padres de Ana es que si un día su hija y su yerno se divorcian, Ana saldrá perdiendo económicamente. Ana, 7. _____ tiene un trabajo mejor que el de Juan, gana más dinero que su marido y por tanto se siente obligada a aportar más que Juan. Además, ella quiere a su marido, 8. _____ hace que no le importe aportar más dinero que Juan en la compra de la casa. Por tanto, Ana le va a dar la sorpresa a Juan de tener el dinero para el depósito, 9. _____ pondrá fin al argumento entre ella y sus padres…después de todo, ella también quiere la casa, 10. _____ es totalmente razonable.

B). Combina frases. Utiliza el pronombre relativo apropiado para combinar las dos frases. Piensa si vas a necesitar agregar una preposición o verbo, o eliminar algún pronombre personal (*yo, tú, él…*) o conjunción (*y, o*). Sigue el ejemplo:

1. Jen y Mary son estudiantes extranjeras en España. Ellas están buscando un apartamento barato.

_____

_____

_____

2. Luis es el presidente de la asociación de vecinos. Luis quiere concienciar a los vecinos de la importancia de mantener la propiedad comunal limpia.

_____

_____

_____

3. El presidente del gobierno dijo que se iban a revisar las leyes hipotecarias. Los bancos se quejaron porque no podrán implementar los desahucios tan fácilmente.

_____

_____

_____

4. La población está cansada de leer en los medios de comunicación noticias sobre desahucios. La población se siente impotente ante la ola de los suicidios a causa de los desahucios.

_____

_____

_____

5. Los bancos no están dispuestos a cambiar las leyes. Sus intereses son exclusivamente financieros.

_____

_____

_____

C). Completa las frases. Usa algún pronombre relativo que consideres apropiado y completa las frases.

> *Ejemplos:*
>
> *La vivienda en España es más barata,* ***lo cual*** *es beneficioso para el consumidor...*

1. Por tanto, mis vecinos pudieron comprar una casa _____

2. El banco finalmente les dio un préstamo _____

3. Yo también quiero comprar una vivienda algún día _____

4. Voy a poder hacerlo cuando tenga un trabajo _____

DOCUMENTOS

Este contrato ha sido adaptado de las siguientes fuentes:

La cámara de la propiedad urbana de Barcelona, España y La cámara de la propiedad urbana de Barcelona, que ofrecen servicios de redacción de contratos. http://www.modelocontrato.net/wp-content/uploads/2009/10/Contrato-de-arrendamiento-de-vivienda.pdf.

A continuación tienes un contrato de arrendamiento tal como lo encontrarías si tuvieras que alquilar un apartamento/piso/casa:

CONTRATO DE ARRENDAMIENTO

En Barcelona, a 1 de marzo del dos mil dieciséis

REUNIDOS:

De una parte Doña Laura Martín, mayor de edad, casada, profesora, con *CIF 48.455.698*,[4] vecina de Barcelona, c/[5] Torremiro, nº 5, 1º 2ª. [6]

Y de otra parte, Don Luís Torras, mayor de edad, agente de ventas, con CIF 55.669.321, vecino de Sabadell, c/ Miramar, nº 12, 4º.

Actúan, la primera como **arrendadora [1]**, y el segundo como **arrendatario [2]** y se reconocen la capacidad legal necesaria para contratar.

MANIFIESTAN:

Dña. Laura Martín es **propietaria-usufructuaria [3]** de la vivienda situada en la calle Alfonso Sala nº 45, piso 4º3ª de la ciudad de Barcelona.

Don Luís Torras, con la finalidad de instalarse a vivir en la vivienda mencionada, ha **convenido [4]** con la señora Laura Martín en que éste arriende dicha vivienda.

A fin de establecer la oportuna relación judicial que permita el cumplimiento del objetivo del anunciado del párrafo anterior, las partes formalizan el presente contrato de arrendamiento de vivienda **con sujeción a [5]** los siguientes pactos.

PACTOS:

Primero: **OBJETO**

Doña Laura Martín cede en arrendamiento a Don Luís Torras el piso situado en la dirección antes mencionada que el arrendatario podrá usar a partir de hoy, directamente, destinándolo exclusivamente como vivienda, con prohibición **expresa [6]**, de destinarlo a cualquier otro uso.

Segundo: **NATURALEZA JURÍDICA**

El contrato se **otorga [7]** según lo establecido en el Real Decreto-Ley 2/1985 de 30 de abril, y se **regirá [8]** por la **vigente [9]** Ley de Arrendamientos Urbanos[7], con excepción de su normativa sobre **prórroga [10]** forzosa.

Tercero: **DURACIÓN**

El contrato, **cuyos efectos se iniciarán [11]** en el día de hoy, tendrá una duración comprendida entre fecha de hoy y el 31 de diciembre del 2017.

---

4 El CIF es el código de identificación fiscal mediante el cual todos los individuos españoles son identificados por parte de la agencia tributaria que recibe los impuestos.

5 Abreviación de *calle*

6 El símbolo *nº* significa *número* y es el equivalente al signo de libra en inglés (*#*) cuando éste se refiere al número de apartamento o vivienda. Los pequeños símbolos después del 1 y del 2 se refieren al número ordinal, primer piso/*first floor* y seg*unda* puerta/*second door*, respectivamente. En España la identificación de los apartamentos no se rige por números que siguen una continuidad básica sino que cada apartamento se identifica según su ubicación en un piso determinado y según el número de puerta de ese piso.

7 Es una ley que proporciona las regulaciones bajo las cuales se alquilan inmuebles como destino de vivienda u otros usos.

No obstante, el contrato podrá prorrogarse, si las dos **partes [12]**, llegado el momento, están de acuerdo, bien en las mismas condiciones, o variando las que consideren oportunas.

Cuarto: **PRECIO**

El arrendatario pagará por adelantado un depósito equivalente a dos meses de alquiler el primer día de contrato, además del primer mes de éste. Es decir, el arrendatario tendrá que **hacer efectivo [13]** al firmar este contrato una cantidad de 1800 euros. El depósito de 1200 euros será destinado a subsidiar posibles desperfectos que el inquilino haya podido causar en la vivienda y le serán reembolsados al final del contrato si la vivienda se entrega en perfectas condiciones.

La renta que **abonará [14]** el arrendatario al arrendador será de 600 euros al mes durante el primer año, es decir, hasta el 1 de marzo del 2017. A partir de entonces, la renta se incrementará según el índice de *Precios al Consumo*[8] del año anterior. Esta revisión será anual, y cada revisión se realizará sobre la última renta **actualizada [15]**.

Además, el arrendatario **viene obligado [16]** al pago de la **cuota ordinaria [17]** de los **gastos de comunidad [18]**, que en el 2015 fue de 100 euros al año, así como el 100% del **importe de las obras [19]** de reparación que realice la propiedad en la vivienda arrendada si el **causante [20]** de esta reparación fuera el inquilino y no pudiera ser cubierto por el depósito.

Los servicios de agua, gas, electricidad y teléfono serán **de cuenta [21]** del inquilino. El inquilino debe **domiciliar los pagos [22]** a la compañía correspondiente de electricidad, agua, etc... El propietario podrá adelantar el pago de una cuota el primer mes, que el inquilino deberá **reintegrarle [23]** puntualmente al inicio del pago del segundo mes.

El pago de la renta así como de los demás conceptos se realizará por adelantado, dentro de los primeros cinco días de cada mes, en el domicilio **actual [24]** del arrendador u oficina de trabajo, o en el lugar que de mutuo acuerdo **dispongan [25]** ambos.

Quinto: **ENTREGA DE BIENES Y GARANTÍAS**

El arrendatario recibe la vivienda en perfecto estado, y en igual estado habrá de devolverla cuando **expire [26]** el contrato.

Al estar la finca bajo estudio de posible fatiga de materiales, dada en llamar *aluminosis,*[9] de lo cual **es conocedor [27]** el inquilino, éste se obligue a

---

8   El Índice de Precios al Consumo es un indicador mediante el cual se mide la media del costo de servicios y bienes que consume la población residente en viviendas familiares en España.

9   La aluminosis es una condición en la que el hormigón o cemento de los edificios viejos pierde sus propiedades y se hace más poroso y menos resistente. Es muy común en edificios que se encuentran expuestos a humedad a causa de encontrarse en zonas marítimas, o por filtraciones o fisuras en los edificios, lo que permite el contacto del agua con el cemento. También, edificios situados en zonas industriales son más propensos a tener aluminosis a través del contacto con productos químicos que alteran la composición de la estructura del cemento. A todo esto podemos agregar la antigüedad que poseen muchos edificios y casas en España, enfoque geográfico en este capítulo.

permitir la entrada y el examen de los técnicos responsables para el estudio y/o reparaciones necesarias.

Sexto: **OBLIGACIONES DEL ARRENDATARIO**

Sin previo aviso del arrendador, se prohíbe **expresamente [28]** la realización de **obras [29]** y la modificación de las instalaciones; tener en el piso arrendado animales, materiales inflamables, explosivos o antihigiénicos, el **subarriendo [30]**, la **tenencia de huéspedes [31]**, la colocación en **fachadas [32]** o ventanas de anuncios u otros elementos que alteren o modifiquen la uniformidad o estética del edificio; la instalación de motores y máquinas y la transformación de la vivienda en local de negocio.Séptimo: **EXTINCIÓN   DEL CONTRATO**

El contrato se **extinguirá [33]** por cualquiera de las causas siguientes:
a) El **transcurso [34]** del plazo acordado.
b) La falta de pago de la **renta [35]** y demás conceptos mencionados en la **cuantía [36]**, plazos y condiciones regulados en el pacto CUARTO.
c) El incumplimiento de alguna de las obligaciones que este contrato atribuye al arrendatario. El arrendador otorgará un plazo de gracia **improrrogable [37]** de **treinta días naturales [38]** al arrendatario para que éste cumpla la obligación **infringida [39]** o repare las consecuencias de la misma. Transcurrido este plazo sin haber accedido al requerimiento, quedará automáticamente **resuelto y sin efecto [40]** el contrato.

Octavo: **GASTOS POR INCUMPLIMIENTO**
Los gastos **de todo orden [41]**, judiciales y extrajudiciales, que se produzcan como consecuencia del incumplimiento de este contrato, serán **a cargo [42]** de la **parte infractora [43]** según el resultado de la **sentencia judicial [44]** que en su caso se dictare, incluyéndose los **honorarios [45]** de abogados y **procuradores [46]** de ambas partes, aunque su intervención no fuere **preceptiva [47]** y en la sentencia no se hiciere expresa **condena de costos [48]**.

Noveno: **JURISDICCIÓN**

Ambas partes se someten a la jurisdicción y competencia de los **juzgados [49]** a que corresponda esta localidad.
Y en prueba de conformidad, firman a continuación, **por duplicado [50]** y a un solo efecto, en la fecha y lugar mencionados al principio.

Barcelona, 1 de marzo de 2016,

Arrendador

_____

Arrendatario

_____

[28] Specifically
[29] Construction work
[30] Sublease
[31] To have tenants or lodgers
[32] Facade or front of a building
[33] Will terminate
[34] The completion of
[35] Rent
[36] Amount
[37] Not extendable
[38] 30 calendar days
[39] Transgressed
[40] Terminated/Voided and has no effect
[41] Of all sort
[42] At expense
[43] Offending party
[44] Judicial sentence/Judicial ruling
[45] Fees
[46] Prosecutor lawyer
[47] Mandatory
[48] Legal fees/Court fees
[49] Courts
[50] In duplicate

A). Cierto o falso. Escribe una *C* o una *F* al lado de cada afirmación.

_____ 1. El contrato consiste de 12 partes.

_____ 2. El arrendatario es la persona que paga una renta para vivir en el piso.

_____ 3. Los pactos son las reglas que ambos arrendador y arrendatario acuerdan seguir.

_____ 4. El arrendatario puede hacer lo que quiera en la vivienda, siempre y cuando no viole el Real Decreto-Ley 2/1985 del 30 de abril, según Ley de Arrendamientos Urbanos.

_____ 5. La renta se incrementará de acuerdo al índice de *Precios al Consumo.*

_____ 6. Es permitido realizar obras o modificaciones siempre y cuando sean de buen gusto.

_____ 7. Los gastos de todo orden, judiciales y extrajudiciales, que se produzcan como consecuencia del incumplimiento de este contrato, serán a cargo de la parte *infractora*.

 B).¿Comprendiste? Contesta con un compañero las preguntas basadas en el contrato de arrendamiento que acabas de leer más arriba.

1. ¿Cuáles son las partes involucradas?
2. ¿Qué intercambio se está produciendo?
3. ¿Cuál es el precio mensual del producto adquirido?
4. ¿Cómo y cuándo se produce ese pago?
5. ¿Qué tipo de relación tienen las dos partes?
6. ¿Qué ocurre si el arrendatario infringe (rompe) el contrato?
7. ¿Cuáles son las circunstancias bajo las cuales se rescinde (termina) el contrato?
8. ¿Qué cosas no puede hacer el arrendatario a la vivienda o con la vivienda?
9. ¿Quién es responsable del pago de la luz y agua?
10. ¿Qué significa "la parte infractora" y "obligación infringida" en lo que se refiere al cumplimiento de un contrato?
11. ¿Qué es lo que debe permitir el arrendatario al arrendador en cuanto a la vivienda y a la reparación de ésta?

 C). Para dialogar. En pares discutan sobre su experiencia con contratos de arrendamiento contestando estas preguntas. Luego compartan con toda la clase.

1. ¿Has firmado un contrato de este tipo en tu país?
2. ¿Cuáles son las normas para arrendar en tu país o ciudad?
3. ¿De qué forma tu experiencia en este tema ha sido similar o diferente de lo que acabas de leer en la lectura del contrato de arrendamiento?

4. ¿Te parece que son justas las normas del contrato de arrendamiento que acabas de leer tanto para el arrendatario como para el arrendador?

¡A ESCRIBIR Y A CONVERSAR!

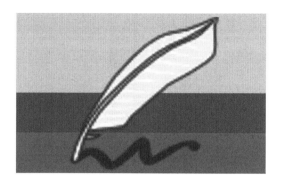 

  A). Escribe y comparte. Aquí tienes varias situaciones. Escribe sobre alguna de ellas y después comparte con la clase.

1."*Alicia en la casa de las maravillas*". ¿Cómo es tu casa perfecta? ¿Qué tendrías en ella? ¿Cómo sería de grande? ¿Cuántas habitaciones tendría? ¿En qué ciudad, estado o país sería?	**2. *La casa de los famosos*.** ¿Cómo son las casas de Britney Spears, Kim Kardashian o Angelina Jolie? Busca en el internet fotos de tu actor o personalidad favorita y descríbela. ¿Cuánto crees que vale esta casa? ¿Por qué crees que los famosos gastan tanto dinero en casas? ¿Cuáles son las características de las casas de actores o personalidades favoritas?
3. *Cuando era pequeño*. Piensa en la casa donde creciste, o la casa de alguien muy querido cuando eras pequeño. ¿Con qué frecuencia ibas a este lugar? ¿Qué emociones te inspira ahora pensar en esa casa o lugar? ¿Por qué este lugar era importante? ¿Cómo era? ¿Quién vivía allí? ¿Aún vas allí? Escribe alguna historia o anécdota que viviste allí. Después de haber escrito un ensayo, compártelo con un compañero.	**4. *Mi experiencia en el extranjero*.** Has vivido en el extranjero? ¿Has viajado de vacaciones al extranjero? ¿Conoces la situación de vivienda en otros países? ¿Qué diferencias hay entre la vivienda en el país donde viviste por un tiempo y la vivienda en el país dónde vives ahora o de dónde eres?

<table>
<tr>
<td>

5. *Donde vivo ahora.* ¿Cómo es la situación de vivienda en tu ciudad natal o en la ciudad donde vives?¿Es una ciudad universitaria o no lo es? ¿Es fácil encontrar apartamento o es difícil? Explica brevemente tu situación personal de vivienda. ¿En cuántos apartamentos o casas has vivido en tu vida? ¿Cómo has encontrado estos apartamentos? ¿Con quién has compartido vivienda? ¿Cómo era tu vivienda? ¿Cómo era la casa o lugar donde creciste? ¿En qué ciudad o pueblo creciste?

</td>
<td>

</td>
</tr>
</table>

NOTICIAS DEL DÍA

LAS CASAS NO PASAN EL TEST ENERGÉTICO[10]

 Aquí tienes una lectura basada en una noticia sobre la vivienda en España que fue publicada en *El País*, uno de los periódicos más conocidos de España. Léela, contesta las preguntas, y comenta tu opinión.

La mayoría de viviendas en venta o alquiler en España gastan mucha energía, lo cual significa que son ineficientes desde el punto de vista energético. Una nueva medida implementada por ley a partir del año 2013 requiere que todas las viviendas en venta o en alquiler deben especificar tal información energética, lo que se mide con una escala de la A hasta la G, donde A sería muy eficiente y G muy poco; es decir, donde esa vivienda gastaría poca energía o mucha respectivamente.

Esta nueva ley tiene su origen en una directiva europea que se implementa a todos los países que conforman la Unión. No solo se mide la energía consumida sino también las emisiones del combustible al medio ambiente.

El primer reporte realizado sobre el gasto energético ha revelado que el **grueso [1]** de las casas certificadas en España está en la parte baja de la escala: el 45% son E y el 28% son G, según los datos del *Instituto para la Diversificación y Ahorro de la Energía (IDAE)*. Las viviendas que caen en las categorías de A, B y C apenas **comprenden [2]** el 4,3% de todas las viviendas. Es decir, que solo hay un 4.3% de casas o viviendas eficientes energéticamente.

Después de más de un año con esta ley, los compradores e inquilinos siguen sin comprender la utilidad de esta escala energética, que ven como un gasto más y no

[1] El mayor número, la mayoría

[2] Abarcan/Son parte de

10   López, Letón. "Casas con suspenso en eficiencia energética" *El País. Vivienda* .25 enero, 2015. Web. http://economia.elpais.com/economia/2015/01/23/vivienda/1422015241_945341.html

[3] Darse cuenta/Hacer creer a la gente de algo

[4] Lugar donde está la casa

[5] Aparatos eléctricos

[6] Sellar los marcos de las ventanas

[7] Calentador del agua

[8] Cortinas de material rígido para no dejar pasar la luz

[9] Especie de ventana dentro de la ventana

como un ahorro energético y económico. Para mucha gente que busca comprar una casa o alquilarla, la eficiencia energética no es un elemento decisivo aún. Se cree que con el tiempo esto va a cambiar, aunque va a tomar tiempo **concienciar [3]** a la gente de la importancia no solo del medio ambiente sino también de unas ventajas para ellos mismos cuando compran una vivienda. Por ahora, cuando la gente compra o alquila, solo se pregunta el precio del piso o vivienda, y otros parámetros como **ubicación [4]**, gastos en remodelaciones, y cosas de este tipo.

Por poner un ejemplo en cuanto al gasto energético, una vivienda de 100 metros cuadrados[11] con letra E consume en energía 1.010 euros anuales. La diferencia en términos económicos entre una vivienda con una G y una con una E puede llegar a ser de hasta 1000 euros al año en gastos energéticos. Lo que hace que se gaste más energía es el uso de **dispositivos eléctricos [5]**, pero hay otros factores que conllevan gasto energético como la ineficiencia en el **aislamiento [6]** de las ventanas o el uso de una **caldera [7]** vieja.

Si el resultado del examen energético es negativo, deben hacerse remodelaciones en la vivienda que ayudarían a reducir el costo de energía mensual. Una manera económica de hacer esto es empezar con aislamiento de ventanas, **persianas [8]** y **contraventanas [9]**.

En definitiva, la gente está solo empezando a ver las ventajas de una vivienda energéticamente eficiente a la hora de la compra, pero seguro que con el tiempo y las políticas medio ambientales, todos nos vamos a concienciar más de la importancia de ello.

 A). ¿Comprendiste? Contesta las preguntas basadas en la lectura que acabas de leer con un compañero y luego compartan con el resto de la clase.

1. ¿Cuál es la idea del artículo?
2. ¿Cuál es la nueva clasificación de las viviendas?
3. ¿Cómo quedan clasificadas la mayoría de las viviendas según estudios estadísticos realizados?
4. ¿Cómo reacciona la gente ante tal clasificación?
5. ¿Cómo esta clasificación ha modificado el mercado inmobiliario? Es decir, ¿cómo esta clasificación ha cambiado los diferentes factores de importancia cuando la gente compra casa?
6. ¿Cuál es una manera para ahorrar energía en una vivienda?

---

11 100 metros cuadrados equivale a unos mil setenta y siete pies cuadrados (1,077 square foot).

B). Para profundizar. En pares discutan las siguientes preguntas y luego compartan con la clase.

1. ¿Por qué crees que el gobierno español ha lanzado esta nueva clasificación de las viviendas? ¿Con qué propósito? ¿Qué conoces sobre España y sus recursos energéticos?
2. ¿Qué crees que va a hacer tomar concienciar (*to raise awareness*) en la gente de la importancia de ahorrar energía? ¿Cómo se puede concienciar a la gente?
3. ¿Crees que esto es un problema solo de España? ¿Existe este problema energético en tu país?

CONEXIÓN PROFESIONAL

 En esta lectura vas a aprender sobre el trabajo de un agente inmobiliario. Léela y contesta las preguntas que siguen después:

Entrevistador: ¿Cuáles son las cualidades personales que debe tener un agente de bienes y raíces?

Agente: Ésta es una pregunta excelente. Primero, mucho carisma, es decir, debe poder hacerle entender al cliente que usted se identifica con él en la compra de su vivienda, o sea, que ambos tienen el mismo interés en que esa transacción comercial se produzca de una forma exitosa.

Segundo, ser un buen psicólogo y saber escuchar a su cliente para ayudarle a tomar una decisión correcta.

Tercero, tener habilidades comunicativas excelentes para saber explicar a sus cliente los riesgos, los beneficios, en definitiva, las opciones del comprador.

Cuarto, tener una buena personalidad. Ser amable, simpático y honesto o perdería la confianza de su cliente…y si les hace reír de vez en cuando, aún mejor. Piense que es un momento de mucho impacto económico para esa persona y un chiste a veces resuelve el estrés de la situación.

Entrevistador: ¿Qué otros aspectos son importantes para ser un buen profesional de bienes y raíces?

Agente: Debe estudiar el terreno. Es decir, debe examinar la zona donde va a estar trabajando. ¿Es una zona en la que ya hay otros negocios que ofrezcan los mismos servicios que usted ofrece? Entonces, lo va a tener difícil. Pero si no hay un mercado ya establecido, puede ganar mucho dinero.

Entrevistador: En casi todo el mundo laboral los contactos son importantes. ¿Cómo de importantes son los contactos en esta profesión?

Agente: Claro, también aquí son importantes. Los contactos pueden ofrecerle ideas sobre dónde operar pero sobre todo, pueden ponerle en contacto con clientes que no hubiera tenido sin esos contactos. No obstante, piense que los mejores contactos son unos clientes satisfechos que dan la voz a otros clientes potenciales sobre los servicios que usted ofrece.

Entrevistador: Entonces, ¿la publicidad no es importante?

Agente:	Bueno, es importante pero sin caer en líneas publicitarias exageradas o repetitivas. Y obviamente, cuánta más originalidad, mejor. Una publicidad atractiva pero sin exageraciones sería la fórmula ideal.
Entrevistador:	Finalmente, ¿cree que el cliente hispano es igual que el cliente estadounidense o de otro país? ¿Quiere lo mismo? ¿Es el proceso de compra-venta el mismo?
Agente:	Yo creo que el cliente hispano busca una relación con el agente de ventas de la misma manera que se establece una relación con el peluquero, el médico, el carnicero....hay más conocimiento personal sin dejar de ser una relación profesional/comercial. Además, esta relación es siempre mucho más estrecha cuando el agente puede hablar el idioma del cliente. El cliente hispano agradece mucho el encontrar un profesional que le pueda contestar las preguntas que tiene en su idioma, aunque entienda el inglés. Se trata de nuestro dinero y queremos hablar de cosas importantes en nuestro idioma.

 A). Para dialogar. En pares discutan las siguientes preguntas y luego compartan con la clase.

1. ¿Has pensado alguna vez en ser agente de bienes y raíces?
2. ¿Crees que hay algo más que se pueda añadir a lo que dice el agente de ventas sobre cómo ser el perfecto profesional inmobiliario?
3. ¿Qué similitudes tiene todo esto con cualquier trabajo profesional?
4. ¿Por qué crees que es tan importante hablar el idioma del cliente en esta profesión o en otra, pero específicamente en ésta?
5. ¿Crees que el cliente hispano busca lo mismo que un cliente de otro país en este ámbito de bienes y raíces o en otro? ¿Puedes citar ejemplos?

RELATIVIDAD CULTURAL

 Aquí tienes una lectura sobre cómo algunas diferencias culturales en la profesión de bienes y raíces. Léela y completa las actividades a continuación.

EL MUNDO PROFESIONAL DE UN AGENTE DE BIENES Y RAÍCES

¿Por qué quieres ser agente de bienes y raíces? Si lo primero que te salta a la mente es porque **"se gana un dineral" [1],** no eres el único, ésa es la percepción de la mayoría de personas. Pero aunque puede ser cierto que se gana muy bien cuando se tiene éxito en la profesión, también es cierto que requiere mucho esfuerzo, dedicación y sacrificio lograrlo.

[1] To make a lot of money

Es más, los primeros años de trabajo en este campo, el ingreso es considerado bajo, e incluso en los primeros meses en muchas ocasiones ni siquiera se recibe ingreso y se tiene que invertir en costos de educación y de publicidad.

Ten presente que la mayoría de estos profesionales lo que cobran es comisión, lo que es similar a otras profesiones de venta, y salvo muy pocas excepciones, se tiene salario fijo. A mayor volumen de ventas, mayor ingreso, y si no hay ventas... tampoco hay ingreso.

Debes evaluar si tienes las características que se necesitan para ser un buen agente, como por ejemplo, disciplina, paciencia, honestidad, capacidad para trabajar por tu cuenta y vocación de servicio al cliente. Estas son algunas de las principales características de un buen agente pero también tienes que ser perseverante, **tener confianza en ti mismo [2]**, capacidad para aprender nuevas estrategias y estar continuamente aprendiendo. En ésta, como en otras profesiones nunca se termina de aprender.

Otro punto importante es que tienes que saber usar o estar dispuesto a aprender sobre tecnología. El agente moderno debe saber utilizarla a toda capacidad. Las operaciones o transacciones, seminarios y comunicación con los clientes se hacen mayormente por computadora.

Otro punto importante para decidir si estás hecho para ser agente de bienes y raíces o no es pensar en el tiempo que le puedes dedicar. Aunque se recomienda lo contrario, muchos agentes de bienes raíces tienen que tener otro empleo, al menos al principio de sus carreras para subsistir económicamente hasta que empiezan a recibir ingresos.

Mientras estás estudiando el curso para ser un agente inmobiliario y obtienes la licencia, ahorrar al menos el equivalente a tres meses de ingresos para dedicarte de lleno a la nueva profesión es importante. De esa manera puedes cubrir tus gastos y no **sucumbir [3]** a las presiones económicas que son responsables muchas veces de que no te puedas dedicar a tiempo completo a este trabajao. Ten presente que cuando estés trabajando como agente tendrás horario flexible pero con muchos días intensos incluyendo trabajo fines de semana y feriados.

[2] To have confidence in oneself

[3] To give in

[4] To accommodate

[5] Reluctance

LAS CONEXIONES PROFESIONALES-CULTURALES CON EL CLIENTE HISPANO

Como puedes ver, hay muchas cosas que debes saber si quieres ser agente de ventas en bienes y raíces pero también hay cosas que debes saber sobre aspectos de la cultura hispana que afectan este tipo de trabajo, tanto si trabajas con clientes de habla hispana en sus países de origen como en otros países donde éstos emigran.

Al tratar de buscar estas conexiones entre la cultura y la vivienda es importante mencionar que para el hispano, la vivienda es una expresión de la importancia de la familia. La familia extensa es aún un aspecto muy importante en la cultura diaria de este individuo, y por tanto, las viviendas tienen que estar adecuadas para ello, deben ser suficientemente grandes para **albergar [4]** no solo a la familia nuclear, sino también a otros miembros de la familia extensa. No obstante, cuando una familia no puede permitirse la compra de una vivienda grande, eso no es motivo por el que se producen menos visitas de familiares a la casa.

Otro aspecto cultural muy importante es la **reticencia [5]** en la cultura hispana a mudarse a menos que sea por un proyecto de emigración que se lleva a cabo normalmente por necesidad económica. No obstante, esto está cambiando, especialmente en las generaciones de jóvenes que no se lo piensan dos veces lo de emigrar a otros países. Por tanto, las generaciones más maduras, y con más dificultades para empezar de nuevo en otro país, aún intentan mantener su vivienda en la ciudad donde han nacido mientras que los más jóvenes emigran más fácilmente. Aún para las generaciones más mayores, la norma es haber vivido en la casa de los padres y después en la casa propia al formar su propia familia. Por esta razón, la casa tiene un valor sentimental muy grande al haberse vivido tantas memorias en ella.

Los hispanos que emigran a otros países, traen muchas de sus costumbres de sus países al nuevo país, pero a la vez, se adaptan a las costumbres culturales de éste. De esta forma, es frecuente ver en este nuevo país abuelos viviendo con los hijos en una misma casa, especialmente dadas ciertas condiciones migratorias en las que todos deben ayudarse para salir adelante, pero también es frecuente ver la costumbre del cambio de casas o del desplazamiento por razones laborales.

La vivienda es, en definitiva, una expresión de unos valores culturales que queda ejemplificado tanto en el tamaño de la casa, como en las relaciones familiares que tienen lugar en esa casa.

 A). Para dialogar. En pares discutan las siguientes preguntas y luego compartan con la clase.

1. ¿Cuáles son algunos aspectos profesionales del trabajo de agente de ventas en bienes y raíces?

2. ¿Cómo se comparan estos factores profesionales a los del país donde has crecido?

3. ¿Cuáles crees que son los factores culturales que afectan la compra/venta de vivienda en tu país?

4. ¿Por qué crees que la familia extensiva es algo tan importante en Latinoamérica y cómo crees que afecta la decisión de compra/venta de una familia? ¿Es lo mismo en tu país?

5. ¿Cuáles crees que son algunos factores que el profesional de bienes y raíces en EEUU tendría que saber sobre sus clientes hispanos?

¡A TRADUCIR!

En el primer capítulo podías encontrar unas recomendaciones para traducir. Aquí repasamos algunas de esas recomendaciones y añadimos otras. Léelas y aplícalas a las actividades de práctica.

Traducir no es tarea fácil pero siempre puedes seguir los consejos de un experto. Aquí tienes unas recomendaciones profesionales para traducir un texto.[12]

1. **Lee todo el texto que tienes que traducir**. Es importante subrayar o anotar palabras que no se conocen, expresiones, verbos, conjugaciones, etc…

2. **Consulta y busca** todas esas palabras, expresiones, verbos, etc… que no se conozcan. Puedes usar diccionarios tanto impresos como en línea. También puedes buscar vocabulario específico, de una jerga específica (ejemplo: vocabulario médico). Dos ejemplos de vocabularios en línea son: www.wordreference.com y www.linguee.es

3. **Elabora un primer borrador**. Lee cada frase después de haberla traducido y vuelve a esa misma frase en el texto de origen. ¿Es lo mismo? ¿Dice lo mismo? No te preocupes mucho durante esta etapa por traducir perfectamente sin errores.

4. **Revisa, haz cambios y decide**. En esta etapa debes releer el primer borrador así como el texto de origen con el objetivo de comprobar que el significado es el mismo. También debes decidir sobre qué palabras, expresiones, conjugaciones, etc… escoger entre varias opciones para hacer la traducción lo más precisa posible.

5. **Incorpora los cambios y termina la traducción**. Lee la versión final de la traducción (no el texto de origen) enfocándote en la gramática y ortografía (*spelling*). La pregunta que tienes que hacerte es: ¿Te suena extraña la traducción o es exactamente lo que el texto de origen transmitía?

---

12 Esta información está basada en los consejos de un experto en la traducción, Juan David Gutiérrez y en sus consejos sobre cómo traducir, que se pueden encontrar en *Cómo traducir un texto. Guía para principiantes*.<http://traduccion.about.com/od/introduccionalatraduccion/a/Como-Traducir-Un-Texto-Guia-Para-Principiantes.htm>.

A estos cinco consejos podríamos añadir otros muy importantes: una traducción nunca es palabra por palabra. Así pues, no traduzcas palabras sino significados. A veces la traducción literal palabra por palabra ofrece el mismo significado, pero otras veces una palabra o expresión no puede traducirse literalmente porque el significado no sería el mismo. En este caso deben usarse palabras o expresiones equivalentes en el otro idioma. Otras veces, existe lo que ya conoces como *cognados*, palabras similares en dos idiomas diferentes pero que se pueden usar en contextos diferentes. Por eso, después de traducir, debes preguntarte si el significado es el mismo.

 A). Traduce del inglés al español. Eres un profesional de bienes y raíces y te estás preparando para trabajar como agente de ventas. Como hay muchos hispanos en la zona donde resides, has decidido enviar a gente de esta comunidad un panfleto publicitario para conseguir más clientes. Traduce este panfleto del inglés al español.

We are the best Real Estate franchise network in Spain

More than 70 agencies and 800 Associate Agents.

When buying your new apartment or selling your house, trust in the REAL ESTATE BEST PROPERTY professionals who day after day offer the most professional real estate service in the business and who have made REAL ESTATE BEST PROPERTY the Best Company to Work For in 2015.

Whether buying a new home or starting a new business, REAL ESTATE BEST PROPERTY is the solution you are looking for!
http://www.realestatebestproperty.es

B). Traduce del español al inglés. Aquí tienes una noticia que leíste en el periódico y un colega te pide que la traduzcas para una clientela (*clientele*) estadounidense en España.

EL PERIÓDICO DEL DÍA
4 de enero, 2016. Sección Vivienda
"España, paraíso de los jubilados"

España siempre se ha considerado como un paraíso para la gente mayor jubilada. El buen clima, el cambio favorable de moneda y un nivel de vida más o menos asequible para mayores que vienen de países ricos, hace de España un país ideal para jubilarse. No obstante, hay otras razones por las que hay muchos jubilados en España. Por ejemplo, un sistema sanitario excelente y accesibilidad a cualquier producto que uno quiera. Las zonas donde hay más jubilados extranjeros son el sur de España por su estilo de vida tranquilo, los suaves inviernos y la excelente cocina andaluza. También Barcelona y en general toda la costa del Mediterráneo concentra muchos jubilados extranjeros. Entre las nacionalidades más destacadas figuran Alemania, Reino Unido, Suecia y Noruega por sus fríos inviernos. La jubilación extranjera afincada en nuestro país supone una fuente de ingreso nada despreciable, al mismo tiempo que aporta nuevas culturas al panorama español.

¡A ACTUAR!: MODALIDADES DE VIVIENDA

Paso 1: Elijan una situación y estructuren el diálogo en grupos de dos. Imagínate que eres el guionista (*script writer*) de un documental y te han encargado el guion para las siguientes situaciones. Léelas, piensa y anota sobre qué puntos vas a desarrollar la conversación antes de escribir (ejemplo: preguntas sobre el apartamento, preguntas sobre el barrio, preguntas sobre el crédito del inquilino, preguntas sobre el historial inmobiliario de un inquilino, etc...). Ahora haz lo mismo con los otros otros escenarios que se proponen a continuación.

1. *Buscando una vivienda*

Acabas de llegar a España para pasar un año y poder practicar la lengua y te diriges a casa de tu amigo para alojarte en su casa. Éste te dice que su novia va a ir a vivir con él y que no puedes quedarte muchos días. De repente, te das cuenta que tienes que buscar una vivienda. Lees el periódico para ver los anuncios de viviendas y empiezas a buscar pisos para compartir. Finalmente encuentras uno y llamas por teléfono para hacer todas las preguntas necesarias: costo del alquiler, depósito, nivel de seguridad en el barrio, transportes públicos, si viene equipado con muebles, si hay bichos, etc...

3. *Dándote de alta de los servicios*

Ya estás alojado en tu piso. Ahora necesitas darte de alta de servicios como electricidad, agua e internet. Llama por teléfono a las compañías respectivas para tener estos servicios. Ellos te van a hacer las preguntas básicas para establecer identidad y te van a preguntar para cuándo necesitas el servicio. Tú les vas a preguntar si tienes que pagar un depósito y cuánto más o menos se paga al mes en el piso donde estás viviendo. Para internet y televisión por cable vas a tener que preguntar sobre diferentes planes. Ellos te van a preguntar la velocidad del internet que deseas y te van a ofrecer un plan combinado de internet y teléfono en la casa o de internet/teléfono/TV de pago. Decide qué opción necesitas.

2. *Entendiendo el contrato de arrendamiento*

Ya has encontrado el piso donde te vas a quedar por un año. Ahora tienes que reunirte con tu casero (arrendador) para firmar el contrato de arrendamiento. Antes de firmar éste, tienes preguntas de último minuto. Pregúntale al casero qué significan ciertas cosas que lees en el contrato que no entiendes. Pregúntale sobre la fecha de pago del depósito, qué día del mes se considera pago tardío, cómo prefiere que pagues tu alquiler, cómo tienes que darte de alta de electricidad, agua e internet, etc...

4. *Comprando una casa*

Después de un año en España, tus padres te dicen que se quieren mudar a España para estar cerca de ti. Contacta con un agente de bienes y raíces y descríbele la casa de tus sueños. El agente te va a hacer preguntas para poder encontrar la casa ideal según zona geográfica, precio casa e hipoteca, número de habitaciones, baños, garaje, etc... Después de unos días te reúnes con el agente, el cual te enseña muchas fotos con diferentes casas. Hagan el rol de agente y de comprador y encuentren la casa ideal.

Paso 2: Escriban toda la clase. Después de haber escrito los puntos más importantes de la conversación, vamos a escribir toda la clase un guion modelo. Tu profesora lo va a escribir en la computadora en clase y lo va a proyectar para que todos lo puedan ver a medida que toda la clase contribuye con comentarios mientras se escribe. Tomen turnos para escribir. Cada estudiante debe continuar el diálogo sobre lo que la persona anterior dijo.

 Paso 3: Actúen. Ahora el profesor o profesora va a elegir algunos estudiantes en la clase para representar todas estas situaciones que prepararon en los **Pasos 1 y 2**. Tu profesora va a filmar las actuaciones para ver lo bien que lo hicieron. Los estudiantes espectadores deben anotar qué cosas creen que hicieron bien los actores estudiantes y qué cosas no se preguntaron o se dejaron fuera que se podrían haber incluido.

 Paso 4: Comenten y critiquen. Las actuaciones fueron muy buenas pero siempre se pueden mejorar. Hagan comentarios constructivos toda la clase sobre puntos positivos y puntos que se podrían mejorar. No olviden argumentar sus comentarios.

CAPÍTULO 6

Informática y tecnología

El ordenador nació para resolver problemas que antes no existían"

Bill Gates

¿Qué te parece esta cita? ¿Quién es Bill Gates? ¿De qué problemas está hablando? ¿Estás de acuerdo con esta afirmación? ¿Te imaginas un mundo sin tecnología y en específico, sin computadores?

LECTURA CULTURAL

EL ROBO DE IDENTIDAD EN ARGENTINA[1]

El robo de identidad es un nuevo fenómeno cada vez más común. Lee esta lectura y completa las actividades que siguen.

---

1 Parte de la información de este texto fue extraída de: "En Argentina hay unos 27 delitos diarios por robo de identidad." *Diario popular.* Sección Policiales publicado el 12 de agosto del 2012. http://www.diariopopular.com.ar/notas/126188-en-argentina-hay-unos-27-delitos-diarios-robo-identidad

El robo de identidad es el robo de datos personales de un ciudadano como datos bancarios o número de identificación, para cometer delitos. El robo de la información puede ser personal (robo de la **cartera [1]** con datos importantes dentro) pero hoy día está ocurriendo de una forma más **sutil [2]**, por medios informáticos mediante ingeniería social o software malicioso que **adivina [3]** contraseñas y permite acceder a cuentas bancarias por ejemplo.

El robo de identidad tiene consecuencias de tipo emocional, ya que la reputación económica del ciudadano **está en juego [4]**, aparte de que puede causar grandes pérdidas económicas para éste. Algunas de las cosas que los ladrones hacen es realizar compras, solicitar préstamos, abrir cuentas bancarias o tarjetas de créditos, contratar servicios o manipular cuentas bancarias mediante la transferencia electrónica de nuestro dinero hacia otras cuentas. Muchas víctimas del robo de identidad están sufriendo consecuencias muy serias como tener la reputación económica comprometida, no calificar para el **otorgamiento [5]** de créditos, la imposibilidad de abrir cuentas bancarias, confiscación del sueldo y la imposibilidad de obtener nuevos trabajos. A la persona que debe dinero en instituciones públicas, sea por robo de identidad o no, se la llama **morosa [6]**. El robo de identidad es algo que está afectando a toda la sociedad sin importar edad, nivel adquisitivo o clase social.

Los ladrones de identidad se **apropian [7]** de los datos de la víctima, y pueden desde robar dinero de sus cuentas, hasta solicitar préstamos, o comprar artículos, entre otras cosas.

En los Estados Unidos, prácticamente no hay ciudadanos que no contraten pólizas de seguros para protegerse del robo de identidad, pero en Argentina no existe aún una "cultura" de **concienciación [8]** con respecto a este delito. La gente no está informada y no cree que les pueda pasar a ellos aunque sea un delito que está creciendo de forma alarmante. No obstante, en EEUU, la gente toma medidas muy sencillas pero eficaces como cambiar la contraseña de las cuentas bancarias en línea periódicamente. Es algo muy sencillo pero eficaz. Además, la gente normalmente no lleva su seguro social en la cartera.

[1] Wallet
[2] Subtle
[3] Guess
[4] Is at stake
[5] Granting
[6] Defaulting debtor
[7] Appropriate/Take over
[8] Awareness

En Argentina la gente contrata servicios de seguros en caso de ser robados a la salida de **cajeros automáticos [9]** (no en EEUU) debido a un problema de toda la vida con la inseguridad ciudadana, pero no contratan **servicios de cobertura [10]** en caso de ser víctimas de robo de identidad. Es un problema cultural. No obstante, esto está cambiando, cada vez más gente se está dando cuenta que les puede pasar a ellos.

Debido a este creciente problema, se ha iniciado una organización llamada *Identidad Robada*, en la que se alerta a la población sobre el crecimiento de este tipo de delitos. En cada foro, reunión o charla sobre la identidad robada, se está informando a la gente sobre cómo prevenir esta situación al máximo. Por ejemplo, se informa a la gente que ante la pérdida o robo del DNI (Documento Nacional de Identidad), se tiene que hacer una **denuncia policial [11]** pues esta será el comprobante oficial en el momento de reparar cualquier daño económico con las compañías antifraude en caso que el individuo estaba afiliado a una en el momento del delito.

Todos los especialistas en **usurpación de la identidad [12]** están intentando concienciar a la gente en que absolutamente todo el mundo puede ser víctima de este tipo de delito. Todos estamos expuestos a que alguien, haciéndose pasar por nosotros, realice compras, solicite préstamos, abra cuentas bancarias, compre servicios, manipule cuentas bancarias o transfiera electrónicamente nuestro dinero hacia otras cuentas, entre otros delitos.

Hay una cosa segura: en estos momentos hay alguien que está robando la identidad a alguna persona.

 A). ¿Comprendiste? Contesta las preguntas en base a la lectura con un compañero y luego compartan con la clase.

1. ¿Qué es el robo de identidad?
2. ¿Cómo ocurre?
3. ¿Cuáles son algunos de los delitos cometidos por robo de identidad?
4. ¿Cuáles son algunas de las consecuencias para la víctima?
5. ¿Cuáles son algunas de las medidas tomadas en contra de este crimen?
6. ¿Cuál es una diferencia entre el robo de identidad en los EEUU y en Argentina?.

  B). Para profundizar. Comparte con un compañero las respuestas a las siguientes preguntas y luego hagan lo mismo con el resto de la clase.

1. Basado en tu experiencia, ¿cuáles crees que son algunas medidas que se pueden tomar para evitar este problema? ¿Por qué ocurre tanto el robo de identidad?
2. ¿Conoces la historia personal de alguien víctima del robo de identidad? ¿Qué pasó?

3. ¿Cuál crees que es el papel o el rol del sistema judicial en este tipo de robo? ¿Y del gobierno a nivel legislativo para prevenir este tipo de crímenes? En otras palabras, ¿existen suficientes leyes para prevenir este tipo de delitos y sancionar a los autores de estos crímenes?

4. ¿Cuál crees que tendría que ser la pena o sanción para alguien del cual se puede demostrar que ha cometido un robo de identidad?

5. ¿Conoces alguna de las formas cómo se comete el robo de identidad?

VOCABULARIO

COGNADOS	COGNATES
El antivirus	Antivirus
La aplicación	Aplication
La base de datos	Database
El comando/La orden	Command
El computador/La computadora/El ordenador[2]	Computer
La configuración	Configuration
El cursor	Cursor
El icono	Icon
La interfaz	Interface
El malware	Malware
El menú de clic derecho	Right click menu
El modem	Modem
El monitor	Monitor

VERBOS	VERBS
Abrir (archivos)	To open (files)
Activar/Habilitar	To enable
Actualizar	To update/To refresh
Adjuntar/Anexar	To attach
Alinear/Justificar	To justify
Apagar el computador	To turn off/To shut down
Archivar	To file
Arrancar/Iniciar	To boot

VERBOS	VERBS
Arrastrar	To drag
Arrastrar y soltar	To drag and drop
Avanzar/Retroceder	To scroll down/To scroll up
Borrar/Quitar	To clear
Buscar	To search
Cargar/Subir	To load
Cargar (el sistema operativo)	To boot (the operating system)
Cliquear/Clicar/Hacer clic/Pinchar	To click
Cliquear dos veces/Clicar dos veces/Hacer clic dos veces/Pinchar dos veces	To double click
Colgar/Publicar	To post
Colapsar (el computador)	To crash (the computer)
Conectarse (al Internet)	To connect (to the internet)
Configurar	To set up
Copiar y pegar	To copy and paste
Descargar/Bajar del Internet	To download
Descifrar	To descipher
Ejecutar (un programa)	To run (a program)
Emerger	To pop up

---

2 l uso del término *computador o computadora* varía según el dialecto del español. En la mayoría de Latinoamérica se usa "el computador", pero en Colombia y en México por ejemplo, se usa la computadora. Asimismo, en España, se usa el término el *ordenador*.

VERBOS	VERBS
Encender (la computadora)	To turn on (the computer)
Entrar	To log in
Escanear	To scan
Etiquetar (en redes sociales)	To tag (on social websites)
Formatear	To format
Grabar/Anotar	To record
Guardar/Grabar	To save
Deshabilitar	To disable
Hacer copias de seguridad	To backup
Instalar	To install
Minimizar	To minimize
Mostrar	To display
Navegar/Surfear la red (o web)	To surf the Internet (or web)
Personalizar los ajustes	To customize settings
Presionar/Pulsar el botón derecho del ratón	To right click
Reiniciar/Rebutear/ Reanudar	To reboot
Redactar (un correo electrónico)	To compose (an email)
Reenviar/Redirigir	To forward
Registrar/Inscribir	To register
Salir	To exit
Seleccionar (un fragmento de texto)	To highlight
Subrayar	To underline

LA BÚSQUEDA	THE SEARCH
El buscador	Search engine
El campo de búsqueda	Search box
El navegador	Browser
La palabra clave	Key words

EL CORREO	THE MAIL
La bandeja de entrada	Inbox
El buzón	Mailbox
El correo basura	Spam/Junk mail
El correo entrante	Inbox
El destinatario	Recipient
La dirección de correo electrónico	Email address
EL remitente	Sender

LOS DOCUMENTOS	THE DOCUMENTS
El anexo/El docu- mento adjunto	Attachment
El archivo	File
La carpeta/El fichero	Folder

LA COMUNICACIÓN	THE COMMUNICATION
Los blogs	Blogs
El cuadro de diálogo	Dialog box
Los grupos de noticias	Newsgroups
La ventana de diálogo	Dialog window

LA CONEXIÓN A INTERNET	THE INTERNET CONECTION
La conexión remota	Remote dialup
Datos (para el internet del móvil)	Internet data (on the cell phone)
El enlace	Link
El enrutador/El encaminador	Router
Las estaciones de conexión	Internet connection
Inalámbrico (un aparato)	Wireless (a device)

La página de inicio/La pantalla de inicio	Homepage
Las redes de comunicación	Network
La tarifa plana de Internet	Flat rate/Unlimited data

LAS FUNCIONES DE WORD	THE WORD FUNCTIONS
La barra de herramientas	Toolbar
La captura de pantalla	Screenshot
La entrada de datos	Data entry
La fuente	Font
La pestaña	Tab
El portapapeles	Clipboard
EL tabulador	Tab key

ENCENDIENDO Y APAGANDO EL COMPUTADOR	TURNING ON AND OFF THE COMPUTER
En espera	Stand by
El escritorio/El fondo de escritorio	Desktop (interface on the screen)
La expiración de tiempo/El timeout	Timeout
Por defecto	By default
La tarea	Task

LAS PARTES/LOS TIPOS/LOS DISPOSITIVOS DEL COMPUTADOR	COMPUTER PARTS/ TYPES AND DEVICES
El botón de reinicio	Reset button
La cámara de videoconferencia	Webcam
El computador portátil	Laptop
El disco duro	Hard drive
Incorporado	Built-in
Fácil de usar	User friendly

La memoria instan-tánea/La memoria portátil	Flash drive
La pantalla	Screen/Display
La pantalla táctil	Touchscreen
Las prestaciones	Benefits/Services/Features
La ranura	Slot
El ratón	Mouse
El teclado	Keyboard

LOS PROGRAMAS INFORMÁTICOS	COMPUTER PROGRAMS
La hoja de cálculo	Spreadsheet
El menú emergente	Pop-up menu
El menú de visualización	Display menu
El sistema operativo	Operating system
El software	Software
La versión mejorada	Upgraded versión
Seleccionado/Resaltado	Highlighted

LOS VIRUS Y LA PROTECCIÓN	VIRUS AND PROTECTION
El caballo de Troya	Trojan horse
La caída/La ruptura (del sistema)	(System) Crash
La contraseña	Password
Las cookies	Cookies
La depuración de errores	Debugging
La eliminación de errores	Troubleshooting
EL mantenimiento y repa-ración del computador	Computer repair and maintenance
La muralla de fuego/El cortafuegos	Firewall
Nombre de usuario	User name
El intruso/El pirata informático	Hacker
El robo (o usurpación) de identidad	Identity theft
El virus gusano	Worm

EL TECLADO	THE KEYBOARD
En cursiva	Italics
En negrita	Bold
La barra	Slash (/, \)
La distinción de mayúsculas a minúsculas	Case sensitive
La señal de arroba	At @
La tecla	Key

EL DISEÑO DE LA PAGINA	THE PAGE LAYOUT
La cabecera	Header
El espacio simple	Single space
El espacio doble	Double space
La página de web	Web page
El sangrado	Indentation
La separación silábica	Hyphenation

 A). ¿Cuáles son algunas de las funciones que usas con el computador, con qué frecuencia lo usas y con qué propósito? Escríbelo en la tabla y después comparte con un compañero en forma de conversación lo que escribiste.

Ejemplo:

Escribes en la tabla: *Navegar por Internet 3 veces al día, 2 horas ocio y 1 hora para clase de historia.* Compartes verbalmente con tu compañero: *Navego por Internet 3 veces al día, dos horas para ocio y una hora para mi clase de historia o cualquier otra clase.*

 Paso 1: Escribe en la tabla

FUNCIONES	FRECUENCIA	PROPÓSITO
1.		
2.		
3.		
4.		
5		

 Paso 2: Comparte. Discutan las respuestas en grupos de dos y vean si ambos hacen uso del computador de la misma manera.

B). Llena los espacios en blanco. Tienes el computador estropeado (*broken down*) y necesitas comprar uno de nuevo. Vas a la tienda y haces varias preguntas al agente de ventas sobre diferentes prestaciones (*features*) que quieres de tu nuevo computador....pero también estás pensando en una tableta...

Sistema operativo	Búsqueda	Computadores	Descargar	Hoja de cálculo	Tableta	Surfear/ Navegar

Agente de ventas: Hola señorita, ¿está buscando algo en particular?

Clienta: Necesito comprar un computador pero también estoy pensando en una 1._____. ¿Qué me aconseja?

Agente: Bueno, depende del dinero que se quiera gastar, de para qué lo necesita y de las prestaciones que necesita.

Clienta: Empecemos por precios… ¿qué precios tiene para computadores y para tabletas?

Agente: Los 2._____ oscilan entre 300 dólares a 2000 y depende del tamaño, memoria y marca, y las tabletas entre 300 y 1500 dólares. ¿Está buscando alguna marca en especial?

Clienta: Me gusta *Acer*, creo que es buena marca.

Agente: Sí, buena elección. Pero, ¿para qué lo quiere?

Clienta: Bueno, para ir a la universidad, hacer trabajos y tarea, 3._____ la red, escribir y leer correos electrónicos, 4._____ música y películas. También estoy tomando una clase en línea y necesito un buen computador.

Agente: Creo que una tableta es mucho más versátil y portátil que un computador aunque sea portátil.

Clienta: Bueno, pues hablemos de precios. ¿Cuánto valen las tabletas?

Agente: La tableta Microsoft con más memoria por el momento sube a 600 dólares. Tiene muchas más prestaciones que un computador y es buena marca también.

Clienta: ¿Incluye 5._____?

Agente: Sí, viene con Windows10.

Clienta: ¿Y 6._____ para mi clase de contabilidad?

Agente: Sí, Microsoft Excel. ¿Quiere ver la tableta?

Clienta: ¡Qué bonita! ¿Puedo probarla?

Agente: Sí claro, haga una 7._____.

Clienta: Voy a ir a *Youtube* para ver qué rápido descarga la página… Uy, ¡qué rápido! Creo que no necesito ver nada más, me quedo con ésta.

C). Llena los espacios. Acabas de comprar un computador en *Sony Argentina*, una de las cadenas de tiendas electrónicas más importantes del país y por alguna razón no funciona bien, así que llamas a un técnico del fabricante de *Sony*.

Botón de reinicio	Enrutador	Hacer clic	Conexiones	Reiniciar
Cursor Contraseña	Nombre de usuario	Página de web		

Agente: Hola, ¿con quién tengo el gusto de hablar hoy?

Tú: Hola, me llamo Carlos y llamo porque mi computador no está funcionando bien.

Agente: Muy bien, vamos a ver qué pasa. ¿Cuál es el problema por el que llama?

Tú: No tengo conexión al Internet.

Agente: Bueno, hay varias cosas que podemos mirar. Primero, con el 1._____ tiene que 2._____ en el icono donde están las barras del Internet.

Tú: Bien, ya lo hice.

Agente: Ahora, dígame, ¿cuántas 3._____ tiene? ¿Puede ver la suya?

Tú: Sí.

Agente: Pinche (haga clic) en esa conexión e introduzca su 4._____ y 5._____ pero recuerde que el sistema distingue mayúsculas de minúsculas.

Tú: Bien, ya la introduje.

Agente: ¿No tiene Internet aún?

Tú: No, aún no tengo Internet.

Agente: Bueno, lo siguiente que vamos a intentar es 6._____ todo el sistema. Con la punta (*tip*) de un bolígrafo, presione el 7._____.

Tú: ¿Dónde está ese botón?

Agente: Sí, está en el 8._____. Tiene que presionarlo por 20 segundos.

Tú: Bien, estoy presionando el botón…

Pasan 20 segundos…

Agente: Ahora, tiene que intentar abrir una 9._____ cualquiera y dígame si hay Internet.

Tú: Ahora sí, muchas gracias por su ayuda.

Agente: Por nada, que tenga un bonito día.

D). Define. Imagínate que estás ayudando a tu abuela a usar el computador y ella te hace muchas preguntas sobre qué significa una palabra determinada o para qué sirve. De forma sencilla escribe el significado y el propósito de las siguientes palabras tal como se lo explicarías a ella:

> *Ejemplo:* videocámara.
>
> *Definición y propósito:* la videocámara es una cámara que puede estar incorporada en el computador o puede ser externa para comunicarse por ejemplo por Skype.

1. Firewall o muralla de fuego

_____

_____

_____

2. Prestaciones de un computador

_____

_____

_____

_____

3. Palabra clave

_____

_____

_____

4. Ratón

_____

_____

_____

5. Disco duro

_____

_____

_____

6. Tarifa plana de internet

_____

_____

_____

INFORME MATUTINO

 Informes Matutinos: (Presentación individual breve de 3-5 minutos). La presentación es un informe de un profesional que ha leído una noticia de relevancia con el tema del capítulo y está presentando el material a una mesa directiva durante una junta. Los miembros de la mesa tienen el derecho y la responsabilidad de hacer preguntas. Puedes utilizar notas, pero únicamente como fuente de referencia, no leas directamente.

 Paso 1: Elige un artículo de un periódico o una revista producida en español como *La Opinión*, *Time en español* o *El País*. En la introducción de este texto encontrarás una lista de fuentes para tu informe. La informática y la tecnología son campos en los que será fácil encontrar información para este tipo de informe. Además, en lo posible el informe se debe relacionar con el tema programado para el día de clases en que presentarás el informe.

 Paso 2: Desarrolla un informe que incluya:
   A. Introducción: 1 minuto
      1. Nombre del estudiante
      2. El enfoque profesional del estudiante
      3. El nombre y fuente del artículo

   B. Cuerpo (lo más importante de la presentación): 2-3 minutos para resumir los datos más revelantes del artículo.
      1. Resumen del artículo
      2. Relevancia y análisis (por qué es importante este artículo)
      3. Conclusiones

 Paso 3: Presenta el informe.

Paso 4: Preguntas de la mesa directiva sobre el informe (la clase).

GRAMÁTICA EN CONTEXTO

LAS PREPOSICIONES EN ESPAÑOL (a, de, con, en, por y para)

Usos de la preposición *A*

1. La *A* personal

1.1. Se usa esta preposición antes de un objeto directo que se refiere a una persona o ser personificado (un animal doméstico por ejemplo). Los pronombres como ***alguien, nadie y quien***, los cuales se refieren a personas, también son precedidos por la preposición ***A***

> *Ejemplo:*
>
> **La chica acusó *a* su ex novio de haberle robado la identidad con el uso de su número de seguro social**
> *The girl accused her ex-boyfriend of having stolen her identity by using her social security number*
> **Anabel le compró un computador *a* su hija con la nueva versión de Windows**
> *Anabel bought her daughter a computer with the new version of Windows*
> **No conozco *a* nadie que sepa manejar este móvil[25], es demasiado complicado y con demasiadas funciones**
> *I don't know anybody who knows how to use this cell phone, it is too complicated and has too many functions*

1.2. La preposición A no se usa con cosas inanimadas o con objetos no personificados
(En esta frase el objeto directo *todas las aulas por fin con nuevos computadores y proyectores*, no es un objeto personificado, o sea, no es una persona, por tanto, no requiere preposición *A*).

> *Ejemplo:*
>
> **El jefe de la sección de aulas tecnológicas de la universidad equipó todas las aulas por fin con nuevos computadores y proyectores**
> *The chief Information Officer of the university finally equipped all classrooms with new computers and projectors*

1.3. La preposición ***A*** se omite después del verbo *tener* cuando este verbo se usa para expresar posesión

> *Ejemplo:*
> **Tengo un profesor de informática buenísimo**
> *I have an excellent computer science professor*

No obstante, cuando el verbo *tener* se usa para expresar *aguantar, sostener, agarrar* o *ser*, la preposición ***A*** se usa antes de objetos directos que se refieren a personas.

> *Ejemplo:*
>
> **Tengo *a* mis hijos en mi cuenta de *Lifelock*™.***
> *I have my kids under my Lifelock account*

*Lifelock es una compañía que monitorea el crédito para evitar robos de identidad.

---

3   La palabra *móvil* es usada en España mientras que *celular* es usada en Latinoamérica y en Estados Unidos por hispano hablantes.

2. La preposición A se usa antes del objeto indirecto

> *Ejemplo:*
>
> **_A_ mi hijo le encantan los videojuegos**
> *My son loves videogames*

3. La preposición A se usa para indicar dirección hacia algo o algún lugar después de un verbo que indica *movimiento*: **subir, dirigirse, ir, acercarse, bajar, venir**

> *Ejemplo:*
>
> **El dependiente de la tienda de ordenadores vino _a_ atendernos enseguida**
> *The electronics shop store clerk came right away to help us*

4. La preposición **A** se usa para indicar la hora de algún evento

> *Ejemplo:*
>
> **No obstante, la tienda cerraba _a_ las 9 de la noche y casi no tuvimos tiempo para mirar nada**
> *However, the store was closing at 9 PM and we barely had any time to look around*

5. La preposición *A* se usa para indicar el periodo de tiempo en el que algo ha sucedido

> *Ejemplo:*
>
> **Me compré un nuevo computador _a_ los 3 años de tener éste**
> *I bought myself a new computer after having this one for 3 years*

6. La preposición *A* se usa para indicar la distancia a la que algo se encuentra

> *Ejemplo:*
>
> **La facultad de informática está _a_ una cuadra de la de ingeniería**
> *The Computer Science department is one block away from the engineering one*

7. La preposición **A** se usa con ciertas expresiones:

A caballo	Esta versión de antivirus está *a caballo* entre la mejor y la peor del mercado *This antivirus version is **halfway between** the best and the worst on the market*
A causa de	La empresa no pudo renovar computadores *a causa* de falta de fondos *The company couldn't upgrade the computers **because of** a lack of funds*
A eso de	*A eso* de las 7 de la tarde, vino el cartero con el nuevo móvil que encargué en línea ***At about** 7 PM the mailman came with the new cell phone that I bought online*
A favor de	Estoy *a favor del* progreso y de la tecnología aunque ésta pueda ser controversial a veces *I am **in favor** of progress and technology, although this might be controversial at times*
A fines de	*A fines de* mes voy a renovar mi servicio con la empresa antirrobo de identidad ***At the end of** the month I am going to renew service with the identity theft company*
A fondo	Tengo que aprender cómo usar el programa de Excel *a fondo* *I have to learn how to use the Excel program **in depth***
A fuerza de	*A fuerza de* usar el programa de Excel, lo vas a aprender *You will learn how to use Excel **by using it day and night***
A la fuerza	Tuve que aprender cómo usar este programa informático *a la fuerza* si quería mantener mi trabajo *I had to learn how to use this computer program **by sheer will** if I wanted to keep my job*
A la vez	Reviso mi correo electrónico *a la vez* que leo el periódico en línea *I am checking my email **at the same time** that I am reading the newspaper online*
Al menos	Este nuevo móvil es muy complicado pero *al menos* sé cómo usar las funciones básicas *This new cell phone is very complicated but **at least** I know how to use the basic functions*
A lo mejor	*A lo mejor* mi abuela puede aprender cómo usar el computador a su edad ***Maybe** at her age my grandma can learn how to use the computer*
A lo sumo	Voy a tardar *a lo sumo* dos semanas para ponerme al día de la clase de informática a la que he faltado *It is going to take me two weeks **at the most** to catch up with the computer class that I have missed*
A mano	Estoy escribiendo mi artículo *a mano* porque mi computador se ha estropeado *I am writing my paper **by hand** because my computer broke down*
A menudo	Esta clase de informática es muy difícil y *a menudo* tengo que preguntar al profesor *This computer class that I am taking is very hard and I **often** have questions for the professor*
A ojo	Como no tenía conmigo mi calculadora ni mi móvil, *tuve que calcular a ojo* cuánto habíamos gastado durante el semestre en tecnología *Since I didn't have my calculator or my cell phone, **I had to guess/to estimate** how much we had spent on technology during the semester*

A pesar de	*A pesar de* que no sé cómo funciona este nuevo móvil, creo que no es tan difícil de averiguar ***Even though*** *I don't know how this new cell phone works, I don't think that it will be very difficult to figure it out*
A pie	Fui a casa *a pie* cargando mi pesado computador portátil y libros *I went home **on foot** carrying my heavy laptop and books*
A tiempo	No pude llegar *a tiempo* para la charla que se ofrecía sobre cómo incorporar la tecnología en el aula *I couldn't get to the workshop that was being offered on how to incorporate technology in the classroom **on time***
A veces	Solo *a veces* leo las instrucciones cuando compro un aparato tecnológico, son tan aburridas ***Occasionally*** *I read the manuals when I buy a new device, they are so boring*
A lo loco	Me fui del trabajo *a lo loco* para llegar a clase a tiempo *I left work **like crazy** to get to class on time*
A ciegas	Me matriculé de la clase de diseño gráfico *a ciegas* sin saber nada *I registered for the graphic design class **blindly** without knowing anything*

8. La preposición *A* se usa con algunos verbos:

Acostumbrarse a	*To get used to*
Aprender a	*To learn (to do something)*
Apresurarse a	*To rush (in doing something)*
Asistir a	*To attend*
Atreverse a	*To dare (to do something)*
Ayudar a	*To help*
Estar dispuesto a	*To be willing (to do something)*
Comenzar a	*To start (to do something)*
Detenerse a	*To stop (to do something)*
Empezar a	*To start (to do something)*
Enseñar a	*To teach (to do something)*
Invitar a	*To invite*
Ir+a+ verbo en infinitivo	*To go (to do something)*
Negarse a	*To refuse (to do something)*
Ponerse a	*To apply oneself (to do something)*

Resignarse a	*To resign to*
Volver a	*To come back to*

Usos de la preposición *DE*

1. La preposición *DE* expresa origen, separación o salida y se utiliza con los siguientes verbos:

Abstenerse de	*To abstain from*
Alejarse de	*To get away from/To stay away*
Dejar de	*To stop/To give up*
Deshacerse de	*To get rid of*
Divorciarse de	*To divorce from*
Huir de	*To flee from*
Salir de	*To leave from*
Prescindir de	*To do without*
Separarse de	*To separate from*
Ser de	*To be from*
Surgir de	*To spring forth/To emerge*
Venir de	*To come from*

2. La preposición **DE** expresa posesión o pertenencia

> *Ejemplos:*
>
> **El computador es _de_ mi compañero de piso**
> *The laptop is my roommate´s*
> **DELL es la compañía que vende más computadores _del_ mercado estadounidense**
> *Dell is the company that leads the US market's computer sales*

3. La preposición **DE** expresa la composición o el material del que algo está hecho

> *Ejemplos:*
>
> **El computador está hecho _de_ materiales muy delicados**
> *The computer is made of very delicate materials*

4. La preposición **DE** forma frases adjetivales, que en inglés equivalen a sustantivos compuestos

> *Ejemplos:*
>
> **Me encanta la clase _de_ informática**
> *I love computer class*
> **El profesor es un sabio _de_ la programación**
> *The teacher is a programming wizard*

5. La preposición **DE** equivale a **with** y **in** en inglés cuando se utilizan para identificar algo o alguien. Cuando identificamos el lugar o espacio físico, las preposiciones euivalentes en inglés son **in**, **on** o **at**

> *Ejemplos:*
> **El hombre _de_ la corbata es el nuevo profesor de Ingeniería de computadores**
> *The man **with** the tie is the new computer engineering professor*
> **La secretaria _de_ la facultad me dijo que la clase era en el edificio de Rosers Hall**
> *The department´s secretary told me that the class was taking place **in** Rosers Hall*

6. La preposición **DE** se usa para verbos que expresan emociones, estados mentales y actitudes que requieren de un recipiente de aquéllos. Algunos de estos verbos son: asombrarse de, arrepentirse de, extrañarse de, sorprenderse de, cansarse de, enamorarse de, desconfiar de

> *Ejemplo:*
> **Debemos desconfiar _de_ extraños y no dar nuestra información personal a menos que sea estrictamente necesario**
> *We should not trust strangers and should not give out our personal information unless it is absolutely necessary*

7. La preposición **DE** se usa con ciertas expresiones

De buena/De mala gana	Mi compañero de clase me ayudó *de buena gana* con la tarea *My classmate **willingly** helped me with the homework*
De reojo	El estudiante estaba copiando en el examen mientras miraba *de reojo* el examen de su compañero *The student was cheating on the exam by looking at his classmate´s exam **out of the corner of his eye***
De veras	Quiero aprender *de veras* cómo protegerme para evitar que me roben la identidad *I **really** want to learn how to protect myself to avoid someone stealing my identity*
De vez en cuando	*De vez en cuando* la tecnología falla *From time to time* technology fails
De nuevo	Tengo que reiniciar este computador *de nuevo* porque no funciona bien *I have to reboot the computer **again** because it isn't working well*
De modo que	El dependiente de la tienda me enseñó todos los computadores *de modo que* tomara la mejor decisión *The store clerk showed me all of the computers **so that** I could make an informed decision*
De esta manera	Si haces las cosas *de esta manera*, te evitarás muchos problemas *If you do things **this way**, you´ll avoid many problems*
De memoria	Perdí mis contactos del móvil y no sabía los números *de memoria* *I lost my cell phone contacts and didn´t know the phone numbers **by memory***

8. La preposición **DE** se usa con ciertos verbos:

Acabar de+ infinitivo	*To have just + past tense*
Acordarse de	*To remember*
Alegrarse de	*To be happy about*
Arrepentirse de	*To regret*
Avergonzarse de	*To be shameful of/To be embarrassed by*
Burlarse de	*To mock*
Darse cuenta de	*To realize something*
Dejar de	*To quit*
Depender de	*To depend on*
Despedirse de	*To say goodbye*

Enamorarse de	*To be in love with*
Enterarse de	*To find out about*
Estar aburrido de	*To be bored with*
Estar cansado de	*To be tired of*
Irse de+ algún lugar	*To leave + a place*
Morirse de	*To be dying of*
Olvidarse de	*To forget about*
Ofenderse de	*To be ofended by*
Quejarse de	*To complain about*
Reírse de	*To laugh at*
Sufrir de/ Padecer de	*To suffer from*
Terminar de	*To finish*
Tratar de	*To try*
Tratarse de (un libro, una película)	*To be about (a book, a movie)*

Usos de la preposición *EN*

---

1. La preposición *EN* indica dónde algo se ubica físicamente (en un espacio concreto) o en el tiempo (en un espacio figurativo)

> *Ejemplos:*
>
> **¿Dónde estabas ayer? Te llamé un montón de veces**
> **Ayer yo estaba estudiando *en* la biblioteca cuando me llamaste**
> *Where were you yesterday? I called you many times*
> *Yesterday I was studying **in** the library when you called me*
> **Los estudiantes de esta universidad de hoy en día se encuentran *en* una posición de ventaja frente a los estudiantes de hace 10 años porque tienen más tecnología en las aulas**
> *The students of this university nowadays find themselves **with** an advantage over the students of 10 years ago because they have more technology in the classrooms*

2. La preposición *EN* indica especialidad

> *Ejemplo:*
>
> **El ponente que va a dar la charla es experto *en* programación**
> *The speaker who is going to give the talk today is an expert **in** programming*

3. La preposición **EN** se utiliza para expresar el medio o el vehículo a través del cual se produce algo

> *Ejemplo:*
>
> **La mayoría de los libros de informática están _en_ inglés**
> *Most Computer Science books are **in** English*

4. La preposición **EN** se utiliza con ciertas expresiones de tiempo

> *Ejemplo:*
> **El ponente del otro día ya había venido _en_ marzo del año pasado**
> *The speaker from the other day had already been here **in** March of last year*

5. La preposición **EN** se utiliza con números ordinales (primero, segundo, etc...) seguidos de un verbo en infinitivo

> *Ejemplo:*
> **Alexander Graham fue el primero _en_ inventar el teléfono**
> *Alexander Graham was the first one to invent the phone*

6. La preposición **EN** se utiliza con ciertas expresiones:

En vez de/En lugar de	**Acabé estudiando informática _en vez de_ Ingeniería** *I ended up studying computer science **instead of** engineering*
En cambio	**Mi hermana no pudo convencer a mis padres de estudiar computación, _en cambio_, su profesora de escuela secundaria sí lo hizo** *My sister couldn't convince my parents about a computer science major, **however**, her high school teacher did*
En cuanto	**Avísame _en cuanto_ tengan el libro de texto para la clase de inteligencia artificial** *Let me know **as soon as** they have the textbook for the artificial intelligence class*
En cuanto a	**_En cuanto a_ la clase de computación gráfica, el profesor dijo que no había examen final** ***Regarding** the computer graphics class, the professor said there was not going to be a final exam*
En seguida	**Voy a matricularme de la clase de proceso de datos _en seguida_ que el sistema en línea de la universidad lo permita** *I am going to register for the data processing class **as soon as** the online university system allows it*

En frente de	Me pude sentar _en frente_ mismo _del_ ponente en la conferencia
	I could sit directly **in front of** the speaker in the conference
En todo caso/En cualquier caso	_En todo caso_ no hay nada que hacer. Lo intentamos todo para conseguir la tecnología que necesitábamos
	There is nothing to do **at any rate**. We tried everything to get the technology we needed
Hoy en día	_Hoy en día_ es imposible encontrar un buen trabajo sin saber tecnología
	Nowadays it is impossible to get a good job **without** being computer literate

7. La preposición **EN** se utiliza con ciertos verbos:

Apoyarse en	_To lean on/To lean upon_
Confiar en	_To trust/To confide in_
Consentir en	_To consent to_
Consistir en	_To consist of_
Convenir en	_To agree on/To convene_
Convertirse en	_To become_
Empeñarse en, insistir en	_To insist on_
Entrar en	_To enter into_
Especializarse en	_To specialize in_
Fijarse en	_To notice_
Influir en	_To influence_
Ingresar en	_To join_
Molestarse en	_To take the trouble to_
Pensar en	_To think of_
Quedar en	_To agree/To decide on_
Tardar+ period de tiempo+ en	_To take (a person or vehicle)+Period of time+ To do something_
Vacilar en	_To hesitate to_

Usos de la preposición _CON_

---

1. La preposición CON expresa acompañamiento, tanto de una forma literal física, como figurativa:

Ejemplo:

El libro viene _con_ un CD
The book comes **with** a CD

2. La preposición CON se utiliza para expresar el instrumento mediante el cual se realiza algo:

> *Ejemplo:*
>
> **Parecemos casi inútiles si no hacemos todo <u>con</u> tecnología**
> *We are almost useless **without** technology*

3. La preposición *CON* se utiliza para expresar relación entre personas o cosas:

> *Ejemplo:*
>
> **La especialidad de sistemas de software no tiene nada que ver <u>con</u> la especialidad de ingeniería de la computación**
> *The specialization of software systems is not related **to** computer engineering*

4. La preposición *CON* se utiliza para expresar concesión:

> *Ejemplo:*
>
> **No podemos quejarnos <u>con</u> toda la tecnología que tenemos comparado con la tecnología que tenían nuestros padres**
> *We cannot complain about all the technology we have nowadays as compared **with** the technology our parents had*

5. La preposición *CON* se utiliza para expresar posesión, contenido o adhesión:

> *Ejemplo:*
>
> **El tipo <u>con</u> el computador portátil es el profesor de la clase de diseño gráfico**
> *The guy **with** the laptop is the professor for the graphic design class*

6. La preposición *CON* se utiliza con ciertas expresiones:

Con respecto a	<u>Con respecto a</u> la información que te di el otro día, ¿has decidido comprar servicios con la compañía antirrobo de identidad? *Regarding the information I gave you the other day, have you decided to sign up with the anti-identity theft company?*
Con tal (de) que	Te voy a ayudar con la clase de informática <u>con tal que</u> estudies y hagas la tarea *I will help you with the computer science class **provided** you study and do the homework*

7. La preposición **CON** se utiliza con algunos verbos:

Acabar con	*To put an end to/To finish off*
Casarse con	*To get married to/To marry*
Compararse con	*To compare (oneself) to*
Comprometerse con	*To get engaged to*
Contar con	*To count on/To rely on*
Contribuir con	*To contribute*
Encariñarse con	*To get attached to*
Enojarse con	*To get angry with*
Meterse con	*To get involved with*
Quedarse con	*To keep/To meet someone*
Soñar con	*To dream about*
Tropezar con	*To trip over/To stumble over*

A). Preposiciones compuestas. Aquí tienes varias noticias tecnológicas que aparecen en el periódico de hoy. Llena el blanco con la expresión idiomática adecuada que se proporciona en el banco de palabras.

1. *La casa del futuro ya está aquí*

A causa de	**A menudo**	**En cuanto a**	**De esta manera**
A pesar de	**De este modo**	**A fines de**	

Muchos científicos 1._____ se han atrevido a hacer conjeturas sobre el futuro y sobre los descubrimientos tecnológicos que aparecerán en un futuro próximo y lejano. Por ejemplo, 2.____ la vivienda un equipo de arquitectos, ingenieros e informáticos hay diseñado la primera casa inteligente, una casa en la que todo va a estar controlado por computador. 3._____ lo único que tenemos que hacer es asegurarnos (*make sure*) que sabemos cómo controlar este computador. 4.____ _____ esta casa promete ser muy cara al principio, se calcula que 5._____ el año 2020 van a ponerse a la venta las primeras casas inteligentes. No obstante, 6._____ su precio, muy poca gente va a poder permitirse este aún lujo. 7._____, las casas inteligentes van a coexistir con las casas no inteligentes lo cual va a agrandar la brecha entre ricos y pobres.

2. *Los niños y la tecnología*

Al menos	**De memoria**	**A lo mejor**	**A fuerza de**
De nuevo	**A la vez**	**A tiempo**	

1._____ los niños son los protagonistas en las noticias de hoy. La mamá de un niño de once años, empezó a enseñar a su hijo desde que tenía tres años cómo jugar al ajedrez en línea porque pensó que 2._____ sería beneficioso para su hijo. 3._____ repetirle, Ricardo a los cuatro años sabía 4._____ los nombres de todas las fichas y los movimientos de éstas. Ricardo es tan inteligente que puede jugar dos partidas (*matches*) de ajedrez 5._____ Ricardo no solo aprendió a jugar al ajedrez sino también a cómo manejar el computador para muchas otras cosas. En un concurso de ajedrez de adultos, Ricardo ha ganado 6._____ un par de veces. Una cosa es segura, Ricardo con once años aún está 7._____ de ganar el campeonato mundial de ajedrez.

3. *Los micropréstamos para tecnología*

Por consiguiente	En seguida	A mano	A ciegas
En vez de	De esta manera	A lo loco/a ciegas	

Algunas organizaciones benéficas (*nonprofit*) están descubriendo que 1._____ dar comida o casa, una de las formas que pueden ayudar más a la gente pobre a largo plazo es mediante micropréstamos. Los micropréstamos son préstamos que los donantes (*donors)* hacen de dinero para comprar tecnología para un negocio y es algo que 2._____ ha tenido muchos interesados. 3._____, en lugar de hacer todo 4._____, pueden tener tecnología que hace el trabajo. Una cosa interesante es que los donantes no hacen las donaciones 5._____ sino que tienen la oportunidad de conocer algo del recipiente de ese préstamo. Para hacer el proceso más auténtico, los donantes reciben una foto del recipiente, el nombre y qué negocio quieren abrir. 6._____, el donante no toma la decisión 7._____ o a ciegas, sino que es algo estudiado.

4. *Privacidad versus protección*

A favor de	Por eso	A caballo
De mala gana	A eso de	Con tal de que

Muchos gobiernos han empezado a discutir seriamente el dilema que presenta la protección mediante la tecnología sobre el derecho a la privacidad. Algunas personas están 1._____ entre la idea de privacidad total a uso total de tecnología y proponen que solo en algunos casos la tecnología es más importante que la privacidad. Otros sectores de la sociedad han reaccionado 2._____ alegando (*arguing that*) que la privacidad es un derecho. Esta noticia de hoy es importante porque 3._____ las cinco de la tarde, se va a convocar una reunión para decidir algo sobre el tema. 4._____, en ese momento en frente del mismo parlamento, hay un grupo de manifestantes que están 5._____ un mundo más privado. Ellos dicen que 6._____ la gente pueda estar mínimamente protegida mediante tecnología, no tendría que usarse cierta tecnología como GPS interno que monitoriza dónde la gente se encuentra en cualquier momento. El futuro dirá...

Usos de la preposición *PARA*

1. Propósito

> *Ejemplo:*
>
> **Tuve que leer las instrucciones *para* saber cómo funcionaba la nueva cafetera exprés**
> *I had to read the instructions **in order to** know how the new express coffee maker was working*

2. Recipiente de algo

> *Ejemplo:*
>
> **El seminario informativo sobre cómo mejorar el uso de tecnología en la clase es *para* los profesores de escuela secundaria**
> *The workshop on how to better use technology in the classroom is **for** the high school teachers*

3. Fecha límite de algún evento o tarea

> *Ejemplo:*
>
> **El informe es *para* mañana lunes**
> *The report is **for** tomorrow Monday*

4. Destino

> *Ejemplo:*
>
> **Voy *para* la clase de informática en cinco minutos**
> *I am going **to** computer class in five minutes*

5. Comparación con algo

> *Ejemplo:*
>
> **_Para_ haber faltado tanto a clase, las notas no me han ido mal**
> *For having missed class so much, my grades are not that bad*

6. Para indicar la compañía o el jefe de empresa dónde uno trabaja

> *Ejemplo:*
>
> **Trabajo _para_ la universidad dando clases**
> *I work **for** the university teaching classes*

7. Para expresar en inglés las expresiones To be about, to be on the verge of

> *Ejemplo:*
>
> **La sesión está _para_ terminar, van a salir en 10 minutos escasos**
> *The session is **about** to finish, they will come out in about 10 minutes*

Usos de la preposición *POR*

1. Con el uso de la voz pasiva

> *Ejemplo:*
>
> **El primer teléfono fue inventado _por_ Alexander Graham**
> *The first phone was invented **by** Alexander Graham*

2. Cuando expresamos la razón de algo

> *Ejemplo:*
>
> **Alguien usó mi número de seguro social _por_ haber sido imprudente con toda mi información personal**
> *For having been reckless with all of my personal information, someone stole my identity*

3. <u>Causa</u>

> *Ejemplo:*
>
> **_Por_ pasarse tantas horas delante del computador, ahora tiene problemas de vista**
> *For spending so many hours before the computer screen he now has sight problems*

4. <u>Tiempo que toma hacer algo</u>

> *Ejemplo:*
>
> **El técnico estuvo intentando arreglar mi computador _por_ dos horas seguidas**
> *The computer technician was trying to fix my computer **for** two hours straight*

5. <u>Espacio</u>

> *Ejemplo:*
>
> **Tuve que entrar _por_ la puerta principal para llegar al lugar de la reunión**
> *I had to get in **through** the main entrance in order to get to the meeting room*

6. <u>Medios de comunicación e instrumento</u>

> *Ejemplo:*
>
> **Me comunico con mis amigos que están en el extranjero _por_ Skype**
> *I contact my friends overseas **through** Skype*
> **Estuvimos trabajando en el artículo _por_ Google Docs**
> *We were working on the paper **through** Google Docs*

7. <u>Medios de transporte</u>

> *Ejemplo:*
>
> **Ya recibí _por_ correo el nuevo computador que compré**
> *I already got **by** mail the new computer I bought*

8. Intercambio

Ejemplo:

Te doy 100 dólares _por_ esta tableta usada
*I will give you 100 dollars **for** this used tablet*

9. Sustitución

Ejemplo:

Di la clase de tutoría _por_ ella porque no podía venir a trabajar ese día
*I taught the class **for** her because she couldn't make it to work that day*

10. Para expresar la falta de un estado completo de algo

Ejemplo:

El informe está _por_ terminar
The report is yet to be finished

11. La preposición POR se utiliza con ciertas expresiones:

Al por mayor	*Wholesale*	**Por gusto**	*Unnecessarily/For the fun of it*
Al por menor	*Retail*	**Por las nubes**	*Sky-high*
Por adelantado	*In advance*	**Por lo general**	*As a general rule*
Por ahora	*For now*	**Por lo menos**	*At least*
Por casualidad	*By accident*	**Por lo tanto**	*Consequently/Therefore*
Por cierto	*By the way*	**Por lo visto**	*Apparently*
Por completo	*Completely*	**Por ningún motivo**	*Under no circumstances*
Por consiguiente	*Therefore*	**Por otra parte**	*On the other hand*
Por decirlo así	*So to speak*	**Por poco**	*Almost*
Por desgracia	*Unfortunately*	**Por regla general**	*As a general rule*
Por encima	*Hastily/Cursorily*	**Por suerte**	*Luckily*
Por escrito	*In writing*	**Por supuesto**	*Of course*

Por eso	*For that reason*	Por unos días	*For a few days*
Por fin	*Finally*	Por...vez (Por+número ordinal+vez)	*For the...time (For the+ordinal number+time)*

12. La preposición ***POR*** se utiliza con ciertos verbos:

Acabar por	*To end up*
Brindar por	*To drink to*
Esforzarse por	*To strive to, for*
Interesarse por	*To be interested in*
Luchar por	*To struggle to, for*
Morirse por	*To be dying to*
Optar por	*To choose to*
Preguntar por	*To ask for/ To inquire about*
Preocuparse por	*To worry about*
Tomar por sentado	*To take for granted*
Votar por	*To vote for*

A). Juan escribe a sus padres. Juan está estudiando en la universidad fuera de casa y trabajando al mismo tiempo. Él les explica a sus padres en un correo electrónico que necesita que lo ayuden a comprar un computador. Los padres de Juan le contestan. Fíjate en el uso de las expresiones con ***por*** y traduce estos párrafos al inglés:

Paso 1: Llena los blancos. Usa la expresión más adecuada con ***por***.

Por lo tanto	Por desgracia	Por lo menos	Por suerte
Por cuarta vez	Por lo visto	Por unos días	Por gusto
Por las nubes	Por ningún motivo	Por eso	

Queridos mamá y papá: necesito comprar un computador nuevo. 1._____ mi viejo computador dejó de funcionar 2. _____ en un mismo día. 3._____ ya no puedo esperar más a tener uno nuevo. 4._____ puedo ir al laboratorio de computadores 5. _____, pero es muy incómodo porque siempre está lleno y tengo que esperar. Pero no piensen que les pido 6._____, no, sino que 7._____ no tengo el dinero para ello. Mi jefe me redujo las horas de trabajo. 8._____, no he ganado lo mismo este mes pero 9._____ , aún tengo un trabajo y no les tengo que pedir para nada más. En fin, fui a la tienda a ver qué computador necesito y yo sé que el modelo de computador que yo quiero está 10._____pero 11._____ pediría algo que no necesito realmente. Les quiero, Juan.

Paso 2: Traduce. Ahora traduce el texto al inglés. Pon especial interés en la traducción de las expresiones.

_____

_____

_____

_____

_____

_____

_____

_____

B). Respuesta de los padres de Juan. Aquí tienes la respuesta de la madre de Juan sobre si le va a comprar el computador o no. Haz lo mismo que el ejercicio anterior. Primero, llena cada blanco con la expresión correcta del banco de palabras, y después traduce el texto al inglés:

Paso 1: Llena los blancos. Elige la expresión más correcta de entre las siguientes:

Por adelantado	**Por lo general**	
Por cierto	**Por otra parte**	**Al por mayor**
Por consiguiente	**Por encima**	**Por casualidad**

Querido Juan: tu padre y yo hemos pensado en tu petición y hemos decidido comprarte el computador que dices que necesitas. 1._____ no nos gusta comprar algo muy caro pero parece que esta vez es necesario. La próxima semana cuando vengas a visitarnos, puedes ir a comprarlo en una nueva tienda de electrónica que han abierto en nuestra ciudad. Venden a precios de casi 2._____ todo tipo de aparatos electrónicos. Lo malo de esta tienda es que no aceptan

cuotas (*installments*), 3._____ vamos a tener que pagar 4._____, no a plazos. 5.__
_____, es mejor porque así no debemos dinero. En fin, vamos a comprarte ese computador,
6._____ de todo quiero que estés bien y no te falte nada de lo que necesitas. 7._____,
8._____ ,¿no podrías enseñarnos a tu padre y a mí como usar el Skype para verte cuando
vuelvas a la universidad? Después de todo, nosotros vamos a pagarte por el capricho...

Paso2: Traduce. De nuevo, presta atención en las expresiones que acabas de aprender
en español con la preposición *por*.

_____

_____

_____

_____

_____

C). La brecha tecnológica. Los profesores de un pequeño pueblo en la provincia de Buenos
Aires no tienen suficiente tecnología para sus estudiantes y la asociación de profesores ha escrito
una carta al alcalde del pueblo quejándose:

Paso1: Llena los blancos. Elige el *verbo+preposición* adecuado de la tabla de a continuación.
Conjuga los verbos según sea más apropiado. Para hacerlo más difícil, hay tres verbos de este
banco de palabras que no vas a necesitar.

Acabar por	Aprender a
Surgir de	Brindar por
Esforzarse por	Estar dispuesto a
Luchar por	Acostumbrarse a
Morirse por	Votar por
Optar por	Tomar por
Preguntar por	Preocuparse por

Los profesores del pueblo de Villarino estamos cansados de trabajar sin recursos. Nos hemos
1._____ y hemos 2._____ trabajar en malas condiciones y no 3._____
continuar así. Nos negamos a trabajar en tales condiciones por más tiempo. Hemos 4._____
_____ los estudiantes y nos hemos 5._____trabajar sin casi tecnología pero
es casi imposible en un mundo como el de hoy en el que la tecnología es el futuro pero también

es el presente. Estamos 6._____ los estudiantes porque ellos son los que realmente pierden. Como nadie nos escucha hemos 7._____ la vía legal y hemos 8._____ _____ el alcalde para conseguir algo pero nos ha 9._____tontos. Nos resignamos a no tener una respuesta digna. Le hemos dicho que vamos a 10._____demandarlos porque es ilegal con el contrato que firmamos y porque es vergonzoso que los estudiantes tengan que aprender así. Tienen que entender que no queremos una batalla legal. Si no hacemos algo, va a surgir en este país un doble estándar de educación, aquéllos que tienen un futuro, y aquellos que no. Si algún día lo conseguimos vamos a 11._____ ello pero por ahora no parece que ocurrirá pronto.

Paso 2: Escribe. Imagínate que eres el alcalde del pueblo de Villarino. Escribe una carta respuesta a los profesores del pueblo de Villarino como si fueras el alcalde para contestar la queja que presentaron la semana pasada. Utiliza verbos y/o expresiones con tantas preposiciones como puedas. Incluye en tu carta respuestas que traten costos, presupuestos (*budgets*), fechas límite, y estrategias de acción para solucionar la situación.

> *Ejemplo:* **Para** la semana que viene, convocaré una reunión con la asociación de profesores. **Por lo tanto**, no se preocupen porque vamos a encontrar una solución.

_____

_____

_____

_____

_____

_____

_____

_____

D). Atando cabos. Juana es una mujer de 60 años como tantas que no está familiarizada con la tecnología. A continuación ella explica su experiencia con la tecnología y su intento de apredizaje. Llena los huecos con cualquiera de las preposiciones que has aprendido en la sección gramatical (**a, de, en, por, para, con**). Ten en cuenta los usos de las preposiciones y los verbos que requieren ciertas preposiciones.

ANTES DE APRENDER TECNOLOGÍA...

Cuando era joven, no teníamos casi tecnología. Esta es la razón 1. _____ la que es tan difícil 2. _____ una persona mayor aprender cómo usarla 3._____ esta etapa de nuestra vida. Mis hijos me empujaron a ir a clases 4._____ informática 5. _____ gente mayor que mi barrio ofrecía. También me aconsejaron tener un móvil 6._____ si un día tenía una emergencia. Así que asistí 7._____ clase 8._____ informática durante unos meses. Aprendí 9._____ usar el Internet, 10._____ hacer búsquedas, 11._____ buscar sitios de web y muchas cosas más. Al principio me negaba 12._____ salir de casa con el móvil, 13._____ _____ no volver a escribir una carta a mano nunca más y a tantas cosas de las que prescindimos hoy en día. Pero un día me di cuenta que ya no pude volver 14. _____ hacer las cosas igual. Dejé 15._____ comprar libros en versión impresa y los reemplacé 16._____ libros en línea. Prescindí 17._____ mis suscripciones en papel y me abstuve 18._____ comprar libros o revistas 19._____ papel como solía (*used to*). Mis hijos me ayudaron de buena gana y me enseñaron 20._____ usar el *Skype* y empecé 21._____ aprender 22. _____ veras. 23. _____ vez en cuando tenía que volver 24._____ preguntar porque me olvidaba, pero luego ya me acordaba 25._____ memoria. No me he arrepentido 26._____ incorporar tecnología 27._____ mi vida.

DESPUÉS DE APRENDER TECNOLOGÍA...

Mis amigos se burlan un poco 28. _____ mi pero no me importa. Nunca estoy aburrida 29._____ mi computador. Me he enamorado 30._____ la tecnología y me muero de las ganas 31._____ seguir aprendiendo cada día. Mis amigos me preguntan por qué he insistido tanto 32. _____ aprender tecnología y yo les digo que el saber no ocupa lugar[4] y que piensen 33._____ todo lo que la tecnología facilita la vida. También les digo que el ser mayor (*to be old*) no tiene nada que ver (*doesn't have anything to do*) 34. _____ no aprender. Yo estaría dispuesta 35._____ enseñarles cómo usar el computador 36._____ tal que me dejen en paz (*leave me alone*) y que no se metan conmigo. A veces me tropiezo con alguno de ellos en *Starbucks* y nos ponemos 37. _____ hablar 38._____ lo que hemos aprendido esa semana. 39._____ mí, que no se hacen suficientes cosas en la comunidad 40._____ _____ que la gente mayor aprenda tecnología.

---

4   Refrán que significa que siempre podemos aprender algo nuevo

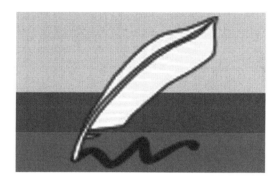 

 A). ¿Están protegidas tus finanzas? Escribe una redacción en la que explicas qué estás haciendo este semestre para proteger tus finanzas o qué planeas hacer. Luego, contrasta tus ideas con las de un compañero.

> **Ejemplo:** *Este semestre estoy tomando un curso básico para aprender cómo invertir dinero en la bolsa (Stock Market).*

_____

_____

_____

_____

_____

_____

 B). La evolución tecnologíca. Aquí tienes unas fotos de tecnología. Escribe en una redacción sobre cómo crees que ha progresado la tecnología en base a las prestaciones que ofrecen. ¿Qué prestaciones ofrece cada computador que ves en estas fotos o cuáles no ofrece? ¿Qué funciones puedes llevar a cabo con estos computadores? ¿Cuál ha sido su evolución a lo largo de los años? ¿Cuántos años han pasado entre uno y otro?

Un IBM del año 1994 	Un DELL del año 2000 
Un computador portátil SAMSUNG del año 2009 	Una tableta MICROSOFT SURFACE 3 del año 2015

Un NOKIA del año 1995 	Un NOKIA del año 2001 
Un SAMSUNG del año 2009 	Un SAMSUNG GALAXY del año 2014 

C). Comprando un celular. Imagínate que estás en Argentina y tuviste la mala suerte que te olvidaste el celular en un *Starbucks*. Necesitas comprar otro y vas a la tienda. Escribe una conversación entre tú y el dependiente de la tienda. Vas a decirle al dependiente qué prestaciones buscas en tu nuevo celular, si quieres un plan o una tarifa plana en minutos y en Internet (*flat rate*), y cuántos datos necesitas. También vas a preguntarle qué aplicaciones puedes tener con el nuevo móvil y cuáles quieres tener. Sé creativo y hazle preguntas sobre otras prestaciones que el celular pueda ofrecer.

_____

_____

_____

_____

_____

_____

_____

_____

_____

_____

_____

LAS NOTICIAS DEL DÍA

Aquí tienes una noticia sobre los avances de la informática en el mundo de hoy. Léela y completa las actividades que se proponen a continuación.

[1] Secretismo
[2] Aparatos
[3] Localización geográfica

"*EL AVANCE HACIA LA COMPUTACIÓN QUE LEE SU MENTE*"5

A expensas de la **privacidad [1]** digital, los **dispositivos [2]** electrónicos buscan anticiparse a las necesidades de los usuarios en base a la **geolocalización [3]** y los hábitos de uso.

---

5   Esta lectura es una noticia que fue publicada en *La nación*, el 11 de mayo del 2014. El artículo ha sido modificado ligeramente y está casi intacto a su versión original. Wood, Molly. "El avance hacia la computación que lee su mente." *La nación. Tecnologia.* Trans. Gabriel Zadunaisky. 11 mayo, 2014. Web. 4 octubre, 2015. http://www.lanacion.com.ar/1689259-el-avance-hacia-la-computacion-que-lee-su-mente

Como mucha gente en este mundo moderno, me debato con la tensión entre las **comodidades [4]** que ofrece la última tecnología y la pérdida de privacidad que viene con ello.

Cuando tomé mi teléfono un día de esta semana me dijo sin que yo hiciera un solo **gesto [5]** que mi tiempo de viaje al trabajo **estimado [6]** era de 51 minutos y que había quedado en almorzar con un amigo. La foto del amigo en Facebook apareció junto a la cita.

El teléfono también mostró mis otros **compromisos [7]** del día, una selección a medida (*customized*) de las noticias que normalmente miro, el clima y me dio también el estatus del vuelo de un viaje próximo.

Mi teléfono está tratando de anticipar mis necesidades en base a lo que sabe de mí, el contexto de mi vida. Y por lo visto, parece **estar al tanto [8]** de casi todo.

Su teléfono está constantemente recogiendo lo que los diseñadores de aplicaciones llaman **señales [9]**. Estas pueden ser sus hábitos de viaje diarios, que su teléfono puede obtener de su GPS interno, a menudo con aproximación de pocos metros. Su teléfono también puede recoger la información de sus reuniones, sus viajes futuros, sus amigos y familia, su equipo favorito, el tipo de noticias que lee habitualmente e incluso cosas como su **ritmo cardíaco [10]**.

Las cosas realmente se ponen interesantes cuando las aplicaciones que recogen estas señales comienzan a **predecir [11].** Cuando eso sucede, su teléfono puede comenzar a anticipar sus necesidades, intereses y hábitos y darle información, aplicaciones e incluso cupones y avisos relevantes.

Google Now es la aplicación más conocida para predecir lo que querrá hacer. La aplicación genera mi informe de tráfico de la mañana, que aparece como notificación alrededor de la hora que generalmente salgo para el trabajo o cuando hay mucho tráfico (cosa que sucede la mayoría de los días). También muestra equipos deportivos, información de viaje, noticias tecnológicas y búsquedas anteriores, así como lugares o eventos en la vecindad.

EverythingMe, **disponible [12]** solo para Android, hace algo que el iOS de Apple no permite: se **apodera [13]** de la pantalla de inicio y reordena y recategoriza sus aplicaciones.

Lo que *EverythingMe* hace bien es ofrecer una colección rotativa de cuatro aplicaciones de pantalla inicial, que cambian de acuerdo a la hora del día, mi ubicación y con qué frecuencia uso determinadas aplicaciones. En la mañana tengo un ícono a medida, *My Day* (Mi Día), que muestra eventos en el calendario y aplicaciones que uso a menudo en la mañana como *Twitter*.

EasilyDo en iOS y Android maneja compromisos en su agenda, horas de viaje y cumpleaños. Puede hacer planes de viaje y pases a bordo (*boarding passes*) del correo electrónico y manejar sus contactos. De las dos, *EasilyDo* tiene más potencial, pero es desordenada y me presiona constantemente para **actualizar [14]** a la versión de pago o descargar canciones gratis.

[4] Conjunto de cosas para vivir a gusto y sin preocupaciones

[5] Movimiento

[6] Aproximado

[7] Obligaciones

[8] Estar pendiente, vigilar cuando algo ocurre

[9] Signos

[10] Velocidad a la que late el corazón

[11] Aanticipar

[12] Listo para usar

[13] Se hace dueño, toma precedencia

[14] Poner al día, renovar, modernizar

Las aplicaciones que saben quién y dónde usted se encuentra son sin duda útiles, dijo Robert Scoble, co-autor de un libro sobre tecnología contextual, *Age of Context* (La era del contexto).

Si le da acceso a una aplicación a su correo electrónico de modo que tenga su itinerario de viaje, por ejemplo, puede alertarlo cuando hay problemas con un vuelo, mostrarle vuelos alternativos y permitirle reservar otro vuelo con uno o dos **toques [15]**, especialmente si guarda la información de la tarjeta de crédito en la aplicación.

En teoría, estas aplicaciones pueden poner en marcha los **dispositivos [16]** que más saben acerca de nosotros, lo que ayuda a vivir mejor. En la práctica, el contexto está allí, pero las predicciones no son del todo acertadas aún. Y lo que se pierde de privacidad puede ser demasiado para alguna gente.

Vamos a comenzar a ver las computadoras como cosas inteligentes, con infinito poder de computación y acceso infinito a **bases de datos [17]** y por tanto capaces de hablar con nosotros y darnos lo que queramos, dice Ami Ben David, cofundador de *EverythingMe*.

"Lo contextual es todo un mundo" dijo Ami Ben David, "Va a cambiar la computación que conocemos, según mi punto de vista".

La **ubicación [18]** es el elemento más poderoso de la tecnología contextual por lo que yo veo. Pero también es el elemento que me genera preocupación por mi privacidad. ¿Cuándo una aplicación ya lee su agenda, su correo electrónico, sabe dónde vive y trabaja, a dónde viaja, lo que le interesa, hay algo que no sepa?

"Yo digo que este es un mundo en el que se entra o no y mucha gente está en el medio tratando de decidir qué hacer" dijo Scoble. "Sí, asusta. Sí, requiere que dé acceso a cosas que **dan un poco de miedo [19]**, pero esto va a ser tan útil que la gente que se quede fuera se va a perder cosas de la vida".

Considérenme una de las personas que se quedó en el medio. Sigo **aferrada [20]** a algo de privacidad aunque probablemente sea fútil. Y cada vez que yo, al igual que Scoble, gano en la vida gracias a una aplicación que puede darme exactamente lo que necesito, cuando lo necesito, doy otro pequeño paso hacia el lado oscuro.

(Translation by/Traducción de: Gabriel Zadunaisky)

 A). ¿Comprendiste? Contesta las preguntas en base a la lectura con un compañero y luego compartan con la clase.

1. ¿Cuál es la idea principal del artículo?
2. ¿Cuáles son algunas de las aplicaciones más útiles según el artículo que nos ayudan en nuestra vida diaria y cómo pueden ayudarnos a hacernos nuestra vida diaria un poco más fácil?

3. ¿De qué forma se utiliza el significado de "contexto" en relación con las aplicaciones informáticas?

4. ¿Qué dice el artículo sobre la gente que no usa estas aplicaciones u otras en favor de tener más privacidad? ¿Qué es mejor, privacidad o tecnología?

 B). Para reflexionar. Discute con un compañero y luego compartan con la clase.

1. ¿Qué crees de las aplicaciones de las que el artículo habla? ¿Son buenas, útiles, populares? ¿Qué otras aplicaciones conoces que sean mejores? ¿Qué hacen para el usuario?

2. ¿Qué opinas del dilema privacidad vs. protección? En un mundo como el que vivimos, ¿es más importante estar protegido mediante la tecnología –por ejemplo, con el uso de GPS incorporados que revelan la ubicación exacta de donde estamos–, o es más importante tener privacidad? ¿Hay algunas situaciones en las que privacidad es más importante que la protección? ¿Hay excepciones dependiendo del cargo o puesto que uno ocupa en la sociedad (por ejemplo los políticos)? ¿Cómo crees que este tema evolucionará en un futuro próximo?

3. ¿Puedes pensar en una aplicación ideal que te gustaría tener?

¡A TRADUCIR!

A). Traduce de español al inglés. La *Asociación para estudiantes de habla inglesa* de Argentina te ha pedido que ayudes con la traducción de propaganda de empresas con servicios informáticos.

Eliminamos virus
Instalamos programas
Formateamos su equipo
Reparamos su computador
Actualizamos su computador
Diseñamos páginas de Web y de publicidad
Horarios convenientes (de lunes a sábado de 8-21 hrs)

Satisfacción garantizada
Llámenos al 54-11-335-4466

Llame al Dr. Computador para
problemas informáticos
Tel. +54-11-467 543
C/ Avenida Dorrego, n. 34
Buenos Aires

¿Su computador va a velocidad de tortuga[6]?
Ofrecemos servicio rápido y eficiente
Instalación de Internet inalámbrico
Configuración de redes empresariales
Mantenimiento de impresoras
Actualización de computadores a Windows 10

---

6   "Velocidad de tortuga" es una expresión muy común en español que significa ir muy lento.

CYBERINFORMÁTICA OFRECE CLASES DE COMPUTACIÓN PARA NIÑOS...

Introducción a la informática
Clases por grupos de edades
Power Point para niños
Grupos reducidos
Juegos instructivos
Internet para niños
Word para niños
Plazas limitadas

_____

_____

_____

_____

_____

_____

_____

 B). Traduce del inglés al español. Estás haciendo una tarea para la clase de literatura española.

Presta especial atención a las palabras en negrita, relacionadas con el capítulo.

First, go to *Google Scholar* and type in the **search box** "*Vida y obra de Cervantes*".

Click the one **entry** that you think is the closest to the information you are looking for.

Print the material, read it, and **underline** the most important ideas.

The original entry that you **clicked** has an option called "cita" located just below. Click it and you will see the bibliographic information according to three writing styles. Choose the MLA style. Now, in a blank **Word document** in a section that you create called "Works cited", **copy and paste** the bibliographic information of the document you got the information from.

After you have read all the material you printed previously, go back to your blank **Word document**, write an essay about "*Vida y obra de Cervantes*" in your own words including the ideas you underlined.

Next, do a **new search** for one of the passages of "*El Quijote*", **highlight** the passage, **right click, and copy and paste it in your blank document**.

Now, write a brief paragraph analyzing the passage that you choose from this author.

However, if you don't want to read the whole passage, you can go to *Youtube*, **download** a movie version, watch it, and then include the main ideas in your own words.

Finally, include an image of the author. Go to Google images, type in the **search box** "el Quijote", **right click** the image, choose the option **"save picture as"**, save it in your **desktop, minimize the web page** in case you need to go back, go to your desktop, right click on the **picture icon**, go to the desktop, **copy the image**, and **paste it in your Word document.** Now, send the assignment to your teacher **by email as an attachment.**

_____

_____

_____

_____

_____

_____

_____

_____

_____

_____

_____

_____

_____

_____

_____

_____

_____

_____

_____

_____

_____

_____

_____

_____

A tu profesora le encanta la fotografía y el año pasado propuso a sus estudiantes hacer una galería con fotografías relacionadas con la informática y la tecnología. Éstas son las fotografías que los estudiantes del semestre pasado tomaron.

GALERÍA # 1: Robo de identidad

Robo de identidad

¡Alguien robó tu identidad!

Hablando con el director del banco

Haciéndote miembro de una organización anti-fraude

Ya eres miembro de una organización anti-fraude

Llamas a la policía y pones la denuncia

GALERÍA # 2: Comprando un nuevo computador

GALERÍA #4: Planeando un viaje

¿Qué te inspiran estas fotografías? ¿Qué ocurre en ellas? Sigue los pasos que se proponen a continuación.

 Paso 1: Estructura el diálogo. Mira con un compañero cada uno de los escenarios que se presentan a través de las fotografías e intenta averiguar qué crees que está pasando en las fotos. Hagan una estructura del diálogo, es decir, anoten los diferentes puntos sobre los que el diálogo va a tratar. Piensa en cuántos personajes vas a crear y dónde ocurre la acción.

Ejemplo: **Robo de identidad (en la galería 1)**
<u>Puntos clave</u>: cancelar tarjetas de créditos/contratar servicios anti-fraude/hacer la denuncia a la policía/ recoger reporte de la policía/entregar el reporte a la compañía antirrobo para evitar cargos que tengas que pagar.
<u>Personajes</u>: víctima del robo/agente compañía antirrobo/policía
<u>Acción</u>: ocurre en la casa de la víctima y en la comisaría de policía

 Paso 2: Escribe el diálogo. Ahora escriban en grupo de dos personas el diálogo o conversación que transmiten las fotografías. Intenten ser lo más realista posible. Incorporen palabras del vocabulario y puntos gramaticales que aprendieron del capítulo y de otros capítulos. Una vez lo hayan escrito, repásenlo para ver si hay errores de algún tipo. Para Galerías #2, #3, #4, escriban también un título (*caption*) para cada fotografía como se proporciona en la Galería #1.

 Paso 3: **Dramaticen los escenarios.** En este paso, dramaticen las situaciones sobre las que escribieron en el **Paso 2** y hagan otra versión de la galería de fotos de la dramatización. Es decir, tomen fotos de las actuaciones de los estudiantes.

Se les asignará a diferentes estudiantes roles diferentes. Todos pueden participar haciendo diferentes cosas; unos pueden actuar, otros pueden tomar fotos de la dramatización, otros pueden poner las fotos en un póster o colgarlas en aglún lugar en forma digital....

Decidan cómo van a asignar los diferentes roles. Intenten usar accesorios que les ayuden a transmitir más verosimilitud durante las actuaciones. Por ejemplo: un computador portátil, un móvil para llamar, un disfraz de policía, unos auriculares para el representante de la compañía antirrobo, etc...

CAPÍTULO 7

Los recursos humanos

> *"No hay mejor herencia que trabajo y diligencia"*

Dicho Popular

¿Conoces un refrán similar en tu país? Los refranes son muy difíciles de traducir, pero con frecuencia hay refranes similares de un idioma a otro. ¿Por qué piensas que existen estas similitudes? ¿Se te ocurre algún refrán similar en tu idioma nativo?

LECTURA CULTURAL I

LA DINÁMICA IDENTITARIA DE LOS CHICANOS, HISPANOS Y US-LATIN@'S Y SU PARTICIPACIÓN EN EL SECTOR LABORAL[2]

Es importante establecer el momento en que surge una identidad diferente en cuanto a los términos chican@, US latin@, e hispan@. Estos términos proporcionan una **etiqueta [1]** o formas de hacer referencia a diferentes connotaciones identitarias según la persona y el lugar donde se aplica. Las relaciones entre México, Latino América y Estados Unidos se han caracterizado por una serie de conflictos que se iniciaron con la pérdida del 55% del territorio mexicano como resultado de la guerra conocida en México como la *Guerra del 47* de 1846 a 1848 y **denominada [2]** en EEUU como la *Guerra entre México y los Estados Unidos*. Quizás, el factor más significativo en la pérdida del territorio mexicano y por lo tanto, en el **desarrollo [3]** de una identidad de US Latino@ actual fue la doctrina del *Destino Manifiesto* (1845-1890).[3] Esta misma doctrina es la que ha afectado no únicamente al pueblo estadounidense de ascendencia mexicana, sino también a las relaciones entre Estados Unidos y los países latinoamericanos. De hecho, desde el principio de la presidencia de James Knoxville Polk[4], su política exterior buscaba un **pretexto [4]** para **agredir [5]** a México. Este pretexto se presentó cuando las fuerzas armadas de Zacarías Taylor se situaron en Punta Isabel, frente al Río Bravo[5], y mediante este acto de agresión, el general mexicano

[1] Label
[2] Named
[3] Development
[4] Excuse
[5] To attack

---

1   Se utiliza la arroba (@) en el término *US Latin@* para incluir a ambos géneros en una palabra.

2   Labor Characteristics by Race and Ethnicity, 2012." *BLS Reports.* US Bureau of Labor Statistics, 1 Oct. 2013. Web. 29 Sept. 2015. <http://www.bls.gov/cps/cpsrace2012.pdf>.

3   La *Doctrina del Manifiesto* es una teoría que veía de forma positiva la expansión de los Estados Unidos tanto territorial como ideológicamente hacia el Oeste para llegar al Pacífico, algo que legitimaban bajo una idea providencial. Bajo este concepto, la adquisición de estados como Texas fue visto como algo natural que debía ocurrir. Para más información véase: James McCaffrey. Army of Manifest Destiny (New York: University Press, 1992), 66.

4   James Knoxville Polk fue el presidente estadounidense de 1845 a 1849 cuando ocurrió el conflicto sobre los territorios entre México y los Estados Unidos. Zacarías Taylor fue general en el servicio militar estadounidense durante la guerra entre México y los Estados Unidos. Mariano Arista (1802-1855) general del ejército mexicano, asciende a la presidencia de México (1850-53).

5   Rio Grande en EEUU

Mariano Arista tuvo que disparar contra los invasores estadounidenses el 25 de abril de 1846, lo que dio inició a la guerra. El encuentro ocurre no en territorio estadounidense como aseguraban Polk y Taylor, sino en zona que **se encontraba [6]** en disputa entre **ambas [7]** naciones. Más tarde, Walter Mignolo explica que el conflicto ente EEUU y México tenía raíces históricas muy antiguas que venían de las relaciones entre España e Inglaterra y que se habían iniciado siglos atrás en un **ahínco [8]** colonizador de ambas **potencias [9]** en el viejo continente; una vez que llegan a las Américas, tanto Inglaterra como España perpetúan el conflicto iniciado siglos atrás. Por consiguiente, parte de la problemática entre México y EEUU se hereda de las luchas entre España e Inglaterra.

A todo este contexto histórico es importante aclarar el significado y etimología de los términos US latin@, hispan@ y chican@. Michel Chevalier[6] aplica el término *latino* en 1836 para diferenciar a los países del continente americano que hablaban lenguas que provenían del latín, de los Estados Unidos de Norteamérica que habían adoptado el término de América para describir el territorio estadounidense. El **apelativo [10]** es problemático ya que hay un gran número de gente en Latinoamérica que provienen de pueblos **oriundos [11]** y hablan otras lenguas como el nahuatl, huicholi y el quechúa entre otras, y por lo tanto, el término *latino* no refleja la diversidad étnica de su gente. Sin embargo, el término *latino* sí incluye a Brasil, por ser el portugués parte la familia de idiomas que deriva del latín. Por consiguiente, el uso de *latin@* e *hispan@* puede ser considerado en varios ámbitos como racista y eurocéntrico. Ya para la década de los 70, la campaña presidencial de Richard Nixon aplica la etiqueta "*Hispanic*" o hispano para **agrupar [12]** a los inmigrantes de habla hispana y para tener una forma más **eficaz [13]** de llevar su campaña presidencial a este grupo minoritario. Hispan@ **comprende [14]** a todos los individuos de habla o ascendencia hispana en las Américas, pero excluye a Brasil ya que en ese país no se habla el español. Del mismo modo, la designación de *chican@* para calificar a los México-americanos es problemática pues este término conlleva cierta ideología política de los movimientos activistas de la década de los años 60 y 70. Efectivamente, no se puede clasificar a todos los México-americanos como chican@s tampoco. Sin embargo, los términos *latin@* e *hispan@*, aunque problemáticos, también son los que tienen mayor difusión en cuanto a esta minoría en Estados Unidos. Por consiguiente, se puede concluir al respecto que se aplicarán las designaciones de *US latin@s* e *hispan@s* para referirse a grupos de ascendencia o raíces latinoamericanas dentro de los Estados Unidos. Linda Alcoff sugiere el término de "**etnoraza**" **[15]** para describir mejor a los hispan@s/latin@s en EEUU, ya que de acuerdo a unas teorías culturales, este concepto define mejor la experiencia de ser ambos una minoría étnica y racial a la vez.

La composición racial de los EEUU ha ido evolucionando con el pasar del tiempo. Uno de los cambios más notables ha sido la transformación demográfica con respecto a las minorías, algo que consta de acuerdo a estudios presentados tanto por el *U.S Bureau of*

---

6   Economista y político francés del siglo XIX.

TABLA DE EMPLEO Y DESEMPLEO 2012	HISPANOS %	AFRO-AMERICANOS%	BLANCOS%
Edad promedio del trabajador en EE.UU	36.0	39.7	44.2
Empleo	16	12	80
Desempleo	10.3	13.8	7.2
Salario semanal	621	792	920
Educación Universitaria	17	26.0	80

Datos tomados de la Oficina de Estadística Laboral

Labor Statistics (*Oficina de Estadísticas Laborales*) como por el censo conducido durante el año 2010 en EEUU. Conforme a los resultados de encuestas hechas por esta entidad, el país pasará de ser una nación donde las minorías formarán demográficamente la mayoría de la ciudadanía. De hecho, ya para el 2011 los US latin@s constituían el 15% de la fuerza laboral dentro de los Estados Unidos y se espera que ese número aumente al 20% para el año 2020 de acuerdo a proyecciones del mismo *U.S Bureau of Labor Statistics*. Esta organización reporta que este grupo **experimenta [16]** un alto porcentaje de **desempleo [17]** cuando se le compara con la población **caucásica [18]** o con la afro-americana.

De acuerdo al censo del 2010, la población estadounidense tiene una edad promedio de 37.3 años mientras que la **población [19]** latin@ cuenta con la ventaja de que tiende a ser más joven y más saludable, con una edad promedio de 27.6 años. De acuerdo al mismo censo del 2010, la edad promedio de la población blanca, no hispan@ es de 42.3 años. En cuanto a la **tasa de fertilidad [20],** ésta es del 2.4 % para los hispan@s en comparación al 1.8% para los **anglosajones [21]**. Este dato sugiere que los cambios demográficos que se han ido llevando a cabo en los últimos años en este grupo representan un giro en cuanto a un mercado laboral que requerirá de una población hispana para cubrir unos puestos de trabajo, así como también de un sistema de seguro social que también necesitará de unos contribuyentes que paguen impuestos ante una población mayor que **se jubilará [22].** Estados Unidos por tanto precisará de una **fuerza laboral [23]** joven como la que aportan los US latin@s.

En cuanto a los niveles de educación, los hispanos muestran **niveles [24]** más bajos de educación universitaria en comparación tanto con los caucásicos como con la población afro-americana. La excepción a esta tendencia han sido los cubano-americanos, y en concreto aquellos que llegaron durante las primeras **oleadas [25]** migratorias impulsados por la *Revolución cubana*, quienes cuentan con un nivel profesional más alto que el del resto de los US latin@s en EE.UU.

[16] Experiences
[17] Unemployment
[18] Caucasian
[19] Population
[20] Fertility rate
[21] Anglo-Saxon
[22] Will retire
[23] Workforce
[24] Levels
[25] Waves

Finalmente, mucho se ha dicho sobre las diferencias culturales entre los US latin@s y los estadounidenses. **Particularmente [26]**, se ha analizado la **ética laboral [27]** estadounidense y se la ha asociado con una tradición religiosa protestante. Siguiendo con patrones de conducta en relación al empleo, es **notorio [28]** que muchos migrantes latinoamericanos han conseguido trabajo a causa de una **disponibilidad [29]** de éstos, trabajos que son remunerados con un salario mínimo. Estos trabajos, pues, además de no ser bien pagados, son trabajos **arduos [30]**, lo que sugiere que el trabajador migrante latinoamericano cuenta con una fuerte ética laboral y que **está dispuesto [31]** a sacrificarse con tal de **sobresalir [32]** y **alcanzar [33]** un mejor nivel de vida.

 A). **¿Comprendiste?** Después de leer la lectura responde las siguientes preguntas con un compañero y luego compartan con la clase:

1. ¿Cuáles son las diferencias entre los términos chican@, US latin@ e hispan@?
2. ¿Qué evento marca la creación de una nueva identidad de la que la lectura habla en relación a los US latin@s?
3. ¿Dé qué forma explica Walter Mignolo el conflicto entre los EEUU y México?
4. ¿Por qué son problemáticos los términos latin@ e hispan@?
5. ¿Por qué se introduce el término hispan@ en la década de los años 70?
6. ¿Qué significa "*etnoraza*"?
7. ¿Por qué es inminente la latinización de los EEUU?
8. ¿Qué lenguas se hablan en Latinoamérica, aparte del español?
9. ¿De qué forma pueden contribuir, en términos demográficos, los US latin@s e hispan@s a la sociedad estadounidense?
10. ¿Cómo se caracteriza el nivel educativo de los US latin@s?

 B). **Para profundizar**. Con un compañero responde las siguientes preguntas y luego comparte con el resto de la clase.

1. ¿Por qué usar la @ en vez de la "o" o la "a" en la designación de los términos chican@, US latin@ e hispan@? En términos políticos, ¿por qué es significativo este acto?
2. ¿Qué opinas del término *etnoraza* para describir a los US latin@s dentro de la cultura estadounidense?
3. ¿Es importante el poder auto definirse? ¿Cuál es la importancia de un nombre u otro, en lo que se refiere a la identidad?
4. ¿Qué tipos de empleos consiguen los migrantes latinoamericanos cuando llegan a los EEUU y por qué?

C). Escribe oraciones. Elije diez palabras nuevas del vocabulario de la *Lectura Cultural I* y escribe una oración relacionada con el tema de la lectura que describa una opinión o reflexión que tengas sobre este tema.

> *Ejemplo:*
>
> *Pienso que la **etiqueta** US latin@ es la más común para describir a esa minoría en EEUU.*

D). Adivina. Con un compañero tomen turnos para definir y adivinar las palabras del vocabulario que acaban de aprender.

VOCABULARIO

COGNADOS	COGNATES
Autorizar	To authorize
Candidato	Candidate
Compañía	Company
Evaluar	To evaluate
Ofrecer	Offer
El organigrama	Organization chart
Reclutar	Recruit
Revisar	Review
Vacante	Vacant

VERBOS	VERBS
Abordar	To address
Alcanzar/ Lograr	To achieve
Aspirar	To aspire
Concertar una entrevista	To arrange an interview
Conseguir	To obtain
Contratar	To hire
Delegar	To delegate
Desempeñar	To perform

VERBOS	VERBS
Despedir	To fire
Dirigir	To manage/To direct
Ejecutar	To implement/ To execute
Emprender	To launch/To undertake
Jubilarse	To retire
Negociar	Negotiate
Renunciar	To resign
Solicitar	To apply
Subcontratar	Outsource
Verificar	Verify

LOS EMPLEADOS	EMPLOYEES
El absentismo laboral (del empleado)	Absenteeism
El perfil del empleado	The employee profile
El asesor comercial	Business Consultant
El asesor comunitario	Community Assistant

LOS EMPLEADOS	EMPLOYEES
El asesor de comunicaciones	Communications Consultant
El asesor de imagen	Image Consultant
El asesor de servicio al cliente	Customer Service Representative
El asesor externo	Outside Consultant
El asesor financiero	Financial Advisor
El aspirante	Applicant
El/La auxiliar de administración	Administrative Assistant
El/La auxiliar de comercial	Commercial Assistant
El/La auxiliar de contable	Accounting Assistant
El/La auxiliar de relaciones públicas	Public Relations Assistant
El/La auxiliar de comedor	Dining Room Assistant
El/La auxiliar de enfermería	Nurse Assistant
El/La auxiliar de farmacia	Pharmacy Assistant
El cazatalentos	Head hunter
El expatriado	Expatriate
El gerente técnico	Technical manager
El jornalero	Day laborer
El mediador	Mediator
El personal	Personnel/Staff
La plantilla	Personnel/Workforce
El trabajador a distancia	Telecomuter

LAS CUALIDADES/ LAS APTITUDES	CUALIFICATIONS/ ABILITIES
Afable	Affable
El afán de superación	Effort to improve/ To exceed
El afán de triunfo	Effort to win
Capacitado	Qualified
La actitud (del empleado) hacia el trabajo	Attitude towards a job
La autonomía	Autonomy

La destreza	Dexterity
La disponibilidad	Availability
Egresado	Graduated
La experiencia profesional	Professional experience
Sobresaliente	Outstanding

EL CONTRATO DE TRABAJO	CONTRACT
La cláusula	Clause
El convenio	Agreement
La duración del contrato	Contract duration/Term

LOS DOCUMENTOS DE TRABAJO	WORK DOCUMENTS
Los datos	Data
El expediente	File
El expediente académico	Transcripts
El expediente personal/El curriculum vitae/La hora de vida	Resume
El expediente profesional	Professional file
El formulario	Application/Form
La gestión	Measure
La solicitud	Appication
La solicitud de empleo	Employment application
El trámite	Procedure

LOS BENEFICIOS	BENEFITS
El ascenso	Promotion
La carga social	Benefits
La indemnización por antigüedad	To compensate/To indemnify when retiring
La indemnización por despido	Severance pay
El ingreso	Income
El jornal	Daily wages
La paga de navidad/El aguinaldo	Christmas bonus
La pensión	Pension
Las prestaciones	Benefits
La retribución	Payment

El sobresueldo	Overtime pay
Los subsidios de desempleo	Unemployment benefits

LA EMPRESA	BUSINESS
La corporación	Corporation
La firma	Firm
La multinacional	Multinational
Sin fines de lucro (la empresa, compañía, organización)	Nonprofit organization

EVENTOS RELACIONADOS CON EL TRABAJO	EVENTS RELATED TO EMPLOYMENT
La entrevista	Interview
La colocación	Placement
Los cursos de capacitación	Training courses
La exposición	Exhibit
La huelga	Strike
El período probatorio	Probationay period
La selección	Selection

LOS LUGARES	PLACES
La agencia de trabajo temporal	Temporary work agency
La oficina matriz	Main office
La oficina de recursos humanos	Human Resources Office
La plaza de trabajo	Location/Post
La sede	Home office
La sucursal	Branch of the main office
El trabajo a pie de obra	On site job

EL PUESTO DE TRABAJO	JOB POSITION
La asignación	Assignment
El cargo	Job post
La clasificación de puestos	Position classification

EL PUESTO DE TRABAJO	JOB POSITION
El horario de trabajo	Schedule
La planificación	Planning
El rendimiento del trabajo	Job performance
Los requisitos del puesto	Job requirements
La tasa de empleo	Employment rate
El trabajo a media jornada	Part time job
El trabajo a jornada completa	Full time job
El trabajo cualificado	Skilled labor
El trabajo no cualificado	Unskilled labor
El trabajo semi-calificado	Semi-skilled labor

EL FUTURO PROFESIONAL	PROFESSIONAL FUTURE
El estancamiento profesional	Dead end job/Lack of professional opportunities
Las metas a corto plazo	Short term goals
Las metas a largo plazo	Long term goals
La trayectoria profesional	Trajectory/Path

SUSTANTIVOS	NOUNS
El laudo	Decision/Finding
Remitente	Sender
Vigencia	Valid

AJECTIVOS	ADJECTIVES
Obligatorio	Binding

A). Correspondencias. Empareja una palabra de la lista de la izquierda con una de la columna de la derecha:

1._____Dato   a. Pago cuando pierdes un empleo
2._____Gestión   b. Prestaciones
3._____Huelga   c. Bono monetario
4._____Reclutar   d. Información
5._____Aguinaldo   e. Trámite
6._____Renunciar   f. Paro laboral
7._____Jornalero   g. Dejar de trabajar
8._____Expatriado   h. Inscribir
9._____Despedir   i. Abandonar
10.____Jubilar   j. Deportado
11.____Carga social   k. Trabajador
12.____Subsidio de desempleo   l. Echar de un trabajo

B). Se solicita maestra/o. Llena los espacios en blanco según el vocabulario proporcionado en el capítulo.

Solicitar	Prestaciones	Aspirante	Sobresueldo	Trabajador a distancia
desempeñar	Cargo	Sin fines de lucro	Expediente personal	Sede

Se solicita una joven 1._____ de entre dieciocho y veinticinco años de edad para 2._____ un puesto de 3. _____ en la enseñanza de español que requiere viajar durante los fines de semana en excursiones culturales. Para 4._____ este empleo es necesario presentarse ante la 5._____ de nuestra empresa que queda ubicada en la Avenida Alfonso Reyes #224, Cuauhtémoc, Hipódromo, 06100 Ciudad de México, D.F., México. Debe de traer su 6._____ y tres cartas de recomendación. El 7._____ consiste en enseñar español a estudiantes internacionales. Nuestra organización es una empresa 8._____ que ofrece becas para estudiantes. Además, la empresa proporciona 9._____ excelentes para todos los empleados y 10._____ cuando se viaja fuera de la ciudad con los estudiantes.

C). Define. Explica en tus propias palabras los siguientes términos:

1. Las metas a corto y a largo plazo

_____

_____

_____

2. El periodo probatorio

_____

_____

_____

3. La cláusula

_____

_____

_____

4. El ascenso laboral

_____

_____

_____

5. EL trabajo a pie de obra

_____

_____

_____

6. El sobresueldo

_____

_____

_____

7. La carga social

_____

_____

_____

INFORMES MATUTINOS

 Informes matutinos: (Presentación Individual breve 3-6 minutos)

La presentación que hará el estudiante consiste en realizar un informe breve desde la perspectiva de un profesional que ha investigado el tema y está presentando el material a una mesa directiva (la clase) durante una junta. Los miembros de la mesa tienen el derecho y la responsabilidad de hacer preguntas. Puedes utilizar notas, pero únicamente como fuente de referencia, no leas directamente.

Paso 1: Elige un artículo. Selecciona un artículo de un periódico latinoamericano o una revista producida en español. Utiliza la lista que se ofrece en la introducción del libro. El artículo debe relacionarse con la búsqueda de trabajo y en particular con la temática programada para ese día en la clase.

 Paso 2: Desarrolla un informe. Asegúrate que tu informe incluye:

   A. Introducción: 1 minuto

      1. Un saludo (nombre del estudiante y carrera)

      2. El título del artículo

      3. Fuentes del artículo

B. Cuerpo (lo más importante de la presentación): 2-4 minutos para resumir los datos más relevantes del artículo

      1. Resumen del artículo

      2. Relevancia y análisis

      3. Conclusiones

 Paso 3: Presenta el informe.

Paso 4: Preguntas de la mesa directiva sobre el informe (la clase)

LECTURA CULTURAL II

[1] Union

[2] Demarcation

[3] Human Resources manager

[4] Arbitrating/Mediating

[5] Stoppage/ Walkout

[6] Strike

LAS RELACIONES LABORALES (R.L) VS. LOS RECURSOS HUMANOS [7]

El propósito del área de los recursos humanos o las relaciones laborales es el de desarrollar y mantener relaciones sólidas entre el empleador, sus empleados, y donde existan, negociar con los **sindicatos [1]**. Los términos *relaciones laborales* y *recursos humanos* a veces se utilizan sin distinción, no obstante, hay diferencias fundamentales entre una **demarcación [2]** y la otra. Un **gerente de relaciones laborales [3]** (RL) con frecuencia maneja los aspectos relacionados con sindicatos, cuestiones laborales, quejas, **arbitraje, [4] paros [5]** y **huelgas [6]**. Además, el

---

7   "Funciones Del Departamento De Recursos Laborales." *Losrecursoshumanos.com.* 6 Apr. 2011. Web. 11 June 2016. <http://www.losrecursoshumanos.com/funciones-del-departamento-de-relaciones-laborales/>.

gerente de relaciones laborales a menudo debe de asistir a **mediaciones laborales [7]**, **negociación del despido o la salida [8]** de algún trabajador, preparar contratos o documentos legales que listen salarios o **sueldos [9]**, horarios, **prestaciones [10] y posibilidad de ascenso [11]** entre otras responsabilidades. Si el puesto está a cargo de una sola persona, **dicha entidad [12]** suele ser un abogado, ya que es necesario que tenga un entendimiento amplio y profundo sobre las **leyes laborales [13]** y los **convenios [14]** del **Ministerio de Trabajo [15]**. Si el gerente de RL no es abogado, la empresa debe de contar con el servicio de un abogado **diestro [16]** en **ley laboral [17]**. Además, el encargado de este puesto evalúa si el candidato posee cualidades **empresariales [18]**, responsabilidad, compañerismo, honestidad, respeto y transparencia necesarios para formar parte de la compañía.

Por otra parte, el **director de recursos humanos [19]** tiene responsabilidades múltiples, pero distintas a las responsabilidades de un gerente de relaciones laborales. La distinción entre uno y otro es más marcada en empresas donde los sindicatos están muy presentes en la empresa. Este factor en EEUU tiende a diferir de estado a estado o de compañía a compañía. Un director de recursos humanos suele atender ciertas necesidades empresariales administrativas como por ejemplo:

1. Identificación de estrategias para el manejo (ya sea ampliación o reducción) de los empleados.
2. Utilización con eficacia de unos recursos humanos y financieros.
3. Colaboración con la empresa en la obtención de prestaciones.

El gerente debe de revisar las **solicitudes [20]**, **curriculum vitae [21]** y las **cartas de referencia [22]** cuidadosamente para elegir a los candidatos idóneos o a los más competentes. Después de esta cuidadosa selección, se debe conducir una entrevista para seleccionar al candidato ideal para la compañía. Además, es importante que la descripción del empleo sea detallada y liste las cualidades requeridas para el trabajo. El gerente de RL también está a cargo de ayudar con la **capacitación [23]** y la **evaluación [24]** laboral del nuevo empleado y de entregar premios por logros e incentivos. Asimismo, el gerente debe de tener un estilo de liderazgo que se preste a **fomentar [25]** y administrar una cultura laboral positiva a fin de crear un clima laboral interno satisfactorio, basados en el respeto mutuo entre empleados y gerentes. Para crear este tipo de ambiente laboral es preciso contar con una excelente habilidad de diálogo y negociación. En varios casos, la prevención de conflictos en la empresa depende de una habilidad de comunicación superior para prevenir conflictos en ésta. La paz laboral resta en buenas condiciones de trabajo, buena selección de personal, una compensación justa y un ambiente laboral positivo. Todos estos son elementos de los cuales un gerente de recursos humanos o laborales debe de lograr implementar en la empresa.

[7] Labor mediations
[8] Negotiate termination
[9] Salaries
[10] Benefits
[11] Possibility of promotion
[12] Said entity
[13] Labor laws
[14] Agreements
[15] Department of Labor
[16] Skilled
[17] Labor law
[18] Managerial
[19] Director of Human Resources
[20] Applications
[21] Curriculum vitae
[22] Recommendation letters
[23] Training
[24] Evaluation
[25] To foster

[26] Remunerate
[27] Efficient
[28] Successful
[29] Amplitude

Cualquiera que sea la estructura empresarial en cuanto al manejo de las relaciones laborales o los recursos humanos, la responsabilidad más importante para este gerente es la de identificar, contratar y **remunerar [26]** apropiadamente a los empleados para el funcionamiento **eficaz [27]** y **exitoso [28]** de la empresa. De hecho, un aspecto esencial de este puesto es el de lograr vincular los intereses de la empresa con las capacidades del empleado. La planificación laboral debe de contener una visión que incluya tanto un desarrollo optimista como unas medidas económicas que incluya estrategias de contratación donde haya flexibilidad para tomar medidas restrictivas en cuanto al número y calidad de los empleados; por lo que **amplitud [29]** y flexibilidad son características necesarias para cualquier plan de desarrollo.

En conclusión, dentro de las relaciones laborales y los recursos humanos se gestionan la elección de un área fundamental para el éxito de cualquier empresa.

A). ¿Comprendiste? Después de leer la lectura, responde las siguientes preguntas con un compañero y luego comparte con la clase.

1. Describe las responsabilidades de un gerente de relaciones laborales.
2. Describe las funciones de un gerente de recursos humanos.
3. ¿Cómo se diferencian estos dos puestos?
4. ¿Qué se recomienda hacer cuando el gerente de relaciones laborales no es abogado?
5. ¿Cuáles son las cualidades empresariales que debe de buscar el gerente de recursos humanos en un candidato?
6. ¿En qué aspectos se debe de enfocar un gerente en lo que se refiere al empleo de personal?
7. Después de contratar al candidato, con qué otros cargos debe de dar ayuda el gerente de recursos humanos?
8. Describe el tipo de cualidades que debe tener un buen gerente de relaciones laborales o de recursos humanos?
9. ¿Cuál es la responsabilidad más importante para el gerente de recursos humanos?

B). Para profundizar. Con un compañero elaboren un debate sobre la importancia del puesto de director de recursos humanos vs. el director relaciones laborales. Un estudiante debe defender un puesto mientras que el segundo debe defender el otro puesto.

Paso 1: Cada uno haga una lista de las responsabilidades del puesto y el valor de la posición en la empresa respectivamente. Utilicen el vocabulario y la información que han aprendido en la *Lectura Cultural II* para argumentar sus ideas.

Paso 2: Ahora empiecen el debate y defiendan la postura de cada uno.

Paso 3: Al final del debate, el/la profe va a hacer una encuesta para ver qué opina la clase sobre la importancia del director de recursos humanos o el director de relaciones laborales.

C). Más allá del aula:

Paso 1: Elige uno de los siguientes temas y haz una búsqueda en la Internet. Puedes enfocarte en una profesión (médico, ingeniero, psicólogo, etc...) o en un sector (medicina, educación, construcción, profesiones legales, etc...).

A. Condiciones de trabajo
B. Habilidades gerenciales
C. Liderazgo
D. Mano de obra
E. Psicología industrial
F. Psicología del trabajo
G. Sindicato

Paso 2: Escribe un párrafo que explique en tus propias palabras el significado del término que has elegido.

Paso 3: Lleva la información a clase y prepárate para dar un informe sobre el concepto.

SER Y ESTAR

En general, se usa el verbo SER para definir, clasificar o expresar características específicas de una persona o de una cosa tangible o intangible.

> *Ejemplo:*
> *Juan García **es** un hombre cabal, **es** muy serio, **es** licenciado en relaciones laborales con su propio despacho, y este año **ha sido** el ganador de un caso legal muy importante. Juan **es** una persona muy preocupada por el porvenir de su país. Por eso **es** abogado y defiende casos relacionados con el sector laboral, que para otros **son** intocables por su alto nivel de dificultad.*

Otros usos de SER:

1. **Nacionalidad y origen:**

   Ana **es** mexicana, **es** de México

   *Ana **is** Mexican, she **is** from Mexico*

2. **Profesión, personalidad y atributos físicos:**

   Michael **es** licenciado, **es** muy simpático, además **es** alto y delgado

   *Michael **is** a lawyer, he **is** very nice; in addition, he **is** tall and thin*

3. **La hora y la fecha:**

   ¿Qué hora **es**? **Son** las 3 de la tarde. Hoy **es** lunes 25 de octubre, el día en que tengo una entrevista de trabajo

   *What time **is** it? It **is** 3 in the afternoon. Today **is** Monday, October 25, the day I have a work interview*

4. **Las relaciones personales:**

   Frida **es** la hija del dueño de la compañía

   *Frida **is** the owner's daughter*

5. **Con expresiones impersonales:**

   Es importante obtener un título universitario

   *It **is** important to have a college degree.*

   Es difícil obtener un trabajo del gobierno

   *It **is** difficult to get a government job*

   Es mejor trabajar para uno mismo que para alguien más

   *It **is** better to be self-employed than to work for someone else*

   Es necesario trabajar duro para triunfar

   *It **is** necessary to work hard in order to succeed*

6. Características:

Este trabajo **es** muy gratificante

*This **is** a very rewarding job*

7. Voz pasiva:

El jefe **es** considerado por los empleados como una persona muy amable e inteligente.

*The boss **is** considered by the employees as a kind and intelligent person.*

Usos del ESTAR:

1. Ubicación o localidad como situaciones geográficas (1):

El entrevistador **está** en su oficina esperando al candidato

*The interviewer **is** in his office waiting for the candidate*

2. Condiciones físicas (2):

El entrevistador **está** cansado de esperar al candidato

*The interviewer **is** tired of waiting for the candidate*

3. Condiciones psíquicas (3):

El candidato no se presentó a la entrevista porque **estaba** nerviosísimo

*The candidate didn't show up for the interview because he **was** very nervous*

4. Condiciones económicas (4):

El candidato **estaba** en muy buena posición económica y no necesitaba el trabajo

*The candidate **was** financially sound and didn't need the job*

5. Con el presente continuo (5):

El entrevistador **está escribiendo** el anuncio para el puesto para conseguir más candidatos

*The interviewer **is** writing the employment ad to attract more candidates*

6. Con expresiones idiomáticas (estar de acuerdo, estar de pie, estar en camino, estar en las nubes) **(6):**

El primer candidato por fin apareció, **está de acuerdo** en que el puesto ofrece un buen futuro

*The first candidate finally showed up, **he agrees** that the job offers a good future*

Ejemplo de usos de ESTAR:

*La avenida César Chávez **está (1)** localizada en el este de Los Ángeles y **está (1)** situada de este a oeste. Cada octubre, mes en que se celebra la hispanidad se programa un desfile para festejar la diversidad cultural de Los Ángeles, California. Los comerciantes **están (3)** muy contentos por el incremento de ventas. La comunidad latina **está (3)** muy orgullosa del evento. Este mes ya se **está empezando (5)** a preparar el programa. Va a ser un gran evento y **estamos en camino (6)** de conseguir gran participación de muchos latinos. **Estoy seguro (3)** que cuando terminemos de preparar este evento, vamos a **estar (2)** todos muy cansados...*

Una excepción a la regla general (1): los lugares siempre se localizan con *estar* mientras que los eventos o acontecimientos con *ser*:

La entrevista *es* en la oficina de Recursos Humanos que *está* en el tercer piso *The interview will take place in the office of Human Resources that is located in the third floor* (*Es* se refiere a un evento, mientras que *está* se refiere a la ubicación de la oficina)

En algunos casos el uso de *ser* o *estar* en una misma frase es correcto pero cambia el significado de la oración.

Es de Colombia **(origen)**   **Está** en Colombia **(ubicación)**
*He **is** from Colombia*   *He **is in** Colombia*
Pedro **es** un borracho **(característica)**   Pedro **está** borracho **(condición)**
*Pedro **is** a drunk*   *Pedro **is** drunk*
Norma **es** casada **(característica)**   Norma **está** casada (condición)
*Norma **is** a married woman*   *Norma **is** married*

Lo mismo que anteriormente ocurre con algunos adjetivos. En estos casos, también el uso de ***Ser*** o ***Estar*** hace que el significado de la oración cambie:

ADJETIVOS	SER	ESTAR
Aburrido	*Boring*	*Bored*
Alegre	*Happy (temperament)*	*Happy (feeling)*
Bueno	*Good*	*Well*
Cansado	*Tiresome*	*Tired*
Enfermo	*Sickly*	*Ill*
Grande	*Big*	*Old (age)*
Guapo	*Handsome*	*Looking good*
Listo	*Clever*	*Ready*
Loco	*Crazy (mental state)*	*Foolish*
Maduro	*Mature*	*Ripe*
Malo	*Bad*	*Ill*
Rico	*Rich (prosperous)*	*Delicious*
Seguro	*Safe*	*Certain*
Verde	*Green*	*Unripe*
Vivo	*Clever*	*Alive*

Generalmente se aplica ***ser*** para situaciones de *carácter o naturaleza* y ***estar*** para situaciones de *condición*. Por ejemplo: *El cielo **es** azul* versus *El cielo **está** azul*. En el primer ejemplo: *es* es una característica que no va a cambiar, mientras que en el segundo, *estar* es una condición temporal (que puede cambiar según el clima).

A). Completa los siguientes pasos. Después de estudiar la gramática de *ser* y *estar* completa las siguientes actividades.

Paso 1: En el párrafo a continuación hay catorce ejemplos de *ser* o *estar*. Identifícalos subrayando cada ejemplo de *Ser* y haz un círculo en cada ejemplo de *Estar*.

En Estados Unidos no es necesario viajar para conocer otras culturas. Los latin@s son muy hospitalarios y muchos son bilingües y biculturales. Los Ángeles, California, es una de las ciudades con más hispanoparlantes del mundo. Además, esta ciudad es considerada el destino de la gran mayoría de migrantes latinoamericanos. Las redes comunitarias y el apoyo cultural son los motivos por los que tantos latinos vienen a esta ciudad. Es importante recordar que la ciudad de Los Ángeles fue fundada por los Jesuitas durante la colonización del territorio por los españoles. Además, es una ciudad que lo tiene todo: es uno de los centros turísticos y comerciales más visitados del mundo, está cerca del mar, y las montañas están a un par de horas de distancia. Es difícil negar que la ciudad de Los Ángeles está convertida en un centro de la multiculturalidad.

Paso 2: Después de hacer el **Paso 1,** haz una lista con los verbos Ser y Estar del **Paso 1**, y escribe a continuación la regla gramatical que se utiliza en cada caso según la información gramatical de la sección.

Ejemplo: Los latin@s **son** muy hospitalarios

Respuesta: **SER**   **ESTAR**
                2   -------

Ser	Estar
1._____	_____
2._____	_____
3._____	_____
4._____	_____
5._____	_____
6._____	_____
7._____	_____

Paso 3: Escribe cinco oraciones con Ser y cinco oraciones con Estar que describan atributos sobre los US latin@s en la ciudad donde creciste, en el lugar donde estudias o sobre los US latin@s en general.

I.   La carta de presentación
II. El curriculum viate (CV)
III. La carta de recomendación

En las tres secciones que siguen a continuación vas a crear una carta de presentación, un curriculum vitae y una carta de recomendación. Estos documentos te ayudarán en la adquisición de un vocabulario profesional y te van a preparar para una búsqueda de trabajo. Aunque en este punto en tu carrera aún no cuentas con la cualificaciones necesarias para llenar los requisitos para conseguir el puesto al que aspiras porque no has terminado tus estudios, los ejercicios que harás en esta sección te darán una idea de lo que necesitarás en el mercado laboral en un futuro próximo. Esta sección te va a ayudar a establecer objetivos y a investigar que es lo que se requiere en el mercado laboral actual en tu campo de estudio.

El propósito de este capítulo es el conocer estrategias de búsqueda de trabajo, preparación de documentos y el de prepararte para una entrevista de trabajo. Estos tres objetivos responden a uno más general:

Lograr mostrar que la capacitación, preparación (o experiencia) con que cuenta un individuo, así como su personalidad para trabajar con otros empleados de la empresa para la que solicita el puesto vacante, responde exactamente a unas necesidades de la empresa.

Cuando las tres cosas coinciden –capacitación académica, experiencia y talentos, y personalidad del individuo– con la persona que una empresa necesita, se puede decir que esta persona es el candidato ideal para un puesto vacante.

I. LA CARTA DE PRESENTACIÓN

La función de este documento es llamar la atención a la persona que lo lee, marcar la diferencia entre tú y los demás aspirantes al puesto y, en definitiva, conseguir una entrevista personal. No hay que olvidar que la carta puede ser tan importante como el currículum, ya que, aunque en ella no se describen conocimientos y experiencia profesional, se pueden destacar las actitudes personales del candidato. En este documento se puede describir el interés que tiene el candidato por la empresa y el puesto de trabajo que solicita, la capacidad de comunicación, algunas aptitudes e incluso dejar ver una parte de su personalidad (por ejemplo, mediante un trabajo voluntario que haya realizado). La carta debe de cubrir la siguiente información:

□ Nombrar el puesto que deseas

□ Motivar al lector a leer tu currículum con **detenimiento [1]**

□ Comentar tus conocimientos acerca de la compañía y el puesto

[1] Close attention

[2] Write, edit

[3] Head

Para **redactar [2]** una carta de presentación se aconseja seguir los siguientes pasos:

□ Investiga la compañía, a las personas con quienes te vas a entrevistar y si es posible aprende algo sobre el sector en general.

□ Personaliza la carta con la información que has encontrado en tu investigación, y enfoca el documento en el puesto específico que estás solicitando.

□ Si estás solicitando un puesto en una compañía de una cultura distinta a la tuya, debes de mantener en cuenta las diferencias culturales y redactar un documento que refleje tu conocimiento de dichas diferencias y sensibilidad cultural. Por ejemplo, el uso de *"usted"* en vez de *"tú"* cuando te comunicas con hispanoparlantes.

Además tu carta debe de incluir:

□ Las razones para contratarte a ti y no a otra persona.

□ Algo personal sobre ti que muestre que eres el candidato idóneo para el puesto.

□ Las contribuciones específicas que harás que avancen los objetivos de la empresa, no solo los tuyos.

□ Tus capacidades como parte de un producto que se ofrece, siempre buscando la mejor forma de comunicar esta información.

ESTRUCTURA

Incluye los siguientes puntos para estructurar tu carta de presentación:

□ **Encabeza [3]** la carta con tu nombre, dirección, correo electrónico y tu número de teléfono.

□ Dirígela a la persona indicada en el anuncio sin olvidar el título de esa persona (Señor, Doctor): *Estimado/a Sr./Sra. "apellido".* No olvides hacer una distinción según el género de la persona a la que vaya dirigida la carta (Señor, Distinguido, Doctor o Señora, Distinguida, Doctora…).

□ Los errores de ortografía son costosos, pídele a alguien de confianza que lea tu documento o invierte en un servicio profesional que te dé este apoyo.

☐ Escribe una carta clara y concisa.

☐ Léela en voz alta para encontrar errores.

☐ Las cartas de presentación se escriben siempre en la forma de "usted".

☐ No uses colores ni formatos llamativos, excepto cuando sea parte de tu trabajo.

☐ Utiliza el mismo tipo de papel que utilizas en el Currículum Vitae.

ESTILO

Aquí tienes varias opciones en cuanto al estilo:

☐ **Bloque [4]:** la escritura va al margen izquierdo.

☐ **Semibloque [5]:** con **sangría, [6]** a cinco espacios del margen.

☐ **Bloque extremo [7]:** todo el contenido va en bloque (excepto el **membrete [8]** que puede ir en bloque o centrado)

A). ¿Comprendiste? Después de leer todos los consejos sobre la carta de presentación, responde las siguientes preguntas con un compañero:

1. ¿Cuál es el propósito de este documento?
2. ¿Qué se puede destacar sobre el candidato?
3. Nombra el primer paso que se debe de seguir para escribir una buena carta de presentación.
4. Menciona algunos de los puntos más significativos que debes incluir.
5. En términos estructurales, ¿qué sería costoso en una carta de presentación o currículo?

Ejemplo de FORMATO de estructura y ESTILO para la carta de presentación:

En el próximo documento encontrarás un recuadro con espacios en blanco para cada área de la carta de presentación. Toma un momento para aprender las partes de esta carta.

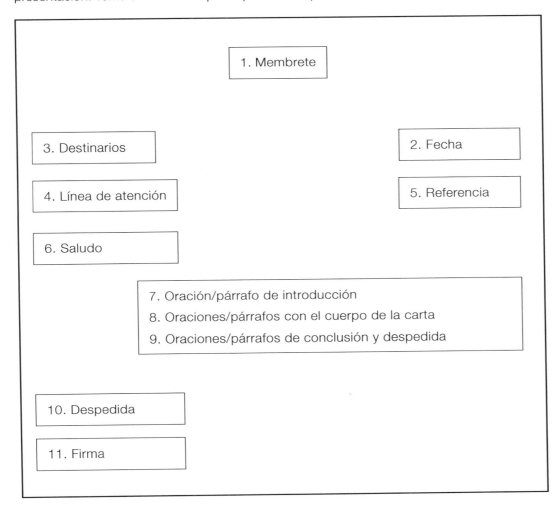

A continuación tienes un ejemplo de la carta de presentación:

OFELIA MARTÍNEZ ZAMORA

Saltillo 68 Carmen

Cuauhtémoc

Condesa 06600 México D.F.

Omartinez@yahoo.mx.com

4737 9877

15 de septiembre del 2015

Sra. Marta Castro Godoy
Directora de Recursos Humanos
Clínica Lomas Altas
Paseo de la Reforma 2608
Lomas Altas 11950 México D.F.

Distinguida Sra. Castro Godoy:

Después de leer su anuncio en el que se busca un Visitador médico, publicado en la *Gaceta del Empleo* (6/18/15), he valorado mi experiencia de siete años en el área de ventas y publicidad, así como tres años de trabajo como enfermera, con lo cual considero que soy la persona **adecuada [1]** para este puesto. Además, cuento con conocimiento interno de las funciones de los hospitales y centros de salud.

A lo largo de mi carrera en ventas y publicidad, he conseguido siempre estar por delante de las expectativas de la empresa, además de haber formado a otros agentes en técnicas de ventas en cómo incrementar éstas. Me gusta trabajar con la gente, demostrarles la utilidad y la calidad de los productos y también capacitar y educar a otros. Estoy segura de que puedo **desempeñar [2]** con éxito este puesto en el sector farmacéutico porque lo considero una meta y una renovación para mi carrera profesional. Tengo la confianza en que mi formación profesional como enfermera me **habilita [3]** para entender y explicar mejor los productos que ofrece su empresa.

Me encantaría la oportunidad de **concertar [4]** una entrevista en los próximos días para hablar del puesto y mi posible incorporación a su empresa. Cuento con la flexibilidad para poder vernos cuando usted lo considere más conveniente.

Le agradezco de **antemano [5]** su atención y su tiempo. Adjunto mi curriculum vitae en esta carta para que lo pueda ver a su conveniencia,

Quedo atentamente a su disposición,

Cursive signature TK

Ofelia Martínez Zamora

A). La carta de presentación. Después de leer la carta, completa las siguientes actividades:

1. Sinónimos. Con un compañero piensen en un sinónimo para cada una de las palabras en negrita. Si necesitan ayuda pueden consultar un tesauro de la web.

Adecuada   _____

Desempeñar   _____

Habilitar   _____

Concertar   _____

De antemano   _____

B). Mecanografía: Con el modelo de estructura de la carta de presentación, rellena los espacios en blanco del documento a continuación como si estuvieras escribiendo una carta de presentación para el empleo que vas a tener que identificar más tarde en otro ejercicio dentro de esta sección (es muy importante personalizar la carta para cada puesto que solicitarás).

1. _____

3. _____

2. _____

4. _____

5. _____

6. _____

7. _____

8. _____

9. _____

11. _____

10. _____

12. _____

13. _____

14. _____

C). Traducir. Siguiendo las reglas introducidas en el capítulo uno sobre cómo traducir, traduce la carta de presentación de Ofelia al inglés.

II.   CURRICULUM VITAE

El siguiente paso en el proceso laboral será hacer un CV. Completa los siguientes pasos para escribir tu propio CV.

Paso 1: A continuación hay dos modelos para hacer un currículum. Elige uno como muestra y haz el tuyo propio con tu información personal. Entrégalo a el/la profe en la fecha indicada. Recuerda que éste es el CV al que aspiras cuando termines tus estudios. Sin embargo, puedes incluir puestos de voluntario o clases de relevancia que hayas tomado para los puestos que solicitarás.

Paso 2: Vuelve a escribir tu CV de acuerdo a las correcciones de tu profesor o profesora.

LUIS LÓPEZ
1080 WEST 6th Street,
Moscow, ID 83843
Tel. 888-966-8790
memo@yahoo.mx.com.

OBJETIVO PROFESIONAL   Conseguir un puesto en una empresa de ingeniería civil que me permita desarrollar mi carrera profesional y ayudar a esta empresa a crecer.

FORMACIÓN   Licenciatura en Ingeniería Civil UNIFEB-Centro Universitario da Fundacão Educacional de Barretos, Sao Paulo, Brasil.
Actualmente, estudiante internacional en la Universidad de Idaho, Moscow, Idaho. Código Postal: 83843

Idiomas: Portugués (nativo), Inglés Avanzado y Español Avanzado.

Cursos Relevantes
Carreteras y Autopistas   Construcción Civil Avanzada
Materiales de Construcción   Planeamiento y urbanismo
Construcción Civil Básica   Materiales de construcción II

EXPERIENCIA   Ingeniería Ambiental   noviembre 2012 – julio 2013

PROFESSIONAL	CETESB – Compañía Ambiental del Estado de São Paulo.
	☐ Control de gas para los vehículos a diésel
	☐ Control de la contaminación en el término municipal
	☐ Supervisión de los residuos urbanos
	☐ Redacción de informes finales e informes de inspección

CONOCIMIENTOS EN INFORMÁTICA

Experto en:

Microsoft Office   Auto Cad   Excel

SERVICIO VOLUNTARIO

Voluntario en Construcción   diciembre 2012

Compañía de Acción Comunitaria de Viviendas y Desarrollo Urbano
Barretos, São Paulo, Brasil

☐ Apoyo con conexiones eléctricas

Servidor de Alimentos   octubre 2011 – enero 2012

Parróquia de San Benito, Barretos, São Paulo, Brasil.
Ayudo bimestralmente en festivales distribuyendo alimentos y bebidas.

ANDREA WILLIAMS

275 E. Southview Ave. Apt. 310

Moscow, ID 83843

(208) 885-6666

edave53@uidaho.edu

EDUCACIÓN	*University of Idaho*	Agosto 2011- Mayo 2014

- Título en Pedagogía de Educación
- Certificación en español (12 unidades)
- Lista del decano primavera 2012

	North Idaho College	Agosto 2008- Mayo 2011

- Certificación en ciencia infantil
- Certificación en Comunicación (9 unidades)
- Lista del decano otoño 2010

EXPERIENCIA PROFESIONAL	**Maestra principal**	
	Programa Infantil de Lewis and Clark	Diciembre 2012 – presente

- Planear e implementar lección para niños de tres a cinco años de edad.
- Colaborar con los padres para crear un plan de educación individualizado.
- Evaluar y administrar archivos del desarrollo de los estudiantes.

Consejera de Campamento

YMCA en la Universidad del Estado de Washington   Mayo 2012-Agosto 2012.

- Planear e implementar actividades semanales con un miembro del equipo asignado para niños de edades siete a nueve años.

PRÁCTICA PROFESIONAL	**Estudiante de plan de estudios**

Centro infantil en la Universidad de Idaho   Enero 2012-Mayo 2012

- Planear e implementar actividades para niños edades tres a cuatro años.
- Evaluar el aula usando una escala del ambiente infantil (*Early Childhood Environmental Rating Scale*).
- Prevención y detección del fracaso escolar.

Aprendizaje en la práctica

Centro infantil en la Universidad del Norte de Idaho   Enero 2010-Mayo 2011

- Planear actividades para niños tres meses a cuatro años.
- Observar y documentar el progreso del desarrollo de los ingresados.

AFFILIACIONES PROFESIONALES   *Asociación nacional para la educación infantil* (National Association for the Education of Young Children – NAEYC)   Septiembre 2012-Septiembre 2013.

Consejo de vida infantil (Child Life Council)   Septiembre 2012-Septiembre 2014.
Asociación para la educación infantil – secretaria   Enero 2012- presente

- Asistir a reuniones mensuales para planear y organizar actividades y acontecimientos.
- Tomar apuntes en las reuniones mensuales de miembros.
- Recaudar fondos para *Week of the Young Child* and *Change For Children.*

SERVICIO A LA COMUNIDAD   Mayo 2009-Mayo 2012

- Willow Center For Grieving Children, Lewis And Clark's Early Childhood Program, Sacred Heart Children's Hospital, American Cancer Society.

OTROS DATOS DE INTERÉS
- Inglés, lengua materna.
- Español, nivel alto en la escritura y comunicación.
- Disponibilidad geográfica absoluta.
- El uso de nuevas tecnologías en el aula de clase.
- Enfoque pedagógico centrado en el aprendizaje infantil.

III. LA CARTA DE RECOMENDACIÓN

A). Traduce. A diferencia del modelo de la carta de presentación, la carta de recomendación que mostramos está escrita con sangrado (*indentation*). La diferencia es muy sutil. Escribir en estilo de *bloque*, *semibloque* o *bloque extremo* es cuestión de preferencia personal. Para esta carta, sigue el estilo de *semibloque* con un sangrado de cinco espacios en cada uno de los párrafos del contenido del documento.

> **Paso 1:** Traduce la carta de recomendación que tienes a continuación del inglés al español y entrégasela a tu profesor. (*Nota:* Sigue las recomendaciones que se dan sobre traducción que aprendiste en el capítulo 1 y 5.)

> **Paso 2**: Corrige los errores que tu profe te muestre en la carta y entrégasela de nuevo a él o ella en la fecha indicada.

> **Paso 3:** Después de haber corregido la carta, escribe un párrafo (en español) explicando lo que aprendiste después de hacer las correcciones que te señaló tu profe.

B). La recomendación. Sigue los pasos en este ejercicio para escribir una carta de recomendación para tu compañero/a de clase.

> **Paso 1:** Intercambia tu carta de presentación y tu currículum con un compañero. Lee los documentos de tu compañero y toma notas para sugerirle cómo mejorar sus documentos. Él o ella va a hacer lo mismo.

> **Paso 2:** En clase tomen turnos para dar las sugerencias al compañero sobre la carta de presentación y el curriculum.

Paso 3: En casa escriban una carta de recomendación para su compañero. Utilicen la información que obtuvieron en base a la carta de presentación y el curriculum que leyeron del compañero-a.

STARGOOD SALES/345 MAIN ST/PORTLAND OREGON 97205

Andrew Calvert
Vice President
Wonderful Company
5344 Main Street
Moscow, ID 83843

Dear Mr. Calvert

It is my honor to write a letter of recommendation for Ms. Smith for the position of Sales Manager at Wonderful Company. I had the pleasure and good fortune to work with Holly Smith during her time as a Sales Manager at Stargood Sales. I was Holly's Supervisor during her time at Stargood, so I fully understand her professional abilities.

She is a very capable young woman who handles her daily interaction with subordinates with the upmost professional manner. She is bilingual and bicultural and has established several accounts throughout Latin America because of her ability to conduct herself in a professional manner in several languages and to cut across cultural barriers. Furthermore, she has impressed me with her intellectual curiosity and willingness to engage her sales team and clients.

Holly's incredible adaptability with potential clients has led her to excel in her position. She has an uncanny ability to know what the client wants before they tell her, which makes clients feel very comfortable with her. Holly's flexibility also allows her to quickly switch tactics if the customer changes their mind about something at the last minute. Holly's great connection with the customers and relentless perseverance to serve our accounts has brought several new accounts to our firm.

It is always gratifying to write a letter of recommendation for a person of Holly's capability, knowing that she will make a valuable contribution to any organization that she joins. I therefore strongly recommend that full consideration be given to her application. If you require any further information, please do not hesitate to contact me by phone or e-mail.

Sincerely,
cursive signature TK

Brandon Davenport
President
Stargood Sales

CONEXIÓN PROFESIONAL

[1] Distinction
[2] Waste
[3] Embodies

 ## UN SECRETARIO DE RELACIONES LABORALES CON RAÍCES EN LA REPÚBLICA DOMINICANA

Thomas Perez, el secretario de relaciones laborales (*Labor Secretary*) tomó posesión de su cargo el 23 de Julio del 2013, después de ser nominado por el presidente de EEUU, Barack Obama. Su abuelo materno, Rafael Ángel Brache Ramírez, fue embajador de la República dominicana en los EEUU a principios de la dictadura de Rafael Leonidas Trujillo[8]. Poco después de denunciar los abusos del Trujillato[9], Brache Ramírez perdió su puesto como embajador. Es así como el ex embajador se queda en EEUU y su hija Altagracia se casa con Rafael de Jesús Pérez Lara, los padres de Thomas Perez. Éste, quien a pesar de haber perdido a su padre a los doce años de edad, logró graduarse de Brown y Harvard con **condecoraciones [1]** a sus logros.

El secretario de relaciones laborales entiende el esfuerzo que se requiere para triunfar, al tener que trabajar en puestos como la recolección de **desperdicios [2],** para sostener sus estudios universitarios. Además, a nivel nacional, ha implementado grandes programas de apoyo laboral para todos los estadounidenses. Una de sus metas en este puesto es conseguir mejorías salariales usando el lema *"un pago justo, por la jornada de trabajo"*. Asimismo, ha formulado programas de capacitación como el aprendizaje y formación profesional a través del empleo, la promoción de la igualdad de género en el ámbito laboral, la afirmación de que las personas con discapacidades y veteranos deben tener acceso y oportunidades laborales equitativas, todo esto además de garantizar un ambiente de trabajo justo y seguro con condiciones propicias para todos los trabajadores estadounidenses. Asimismo, ha apoyado proyectos para incrementar la diversidad étnica y racial tanto en el sector público como en el privado.

Antes de ser secretario de relaciones laborales, Thomas Perez fue profesor de leyes en la Universidad de Maryland, abogado del consumidor para proteger a éste, todo ello siempre en defensa de los derechos civiles del individuo, algo que consiguió además de llegar a ser el primer latino electo al consejo de Montgomery County en Maryland. El secretario Perez vive actualmente en el estado de Maryland con su esposa Ann Marie Staudenmaier y sus tres hijos. Quizá uno de los puntos más fuertes que contribuye a que sea un secretario de relaciones laborales tan efectivo sea su experiencia como minoría en EEUU. No cabe duda que Thomas Perez **encarna [3]** la imagen del "sueño americano" al alcanzar un puesto tan alto dentro del gobierno estadounidense.

---

8   Dictador de La República Dominicana conocido como "El Jefe" (1891-1961).
9   Periodo de la dictadura de Rafael Leonidas Trujillo que dura desde 1930 hasta 1961 cuando Trujillo es asesinado por miembros de su ejército. Este periodo se caracteriza por el terror, el culto al personalismo o amiguismos (*favoritism based on friendship*) y el asesinato de más de 50.000 personas, incluyendo a 10.000 haitianos en la *Masacre del Perejil*.

A). ¿Comprendiste? Después de leer el artículo, responde las preguntas con un compañero.

1. ¿Por qué se queda en los EEUU el abuelo de Thomas Perez?
2. ¿Por qué es que el secretario de relaciones laborales entiende el esfuerzo que se requiere para triunfar en EEUU?
3. ¿Qué programas ha implementado el señor secretario desde que tomó su puesto?
4. Menciona otros puestos que ocupó Perez antes de ser secretario de relaciones laborales.
5. ¿Cuál pudo haber sido uno de los motivos por los que Thomas Perez ha resultado ser un secretario de relaciones laborales tan efectivo?

 B). Para dialogar. Con un compañero sigue las instrucciones de los pasos en este ejercicio.

 Paso 1: Traduce del español al inglés, el lema *"un pago justo, por la jornada de trabajo"*.

 Paso 2: Discutan sobre:

1. El pensamiento crítico que formula un lema como éste.
2. Después, hablen sobre la significancia de este lema para el trabajador en el país donde viven.
3. ¿Qué impacto puede producir este lema para una empresa?
4. Si tú fueras empleador, ¿cómo manejarías este tema con tus empleados?

C). Para profundizar: Elige uno de los temas a continuación y comunícale a tu profesor o profesora el número del tema que elegiste. Haz los siguientes pasos:

 Paso 1: Haz una búsqueda en la Web y toma notas sobre los siguientes puntos que se proponen. Si quieres puedes especializarte en un empleo o profesión concretos o puedes hacer enfocar tu búsqueda de una forma generalizada:

1. El aprendizaje a través del empleo
2. Formación profesional por medio del empleo
3. La promoción de la igualdad de género en el ámbito laboral
4. Garantías laborales a personas con discapacidades

5. Acceso y oportunidades laborales equitativas a los veteranos de guerras

6. Programas laborales para hispanos u otras minorías.

Paso 2: Comparte tus conclusiones con el grupo o con la clase.

BUSCANDO TRABAJO

Buscar trabajo requiere una serie de pasos que deben seguirse si se quiere tener éxito en el mercado laboral. No obstante, existen diferencias culturales entre países. En esta sección vas a aprender la metodología a seguir en la búsqueda de trabajo en el mundo hispano o en relación a puestos que requieren el español. También vas a aprender cómo preparar la entrevista así como consejos en qué hacer y qué no hacer durante la entrevista.

A). ANUNCIOS DE TRABAJO: ¿Cuál puesto es mejor? Examina los siguientes puestos de trabajo y elige cuál crees que es el mejor y por qué mediante los pasos que se proponen.

Puesto:	Profesor de español
Nombre de empresa:	*Berlitz*
Autorización para trabajar:	Autorizado/a para trabajar en el extranjero
Compensación:	Se remuneran las horas de trabajo extras
Beneficios:	Seguro médico, salud dental, un computador portátil cada año, horario nocturno disponible
Idiomas:	Varios
Estudios mínimos:	Título universitario
Años de experiencia:	******
CV's aceptados en:	Inglés/Español
Carta de presentación	No requerida

Requisitos: Los candidatos ideales tendrán una fluidez nativa del idioma que desean enseñar, sensibilidad cultural y madurez profesional. Además, se busca disponibilidad para comprometerse con *Berlitz* durante al menos un año y disponibilidad para enseñar a adultos y niños.

Puesto:	Técnico de informática
Nombre de empresa:	*Grupo ICA*
Autorización para trabajar:	Te damos apoyo con el proceso de visado
Compensación:	Paquete de compensación salarial competitivo
Beneficios:	Seguro médico, jubilación, un computador portátil cada año
Idiomas:	Español
Estudios mínimos:	Al menos 2 años
Años de experiencia:	****
CVs aceptados en:	
http://grupoica.asp.infojobs.net//grupoica.asp.infojobs.net/madrid/analista-tecnico-bigdata/ of-i5b4401ad234a399a02b0ce94b7d24a	
Carta de presentación:	Enviar por medio del sitio de web proporcionado

 Paso 1: Lee y opina. Lee los anuncios y responde las preguntas.

1. ¿Cuál puesto es más interesante, y por qué?
2. ¿Cuál puesto ofrece mejores prestaciones/beneficios?
3. ¿Cuál es la mejor característica que ofrece el puesto que te interesa? Explica.
4. ¿Qué característica te gustaría ver que no está en el puesto de trabajo que elegiste?

 Paso 2: Compara tus respuestas con las de un compañero.

 Paso 3: En grupos, compartan sus respuestas con la clase.

B). EL PUESTO DE TRABAJO IDEAL

 Paso 1: Busca e investiga. Entra a la Internet utilizando uno de estos buscadores en español y haz una investigación sobre un empleo que te gustaría conseguir para ti en un país de habla hispana o en EEUU con una empresa que requiere que seas bilingüe. Piensa que cuando hablamos del puesto ideal, no significa siempre el puesto con mejor paga o condiciones de trabajo, sino aquel que responde a nuestras capacidades académicas-profesionales, gustos, talentos y aptitudes y por supuesto, paga con la que nos sintamos bien remunerados. Para ello, es importante que te conozcas a ti mismo y que no seas ni demasiado arrogante ni demasiado modesto con tus propios intereses. Además, piensa que todos estos criterios varían de individuo a individuo y que no todos somos iguales ni queremos el mismo puesto.

http://www.ozu.es/

http://google.es

http://mx.yahoo.com/

https://www.google.com.co/#q=google+en+español+mexico

https://www.google.com/?hl=es

https://www.google.com.co

Paso 2: Imprime el anuncio y ponle tu nombre.

Paso 3: Entrégaselo a el/la profe para la fecha indicada. Este anuncio lo utilizarás en la próxima sección como base de tu entrevista profesional de trabajo.

Resumiendo el proceso de búsqueda laboral realizado hasta este momento, éstos son los pasos a seguir:

Paso 1: Identificar un anuncio

Paso 2: Escribir una carta de presentación

Paso 3: Crear un currículum vitae en español

Paso 4: Presentarte a la entrevista

[1] Strengthen

[2] Boost/Increase

[3] Emphasize

[4] Skills

LA ENTREVISTA DE TRABAJO

En esta sección de este capítulo vamos a aprender cómo prepararnos para la entrevista de trabajo. La preparación no es fácil pero tampoco imposible. Recuerda que la práctica hace la perfección y el proceso de entrevista no es una excepción a ello. Algunas personas tienen más facilidad que otras para improvisar respuestas difíciles, pero con la práctica puedes llegar a ser el candidato ideal.

Si has tenido entrevistas en el pasado "poco formales" para pequeños trabajos, no desestimes esa experiencia y aprovecha qué cosas puedes mejorar de esa entrevista que hiciste en el pasado. Piensa que la actitud y sentido de responsabilidad hacia el mundo laboral es lo importante independientemente del tipo de trabajo o la responsabilidad que implica; uno puede ser responsable en grandes puestos pero también en pequeños cargos.

Para llevar a cabo una práctica imprescindible de la entrevista, el/la profe va a hacer citas con los estudiantes de la clase para entrevistarlos individualmente. Debes de presentarte a la entrevista con un atuendo profesional. Lleva tu currículum vitae para entregárselo a el/la entrevistador/a (el/la profe). El/la profe va a tener consigo la carta de recomendación que alguien escribió para ti y que se la enviaron a él o ella como normalmente ocurre en el mundo laboral. La entrevista se basará en el anuncio de trabajo que le entregaste a tu profe.

Ya que encontrar un buen empleo es cuestión de preparación y de tener una buena estrategia, aquí te proporcionamos una lista con once pasos que debes de seguir para prepararte para la entrevista:

1. Haz una lista de tus puntos fuertes y tus puntos débiles.
2. Si es posible toma cursos o invierte en **fortalecer [1]** tus puntos débiles. Por ejemplo, puedes estudiar otro idioma o tomar un curso que **incremente [2]** tu capacidad en las áreas en que quieres encontrar empleo.
3. Personaliza tu currículum **y destaca [3]** en lo posible las **habilidades [4]** que correspondan en relación al puesto que solicitas.
4. En la carta de presentación escribe porqué tú eres el/la candidata-a ideal para el puesto de la compañía que solicitas. Sé específico/a.
5. Haz una lista de contactos que te pueden apoyar en tu búsqueda.
6. No te limites a un solo cazatalentos, habla con tres o cuatro y elige las entrevistas para las que estás mejor preparada.

7. No permitas que te convenzan aceptar una posición que no te interese. Sin embargo, el primer empleo no suele ser el puesto ideal. En este mercado, a veces hay que empezar con un puesto que no es el ideal mientras se consigue experiencia para encontrar el empleo deseado. [5] Attire

8. Cuando consigas la entrevista, practica con una persona de fiar. El tener una buena entrevista es cuestión de preparación y práctica. La media de número de entrevistas que uno tiene que hacer para adquirir desenvoltura es de siete. A partir de este número, te vas a sentir mucho más cómodo-a.

9. Prepara una lista de preguntas para hacer al final de la entrevista. Las preguntas deben de enfocarse en la compañía, su funcionamiento y tu rol dentro de ésta. Es importante que el entrevistador vea que tú también tienes preguntas para ellos.

10. No preguntes nada relacionado con salario, prestaciones o vacaciones, excepto si ellos lo traen a la conversación. No digas nada negativo sobre otras compañías o puestos en los que has trabajado o te has entrevistado o jefes que has tenido.

11. Viste un **atuendo** [5] profesional y en colores neutros. Este no es el momento de llamar la atención con vestimenta fuera de lugar para una entrevista. No debes de llevar joyas demasiado visibles o perfume muy cargado.

A). Cómo prepararse para la entrevista.

1. ¿Cuáles son los consejos más importantes para ti de esta lista?

_____

_____

_____

2. ¿Cuáles recomendaciones no conocías antes de leer la lista?

_____

_____

_____

3. ¿Qué puntos piensas que no son necesarios para ti y por qué?

_____

_____

_____

4. ¿Qué preguntas no debes de hacer en una entrevista profesional?

_____

_____

_____

 B). Con un compañero tomen turnos compartiendo sus respuestas a las preguntas previas y comenten por qué hace sentido, o por qué no están de acuerdo. Compartan con el resto de la clase.

 C). Encuesta. El/la profe va a tomar una encuesta de los puntos más importantes de la lista anterior. Prepárense para defender sus opiniones o experiencias personales en este tema de la entrevista de trabajo.

Preguntas para la entrevista

A). Banco de preguntas del entrevistador. Aquí tienes preguntas típicas que podría hacer el entrevistador de una compañía a un candidato para un puesto y sugerencias para las respuestas.

1. **¿Qué sabe usted de _____ (compañía)?**

   Aquí te puedes lucir mostrando que te has informado sobre la empresa. Haz dos comentarios positivos sobre ésta al menos. Haz una pregunta abierta para darle oportunidad a tu entrevistador de hablar y mostrarte lo que él o ella sabe.

2. **¿Qué preparación tiene usted para este puesto?**

   Habla de cosas específicas, si es tu primer empleo, enfócate en proyectos que has realizado y clases que has tomado que se relacionan con el puesto que solicitas.

3. **Cuéntenos sobre usted, ¿qué ha hecho en el pasado?**

   Esta pregunta no es personal, ofrece algo concreto que se relacione con esta empresa. Prepara algo corto pero enfocado en este puesto. Prepárate para ofrecer más información si fuera necesario.

4. **¿Cómo lo/la describiría a usted un/a compañero/a de trabajo?**

   Si no tienes una referencia, piensas tú en una y ofrécela.

5. **¿Cuáles son sus puntos débiles?**

   Esta pregunta es muy común, no digas por ejemplo que siempre llegas tarde. Piensa en áreas que quieres mejorar como desarrollar mejor algún tipo de capacitación o idioma que no es relevante para este puesto en particular por que no debes de dar la impresión de que no estás capacitado para el puesto.

6. **¿Cómo describiría usted a su jefe/a ideal?**

   Hay varias opciones, si no tienes una idea fija, puedes decir que a un jefe que motive e inspire a sus empleados; una persona honesta que muestre áreas de mejora a sus empleados y que los incentive. La clave es sugerir que los cambios o energía se enfoquen en mejorar la empresa, así como a ti como empleado, y no al jefe. Es decir, muestra que tanto la empresa como tu, tienen el mismo interés en mejorar, porque cuando uno mejora, el otro también.

7. **¿Cómo es su estilo gerencial?**

   Menciona atributos positivos, por ejemplo: "Me gusta motivar e inspirar a los miembros de mi equipo, soy leal, energético-a y paciente, y me comunico con mis subordinados, pues creo que la comunicación es básica para avanzar en unos objetivos comunes."

8. **¿Qué nos recomendaría usted para iniciar nuestra entrada en el mercado de habla hispana?**

   Aquí resalta de qué forma tu conocimiento de la lengua y la cultura, tus estudios y experiencia apoyarán la entrada de la empresa a este mercado. Por ejemplo: "Hacer un estudio de nuestro mercado, al cliente hispano le interesa que se entienda su cultura; yo he conducido (estudios) _____ en esta capacidad."

9. **¿Cuáles son sus metas profesionales? ¿Dónde se ve en tres, cinco, diez años?**

   Esta respuesta difiere, pero lo que quiere escuchar el entrevistador es que piensas permanecer en la empresa. Así que prepara una respuesta que los incluya dentro de tu futuro. También es importante ser específico. En tres años quiero llegar a ser ....y conseguir un aumento de las ventas de un % de _____.

10. **¿Por qué deberíamos contratarlo/la a usted y no a otra persona?**

    Esta es tu oportunidad de lucirte pero no hables de más ni te compares con otros candidatos. Puedes mencionar algo sobre esta empresa que te ha impresionado y de esa forma te enfocas en la empresa. También podrías decir que mantienes un buen equilibrio entre tu capacidad profesional, y tu habilidad de relacionarte con la gente. Además, tienes conocimientos que son muy válidos para el mercado, como hablar español, y que también tienes objetivos claros. En cuanto al conocimiento del español, también puedes decir que haber pasado cierto espacio de tiempo en el extranjero, te ha permitido conocer no solo la lengua sino también la cultura, imprescindible para conocer el mercado hispano.

11. **¿Cuáles son sus cualidades más excepcionales?**

    Este es un buen momento para reflexionar, pero algunos ejemplos podrían ser: capacidad de liderazgo, ser positivo, honestidad, iniciativa, trabajo en equipo, objetivos claros, etc.

12. **¿Estaría dispuesto a mudarse de los Estados Unidos o de este país?**

    Esta respuesta debe de ser honesta, porque si no estás dispuesto a viajar o mudarte, y este es un requisito, quizá no es el puesto más adecuado para ti. Si la respuesta es afirmativa, vale la pena que lo expliques.

13. **¿Cómo resolvería usted un problema intercultural entre dos subordinados?**

    Lo más apropiado a esta pregunta es que hay que empezar por hablar con cada uno individualmente primero, entender el conflicto y luego reunirlos buscando puntos de comprensión y entendimiento. Puedes añadir que no tienen que ser necesariamente 'mejores amigos' con la otra persona pero que es necesario ser buenos colegas.

14. ¿Qué es lo que más le gusta de esta posición?

Tu investigación te va a ayudar a tener una respuesta positiva y honesta. Una sugerencia podría ser el trabajar con una empresa líder en el campo o innovadora en una u otra técnica.

15. ¿Qué tipo de cambios o programas iniciaría usted en nuestra empresa?

De nuevo tu investigación te ayudará a contestar esta pregunta, pero hay que tener cuidado con este tipo de pregunta. Puedes elaborar algo que sea positivo y enfatizar también que hay que entrar de lleno en la empresa para realmente conocer los detalles de un proceso de cambios evolutivos necesarios. Un ejemplo sería lanzar campañas publicitarias a un mercado hispano y para ello es necesario investigar la zona geográfica.

16. ¿Cómo describiría usted su ética laboral?

Menciona que tienes una ética laboral fuerte, estableces metas y luego implementas los pasos para lograrlas.

17. ¿Qué cualidades aportaría usted a nuestra empresa?

Mi ética laboral, mi capacidad de trabajar en equipo, mi liderazgo, mi experiencia (aunque sea en prácticas de la carrera), mi capacidad de trabajar en un ambiente intercultural, mi habilidad en idiomas, en computación aplicado al campo para el que solicitas...

18. ¿Qué tipo de empleado es usted?

Soy dedicada/o y positivo/a, flexible, etc.

19. ¿Por qué quiere trabajar con _____ (nombre de la empresa)?

Utiliza tu investigación para explicarles los motivos. Siempre hacerles ver que ellos son especiales en el campo y que son una empresa única.

20. ¿Conoce a alguien que trabaje para nosotros?

Hay que responder la verdad sin elaborar mucho. Responde la pregunta y ya.

21. ¿Lo/la han despedido de algún trabajo en el pasado? ¿Por qué?

Enfócate en lo que aprendiste de esta experiencia. Si el empleo era algo de tu adolescencia, no lo admitas, pero tampoco lo incluyas en tu currículum.

22. ¿Qué tipo de remuneración desea obtener?

Hay que responder a esta pregunta con mucho cuidado. Puedes decir algo que permita más tarde una negociación. Por ejemplo, tu respuesta podría ser: "¿Cuál es el salario que se ofrece para este puesto? Realmente, no había pensado en ello, pero lo que el mercado establece para este puesto en esta zona geográfica es…" (y da un número). Es importante saber de antemano la cantidad que se paga por un puesto según una zona geográfica. Por consiguiente, es vital saber "jugar" con la cantidad que se pide, ni demasiado poco, con lo cual no te sentirías satisfecho, ni demasiado alta para no perder el trabajo.

23. ¿Tiene usted alguna pregunta para mí o sobre la compañía?

Es esencial tener varias preguntas preparadas y que estés listo/a con otros temas o preguntas que tú tengas. Estos son algunos ejemplos de estas preguntas: "¿Hay recursos para emprender un proyecto publicitario….", "¿Hay posibilidades de ascensión con más responsabilidad?, ¿Con cuántas personas trabajaría en un proyecto específico?, ¿Existen normas con respecto a…?". Estas preguntas dejan ver tu ambición positiva en contribuir a la mejora de la compañía.

TARGETAS IMPRIMIBLES

Aquí tienes a continuación las mismas preguntas que encontraste en el banco de preguntas del entrevistador en la sección de BUSCANDO TRABAJO para poder practicar en clase. Tu profesor/a va a elegir preguntas aleatoriamente (*randomly*) para practicar para el día de la entrevista.

¿Qué sabe usted de _____ Nombre de la empresa?	¿Por qué quiere trabajar usted para _____?	¿Qué preparación tiene usted para este puesto?
¿Qué ha hecho en el pasado?	¿Cómo lo/ la describiría a usted un/a compañero/a de trabajo?	¿Cuáles son sus puntos débiles?
¿Cómo describiría usted a su jefe/a ideal?	¿Cuál es su estilo gerencial?	¿Qué nos recomendaría usted para iniciar nuestra entrada en el mercado de habla hispana?

¿Cuáles son sus metas profesionales? ¿Dónde se ve en tres, cinco, diez años?	¿Por qué deberíamos contratarlo/la a usted y no a otra persona?	¿Tiene usted alguna pregunta para mi o sobre nuestra empresa?
¿Cómo resolvería usted un problema intercultural entre dos subordinados?	¿Estaría dispuesto a mudarse fuera de los Estados Unidos?	¿Cuáles son sus cualidades más excepcionales?
¿Qué es lo que más le gusta de esta posición?	¿Qué tipo de cambios o programas iniciaría usted en nuestra empresa?	¿Cómo describiría usted su ética laboral?
¿Qué cualidades aportaría usted a nuestra empresa?	¿Qué tipo de empleado es usted?	¿Por qué _____ (nombre de la empresa)?
Cuéntenos sobre usted, ¿qué ha hecho en el pasado?	¿Qué cualidades aportaría usted a nuestra empresa?	¿Lo/la han despedido de algún trabajo en el pasado? ¿Por qué?
¿Qué tipo de remuneración desea obtener?		

B). Banco de preguntas del candidato. A continuación tienes un banco de preguntas para hacerle al entrevistador. Ya anticipamos unas pocas preguntas en la pregunta # 23 del banco de preguntas anterior, pero aquí te ofrecemos algunas más. Tú puedes formular otras preguntas que reflejen mejor tus inquietudes e intereses.

1. ¿Cómo es el candidato ideal para este puesto?
2. ¿Cómo es el ambiente dentro de la empresa?
3. ¿Cómo se evaluaría mi trabajo dentro de la organización?
4. ¿Tiene algunas dudas sobre mi currículum que podría resolver?
5. ¿Cuáles son las prioridades para la persona que llene este puesto?
6. Menciona otras preguntas que sean particulares a la empresa. Practícalas con alguien de fiar, y pídeles que evalúen tus respuestas honestamente.
7. Nunca preguntes sobre salario, prestaciones, vacaciones, u otros temas relacionados con la remuneración. Debes responder, si ellos lo proponen primero, pero nunca iniciar este tipo de cuestionamientos.

EVALUACIÓN DE LA ENTREVISTA DE TRABAJO

Tu profesor va a evaluar la entrevista de práctica (*mock interview*) en base a unos criterios importantes. Debes conocer estos criterios para intentar realizar la entrevista lo mejor posible. Piensa que estos criterios de evaluación se ajustan en realidad a unos mismos criterios que el entrevistador aplica en la entrevista de verdad.

Nombre_____ Fecha_____

CATEGORÍA	% DE LA NOTA	10 = A	9 = A	8 = B	7 = C	6 = D	5 = F	TOTAL
Presencia profesional (atuendo, proyección de confianza)	10%	10	9	8	7	6	5	
Evidencia de preparación	10%	5	4.5	4	3.5	3	2.5	
Pronunciación	10%	10	9	8	7	6	5	
Gramática	10%	10	9	8	7	6	5	
Vocabulario (registro profesional y culto)	20%	15	13.5	12	10.5	9	7.5	
Comprensión, responde en un contexto apropiado y con profundidad	30%	25	22.5	20	17.5	15	12.5	
Desenvoltura y fluidez al contestar las preguntas	10%	10	9	8	7	6	5	

NOTA ASIGNADA	100%	A = 90-100, B = 80-89, C = 70-79, D = 60-69, F = BELOW 60

Comentarios y recomendaciones:

Aquí tienes una lectura sobre algunas diferencias culturales en el mundo laboral entre el mundo de habla hispana y la cultura estadounidense. Léela y completa las actividades a continuación.

EL AMBIENTE LABORAL Y LA SENSIBILIDAD CULTURAL

En términos de perspectiva, tanto las culturas latinoamericanas como la española parten de una visión comunitaria donde el bien colectivo es de suma importancia, mientras que dentro de la cultura estadounidense se valora el individualismo y el ser independiente desde una edad temprana. La puntualidad, la importancia de la familia y la formalidad son algunas de las áreas que difieren entre la cultura estadounidense y las culturas latinoamericanas y españolas. Por ejemplo, para los latinoamericanos la puntualidad no es de gran importancia, aunque esta perspectiva está cambiando debido al gran contacto que existe entre las empresas estadounidenses y por el efecto de la globalización. Una forma de explicar esta diferencia cultural sería mediante el lema estadounidense de *"el tiempo es dinero"*, lo que contrasta con la idea cultural que para los latinoamericanos no es ni siquiera apropiado preguntar, ¿a qué te dedicas?

La familia es otro aspecto en que hay grandes diferencias entre una cultura y la otra. Mientras que los estadounidenses también valoran la familia, para los latinoamericanos siempre es lo primero y existe una gran interdependencia entre sus miembros. Además, la familia se extiende para incluir a primos, tíos, abuelos, y en ciertos casos, a vecinos. En la cultura latinoamericana y en la española, los jóvenes solteros tradicionalmente se quedan en casa hasta el matrimonio, a diferencia de los estadounidenses que generalmente se mudan de la casa de sus padres cuando van a la universidad. Los estadounidenses tienden a ser menos formales en un ámbito profesional, mientras que los latinoamericanos se expresan con más formalidad, y los subordinados se dirigen a sus jefes en la forma de usted, por lo que se mantiene una cierta distancia entre estos dos sectores; es decir, se respeta mucho más una jerarquía existente en la cultura latinoamericana que en la estadounidense. Además, en Latinoamérica existe la tendencia de llamar licenciado a todos aquellos que han logrado una carrera profesional mientras que en Estados Unidos y en España no es el caso.

Sin embargo, en términos de los US latin@s no todos comparten estas diferencias culturales ya que muchos han crecido en los EEUU y como es de esperar, adquieren grandes afinidades con la cultura estadounidense. No obstante, algunos US Latin@s que llegaron a este país ya formados, pueden demostrar diferentes grados en la adquisición de estas prácticas. En lo posible, es importante informarse sobre estos detalles. Si no estás seguro, pregúntale a el/la asistente del funcionario o a la persona misma de qué forma debes dirigirte a él/ella. Otra sugerencia sería prestar atención a la forma en que ese funcionario se dirige a ti o a los demás y cómo otros se dirigen a ellos. Esto te dará una idea de cómo dirigirte tú a esa persona. Indudablemente, el hecho de que muestres un interés en aprender estas diferencias te dará una ventaja sobre otras personas que no se tomen el tiempo en entender estas particularidades.

No obstante, dada la gran diversidad cultural que existe en los EEUU, se respetan y se valoran las diferencias culturales entre la diversidad de grupos étnicos y raciales. Los estadounidenses están muy conscientes de la fundación de este país por poblaciones migrantes, y aunque históricamente han existido periodos de ajustes, también hay gran aceptación de valores diferentes pertenecientes a otros grupos. De hecho, la interacción entre diversos grupos es común en el ámbito laboral, y con diferentes grados de éxito, también en el ámbito social.

A). ¿Comprendiste? Responde a las preguntas con un compañero después de leer el artículo.

1. ¿Cómo difiere la visión de las culturas de habla hispana comunitaria de la visión estadounidense?
2. ¿Qué opinan los latinoamericanos de la puntualidad? ¿Por qué está cambiando esta forma de pensar?
3. ¿Quiénes se incluyen dentro del concepto de familia hispana?
4. Menciona una particularidad en cuanto al comportamiento entre ejecutivos y subordinados en el ambiente laboral latinoamericano.
5. ¿Qué diferencias culturales puedes identificar entre los US Latin@s y los latinoamericanos?
6. ¿Existen diferencias asimismo entre los latinoamericanos y los españoles? Explica.
7. ¿Cómo debes dirigirte a un funcionario latinoamericano durante una entrevista?
8. ¿Qué aspectos culturales se respetan en los EEUU, y por qué?

B). Escenarios culturales. En una entrevista de trabajo el vestir, el comportamiento, el tono y los gestos pueden ser tan importantes como las palabras que utilizamos. Aunque existan muchas similitudes entre Latinoamérica, España y los US latin@s, también hay diferencias en el ámbito laboral del que estamos hablando en este capítulo. Algunas de estas conductas que se dan en Latinoamérica perduran en los US latin@s, pero otras no. La globalización y las migraciones han ayudado a que existan estas similitudes entre culturas, pero al mismo tiempo, las tradiciones culturales también tienen un efecto en mantener unas diferencias entre culturas. En efecto, hay una gran diversidad en términos de asimilación[10] y aculturación[11] entre los US latin@s.

 <u>**Paso 1**</u>: Lee los siguientes escenarios y discute los temas con un compañero.

Escenario 1.

En una entrevista de trabajo Alma, una chica México-americana perdió una posibilidad laboral en un puesto para el que estaba muy bien capacitada, al ofender, sin querer, a su entrevistador. El jefe de la empresa con quien se entrevistaba le preguntó: "¿De qué forma está usted más capacitada que otras personas para este puesto?". Alma, inmediatamente, y con mucha seguridad en sí misma respondió: "Soy una persona inteligente y muy dinámica, creo que eso me da grandes ventajas sobre cualquier otra persona." En ese momento terminó la entrevista. El entrevistador apenas le dio las gracias por venir a la entrevista y le indicó

---

10   Integración total de una cultura a otra a expensas de la pérdida o disminución de la primera.
11   Aculturación implica la adquisición de nuevas formas y costumbres, pero se mantienen también las tradiciones de la cultura original así como una identidad propia.

que la conversación había terminado. Ella se fue pensando que había quedado muy bien y que pronto le hablarían para ofrecerle el trabajo. Sin embargo, no volvió a saber de la entrevista ni del trabajo.

El error de Alma

1. ¿Qué pudo haber sucedido durante la entrevista para que no le ofrecieran el puesto?

2. ¿De qué forma ofendió la chica al entrevistador?

3. ¿De qué otra forma se podía haber respondido esta pregunta?

Escenario 2. Luis, un joven peruano, licenciado en administración de empresas y marketing consiguió una gran entrevista con una compañía norteamericana. El joven se había preparado mucho, hizo búsquedas sobre la empresa y hasta aprendió algo en particular sobre la persona que lo iba a entrevistar. Se vistió muy profesionalmente y se presentó a la cita. La secretaria le dijo que la entrevista duraría de 30 a 45 minutos. Al empezar la entrevista, el ejecutivo que estaba entrevistando al joven le preguntó: ¿De qué forma piensas que podrás contribuir a nuestra empresa? El joven, con gran modestia y mucha formalidad respondió que haría todo lo posible por encontrar un lugar dentro de esa compañía, y que buscaría la forma de dar apoyo a sus compañeros con lo que se dio por concluida la entrevista. El candidato supo de inmediato que no conseguiría el puesto. No obstante, jamás entendió el por qué. Luis viene de una cultura que valora la modestia y piensa que un individuo no debe de mostrarse arrogante ni intentar impresionar a otros con su inteligencia y sus habilidades.

El error de Luis.

1. ¿Cuál fue el error de Luis?

2. ¿Por qué podría haber pensado el empleador que Luis no sería buen empleado?

3. ¿De qué otra forma se pudo haber respondido esta pregunta?

 Paso 2: Para debatir.
Haz una lista de lo que piensas que pudo haber ocurrido en ambos escenarios.

Escenario 1	Escenario 2
_____	_____
_____	_____
_____	_____
_____	_____
_____	_____

Paso 3: Comparen una lista con la otra.

1. Comparen los errores de Alma y Luis en los Escenarios 1 y 2
2. ¿Qué elementos culturales chocan o no concuerdan entre una cultura y la otra?
3. ¿Qué consejos le darías a una persona que se va a entrevistar con una empresa de otra cultura para mejorar su oportunidad de conseguir el puesto?
4. ¿Somos responsables de entender o conocer las diferencias culturales de otras naciones cuando nos presentamos a una entrevista de trabajo en este país? Explica.

C) Gestos

Como se menciona en el ejercicio *B, Escenarios Culturales,* de esta misma sección, en términos interculturales los gestos son de suma importancia. A continuación tienes una serie de gestos y sus significados dentro de la cultura latinoamericana y española y su significado dentro de la cultura estadounidense.

Paso 1: Estudia las fotos y lee las descripciones con cuidado.

1. Apretar manos

El saludo es de suma importancia porque puede ser el primer contacto entre personas. Los latinoamericanos y los españoles se dan la mano en un contexto laboral, pero se saludan de beso cuando son amistades.

2. Despedidas. En los países latinoamericanos y en España se suele besar; en Latinoamérica se da un beso en una mejilla, en España se da un beso en cada mejilla y toma lugar únicamente entre amigos cuando se saluda o se despide. Se da el beso de mujer a mujer, de mujer a hombre, pero no de hombre a hombre. Sin embargo, se debe de tomar el tiempo para despedirse y decir adiós, hasta luego etc., antes de irse de la reunión. Si es una reunión de amigos, es importante despedirse de todas las personas, ya sea en grupo o individualmente y se debe de dar las gracias al anfitrión

3. Así, así. La mano extendida y abierta, la palma hacia abajo, se mueve de lado a lado para indicar un estado de animo regular, ni bueno ni malo.

4. Pulgares arriba. En algunos países como en Italia y en el País Vasco, los pulgares hacia arriba tiene connotaciones negativas.

5. Gesto de OK. En EEUU significa que todo está bien; en Latinoamérica puede ser un cero o que no se logró nada.

6. Gesto de "cuesta mucho". Se refiere al costo monetario.

7. Guiñar el ojo. Este gesto puede ser mal entendido en algunos países ya que puede conllevar una insinuación sexual.

8. Tacaño. Se toca el codo con la palma de la mano.

9. Ojo. Puede significar, "ten cuidado" o "pon atención" dependiendo del contexto de la situación.

Paso 2: Practica los gestos con un compañero. Tomen turnos mostrando el gesto y adivinando lo qué es.

Paso 3: La profe va a practicar los gestos con toda la clase.

La entrevista: En parejas o en grupo escriban un diálogo sobre una entrevista entre personas de culturas diferentes. Para lograr esto hay que hacer búsquedas y ser específicos. Dividan la clase en grupos en base a un mismo interés profesional específico, de esta manera, se pueden cubrir entrevistas que se especializan en diferentes profesiones (medicina, psicología, ingeniería, ciencias políticas, informática, etc...).

 Paso 1: Escoge una de las opciones a continuación y sigue las instrucciones para investigar el tema.

Opción 1: Identifiquen un anuncio para un empleo con una compañía de otro país y otra cultura y definan quien va a hacer el papel de entrevistador y de entrevistado.

Opción 2: Identifiquen un anuncio para un empleo con una empresa estadounidense y un candidato de otro país y definan quien va a hacer el papel de entrevistador y de entrevistado.

Paso 2: Escriban el diálogo entre el entrevistador y el entrevistado.

Paso 3: Revisen su diálogo.

Paso 4: Memoricen y grábenlo o pónganlo en *YouTube*.

SITIOS DE WEB DE TRABAJOS

 En esta sección vas a encontrar una serie de sitios de web para encontrar trabajo en Latinoamérica y España.

1. **LATPRO** – FUENTES DE EMPLEO PARA HISPANOPARLANTES
   http://www.latpro.com/

2. **THE UNIVERSITY OF KANSAS**-CENTER FOR LATIN AMERICAN AND CARIBBEAN STUDIES-FUENTES DE EMPLEO PARA HISPANOPARLANTES
   https://latamst.ku.edu/job-resources-2

3. **ENLACE**– FUENTE DE EMPLEOS EN LATINOAMERICA
   http://www.lanic.utexas.edu/enlace/

4. **SALUDOS**– EMPLEOS PARA HISPANOS EN ORGANIZACIONES QUE BUSCAN DIVERSIDAD EN SU EMPRESA
   http://www.saludos.com/

5. **LANIC-LATIN AMERICAN NETWORK INFORMATION CENTER**- FUENTES DE INFORMACIÓN SOBRE LATINO AMERICA
   http://lanic.utexas.edu/

6. **SPAINDATA**: EMPLEOS EN ESPAÑA
   http://www.spaindata.com/

Glossary

ENGLISH-SPANISH

A

Abdominal cramping *Calambres abdominales, (m.)*

Abdominal examination *Examen abdominal, (m.)*

Abdominal fullness *Plenitud abdominal, (f.)*

Abdominal pain *Dolor abdominal, (m.)*

Abduction *Secuestro, (m.)*

Abilities *Aptitudes, (f.)*

Ability *Facultad, (f.)*

Abnormal hair growth *Distribución del vello anormal, (f.)*

Abuse *Maltrato, (m.)*

Accelerator *Acelerador, (m.)*

Acceptance letter *Carta de aceptación, (f.)*

Accommodation *Alojamiento, (m.)*

Account holder *Titular de la cuenta, (m.)*

Account overdraft *Sobregiro de la cuenta, (m.)*

Accountant *Contador-a, (m./f.)*

Accounting assistant *Auxiliar de contable, (m./f.)*

Actually *De hecho/En realidad*

Address *Dirección, (f.)/Domicilio, (m.)*

Adhesion treaty *Acta de adhesion, (m.)*

Administration *Administración, (f.)*

Administrative assistant *Auxiliar de administración (m./f.)*

Advertisement *Anuncio, (m.)*

Advocate *Abogado-a, (m./f)*

Affable *Afable, (adj.)*

Affidavit *Acta de declaración, (m.)*

Affirmative/Negative answer on an application *Respuesta afirmativa/negativa de una aplicación, (f.)*

Aforementioned *Antedicho, (adj.)*

Aftereffects *Secuelas, (f.)*

Agreement *Convenio, (m.)/Conciliación, (f.)*

Aid *Ayuda, (f.)*

AIDS *SIDA, (m.)*

Airways *Vías respiratorias, (f.)*

Alcoholic *Alcohólico-a, (m./f.), (adj.)*

Alimony *Pensión alimenticia, (f.)*

Alzheimer disease *Alzheimer, (m.)*

Amount *Cantidad, (f.)/Cuantía, (f.)*

Analgesics *Analgésicos, (m.)*

Angiography *Angiografía, (f.)*

Angioplasty *Angioplastia, (f.)*

Anorexia (or poor appetite) *Anorexia, (f.)*

Anti-inflammatory medicines *Antiinflamatorios, (m.)*

Antiacids *Antiácidos, (m.)*

Antibiotics *Antibióticos, (m.)*

Anticoagulants *Anticoagulantes, (m.)*

Antidepressants *Antidepresivos, (m.)*

Antidiarrheal medication *Antidiarreicos, (m.)*

Antihistamines *Antihistamínicos, (m.)*

Antipyretics *Antipiréticos, (m.)*

Antiseptics *Antisépticos, (m.)*

Antitussives *Antitusígenos, (m.)*

Antiviral drugs *Antivirales, (m.)*

Antivirus *Antivirus, (m.)*

Anxiety *Ansiedad, (f.)*

Apartment *Apartamento (m.)/Piso, (m.)*

Apartment lease *Contrato de arrendamiento, (m.)*

Appeal *Apelación, (f.)*

Appeals Court *Tribunal de Apelaciones, (m.)*

Applicant *Aplicante, (m./f.)/Aspirante, (m./f.)/Solicitante, (m./f.)*

Applicant (in a letter of credit) *Girado, (m.) (en una letra de cambio)*

Appraisal *Tasación, (f.)/Valoración de una propiedad, (f.)*

Approval of an application *Aprobación de una aplicación, (f.)*

Arbitration *Arbitraje, (m.)*

Arrest Warrant *Orden de aprehensión, (f.)*

Arrythmia *Arritmia, (f.)*

Arterial blood test *Gasometría, (f.)*

Arthritis *Artritis, (f.)*

Arthroscopy *Artroscopia, (f.)*

Arthrosis *Artrosis, (f.)*

Articles of incorporation *Acta constitutiva, (m.)*

Assignment *Asignación, (f.)*

Asthma *Asma, (m.)*

At or @ *Señal de arroba (@), (f.)*

At the owner´s expense *A cargo del propietario*

At the tenant´s expense *A cargo del inquilino*

Attachment *Anexo, (m.)*

Attachment (through email) *Documento adjunto, (adj.)*

Attic *Ático, (m.)*

Attitude towards the job *Actitud del empleado hacia el trabajo, (f.)*

Attorney´s office *Bufete jurídico, (m.)*

Auscultate *Auscultar*

Auscultation *Auscultación, (f.)*

Autonomy *Autonomía, (f.)*

Availability *Disponibilidad, (f.)*

B

Baby teeth *Dientes de leche, (m.)*

Back (of the form) *Dorso (del formulario), (m.)*

Back seat *Asiento trasero, (m.)*

Bail bondsmen *Fiador, (m.)*

Bail *Fianza, (f.)*

Bailiff *Alguacil, (m.)*

Balance *Saldo, (m.)*

Balcony *Balcón, (m.)*

Bank *Banco, (m.)*

Bank account *Cuenta de banco/bancaria, (f.)*

Bank branch *Sucursal (del banco/bancaria/oficina principal), (f.)*

Bank customer *Usuario del banco, (m./f.)*

Bank documents *Documentos (del banco), (m.)*

Bank statement *Extracto del banco, (m.)*

Bank teller *Empleado-a del banco, (m./f.)*

Bank transactions *Operaciones bancarias, (f.)/Transacciones bancarias, (f.)*

Bank wire *Transferencia bancaria, (f.)*

Banker *Banquero-a, (m./f.)*

Bankruptcy *Quiebra, (f.)*

Bankruptcy law *Ley Concursal, (f.)*

Bathtub *Bañera, (f.)/Regadera, (f.)/Tina, (f.)*

Beating *Paliza, (f.)*

Bedroom *Dormitorio, (m.)*

Before eating anything *En ayunas*

Behavioral changes *Cambios en la conducta, (m.)*

Beneficial owner *Usufructuario-a, (m./f.)*

Beneficiary *Beneficiario-a, (m./f.)*

Benefits *Beneficios, (m.)/Subsidios, (m.)/ Carga social, (f.)*

Benefits (of a device) *Prestaciones, (f.) (de un aparato)*

Between meals *Entre comidas*

Bills *Facturas, (f.)*

Binder *Carpeta, (f.)*

Binding *Obligatorio-a, (adj.)*

Biopsy *Biopsia, (f.)*

Birth certificate *Acta de nacimiento, (m.)/ Certificado de nacimiento, (m.)/ Inscripción de nacimiento, (f.)/Partida de nacimiento, (f.)*

Bite *Mordida (de los dientes), (f.)*

Bladder *Vejiga, (f.)*

Blank space *Espacio en blanco, (m.)*

Bleeding gums *Sangrado de encías, (m.)*

Blinds *Persiana, (f.)*

Block *Cuadra, (f.)*

Blockage *Bloqueo, (m.)*

Blogs *Blogs, (m.)*

Blood clot *Coágulo, (m.)*

Blood in sputum (Hemoptysis) *Sangre en esputos (Hemoptisis), (f.)*

Blood in the urine (Hematuria) *Sangre en la orina (Hematuria), (f.)*

Blood test *Análisis de sangre, (m.)*

Blood thinners *Anticoagulantes, (m.)*

Blood vessels *Vasos sanguíneos, (m.)*

Bloodstream *Flujo sanguíneo, (m.)/ Torrente sanguíneo, (m.)*

Blurred vision *Visión borrosa, (f.)*

Bold (ink) *En negrita (tinta)*

Bond *Fianza, (f.)*

Bones *Huesos, (m.)*

Bone scan *Gammagrafía ósea, (f.)*

Borrower *Prestatario-a, (m./f.)*

Boss *Jefe-a, (m./f.)/Patrón, (m.)*

Bowel movement *Deposición, (f.)*

Bowels *Intestinos, (m.)*

Box *Cuadro, (m.)/Recuadro, (m.)*

Brackets (teeth) *Frenos/Frenillos, (m.)*

Branch of the main office *Sucursal (del banco/bancaria/oficina principal), (f.)*

Branch manager *Director-a del banco, (m./f.)*

Brand *Marca, (f.)*

Breach of contract *Incumplimiento del contrato, (m.)*

Breast cancer *Cáncer de mama, (m.)*

Breast lumps *Bultos en los pechos, (m.)/ Masas en los pechos, (f.)*

Breath *Aliento, (m.)*

Brief summary *Breve sumario, (m.)*

Bronchitis *Bronquitis, (f.)*

Bronchodilators *Broncodilatadores, (m.)*

Broncoscopy *Broncoscopia, (f.)*

Brothel *Burdel, (m.)/Prostíbulo, (m.)*

Brother-in-law *Cuñado, (m.)*

Browser *Navegador, (m.)*

Bruise *Morado, (m.)/Moratón, (m.)*

Built-in *Incorporado, (adj.)*

Bulimia *Bulimia, (f.)*

Burglary *Asalto, (m.)*

Burn *Quemadura, (f.)*

Business *Empresa, (f.)*

Business consultant *Asesor-a comercial, (m./f.)*

By default *Por defecto*

By inhaling *Vía inhalatoria, (f.)*

By mail *Por correo*

By mouth *Vía oral, (f.) (o "Por boca")*

By rectum *Vía rectal, (f.)*

C

C.V. *Curriculum vitae, (m.)*

Candidate *Candidato-a, (m./f.)*

Canine tooth *Colmillo, (m.)*

Car inspection *Inspección del coche, (m.)*

Car insurance *Seguro del coche, (m.)*

Car registration *Registro del coche, (m.)*

Car tag *Chapa del coche, (f.)/Matrícula del coche, (f.)/Placa del coche, (f.)*

Carburator *Carburador, (m.)*

Cardiac failure *Insuficiencia cardíaca, (f.)*

Cardiovascular system *Sistema cardiovascular, (m.)*

Carpet *Alfombra, (f.)*

Case *Caso, (m.)*

Case file *Historial del caso, (m.)*

Case information *Información sobre el caso, (f.)*

Case sensitive *Distinción de mayúsculas a minúsculas, (f.)*

Cash *En efectivo/En metálico*

Cash assistance *Asistencia monetaria, (f.)*

Catheterization *Cateterismo, (m.)*

Catheters *Catéter, (m.)*

Cavities *Caries, (f.)*

Central air conditioning and heating *Aire acondicionado central, (m.)*

Certifying officer *Fedatario público, (m.)*

Changes in mood *Cambios del estado de ánimo, (m.)*

Charges *Acusación, (f.)*

Check *Cheque, (m.)*

Check book *Chequera, (f.)*

Checking account *Cuenta corriente, (f.)*

Chemotherapy *Quimioterapia, (f.)*

Chest pain *Angina de pecho, (f.)/Dolor en el pecho/de pecho, (m.)/Dolor torácico, (m.)*

Chickenpox *Varicella, (f.)*

Child support *Pensión alimenticia, (f.)*

Chills *Escalofríos, (m.)*

Christmas bonus *Aguinaldo, (m.)/Paga de navidad, (f.)*

Citizen *Ciudadano-a, (m./f.)*

Citoscopy *Citoscopia, (f.)*

Civil code *Código civil, (m.)*

Clamydia *Clamidia, (f.)*

Clause *Cláusula, (f.)*

Clipboard *Portapapeles, (m.)*

Code of conduct *Código de conducta, (m.)*

Codes *Códigos, (m.)*

Colectomy *Colectomía, (f.)*

Collection *Cobro, (m.)*

Collision *Choque, (m.)/Colisión, (f.)*

Colon cancer *Cáncer de colon, (m.)*

Colonoscopy *Colonoscopia, (f.)*

Command *Mandato, (m.)*

Commercial assistant *Auxiliar comercial, (m./f.)*

Commercial code *Código de comercios, (m.)*

Commitment *Compromiso, (m.)*

Communal expenses *Gastos comunitarios, (m.)*

Communications consultant *Asesor-a de comunicaciones, (m./f.)*

Community *Comunidad, (f.)*

Community assistant *Asesor-a comunitario-a, (m./f.)*

Company *Compañía, (f.)*

Compensation application *Aplicación a subsidio, (f.)*

Compensation for damages *Compensación por daños y prejuicios, (f.)*

Complaint *Acta de demanda, (m.)/Acta de denuncia, (m.)*

Computer *Computador-a, (m./f.)/Ordenador, (m.)*

Computer application *Aplicación (de computadores), (f.)*

Computer command *Comando, (m.) (al computador)*

Computer desktop *Escritorio/Fondo de escritorio en la pantalla del computador, (m.)*

Computer devices *Dispositivo del computador, (m.)*

Computer folder *Carpeta, (f.)*

Computer program *Programa informático, (m.)*

Conciliation *Conciliación, (f.)*

Conciliation agreement *Acta de conciliación, (m.)*

Configuration *Configuración, (f.)*

Conflict resolution center *Centro de resolución, (m.)*

Confused thinking *Confusión mental, (f.)*

Connective tissue *Tejido conjuntivo,(m.)*

Constant pain *Dolor constante, (m.)*

Constipation *Constipación, (f.)/Estreñimiento, (m.)*

Constitution *Constitución, (f.)*

Constitutional Court *Tribunal Constitucional, (m.)*

Construction work *Obras de construcción, (f.)*

Consumer *Consumidor-a, (m./f.)*

Contest *Competencia, (f.)*

Continuance *Aplazamiento, (m.)*

Continuous insulin infusion *Infusión continua de insulina, (f.)*

Contract *Contrato, (m.)*

Contract duration *Duración del contrato, (f.)*

Contrast dye *Medio de contraste, (m.)*

Cookies *Cookies, (f.)*

Copy *Copia, (f.)*

Copy and paste *Copiar y pegar*

Coronariography *Coronariografía, (f.)*

Corporation *Corporación, (f.)*

Cosignatory *Avalista, (m./f.)*

Cost *Costo, (m.)*

Cough *Tos, (f.)*

Cough suppressants *Antitusígenos, (m.)*

Counterpart *Contraparte, (f.)*

Countersuit *Contrademanda, (f.)*

Court *Tribunal, (m.)*

Court of Audits *Tribunal de Cuentas, (m.)*

Court of Justice *Tribunal de Justicia, (m.)*

Court of Law *Tribunal de Justicia, (m.)*

Crackles *Crepitaciones, (f.)*

Creaking (grating sound in the joints) *Crujidos articulares, (m.)*

Credit *Crédito, (m.)*

Credit card *Tarjeta de crédito, (f.)*

Credit report *Informe crediticio, (m.)*

Credit score *Puntaje de crédito, (m.)*

Creditor *Acreedor-a, (m./f.)*

Crime Delito, (m.)

Criminal Delincuente, (m./f.)

Criminal offense Delito penal, (m.)

Criminal records Antecedentes penales, (m.)

Crosswalk Paso de cebra/Paso de peatones, (m.)

Crowded area Zona concurrida, (f.)

Crown Funda dental, (f.)

Crushing pain Dolor aplastante, (m.)

CT scan Tomografía computarizada, (f.)

Curb Acera, (f.)

Current year Año en curso, (m.)

Curriculum vitae/Resume Expediente personal, (m.)/Hoja de vida, (f.)

Cursor Cursor, (m.)

Custodial parent Padre que tiene la custodia, (m.)

Custody Tutela, (f.)

Customer Cliente-a (del banco), (m./f.)

Customer service representative Asesor-a de servicio al cliente, (m./f.)

Customize settings Personalizar los ajustes

Cyanosis Cianosis (o piel de color azul), (f.)

D

Daily wages Jornal, (m.)

Dark, black or tarry stools Deposiciones negras, (f.)

Data Dato, (m.)

Data entry Entrada de datos, (f.)

Database Base de datos, (f.)

Date Cita amorosa, (f.)/Fecha, (f.)

Daughter-in-law Nuera, (f.)

Day care Guardería, (f.)/Jardín de infancia, (m.)

Day laborer Jornalero, (m.)

Dead end job Estancamiento profesional, (m.)

Dead end street Calle sin salida, (f.)

Death certificate Acta de defunción, (m.)/Certificado de defunción, (m.)/Inscripción de defunción, (f.)/Partida de defunción, (f.)

Debit card Tarjeta de débito, (f.)

Debtor Librador-a, (m./f.) (en una letra de cambio)

Debugging Depuración de errores, (f.)

Decision Laudo, (m.)

Decree Decreto, (m.)

Deed (car) Título (del coche), (m.)

Defaulter Moroso-a, (adj.)

Defaulting debtor Moroso-a, (adj.)

Defaulting party Parte infractora, (f.)

Defaulting Morosidad, (f.)

Defendant Acusado-a, (m./f)/Demandado-a, (m./f)/Inculpado-a, (m./f.)

Deformity of the joints Deformidad de las articulaciones, (f.)

Delayed/Late/Short menstruation (Amenorrhea) Retraso de la menstruación, (m.) (Amenorrea)

Deliquency Morosidad, (f.)

Delinquent Delincuente, (m./f.)

Delinquent account Cuenta delincuente, (f.)

Denial Negación, (f.)

Densitometry Densitometría, (f.)

Dental braces Aparatos de la boca, (m.)

Dental bridge Puente dental, (m.)

Dental caps Funda dental, (f.)/Corona (dental), (f.)

Dental checkup Revisión dental, (f.)

Dental cleanings Limpieza de boca, (f.)

Dental conditions Trastornos dentales, (m.)

Dental crown Corona (dental), (f.)/Funda dental, (f.)

Dental floss Hilo dental, (m.)

Dental habits Hábitos dentales, (m.)

Dental insurance Seguro dental, (m.)

Dental plaque Placa dental, (f.)

Dentin Dentina, (f.)

Dentist Dentista, (m./f.)

Dentures Dentadura postiza, (f.)

Deposit Fianza, (f.)

Deposit (in the bank) Ingreso, (m.)

Deposit slip Comprobante de ingreso, (m.)

Deposition Audiencia declaratoria, (f.)

Detached house Casa separada, (f.)

Dexterity Destreza, (f.)

Diagnostic test Prueba diagnóstica, (f.)

Dialog box Cuadro de diálogo, (m.)

Dialog window Ventana de diálogo, (f.)

Diarrhea Diarrea, (f.)

Difficulties with ejaculations/ erections Dificultades en las eyaculaciones/erecciones, (f.)

Difficulty breathing Dificultad para respirar, (f.)

Digital rectal exam Examen rectal, (m.)

Diminish (an illness or disease) Remitir (una enfermedad)

Dining room assistant Auxiliar de comedor, (m./f.)

Diphtheria Difteria, (f.)

Disability Invalidez, (f.)

Disabled Inválido-a, (adj.)/Incapacitado-a, (adj.)

Dish set Vajilla, (f.)

Display Pantalla, (f.)

Display menu Menú de visualización, (m.)

Dispute Disputa, (f.)

Distended neck veins Congestión venas cuello, (f.)

District Court Tribunal de Primera Instancia, (m.)

Diuretics Diuréticos, (m.)

Dizziness Mareos, (m.)

Domestic violence Violencia doméstica, (f.)

Double space Espacio doble, (m.)

Down payment Depósito, (m.)/Enganche, (m.)/Paga y señal, (f.)

Driver seat Asiento del conductor, (m.)

Driver's education Educación vial, (f.)

Driver's licence Carnet, (m.)/Licencia de conducir, (f.)/Permiso de conducir, (m.)

Drugs Medicinas, (f.)

Drunk driver Conductor borracho, (m.)

Dryer (machine) Secadora, (f.)

Due to illness Por enfermedad

Dull pain *Dolor sordo, (m.)*

E

Echocardiogram *Ecocardiograma, (m.)*

Edge of the curb *Orilla de la acera, (f.)*

Effort Test *Ergometría, (f.)/Prueba de esfuerzo, (f.)*

Effort to improve/exceed *Afán de superación, (m.)*

Effort to win *Afán de triunfo, (m.)*

Elderly man/woman *Anciano-a, (m./f.)*

Electrocardiogram (EKG,ECG) *Electrocardiograma, (m.)*

Electroencephalography *Electroencefalografía, (m.)*

Eligible *Elegible, (adj.)*

Email address *Dirección de correo electrónico, (f.)*

Embarrassed *Avergonzado-a, (adj.)*

Emergency lane *Arcén, (m.)*

Emotional state *Estado de ánimo o anímico, (m.)*

Emphysema *Enfisema, (m.)*

Employee *Empleado-a, (adj.)*

Employee profile *Perfil del empleado-a, (m.)*

Employment rate *Tasa de empleo, (f.)*

Enable (a computer function) *Activar (una función informática)*

Enamel *Esmalte, (m.)*

Endocrine system *Sistema endocrino, (m.)*

Endodontic treatment (Root canal) *Endodoncia, (f.)*

Endorsement *Endoso, (m.)*

Endoscopy *Endoscopia, (f.)*

Enema *Enema, (m.)*

Entry (computer search) *Entrada, (f.)*

Equal rights *Garantías de igualdad, (f.)*

Equality *Igualdad, (f.)*

Eviction *Desahucio, (m.)/Desalojo, (m.)*

Eviction notice *Aviso de desalojo, (m.)/ Notificación de desalojo, (f.)/Orden de desalojo, (f.)*

Exhibit *Exposición, (f.)*

Exit *Salida, (f.)*

Expatriate *Expatriado-a, (m./f.)*

Expectorants *Expectorantes, (m.)*

Extension *Prórroga, (f.)*

F

Fabric *Tela, (f.)*

Facial paralysis *Parálisis facial, (f.)*

Fact *Dato, (m.)*

Factory *Fábrica, (f.)*

Family Court *Tribunal de Familia, (m.)*

Family relationships *Relaciones familiares, (f.)*

Fat *Grasa, (f.)*

Fatigue *Debilidad, (f.)*

Fatty plaque deposits *Placa de grasa, (f.)*

Features (of a device) *Prestaciones, (f.) (de un aparato)*

Fecal occult blood test *Examen de sangre oculta en heces (SOH), (m.)*

Federal confidentiality regulations *Ley de protección de datos, (f.)*

Fee *Cuota, (f.)/Cargo, (m.)*

Feeling of impending death *Sensación de muerte, (f.)*

Felony *Delito penal, (m.)*

Fender *Guardabarros, (m.)*

Fight *Pelea, (f.)*

File *Archivo, (m.)/Expediente profesional, (m.)*

Filling *Empaste (de un diente), (m.)*

Filter *Filtro, (m.)*

Financial *Crediticio, (adj.), (m.)*

Financial advisor *Asesor-a financiero-a, (m./f.)*

Financial report *Informe crediticio, (m.)*

Financial status *Estado financiero, (m.)*

Finding *Laudo, (m.)*

Fingerprints *Huellas dactilares, (f.)*

Firewall *Firewall, (m.)/Muralla de fuego, (f.)*

Firm *Firma, (f.)*

Flash drive *Memoria instantánea/ portátil, (f.)*

Flat rate *Tarifa plana de internet, (f.)*

Flat tire *Llanta pinchada, (f.)/Rueda pinchada, (f.)*

Fluid retention (Edema) *Retención de líquidos, (f.) (Edema)*

Folder *Fichero, (m.)*

Font *Fuente, (f.)*

Food stamps *Cupones para comida, (m.)/ Estampillas para alimentos, (f.)*

Food stamps

Foreclosure *Ejecución hipotecaria, (f.)/ Embargo, (m.)*

Foreign identification card *Cédula de extranjería, (f.)*

Forgery *Falsificación, (f.)*

Form *Formulario, (m.)*

Forms *Forma, (f.)*

Fracture *Fractura, (f.)*

Frequent urination *Micción frecuente, (f.)*

Frying pans *Sartenes, (f.)*

Full time job *Trabajo a jornada completa, (m.)*

Functional disability *Incapacidad funcional, (f.)*

Funds *Fondos, (m.)*

Furnished *Amueblado-a, (m./f.)*

Furniture *Muebles, (m.)*

G

Gas *Gasolina, (f.)*

Gas station *Gasolinera, (f.)*

Gastritis *Gastritis, (f.)*

Gastrointestinal system *Sistema gastrointestinal, (m.)*

Gastroscopy *Gastroscopia, (f.)*

Gear shift *Cambio de marchas/de velocidades, (m.)*

General anesthesia *Anestesia general, (f.)*

Generalized ache *Mal de cuerpo, (m.)*

Generic brand medication *Medicación de versión genérica, (f.)*

Genetic tests *Pruebas genéticas, (f.)*

Genital herpes *Herpes genital, (m.)*

Genital secretions or discharge *Secreciones genitales, (f.)*

Genitourinary system *Sistema genitourinario, (m.)*

Gingivitis *Gingivitis, (f.)*

Glasses *Gafas, (f.)*

Glove compartment *Guantera, (f.)/ Portaguantes, (m.)*

Goiter *Bocio, (m.)*

Gonorrhea *Gonorrea, (f.)*

Graduated *Egresado-a, (adj.)*

Grant program *Programa de subsidios, (m.)*

Green card *Tarjeta de residente, (f.)/ Tarjeta verde, (f.)*

Grievance *Agravio, (m.)*

Gross earnings *Entrada bruta, (f.)*

Grounded *Castigado-a, (m./f.)*

H

Hacker *Intruso, (m.)/Pirata informático, (m.)*

Half brother *Medio hermano, (m.)*

Half sister *Media hermana, (f.)*

Hand brake *Freno de mano, (m.)*

Hand cuffs *Esposas, (f.)*

Hard drive *Disco duro, (m.)*

Haunting gaze *Mirada perdida, (f.)*

Hazard lights *Luces intermitentes, (f.)*

Head down/lowered *Cabeza baja, (f.)*

Head hunter *Cazatalentos, (m.)*

Head injury *Traumatismo craneoencefálico, (m.)*

Head lights *Luces cortas/delanteras, (f.)*

Head ultrasound *Ecografía cerebral, (f.)*

Headache *Dolor de cabeza, (m.)/ Jaquecas, (f.)*

Header *Cabecera, (f.)*

Health insurance *Seguro de hospitalización, (m.)/Seguro médico, (m.)*

Hearing aid *Audífono, (m.)*

Heart attack *Ataque cardíaco, (m.)/ Infarto, (m.)*

Heart murmurs *Soplos, (m.)*

Heart palpitations *Palpitaciones, (f.)*

Heartburn *Acidez, (f.)/Ardor (de estómago), (m./f.)*

Heavy menstruation (Hypermenorrhea) *Menstruación abundante (Hipermenorrea), (f.)*

Help *Ayuda, (f.)*

Hematuria (or blood in the urine) *Hematuria, (f.)*

Hemoptysis (or blood in sputum) *Hemoptisis, (f.)*

Hepatitis *Hepatitis, (f.)*

Herbs *Hierbas, (f.)*

Herpes zoster *Culebrilla, (f.)*

High beam lights *Luces largas, (f.)*

High blood pressure *Hipertensión arterial, (f.)*

Highlighted *Resaltado-a, (adj.)/ Seleccionado-a, (adj.)*

Highway *Autopista, (f.)*

Home office *Sede, (f.)*

Homeless *Desalojado-a, (adj.)/Sin techo*

Homepage *Página de inicio, (f.)/Pantalla de inicio, (f.)*

Hood *Capó, (m.)*

Hormone therapy *Terapia hormonal, (f.)*

Horn *Bocina, (f.)/Claxon, (m.)*

Hospital birth registry *Registro de nacimiento del hospital, (m.)*

Hot flashes *Bochornos, (m.)/Sofocos, (m.)*

Household expenses *Gastos de la casa, (m.)*

Housing *Alojamiento, (m.)*

Human resources *Oficina de recursos humanos, (f.)*

Hyphenation *Separación silábica, (f.)*

Hypothyroidism *Hipotiroidismo, (m.)*

I

Icon *Icono, (m.)*

Identification *Identificación, (f.)*

Identity theft *Robo de identidad, (m.)/ Usurpación de identidad, (f.)*

Image consultant *Asesor-a de imagen, (m./f.)*

Immigrant *Inmigrante, (m./f.)*

Immunologic system *Sistema inmunológico, (m.)*

Impecable *Intachable, (adj.)*

Implant *Implante, (m.)*

Implementation *Ejecución, (f.)*

Improvement *Mejoría, (f.)*

In cash *Al contado*

In the course *Transcurso, (m.)*

Inbox *Bandeja de entrada, (f.)*

Inbox *Correo entrante, (m.)*

Incapacitated *Incapacitado-a, (adj.)*

Incest *Incesto, (m.)*

Incisor *Incisivo (diente), (m.)*

Income *Ingreso, (m.)*

Increased appetite (Polyphagia) *Aumento de hambre (Polifagia), (m.)*

Increased thirst (Polydipsia) *Aumento de sed (Polidipsia), (m.)*

Increased urination *Aumento de la micción, (m.)*

Indentation *Sangrado, (m.)*

Indictment *Formulación de cargos, (f.)*

Indigestion *Indigestión, (f.)*

Individual rights *Garantías individuales, (f.)*

Infection *Infección, (f.)*

Inflammation *Inflamación, (f.)*

Inflammed gums *Encías inflamadas, (f.)*

Inotropes (drugs) *Inotrópicos (fármacos), (m.)*

Insolvency law *Ley Concursal, (f.)*

Installments *A plazos*

Insurance company *Compañía aseguradora, (f.)*

Interests *Intereses (de un préstamo), (m.)*

Interface *Interfaz, (f.)*

Intermittent pain *Dolor intermitente, (m.)*

Internet connection *Conexión a internet, (f.)/Estaciones de conexión, (f.)*

Internet service *Servicio de internet, (m.)*

Interview *Entrevista, (f.)*

Intestines *Intestinos, (m.)*

Intravenous therapy *Sueroterapia, (f.)*

Intravenous urography *Urografía, (f.)*

Intravenous use *Por vía intravenosa (o "Por vena")/Vía intravenosa, (f.)*

Investment *Inversión, (f.)*

Irrevocable nature *Carácter irrevocable, (m.)*

IRS *Agencia tributaria, (f.)*

IRS policies *Regulaciones de la agencia tributaria, (f.)*

Issue *Asunto, (m.)*

Issuing bank (in a letter of credit) *Girador, (m.) (en una letra de cambio)*

Italics *En cursiva*

Itching *Picor, (m.)*

J

Jaw *Mandíbula, (f.)*

Job application *Solicitud de trabajo/ empleo, (f.)*

Job performance *Rendimiento del trabajo, (m.)*

Job position *Puesto de trabajo, (m.)/ Cargo, (m.)*

Job post *Cargo, (m.)*

Job requirements *Requisitos del puesto, (m.)*

Joint pain *Dolor articular o de la movilidad (m.)*

Joints *Articulaciones, (f.)*

Judicial rights of the individual *Garantías de seguridad, (f.)*

Judicial subjects *Sujeto jurídico, (m.)*

Junk mail *Correo basura, (m.)*

Juriprudence *Jurisprudencia, (f.)*

Jurisdictional process *Proceso jurisdiccional, (m.)*

Jury *Jurado, (m.)*

Justice of the Peace *Juzgado de paz, (m.)*

Juvenile Court *Juzgado de menores, (m.)*

Juvenile Court *Tribunal Tutelar de Menores, (m.)*

K

Key *Tecla, (f.)*

Key word *Palabra clave, (f.)*

Keyboard *Teclado, (m.)*

Kick *Patada, (f.)*

Kidnapping *Secuestro, (m.)*

Kidney *Riñón, (m.)*

Kidney stones *Cálculos renales, (m.)/ Piedras renales, (f.)*

L

Labor laws *Ley General Federal del Trabajo, (f.)*

Lack of eye contact *Ausencia de contacto visual, (f.)*

Lack of professional opportunities *Estancamiento profesional, (m.)*

Lack of understanding *Falta de entendimiento, (f.)*

Land line *Teléfono fijo, (m.)*

Landlord *Arrendador-a/Casero-a, (m./f.)*

Language disorders *Trastornos del habla, (m.)*

Laptop *Computador portátil, (m.)*

Large intestine *Intestino grueso, (m.)*

Lasting effects *Secuelas, (f.)*

Laundry room *Lavandería, (f.)*

Law *Ley, (f.)*

Law firm *Bufete jurídico, (m.)*

Lawsuit *Demanda, (f.)/Pleito, (m.)*

Lawyer *Abogado-a, (m./f)*

Laxatives *Laxantes, (m.)*

Legal action *Acción legal, (f.)*

Legal assistant *Asistente legal, (m./f.)/ Auxiliar de abogado-a, (m./f.)*

Legal description of a property *Descripción legal de una propiedad, (f.)*

Legal document *Acta legal, (m.)*

Legal documents *Documentos legales, (m.)*

Legal guarantees *Garantías judiciales, (f.)*

Legal protection *Amparo, (m.)*

Legal status *Estado legal, (m.)/Estatus legal, (m.)*

Lender *Acreedor-a, (m./f.)*

Letter of credit *Letra de cambio, (f.)*

Lifeless gaze *Mirada perdida, (f.)*

Line *Línea, (f.)*

Link *Enlace, (m.)*

Litigation *Litigio, (m.)*

Loan *Préstamo, (m.)*

Loan application *Solicitud de préstamo, (f.)*

Loan committee *Comité de préstamos, (m.)*

Loan policies *Regulaciones del préstamo, (f.)*

Local anesthesia *Anestesia local, (f.)*

Located *Ubicado-a, (adj.)*

Location *Ubicación, (f.)/Plaza de trabajo, (f.)*

Lodging *Alojamiento, (m.)*

Long term *A largo plazo*

Long term goals *Metas a largo plazo, (f.)*

Long-term memory *Memoria a largo plazo, (f.)*

Loss of balance *Pérdida de equilibrio, (f.)*

Loss of consciousness *Pérdida de conciencia, (f.)*

Lot *Solar, (m.)/Terreno, (m.)*

Low-income person *Persona de bajos ingresos, (f.)*

Lumbar puncture (o "Spinal tap") *Punción lumbar, (f.)*

Lung cancer *Cáncer de pulmón, (m.)*

Lymph nodes *Ganglios linfáticos, (m.)*

M

Magnetic resonance *Resonancia magnética, (f.)*

Maiden name *Apellido de soltera, (m.)*

Mail *Correo, (m.)*

Mailbox *Buzón, (m.)*

Main office *Oficina matriz, (f.)*

Make (of the car) *Modelo (del coche), (m.)*

Malware *Malware, (m.)*

Mammogram *Mamografía, (f.)*

Marital status *Estado civil, (m.)*

Marriage certificate *Inscripción de matrimonio, (f.)*

Matter *Asunto, (m.)*

Maximum speed limit *Límite de velocidad máxima, (m.)*

Measles *Sarampión, (m.)*

Measure *Gestión, (f.)*

Mediator *Mediador-a, (m./f.)*

Medical checkup *Revisión médica, (f.)*

Medical examination of the breasts *Exploración mamaria, (f.)*

Medical records *Historia clínica, (f.)*

Medical records *Registro médico, (m.)*

Medicine *Medicina, (f.)*

Meningitis *Meningitis, (f.)*

Menstrual cycle changes *Cambios del ciclo menstrual, (m.)*

Menstrual period *Menstruación, (f.)*

Menstrual period *Periodo, (m.)*

Menstruation, delayed/late/ short (Amenorrhea) *Retraso de la menstruación, (m.) (Amenorrea)*

Menstruation, heavy (Hypermenorrhea) *Menstruación abundante (Hipermenorrea), (f.)*

Migraine *Jaquecas, (f.)*

Mild pain *Dolor leve, (m.)*

Minimum speed limit *Límite de velocidad mínima, (m.)*

Minor *Menor, (adj.)*

Minutes of the meeting *Acta de asamblea, (m.)/Actas, (f.)*

Misdemeanor Court *Juzgado de faltas, (m.)*

Modem *Módem, (m.)*

Molar *Muela, (f.)*

Moneylender *Prestador-a, (m./f.)*

Moneylender *Prestamista, (m./f.)*

Monitor *Monitor, (m.)*

Monthly *Mensual, (adj.)*

Morning stiffness in the joints *Rigidez articular matutina, (f.)*

Mortgage *Hipoteca, (f.)*

Mortgage contract *Contrato de la hipoteca, (m.)*

Mortgage insurance *Seguro hipotecario, (m.)*

Mouse *Ratón, (m.)*

Mouth wash *Enjuague bucal, (m.)*

Mucolytics *Mucolíticos, (m.)*

Mugging *Atraco, (m.)*

Mumps *Paperas, (f.)*

Muscle biopsy *Biopsia muscular, (f.)*

Musculoskeletal system *Sistema óseo muscular, (m.)*

N

Narrowing (of the airways or the blood vessels) *Estrechamiento (de las vías aéreas o vasos sanguíneos), (m.)*

National Police *Cuerpo de la Policía Nacional, (m.)*

Nausea *Nauseas, (f.)*

Negligent overtaking/passing *Adelantamiento negligente, (m.)*

Neighborhood *Barrio, (m.)*

Neighborhood association *Asociación de vecinos, (f.)*

Neighbors *Vecinos-as, (m./f.)*

Net income *Entrada neta, (f.)*

Networks *Redes de comunicación, (f.)*

Neurologic system *Sistema neurológico, (m.)*

Newborn *Recién nacido, (m.)*

Newsgroups *Grupos de noticias, (m.)*

Nightclub *Discoteca, (f.)*

Nonprofit *Sin fines de lucro*

Norm *Reglamento, (m.)*

Notice *Aviso, (m.)*

Notice of closure *Acta de clausura, (m.)*

Numbness *Entumecimiento, (m.)*

Nursing assistant *Auxiliar de enfermería, (m./f.)*

Nursing home *Asilo de ancianos, (m.)/ Casa para ancianos, (f.)/Residencia de ancianos, (f.)*

O

Off (engine/lights/computer) *Apagado (el motor del coche/luces/ computador), (adj.)*

Offenses *Faltas, (f.)*

On (car engine) *Encendido (el motor del coche), (adj.)*

On site job *Trabajo a pie de obra, (m.)*

Operating system *Sistema operativo, (m.)*

Opportunistic infections *Infecciones oportunistas, (f.)*

Oppressive pain *Dolor opresivo, (m.)*

Oral cancer *Cáncer oral, (m.)*

Oral cavity *Cavidad oral, (f.)*

Organization chart *Organigrama, (m.)*

Osteoporosis *Osteoporosis, (f.)*

Outbreaks *A brotes*

Outside consultant *Asesor-a externo, (m./f.)*

Outstanding *Sobresaliente, (adj.)*

Outstanding payment *Impagos, (m.)*

Over the counter medication *Medicación de venta libre, (f.)*

Overall aches *Dolor generalizado, (m.)*

Overdraft *Sobregirar*

Overtime pay *Sobresueldo, (m.)*

Owner *Propietario-a, (m./f.)*

Ownership *Propiedad, (f.)*

Oxygen Therapy *Oxigenoterapia, (f.)*

P

Page layout *Diseño (de la página de Web), (m.)*

Pain at urination *Dolor en la micción, (m.)*

Pain killers *Analgésicos, (m.)*

Palate *Paladar, (m.)*

Papillomavirus or HPV (genital herpes) *Papilomavirus humano genital, (m.)*

Paralegal *Asistente legal, (m./f.)/Auxiliar de abogado-a, (m./f.)*

Paralyzed *Paralítico-a, (m./f.)*

Parked *Aparcado, (adj.)*

Parking meter *Parquímetro, (m.)*

Parole *Libertad condicional, (f.)*

Part time job *Trabajo a media jornada, (m.)*

Passenger seat *Asiento del pasajero, (m.)*

Passing gas *Gases, (m.)*

Passing of kidney stones *Expulsión de cálculos o arenillas, (f.)*

Passport Pasaporte, (m.)

Password Contraseña, (f.)

Path Trayectoria profesional, (f.)

Patches Parches, (m.)

Patrol car Coche de patrulla, (f.)

Paycheck Nómina, (f.)/Paga, (f.)

Payee Receptor-a del pago, (m./f.)/ Acreedor-a, (m./f.)

Payment Retribución, (f.)

Payments Pagos, (m.)

Paystub Nómina, (f.)/Paga, (f.)

Pedestrian Peatón, (m.)

Pedophile Pederasta, (m.)

Pencil-like stools or narrow stools Heces delgadas, (f.)

Pension Pensión, (f.)

Peptic ulcer Úlcera péptica, (f.)

Period Regla, (f.)

Permanent residence Permiso de residencia, (m.)

Permanent teeth Dientes de carne/ permanentes, (m.)

Personnel Personal, (m.)/Plantilla, (f.)

Pharmacy assistant Auxiliar de farmacia, (m./f.)

Physical description Descripción física, (f.)

Physical exam Examen físico, (m.)

Pimp Proxeneta, (m.)

Piorrhea Piorrea, (f.)

Place of birth Lugar de nacimiento, (m.)

Placement La colocación, (f.)

Plaintiff Demandante, (m./f.)/Querellante, (m./f.)

Planning Planificación, (f.)

Plasma hormone levels Niveles plasmáticos de hormonas, (m.)

Pneumonia Neumonía, (f.)

Police Policía, (m./f.)

Police report Denuncia, (f.)/Informe policial, (m.)/Acta de denuncia, (m.)

Police station Comisaría de policía, (f.)

Policy Política, (f.)

Poliomyelitis Poliomielitis, (f.)

Pollakiuria (frequent urination) Polaquiuria, (f.)

Poor appetite (o Anorexia) Falta de apetito, (f.)

Pop-up menu Menú emergente, (m.)

Population group Grupo poblacional, (m.)

Position classification Clasificación de puestos, (f.)

Possession Tenencia, (f.)

Post Plaza de trabajo, (f.)

Pots Cacerolas, (f.)

Pounding (heart) Latir

Power service Servicio de electricidad, (m.)

Pregnant Embarazada, (f./adj.)

Preliminary information Información preliminar, (f.)

Prenatal care Cuidado prenatal, (m.)

Present Actual, (adj.)

Presently Actualmente, (adv.)

Preventive care Atención preventiva, (f.)

Probation Libertad condicional, (f.)

Probationary period Periodo probatorio, (m.)

Procedure Procedimiento, (m.)/Trámite, (f.)

Processual guarantees Garantía procesal, (f.)

Professional experience Experiencia profesional, (f.)

Profit Ganancia, (f.)

Profuse sweating Sudoración profusa, (f.)

Promissory note Pagaré, (m.)

Promotion Ascenso, (m.)

Property Inmueble, (m.)/Propiedad, (f.)

Prophylactic treatment Tratamiento profiláctico, (m.)

Prostate cancer Cáncer de próstata, (m.)

Prostate-specific antigen tests Antígeno prostático específico, (m.)

Protocol Protocolo, (m.)

Pubic housing Vivienda de protección oficial, (f.)

Public hearing Audiencia pública, (f.)

Public housing Vivienda pública, (f.)

Public notary Notario público, (m.)

Public relations assistant Auxiliar de relaciones públicas, (m./f.)

Public transportation Transportes públicos, (m.)

Pulmonary embolism Embolismo pulmonar, (m.)

Pulmonary function test Examen de la función pulmonar, (m.)/Espirometría, (f.)

Punch Puñetazo, (m.)

Punishment Castigo, (m.)

Pursuant to De conformidad con lo dispuesto

Q

Qualifications Cualidades, (f.)

Qualified Capacitado-a, (m./f.)

Questioning Interrogatorio, (m.)

R

Rabies Rabia, (f.)

Racing (heart) Latir

Radiating pain Dolor irradiado, (m.)

Radiologic testing Pruebas radiológicas, (f.)

Radiotherapy Radioterapia, (f.)

Rear of the car Parte trasera del coche, (f.)

Rear view mirror Espejo retrovisor, (m.)

Rear-end collisions or accidents Chocar por detrás

Recepcionist Recepcionista, (m./f.)

Recipient Destinatario-a, (m./f.)

Records Actas, (f.)

Red light Semáforo en rojo, (m.)

References Lista de referencias, (f.)

Refund Reembolso, (m.)

Refund eligibility Requisitos de reembolso, (m.)

Reinforcement Ejecución, (f.)

Rejection Rechazo, (m.)/Negación, (f.)

Rejection letter Carta de rechazo, (f.)

Relationship (in a family) Parentesco, (m.)

Remedial treatment *Tratamiento curativo, (m.)*

Remitter *Remitente, (m.)*

Remote dialup *Conexión remota, (f.)*

Removal of toxins *Desecho de toxinas, (m.)*

Renal failure *Insuficiencia renal, (f.)*

Rent *Alquiler, (m.)/Renta, (f.)*

Repairs *Reparaciones, (f.)*

Reproductive system *Sistema reproductivo, (m.)*

Reset button *Botón de reinicio, (m.)*

Respiratory system *Sistema respiratorio, (m.)*

Restitution *Restitución, (f.)*

Restorative justice *Justicia restaurativa, (f.)*

Restorative treatment *Tratamiento restaurativo, (m.)*

Restricted mobility *Limitación de la movilidad, (f.)*

Resume *Curriculum vitae, (m.)*

Retired *Jubilado-a, (adj.)/Pensionado-a, (adj.)/Retirado-a, (adj.)*

Right clic menu *Menú de clic derecho, (m.)*

Right to freedom *Garantías de libertad, (f.)*

Right-of-way *Derecho a vía, (m.)*

Rights *Bienes, (m.)/Garantías, (f.)*

Robbery Division *Sección de robos, (f.)*

Robbery report *Reporte de robo, (m.)*

Robbery *Robo, (m.)*

Roof of the mouth *Techo de la boca, (m.)*

Room *Cuarto, (m.)/Habitación, (f.)/ Recámara, (f.)*

Root (tooth) *Raíz, (f.) (diente)*

Root canal *Canal de raíz, (m.)/Conducto radicular, (m.)*

Router *Enrutador, (m.)*

Ruling *Laudo, (m.)*

S

Safeguard *Amparo, (m.)*

Safety inspection sticker *Etiqueta de inspección de seguridad, (f.)*

Salary *Salario, (m.)*

Sanction *Sanción, (f.)*

Savings *Ahorros, (m.)*

Savings account *Cuenta de ahorros, (f.)*

Scars *Cicatrices, (f.)*

Schedule *Horario de trabajo, (m.)*

Screen *Pantalla, (f.)*

Screenshot *Captura de pantalla, (f.)*

Search *Búsqueda, (f.)/Cateo, (m.)*

Search box *Campo de búsqueda, (m.)*

Search engine *Buscador, (m.)*

Second hand smoker *Fumador-a pasivo-a, (m./f.)*

Seizures *Convulsiones, (f.)*

Selection *Selección, (f.)*

Semi-skilled labor *Trabajo semi-cualificado, (m.)*

Sender *Remitente, (m.)*

Seniority *Antigüedad, (f.)*

Seniority pay *Indemnización por antigüedad, (f.)*

Sensitivity of the gums *Sensibilidad de las encías, (f.)*

Sensory changes *Cambios sensoriales, (m.)*

Sentence *Sentencia, (f.)*

Separated *Separado-a, (adj.)*

Services (of a device) *Prestaciones, (f.) (de un aparato)*

Severance pay *Indemnización por despido/despojo, (f.)*

Sharp pain *Dolor agudo, (m.)*

Short term goals *Metas a corto plazo, (f.)*

Short-term memory *Memoria inmediata/a corto plazo, (f.)*

Shortcut *Atajo, (m.)/Desvio, (m.)*

Shutters *Contrapersiana, (f.)*

Side effects *Efectos secundarios, (m.)*

Side view mirrors *Espejos laterales, (m.)*

Sign up *Darse de alta*

Signature *Firma, (f.)*

Silverware *Cubertería, (f.)*

Similarity *Afinidad, (f.)*

Single household *Hogar unifamiliar, (m.)*

Single space *Espacio simple, (m.)*

Sister-in-law *Cuñada, (f.)*

Skilled labor *Trabajo cualificado, (m.)*

Skin redness *Enrojecimiento de la piel, (m.)*

Slap *Bofetada, (f.)/Cachetada, (f.)*

Slash (punctuation mark) *Barra (signo de puntuación), (f.)*

Slip *Resbalón, (m.)*

Slot *Ranura, (f.)*

Slow speech *Discurso lento, (m.)*

Slurred speech *Balbuceo, (m.)/Torpeza al hablar, (f.)*

Small Claims Court *Corte de reclamos de menores, (f.)*

Small intestine *Intestino delgado, (m.)*

Sobriety test *Prueba de alcohol/de alcoholemía, (f.)*

Social security *Seguro social, (m.)*

Social services *Asistencia social, (f.)/ Servicios sociales, (m.)*

Software *Software, (m.)*

Son-in-law *Yerno, (m.)*

Sore throat *Dolor de garganta, (m.)*

Sores on the genitals *Dolor en los genitales, (m.)*

Sores *Llagas, (f.)*

Spam mail *Correo basura, (m.)*

Spanking *Nalgada, (f.)*

Spare key *Llave de repuesto, (f.)*

Spark plugs *Bujías, (f.)*

Speech disorders *Trastornos del habla, (m.)*

Speed limit *Límite de velocidad, (m.)/ Velocidad máxima, (f.)*

Spinal cord *Médula espinal, (f.)*

"Spinal tap" (Lumbar puncture) *Punción lumbar, (f.)*

Spirometry *Examen de la función pulmonar, (m.)/Espirometría, (f.)*

Spreadsheet *Hoja de cálculo, (f.)*

Sputum culture *Cultivo de esputos, (m.)*

Square *Plaza, (f.)*

Stabbing/Piercing pain *Dolor lacerante, (m.)/Dolor punzante, (m.)*

Staff *Personal, (m.)/Plantilla, (f.)*

Stand by *En espera*

Statute *Estatuto, (m.)*

STD´s or Sexually Transmitted Diseases *Enfermedades venéreas, (f.)*

Stepbrother *Hermanastro, (m.)*

Stepsister *Hermanastra, (f.)*

Stethoscope *Estetoscopio, (m.)*

Stiff neck *Rigidez de nuca, (f.)*

Stock Exchange *Bolsa, (f.)*

Stock Market *Mercado de valores, (m.)*

Stockholder *Accionista, (m./f.)*

Stocks *Acciones, (f.)*

Stool occult blood test *Examen de sangre oculta en heces (SOH), (m.)*

Stools, (dark, black or tarry) *Deposiciones negras, (f.)*

Stores *Tiendas, (f.)*

Stress Test *Ergometría, (f.)/Prueba de esfuerzo, (f.)*

Stretcher *Camilla, (f.)*

Strike *Huelga, (f.)*

Stroke *Accidente cerebrovascular, (m.)/ Derrame cerebral, (m.)/Ictus, (m.)*

Sublease *Subarriendo, (m.)*

Subsidy program *Programa de subsidios, (m.)*

Subsidies *Subsidios, (m.)*

Subway station *Estación de metro (f.)/ Parada de metro, (f.)*

Success *Éxito, (m.)*

Suffocation *Ahogo, (m.)*

Summary *Resumen, (m.)*

Summons *Citación, (f.)*

Supervisory Court *Tribunal de Control, (m.)*

Support attorney *Abogado-a auxiliar, (m./f.)*

Supreme Court *Tribunal Supremo, (m.)*

Suspect *Sospechoso-a, (adj.)*

Swelling *Hinchazón, (f.)*

System crash *Caída del sistema en el computador, (f.)*

T

Tab *Pestaña, (f.)*

Tab key *Tabulador, (m.)*

Tablespoon *Cucharada sopera, (f.)*

Tag lights *Luces de la placa, (f.)*

Taillights *Luces traseras, (f.)*

Tariff *Arancel, (m.)*

Tartar *Sarro, (m.)*

Task *Tarea, (f.)*

Tax advisor *Asesor-a fiscal, (m./f.)*

Tax return *Declaración de la renta/de impuestos/fiscal, (f.)*

Taxes *Impuestos, (m.)*

Taxpayer *Contribuyente, (m./f.)*

Teaspoon *Cucharadita, (f.)*

Technical manager *Gerente técnico, (m.)*

Teeth grinding *Rechinamiento de los dientes, (m.)*

Telecomuter *Trabajador-a a distancia, (m./f.)*

Temporary work agency *Agencia de trabajo temporal, (f.)*

Tenant *Arrendatario, (m.)/Inquilino-a, (m./f.)*

Teratogenic disorders *Trastornos teratógenos, (m.)*

Term *Duración del contrato, (f.)*

The Department of Welfare and Social Services *Departamento de bienestar y servicios sociales, (m.)*

Theft *Robo, (m.)*

Thief *Ladrón-a, (m./f.)*

Third party check *Cheque a terceros, (m.)*

Timeout *Expiración del tiempo, (f.)*

Tingling *Cosquilleo, (m.)/Hormigueo, (m.)*

Title (car) *Título (del coche), (m.)*

To accept *Aceptar*

To accuse *Acusar*

To achieve *Alanzar/Lograr/Realizar*

To address *Abordar*

To advertise *Anunciar*

To advise *Aconsejar*

To allow *Dejar*

To answer *Contestar*

To appeal *Apelar*

To appear in court *Comparecer ante el juzgado/la corte*

To apply *Aplicar/Solicitar*

To arrange an interview *Concertar una entrevista*

To aspire *Aspirar*

To assume responsability *Hacerse responsable*

To attach *Adjuntar/Anexar*

To attend *Asistir*

To attend to *Atender*

To authorize *Autorizar*

To avoid *Eludir*

To backup *Hacer copias de seguridad*

To be agitated *Estar agitado*

To be drunk *Estar borracho/Estar ebrio*

To be eligible *Ser elegible*

To be equipped with *Estar equipado con*

To be hit from behind *Chocar por detrás*

To be in a rush *Estar apurado/Tener prisa*

To be irritable *Estar irritable*

To be located *Quedar*

To be pending (remain unresolved) *Quedar pendiente*

To be unemployed *Estar sin trabajo*

To become violent *Ponerse violento*

To bend (arms, legs) *Doblar/Flexionar (brazos, piernas)*

To bleed *Sangrar*

To blow *Soplar*

To blow the horn *Tocar el claxon/la bocina*

To boot (the computer) *Arrancar (el computador)/Iniciar (el computador)*

To bother *Molestar*

To break down *Estropear*

To break into a house *Entrar un ladrón en una casa*

To breath *Respirar*

To brush (teeth) *Cepillarse (los dientes)*

To cancel *Rescindir (un contrato)*

To cash a check *Cambiar un cheque/ Cobrar un cheque*

To catch a thief *Agarrar/Pillar/Coger a un ladrón*

To check *Chequear/Comprobar/Revisar*

To check vital signs (blood pressure, pulse, temperature) *Tomar signos vitales (presión arterial, pulso, temperatura)*

To claim *Reclamar*

To clear *Borrar*

To click *Cliquear/Hacer clic/Pinchar*

To compensate *Subsanar*

To complain *Quejarse*

To compose (an email) *Redactar (un correo electrónico)*

To compromise *Hacer concesiones*

To connect (to the internet) *Conectarse (al internet)*

To cough *Toser*

To cough up *Expectorar*

To count on one´s fingers *Contar con los dedos*

To crash *Chocar*

To crash (the computer) *Colapsar (el computador)*

To credit *Abonar*

To cross the street *Cruzar la calle*

To decipher *Descifrar*

To delay *Demorar*

To delegate *Delegar*

To depend *Depender*

To deposit *Depositar/Ingresar*

To desist *Desistir*

To detour *Desviarse*

To direct *Dirigir*

To disable *Deshabilitar*

To discard *Desechar*

To discipline *Disciplinar*

To disobey *Contravenir*

To dispatch *Expedir*

To display (on the computer) *Mostrar (en la pantalla del computador)*

To double click *Clicar dos veces*

To download *Bajar del internet/ Descargar*

To drag and drop *Arrastrar y soltar*

To drive recklessly *Manejar con descuido/con negligencia*

To enable (a computer function) *Habilitar (una función informática)*

To endorse *Endosar*

To engage in fisticuffs *Liarse a puñetazos*

To evaluate *Evaluar*

To evict *Desalojar*

To excuse *Eximir*

To execute *Ejecutar*

To exempt *Eximir*

To exhale *Exhalar*

To exit the car *Salir del coche*

To fall asleep *Adormecer (las extremidades)*

To feel *Sentir*

To feel dizzy *Sentirse mareado*

To file *Archivar*

To file backruptcy *Declararse en quiebra*

To fill out (a form) *Llenar (un formulario)/Rellenar (un formulario)*

To find out *Averiguar*

To fingerprint *Tomar las huellas digitales*

To fire (someone from a job) *Despedir (a alguien de un trabajo)*

To fix *Arreglar/Reparar*

To floss *Pasar el hilo dental/Usar el hilo dental*

To force a lock *Forzar una cerradura*

To forge (an ID) *Falsificar (un carnet de identidad)*

To format *Formatear*

To forward *Redirigir/Reenviar*

To gain weight *Aumentar de peso*

To gargle *Hacer gárgaras*

To get *Obtener/Conseguir*

To get drunk *Emborracharse/ Embriagarse*

To get hit on the side of the car *Chocar lateralmente*

To get hold of someone *Atrapar (a alguien)*

To get hurt *Lastimarse*

To get in touch *Ponerse en contacto*

To get out of the car *Bajar del coche*

To get tired *Fatigarse*

To get worse *Empeorar*

To give a ticket *Poner una multa*

To give birth *Dar a luz/Parir*

To give up *Desistir*

To go numb *Adormecer (las extremidades)*

To grant *Conceder*

To guarantee *Avalar*

To hand write *Escribir a mano*

To hang paintings *Colgar (cuadros)*

To have (something) updated/ current *Tener al día*

To have a headache *Doler la cabeza*

To have a bowel movement *Evacuar/ Hacer deposiciones*

To have blurred vision *Ver borroso*

To have bruises *Tener morados*

To have convulsions *Tener convulsiones*

To have delusions *Tener delirios*

To have dementia *Tener demencia*

To have difficulty swallowing *Tener disfagia*

To have dimpled nipples *Tener hoyuelos (en los pezones)*

To have dystrophy *Tener distrofia muscular*

To have fever *Tener fiebre*

To have genital sores *Tener llagas genitales*

To have lumps (in the breasts) *Tener bultos (en los pechos)*

To have muscle contractions *Tener contracciones musculares*

To have pain *Tener dolor*

To have projectile vomit *Tener vómitos "a chorro"/en escopetazos*

To have sudden mood swings and drastic changes in personality *Tener cambios bruscos de humor y de personalidad drásticos*

To have the car insured *Tener el coche asegurado*

To have the right to *Tener derecho a*

To have tremors *Tener temblores*

To have vaginal secretions *Tener secreciones vaginales*

To having vertigo *Tener vértigo*

To highlight (a passage of a text) *Seleccionar (un fragmento de un texto)*

To hire *Contratar*

To hit from behind *Chocar por detrás*

To hit the side of a car *Chocar lateralmente*

To hit *Dar golpes/Golpear*

To hook up *Ligar*

To hurt *Doler(le a uno)/Hacer daño/ Hacer(le) daño a uno/Tener dolor*

To hurt oneself *Lastimarse*

To implement *Ejecutar*

To indent (a paragraph) *Sangrar*

To inform *Informar*

To inform of changes *Notificar cambios*

To infringe *Infringir*

To inhale *Inhalar*

To install *Instalar*

To insure the car *Asegurar el coche*

To interview *Entrevistar*

To invest *Invertir*

To issue *Expedir*

To jump out in front of me *Cruzarse delante de mío*

To justify *Justificar (un texto en la pantalla)*

To justify (a text) *Alinear (un texto en la pantalla)*

To keep the right-of-way *Conservar la derecha/Mantener la derecha*

To knock down *Atropellar (a alguien)*

To launch *Emprender*

To leave a written record of some facts *Tomar constancia de (unos hechos)*

To let *Dejar*

To litter *Tirar la basura*

To load (in the computer) *Subir (al computador)*

To load (To upload to the computer or to boot the operating system) *Cargar (al computador/o cargar el sistema operativo)*

To locate *Ubicar*

To lock *Cerrar con llave*

To lodge *Alojarse*

To log in *Entrar*

To lose weight *Perder peso*

To make a deposit *Hacer un depósito/ un ingreso*

To make ends meet *Llegar a final de mes*

To manage *Dirigir*

To minimize *Minimizar*

To misbehave *Portarse mal*

To molest *Abusar sexualmente*

To move *Mudarse*

To move into *Alojarse*

To neglect *Abandonar*

To negotiate *Negociar*

To note *Señalar*

To notice changes (in the breasts) *Notar cambios (en los pechos)*

To nullify *Anular*

To obtain *Conseguir*

To offer *Ofrecer*

To open (files) *Abrir (archivos)*

To outsource *Subcontratar*

To owe *Deber*

To park *Aparcar/Estacionar*

To pass gas *Tener gases*

To pass someone driving *Adelantar (un coche)*

To pass stool *Evacuar/Hacer deposiciones*

To pay attention *Prestar atención*

To pay in advance *Pagar por adelantado*

To pay *Abonar*

To perform *Desempeñar*

To pick up *Recoger*

To point to (the pain) *Indicar (el dolor)/Señalar (el dolor)*

To pop up *Emerger*

To post something on internet *Publicar*

To post something on line *Colgar algo en internet*

To prescribe (medication) *Recetar (una medicación)*

To press charges *Denunciar*

To print (when filling out a form) *Escribir en letras mayúsculas*

To provoke *Suscitar*

To publish *Publicar*

To pull *Jalar o estirar hacia sí*

To pull a tooth *Extraer un diente/Sacar un diente*

To pull over *Arrimarse*

To pump *Bombear*

To punish *Castigar*

To push *Dar empujones/Empujar*

To radiate (the pain) *Irradiar (el dolor)*

To raise your eyebrows *Levantar las cejas*

To realize *Darse cuenta*

To reboot *Reiniciar*

To receive *Recibir*

To recite the alphabet *Decir el alfabeto*

To record *Grabar*

To recover *Recobrar*

To recruit *Reclutar*

To reevaluate *Reevaluar*

To refund *Reembolsar/Devolver*

To refuse *Denegar/Negarse*

To refute *Impugnar*

To register *Inscribir/Matricularse/Registrar*

To register a pistol *Registrar una pistola*

To reject *Rechazar*

To release *Soltar*

To release the brakes *Dejar pisar los frenos/Soltar los frenos*

To relieve *Aliviar*

To reply *Contestar*

To report *Denunciar*

To rescind *Rescindir (un contrato)*

To resign *Renunciar*

To restrict *Restringir*

To resume *Continuar/Reanudar/Reiniciar*

To retire *Jubilarse/Retirarse*

To return a deposit *Devolver*

To revoke *Revocar*

To right click *Presionar el botón derecho/Pulsar el botón derecho*

To ring (the ears) *Zumbar los oídos*

To rinse (one's mouth) *Enjuagarse (la boca)*

To rob *Robar*

To rule (in favor of) *Fallar (en favor de)*

To run (a program) *Ejecutar (un programa)*

To run a stop sign *Saltarse un semáforo en rojo/Saltarse una señal de alto*

To run over *Atropellar (a alguien)*

To save *Grabar*

To scan *Escanear*

To scrape *Raspar*

To scream *Gritar*

To scroll down *Avanzar*

To scroll up *Retroceder*

To seal (teeth) *Sellar (los dientes)*

To search *Buscar*

To see blurry *Ver borroso*

To see dark spots *Ver manchas negras*

To see double *Ver doble*

To set up (functions on the computer) *Configurar (funciones en el computador)*

To set up a direct debit *Domiciliar las facturas*

To set up a direct deposit *Domiciliar el salario/sueldo*

To sign *Firmar*

To slip *Resbalar*

To smoke *Fumar*

To snore *Roncar*

To spank *Pegar en las nalgas*

To spit out *Escupir*

To squeeze *Apretar*

To start your period *Bajar el periodo/la regla/la menstruación*

To stay *Alojarse*

To stay still *Quedarse quieto-a*

To steal *Robar*

To step on the brakes *Frenar con el pedal/Pisar en los frenos*

To step out of the car *Salir del coche*

To stretch out your arms *Extender los brazos*

To strike *Dar golpes/Golpear*

To sublease *Subarrendar/Realquilar*

To sublet *Realquilar*

To submit (oneself) *Entregarse a/Someterse a*

To surf the internet/web *Navegar en el internet/Surfear el internet*

To suspect *Sospechar*

To suspend *Suspender*

To tag or to be tagged (on social media) *Etiquetar (en redes sociales)*

To take notice of facts *Tomar constancia de (unos hechos)*

To take precautions *Tomar precauciones*

To take X rays *Hacer radiografías (rayos X)*

To terminate *Rescindir (un contrato)*

To testify *Dar fe*

To threat *Amenazar*

To throw up *Vomitar*

To touch the end of one´s nose *Tocarse la punta de la nariz*

To turn off (the engine/lights/computer) *Apagar (el motor, las luces, el computador)*

To turn on (engine/lights/computer) *Encender (motor/ luces/ computador)*

To underline *Subrayar*

To undertake *Emprender*

To update *Actualizar*

To urge *Exhortar*

To urinate *Miccionar/Orinar*

To vacate *Desocupar*

To verify *Verificar*

To walk on a line *Caminar por una línea*

To walk on your tiptoes *Caminar de puntillas*

To warn *Advertir*

To write by hand *Escribir a mano*

To write down *Anotar*

Token payment *Paga y señal, (f.)*

Toll motorway *Carretera de peaje, (f.)*

Toll road *Carretera de peaje, (f.)*

Tongue *Lengua, (f.)*

Tonsil *Amígdala, (f.)*

Toolbar *Barra de herramientas, (f.)*

Toothpaste *Pasta dental, (f.)*

Topical use *Uso tópico, (m.)*

Touchscreen *Pantalla táctil, (f.)*

Tow truck *Grúa, (f.)*

Townhomes *Casa adosada, (f.)*

Traffic jam *Atasco, (m.)/Embotellamiento, (m.)*

Traffic record *Antecedentes de tráfico, (m.)*

Traffic sign *Señal de tráfico, (f.)*

Traffic ticket *Multa de tráfico, (f.)*

Traffic violation *Infracción de tráfico, (f.)/Violación de tráfico, (f.)*

Training courses *Cursos de capacitación, (m.)*

Trajectory *Trayectoria profesional, (f.)*

Tranquilizers *Tranquilizantes, (m.)*

Transcripts *Expediente académico, (m.)*

Transport of Dangerous Goods *Código de tipo de mercancías peligrosas, (m.)*

Transportation expenses *Gastos de transporte, (m.)*

Transrectal ultrasound *Ecografía transrectal prostática, (f.)*

Tremors *Temblores, (m.)*

Trial *Juicio, (m.)/Audiencia pública, (f.)*

Tribunal *Juzgado, (m.)*

Trojan horse *Caballo de Trolla, (m.)*

Troubleshooting *Eliminación de errores, (f.)*

Trunk *Maletero, (f.)*

Tuberculosis *Tuberculosis, (f.)*

Tunnel *Túnel, (m.)*

TV cable *Televisión de cable o de pago, (f.)*

Two way road *Carretera de doble dirección, (f.)*

U

Ulcers *Llagas, (f.)*

Ultrasonic imaging *Imágenes ultrasónicas, (f.)*

Ultrasound scan *Ecografía, (f.)*

Unemployed *Desocupado-a, (adj.)*

Unemployment benefits *Subsidios del desempleo, (m.)*

Unlawful *Antijurídico, (adj.)*

Unlimited data *Tarifa plana de internet, (f.)*

Unobstructed *Expedito-a, (adj.)*

Unskilled labor *Trabajo no cualificado, (m.)*

Upgraded version *Versión mejorada, (f.)*

Urethra *Uretra, (f.)*

Urgency (urination) *Urgencia miccional, (f.)*

Urinary incontinence *Incontinencia urinaria, (f.)*

Urinary tract *Conductos urinarios, (m.)*

Urine *Orina, (f.)*

Urine test *Análisis de orina, (m.)*

User friendly *Fácil de usar, (adj.)*

User name *Nombre de usuario, (m.)*

V

Vacant *Vacante (adj.)*

Vacant stare *Mirada perdida, (f.)*

Valid *Vigencia, (f.)*

Value *Valor de una propiedad, (m.)*

Venereal diseases *Enfermedades venéreas, (f.)*

Virus *Virus, (m.)*

Visibility *Visibilidad, (f.)*

Visitation schedule *Régimen de visitas, (m.)*

Visiting rights *Derechos a visitas, (m.)*

Vomiting *Vómitos, (m.)*

W

Wait sign ("Walk" or "Don´t walk") (traffic light) *Señal de espera ("camine" o "no camine"), (f.)*

Walker *Andador, (m.)*

Warrant *Orden de arresto/judicial, (f.)*

Washing machine *Lavadora, (f.)*

Water pump *Bomba de agua, (f.)*

Water service *Servicio de agua, (m.)*

Weapon *Arma, (m.)*

Web page *Página de web, (m.)*

Webcam *Cámara de videoconferencia, (f.)*

Welfare laws *Ley General de Salud, (f.)*

Wheelchair *Silla de ruedas, (f.)*

Wheezing *Respiración jadeante, (f.)/ Sibilancias, (f.)*

Whooping cough *Tos ferina, (f.)*

Widespread pain *Dolor generalizado, (m.)*

Wireless (a device) *Inalámbrico-a, (m./f.) (un aparato)*

Wisdom tooth *Muela del juicio, (f.)*

Withdrawal *Extracción, (f.)*

Within reach *A su alcance*

Witness *Testigo presencial, (m.)*

Witness statement *Acta de declaración, (m.)*

Work absenteeism *Absentismo laboral, (m.)*

Work contract *Contrato de trabajo, (m.)*

Work permit *Permiso de trabajo, (m.)*

Work visa *Visa de trabajo, (f.)*

Workforce *Plantilla, (f.)/Personal, (m.)*

Worm *Virus gusano, (m.)*

X

X rays *Radiología simple,(f.)/Rayos X, (m.)*

Y

Younger *Menor, (adj.)*

Glossary

SPANISH-ENGLISH

A

Abandonar *To neglect*

Abogado-a, (m./f) *Lawyer/ Advocate*

Abogado-a auxiliar, (m./f.) *Support attorney*

Abonar *To pay/To credit*

Abordar *To address*

Abrir (archivos) *To open (files)*

A brotes *Outbreaks*

Absentismo laboral, (m.) *Work absenteeism*

Abusar sexualmente *To molest*

A cargo del inquilino *At the tenant´s expense*

A cargo del propietario *At the owner´s expense*

Accidente cerebrovascular, (m.) *Stroke*

Acción legal, (f.) *Legal action*

Acciones, (f.) *Stocks*

Accionista, (m./f.) *Stockholder*

Acelerador, (m.) *Accelerator*

Aceptar *To accept*

Acera, (f.) *Curb*

Acidez, (f.) *Heartburn*

Aconsejar *To advise*

Acreedor-a, (m./f.) *Creditor/ Lender/Payee*

Acta constitutiva, (m.) *Articles of incorporation*

Acta de adhesion, (m.) *Adhesion treaty*

Acta de asamblea, (m.) *Minutes of the meeting*

Acta de clausura, (m.) *Notice of closure*

Acta de conciliación, (m.) *Conciliation agreement*

Acta de declaración, (m.) *Affidavit/Witness statement*

Acta de demanda, (m.) *Complaint*

Acta de defunción, (m.) *Death certificate*

Acta de denuncia, (m.) *Police report/Complaint*

Acta de nacimiento, (m.) *Birth certificate*

Acta legal, (m.) *Legal document*

Actas, (f.) *Records/Minutes*

Actitud del empleado hacia el trabajo, (f.) *Attitude towards the job*

Activar (una función informática) *Enable (a computer function)*

Actual, (adj.) *Present*

Actualizar *To update*

Actualmente, (adv.) *Presently*

Acusación, (f.) *Charges*

Acusado-a, (m./f) *Defendant*

Acusar *To accuse*

Adelantamiento negligente, (m.) *Negligent overtaking/passing*

Adelantar (un coche) *To pass someone driving*

Adjuntar *To attach*

Administración, (f.) *Administration*

Adormecer (las extremidades) *To go numb/To fall asleep*

Advertir *To warn*

Afable, (adj.) *Affable*

Afán de superación, (m.) *Effort to improve/exceed*

Afán de triunfo, (m.) *Effort to win*

Afinidad, (f.) *Similarity*

Agarrar/Pillar/Coger a un ladrón *To catch a thief*

Agencia de trabajo temporal, (f.) *Temporary work agency*

Agencia tributaria, (f.) *IRS*

Agravio, (m.) *Grievance*

Aguinaldo, (m.) *Christmas bonus*

Ahogo, (m.) *Suffocation*

Ahorros, (m.) *Savings*

Aire acondicionado central, (m.) *Central air conditioning and heating*

A largo plazo *Long term*

Alanzar *To achieve*

Alcohólico-a, (m./f.), (adj.) *Alcoholic*

Al contado *In cash*

Alfombra, (f.) *Carpet*

Alguacil, (m.) *Bailiff*

Aliento, (m.) *Breath*

Alinear (un texto en la pantalla) *To justify (a text)*

Aliviar *To relieve*

Alojamiento, (m.) *Accommodation/Lodging/Housing*

Alojarse *To lodge/To move into/To stay*

Alquiler, (m.) *Rent*

Alzheimer, (m.) *Alzheimer disease*

Amenazar *To threat*

Amígdala, (f.) *Tonsil*

Amparo, (m.) *Safeguard/Legal protection*

Amueblado-a, (m./f.) *Furnished*

Analgésicos, (m.) *Analgesics/Pain killers*

Análisis de sangre, (m.) *Blood test*

Análisis de orina, (m.) *Urine test*

Anciano-a, (m./f.) *Elderly man/woman*

Andador, (m.) *Walker*

Anestesia local, (f.) *Local anesthesia*

Anestesia general, (f.) *General anesthesia*

Anexar *To attach*

Anexo, (m.) *Attachment*

Angina de pecho, (f.) *Chest pain*

Angiografía, (f.) *Angiography*

Angioplastia, (f.) *Angioplasty*

Anorexia, (f.) *Anorexia (or poor appetite)*

Anotar *To write down*

Ansiedad, (f.) *Anxiety*

Antecedentes de tráfico, (m.) *Traffic record*

Antecedentes penales, (m.) *Criminal records*

Antedicho, (adj.) *Aforementioned*

Antiácidos, (m.) *Antiacids*

Antibióticos, (m.) *Antibiotics*

Anticoagulantes, (m.) *Anticoagulants/Blood thinners*

Antidepresivos, (m.) *Antidepressants*

Antidiarreicos, (m.) *Antidiarrheal medication*

Antiinflamatorios, (m.) *Anti-inflammatory medicines*

Antígeno prostático específico, (m.) *Prostate-specific antigen tests*

Antigüedad, (f.) *Seniority*

Antihistamínicos, (m.) *Antihistamines*

Antijurídico, (adj.) *Unlawful*

Antipiréticos, (m.) *Antipyretics*

Antisépticos, (m.) *Antiseptics*

Antitusígenos, (m.) *Antitussives/Cough suppressants*

Antivirales, (m.) *Antiviral drugs*

Antivirus, (m.) *Antivirus*

Anular *To nullify*

Anunciar *To advertise*

Anuncio, (m.) *Advertisement*

Año en curso, (m.) *Current year*

Apagado (el motor del coche/luces/computador), (adj.) *Off (engine/lights/computer)*

Apagar (el motor, las luces, el computador) *To turn off (the engine/lights/computer)*

Aparatos de la boca, (m.) *Dental braces*

Aparcado, (adj.) *Parked*

Aparcar *To park*

Apartamento (m.) *Apartment*

Apelación, (f.) *Appeal*

Apelar *To appeal*

Apellido de soltera, (m.) *Maiden name*

Aplazamiento, (m.) *Continuance*

A plazos *Installments*

Aplicación (de computadores), (f.) *Computer application*

Aplicación a subsidio, (f.) *Compensation application*

Aplicante, (m./f.) *Applicant*

Aplicar *To apply*

Apretar *To squeeze*

Aprobación de una aplicación, (f.) *Approval of an application*

Aptitudes, (f.) *Abilities*

Arancel, (m.) *Tariff*

Arbitraje, (m.) *Arbitration*

Arcén, (m.) *Emergency lane*

Archivar *To file*

Archivo, (m.) *File*

Ardor (de estómago), (m./f.) *Heartburn*

Arma, (m.) *Weapon*

Arrancar (el computador) *To boot (the computer)*

Arrastrar y soltar *To drag and drop*

Arreglar *To fix*

Arrendador-a, (m./f.) *Landlord*

Arrendatario, (m.) *Tenant*

Arrimarse *To pull over*

Arritmia, (f.) *Arrythmia*

Articulaciones, (f.) *Joints*

Artritis, (f.) *Arthritis*

Artroscopia, (f.) *Arthroscopy*

Artrosis, (f.) *Arthrosis*

Asalto, (m.) *Burglary*

Ascenso, (m.) *Promotion*

Asegurar el coche *To insure the car*

Asesor-a comercial, (m./f.) *Business consultant*

Asesor-a comunitario-a, (m./f.) *Community assistant*

Asesor-a de comunicaciones, (m./f.) *Communications consultant*

Asesor-a de imagen, (m./f.) *Image consultant*

Asesor-a externo, (m./f.) *Outside consultant*

Asesor-a financiero-a, (m./f.) *Financial advisor*

Asesor-a fiscal, (m./f.) *Tax advisor*

Asesor-a de servicio al cliente, (m./f.) *Customer service representative*

Asiento del conductor, (m.) *Driver seat*

Asiento del pasajero, (m.) *Passenger seat*

Asiento trasero, (m.) *Back seat*

Asignación, (f.) *Assignment*

Asilo de ancianos, (m.) *Nursing home*

Asistencia monetaria, (f.) *Cash assistance*

Asistencia social, (f.) *Social services*

Asistente legal, (m./f.) *Legal assistant/Paralegal*

Asistir *To attend*

Asma, (m.) *Asthma*

Asociación de vecinos, (f.) *Neighborhood association*

Aspirante, (m./f.) *Applicant*

Aspirar *To aspire*

A su alcance *Within reach*

Asunto, (m.) *Matter/Issue*

Atajo, (m.) *Shortcut*

Ataque cardíaco, (m.) *Heart attack*

Atasco, (m.) *Traffic jam*

Atender *To attend to*

Atención preventiva, (f.) *Preventive care*

Ático, (m.) *Attic*

Atraco, (m.) *Mugging*

Atrapar (a alguien) *To get hold of someone*

Atropellar (a alguien) *To run over/ To knock down*

Audiencia declaratoria, (f.) *Deposition*

Audiencia pública, (f.) *Public hearing/Trial*

Audífono, (m.) *Hearing aid*

Aumento de hambre (Polifagia), (m.) *Increased appetite (Polyphagia)*

Aumento de la micción, (m.) *Increased urination*

Aumentar de peso *To gain weight*

Aumento de sed (Polidipsia), (m.) *Increased thirst (Polydipsia)*

Auscultación, (f.) *Auscultation*

Auscultar *Auscultate*

Ausencia de contacto visual, (f.) *Lack of eye contact*

Autonomía, (f.) *Autonomy*

Autopista, (f.) *Highway*

Autorizar *To authorize*

Auxiliar comercial, (m./f.) *Commercial assistant*

Auxiliar de abogado-a, (m./f.) *Legal assistant/Paralegal*

Auxiliar de administración, (m./f.) *Administrative assistant*

Auxiliar de comedor, (m./f.) *Dining room assistant*

Auxiliar de contable, (m./f.) *Accounting assistant*

Auxiliar de enfermería, (m./f.) *Nursing assistant*

Auxiliar de farmacia, (m./f.) *Pharmacy assistant*

Auxiliar de relaciones públicas, (m./f.) *Public relations assistant*

Avalar *To guarantee*

Avalista, (m./f.) *Cosignatory*

Avanzar *To scroll down*

Avergonzado-a, (adj.) *Embarrassed*

Averiguar *To find out*

Aviso, (m.) *Notice*

Aviso de desalojo, (m.) *Eviction notice*

Ayuda, (f.) *Help/Aid*

B

Bajar del coche *To get out of the car*

Bajar el periodo/la regla/la menstruación *To start your period*

Bajar del internet *To download*

Balbuceo, (m.) *Slurred speech*

Balcón, (m.) *Balcony*

Banco, (m.) *Bank*

Bandeja de entrada, (f.) *Inbox*

Banquero-a, (m./f.) *Banker*

Bañera, (f.) *Bathtub*

Barra (signo de puntuación), (f.) *Slash (punctuation mark)*

Barra de herramientas, (f.) *Toolbar*

Barrio, (m.) *Neighborhood*

Base de datos, (f.) *Database*

Beneficiario-a, (m./f.) *Beneficiary*

Beneficios, (m.) *Benefits*

Bienes, (m.) *Rights*

Biopsia, (f.) *Biopsy*

Biopsia muscular, (f.) *Muscle biopsy*

Blogs, (m.) *Blogs*

Bloqueo, (m.) *Blockage*

Bochornos, (m.) *Hot flashes*

Bocina, (f.) *Horn*

Bocio, (m.) *Goiter*

Bofetada, (f.) *Slap*

Bolsa, (f.) *Stock Exchange*

Bombear *To pump*

Bomba de agua, (f.) *Water pump*

Borrar *To clear*

Botón de reinicio, (m.) *Reset button*

Breve sumario, (m.) *Brief summary*

Broncodilatadores, (m.) *Bronchodilators*

Broncoscopia, (f.) *Broncoscopy*

Bronquitis, (f.) *Bronchitis*

Bufete jurídico, (m.) *Law firm/ Attorney´s office*

Bujías, (f.) *Spark plugs*

Bulimia, (f.) *Bulimia*

Bultos en los pechos, (m.) *Breast lumps*

Burdel, (m.) *Brothel*

Buscador, (m.) *Search engine*

Buscar *To search*

Búsqueda, (f.) *Search*

Buzón, (m.) *Mailbox*

C

Caballo de Trolla, (m.) *Trojan horse*

Cabecera, (f.) *Header*

Cabeza baja, (f.) *Head down/ lowered*

Cacerolas, (f.) *Pots*

Cachetada, (f.) *Slap*

Caída del sistema en el computador, (f.) *System crash*

Calambres abdominales, (m.) *Abdominal cramping*

Cálculos renales, (m.) *Kidney stones*

Calle sin salida, (f.) *Dead end street*

Cámara de videoconferencia, (f.) *Webcam*

Cambiar un cheque *To cash a check*

Cambio de marchas/de velocidades, (m.) *Gear shift*

Cambios del ciclo menstrual, (m.) *Menstrual cycle changes*

Cambios del estado de ánimo, (m.) *Changes in mood*

Cambios en la conducta, (m.) *Behavioral changes*

Cambios sensoriales, (m.) *Sensory changes*

Camilla, (f.) *Stretcher*

Caminar de puntillas *To walk on your tiptoes*

Caminar por una línea *To walk on a line*

Campo de búsqueda, (m.) *Search box*

Comparecer ante el juzgado/la corte *To appear in court*

Canal de raíz, (m.) *Root canal*

Cáncer de colon, (m.) *Colon cancer*

Cáncer de mama, (m.) *Breast cancer*

Cáncer de próstata, (m.) *Prostate cancer*

Cáncer de pulmón, (m.) *Lung cancer*

Cáncer oral, (m.) *Oral cancer*

Candidato-a, (m./f.) *Candidate*

Cantidad, (f.) *Amount*

Capacitado-a, (m./f.) *Qualified*

Capó, (m.) *Hood*

Captura de pantalla, (f.) *Screenshot*

Carácter irrevocable, (m.) *Irrevocable nature*

Carburador, (m.) *Carburator*

Carga social, (f.) *Benefits*

Cargar (al computador/o cargar el sistema operativo) *To load (To upload to the computer or to boot the operating system)*

Cargo, (m.) *Fee/Job position/Job post*

Caries, (f.) *Cavities*

Carnet, (m.) *Driver's licence*

Carpeta, (f.) *Binder/Computer folder*

Carretera de doble dirección, (f.) *Two way road*

Carretera de peaje, (f.) *Toll road/Toll motorway*

Carta de aceptación, (f.) *Acceptance letter*

Carta de rechazo, (f.) *Rejection letter*

Casa adosada, (f.) *Townhomes*

Casa para ancianos, (f.) *Nursing home*

Casa separada, (f.) *Detached house*

Casero-a, (m./f.) *Landlord*

Caso, (m.) *Case*

Castigado-a, (m./f.) *Grounded*

Castigar *To punish*

Castigo, (m.) *Punishment*

Cateo, (m.) *Search*

Catéter, (m.) *Catheters*

Cateterismo, (m.) *Catheterization*

Cavidad oral, (f.) *Oral cavity*

Cazatalentos, (m.) *Head hunter*

Cédula de extranjería, (f.) *Foreign identification card*

Centro de resolución, (m.) *Conflict resolution center*

Cepillarse (los dientes) *To brush (teeth)*

Cerrar con llave *To lock*

Certificado de defunción, (m.) *Death certificate*

Certificado de nacimiento, (m.) *Birth certificate*

Chapa del coche, (f.) *Car tag*

Cheque, (m.) *Check*

Chequear *To check*

Cheque a terceros, (m.) *Third party check*

Chequera, (f.) *Check book*

Chocar *To crash*

Chocar lateralmente *To hit the side of a car/To get hit on the side of the car*

Chocar por detrás *Rear-end collisions or accidents/To crash from behind/To hit from behind/To be hit from behind*

Choque, (m.) *Collision*

Cianosis (o piel de color azul), (f.) *Cyanosis*

Cicatrices, (f.) *Scars*

Cita amorosa, (f.) *Date*

Citación, (f.) *Summons*

Citoscopia, (f.) *Citoscopy*

Ciudadano-a, (m./f.) *Citizen*

Clamidia, (f.) *Clamydia*

Clasificación de puestos, (f.) *Position classification*

Cláusula, (f.) *Clause*

Claxon, (m.) *Horn*

Clicar dos veces *To double click*

Cliente-a (del banco), (m./f.) *Customer*

Cliquear *To click*

Coágulo, (m.) *Blood clot*

Cobrar un cheque *To cash a check*

Cobro, (m.) *Collection*

Coche de patrulla, (f.) *Patrol car*

Código civil, (m.) *Civil code*

Código de comercios, (m.) *Commercial code*

Código de conducta, (m.) *Code of conduct*

Código de tipo de mercancías peligrosas, (m.) *Transport of Dangerous Goods*

Códigos, (m.) *Codes*

Colapsar (el computador) *To crash (the computer)*

Colectomía, (f.) *Colectomy*

Colgar (cuadros) *To hang paintings*

Colgar algo en internet *To post something on line*

Colisión, (f.) *Collision*

Colmillo, (m.) *Canine tooth*

La colocación, (f.) *Placement*

Colonoscopia, (f.) *Colonoscopy*

Comando, (m.) **(al computador)** *Computer command*

Compañía, (f.) *Company*

Comisaría de policía, (f.) *Police station*

Comité de préstamos, (m.) *Loan committee*

Compañía aseguradora, (f.) *Insurance company*

Compensación por daños y prejuicios, (f.) *Compensation for damages*

Competencia, (f.) *Contest*

Comprobante de ingreso, (m.) *Deposit slip*

Comprobar *To check*

Compromiso, (m.) *Commitment*

Computador-a, (m./f.) *Computer*

Computador portátil, (m.) *Laptop*

Comunidad, (f.) *Community*

Conceder *To grant*

Concertar una entrevista *To arrange an interview*

Conciliación, (f.) *Conciliation/ Agreement*

Conducto radicular, (m.) *Root canal*

Conductor borracho, (m.) *Drunk driver*

Conductos urinarios, (m.) *Urinary tract*

Conectarse (al internet) *To connect (to the internet)*

Conexión a internet, (f.) *Internet connection*

Conexión remota, (f.) *Remote dialup*

Configuración, (f.) *Configuration*

Configurar (funciones en el computador) *To set up (functions on the computer)*

Confusión mental, (f.) *Confused thinking*

Congestión venas cuello, (f.) *Distended neck veins*

Conseguir *To get/To obtain*

Conservar la derecha *To keep the right-of-way*

Constipación, (f.) *Constipation*

Constitución, (f.) *Constitution*

Contraseña, (f.) *Password*

Consumidor-a, (m./f.) *Consumer*

Contador-a, (m./f.) *Accountant*

Contar con los dedos *To count on one´s fingers*

Contestar *To answer/To reply*

Continuar *To resume*

Contrademanda, (f.) *Countersuit*

Contraparte, (f.) *Counterpart*

Contrapersiana, (f.) *Shutters*

Contratar *To hire*

Contrato, (m.) *Contract*

Contrato de arrendamiento, (m.) *Apartment lease*

Contrato de la hipoteca, (m.) *Mortgage contract*

Contrato de trabajo, (m.) *Work contract*

Contravenir *To disobey*

Contribuyente, (m./f.) *Taxpayer*

Convenio, (m.) *Agreement*

Convulsiones, (f.) *Seizures*

Cookies, (f.) *Cookies*

Copia, (f.) *Copy*

Copiar y pegar *Copy and paste*

Corona (dental), (f.) *Dental crown/Dental caps*

Coronariografía, (f.) *Coronariography*

Corporación, (f.) *Corporation*

Correo, (m.) *Mail*

Correo basura, (m.) *Spam/Junk mail*

Correo entrante, (m.) *Inbox*

Corte de reclamos de menores, (f.) *Small Claims Court*

Cosquilleo, (m.) *Tingling*

Costo, (m.) *Cost*

Crediticio, (adj.), (m.) *Financial*

Crédito, (m.) *Credit*

Crepitaciones, (f.) *Crackles*

Crujidos articulares, (m.) *Creaking (grating sound in the joints)*

Cruzarse delante de mío *To jump out in front of me*

Cruzar la calle *To cross the street*

Cuadra, (f.) *Block*

Cuadro, (m.) *Box*

Cuadro de diálogo, (m.) *Dialog box*

Cualidades, (f.) *Qualifications*

Cuantía, (f.) *Amount*

Cuarto, (m.) *Room*

Cubertería, (f.) *Silverware*

Cucharada sopera, (f.) *Tablespoon*

Cucharadita, (f.) *Teaspoon*

Cuenta corriente, (f.) *Checking account*

Cuenta de ahorros, (f.) *Savings account*

Cuenta de banco/bancaria, (f.) *Bank account*

Cuenta delincuente, (f.) *Delinquent account*

Cuerpo de la Policía Nacional, (m.) *National Police*

Cuidado prenatal, (m.) *Prenatal care*

Culebrilla, (f.) *Herpes zoster*

Cultivo de esputos, (m.) *Sputum culture*

Cuñado-a, (m./f.) *Brother-in-law/ Sister-in-law*

Cuota, (f.) *Fee*

Cupones para comida, (m.) *Food stamps*

Curriculum vitae, (m.) *Resume/ C.V.*

Cursor, (m.) *Cursor*

Cursos de capacitación, (m.) *Training courses*

D

Dar a luz *To give birth*

Dar empujones *To push*

Dar fe *To testify*

Dar golpes *To hit/To strike*

Darse cuenta *To realize*

Darse de alta *Sign up*

Dato, (m.) *Fact/Data*

De conformidad con lo dispuesto *Pursuant to*

De hecho *Actually*

Deber *To owe*

Debilidad, (f.) *Fatigue*

Decir el alfabeto *To recite the alphabet*

Declaración de la renta/de impuestos/fiscal, (f.) *Tax return*

Declararse en quiebra *To file backruptcy*

Decreto, (m.) *Decree*

Deformidad de las articulaciones, (f.) *Deformity of the joints*

Dejar *To allow/To let*

Dejar pisar los frenos *To release the brakes*

Delegar *To delegate*

Delincuente, (m./f.) *Delinquent/ Criminal*

Delito, (m.) *Crime*

Delito penal, (m.) *Criminal offense/ Felony*

Demanda, (f.) *Lawsuit*

Demandado-a, (m./f) *Defendant*

Demandante, (m./f.) *Plaintiff*

Demorar *To delay*

Denegar *To refuse*

Denuncia, (f.) *Police report*

Denunciar *To report/To press charges*

Densitometría, (f.) *Densitometry*

Dentadura postiza, (f.) *Dentures*

Dentina, (f.) *Dentin*

Dentista, (m./f.) *Dentist*

Departamento de bienestar y servicios sociales, (m.) *The Department of Welfare and Social Services*

Depender *To depend*

Deposición, (f.) *Bowel movement*

Deposiciones negras, (f.) *Dark, black or tarry stools*

Depositar *To deposit*

Depósito, (m.) *Down payment*

Depuración de errores, (f.) *Debugging*

Derecho a vía, (m.) *Right-of-way*

Derechos a visitas, (m.) *Visiting rights*

Derrame cerebral, (m.) *Stroke*

Desahucio, (m.) *Eviction*

Desalojado-a, (adj.) *Homeless*

Desalojar *To evict*

Desalojo, (m.) *Eviction*

Descargar *To download*

Descifrar *To decipher*

Descripción física, (f.) *Physical description*

Descripción legal de una propiedad, (f.) *Legal description of a property*

Desechar *To discard*

Desecho de toxinas, (m.) *Removal of toxins*

Desempeñar *To perform*

Deshabilitar *To disable*

Desistir *To desist/To give up*

Desocupado-a, (adj.) *Unemployed*

Desocupar *To vacate*

Despedir (a alguien de un trabajo) *To fire (someone from a job)*

Destinatario-a, (m./f.) *Recipient*

Destreza, (f.) *Dexterity*

Desviarse *To detour*

Desvío, (m.) *Shortcut*

Devolver *To return a deposit/To refund*

Diarrea, (f.) *Diarrhea*

Dientes de carne/ permanentes, (m.) *Permanent teeth*

Dientes de leche, (m.) *Baby teeth*

Dificultad para respirar, (f.) *Difficulty breathing*

Dificultades en las eyaculaciones/erecciones, (f.) *Difficulties with ejaculations/erections*

Difteria, (f.) *Diphtheria*

Dirección, (f.) *Address*

Dirección de correo electrónico, (f.) *Email address*

Director-a del banco, (m./f.) *Branch manager*

Dirigir *To manage/To direct*

Disciplinar *To discipline*

Disco duro, (m.) *Hard drive*

Discoteca, (f.) *Nightclub*

Discurso lento, (m.) *Slow speech*

Diseño (de la página de Web), (m.) *Page layout*

Disponibilidad, (f.) *Availability*

Dispositivo del computador, (m.) *Computer devices*

Disputa, (f.) *Dispute*

Distinción de mayúsculas a minúsculas, (f.) *Case sensitive*

Distribución del vello anormal, (f.) *Abnormal hair growth*

Diuréticos, (m.) *Diuretics*

Doblar *To bend (arms, legs)*

Documento adjunto, (m.) *Attachment (through email)*

Documentos (del banco), (m.) *Bank documents*

Documentos legales, (m.) *Legal documents*

Doler(le a uno) *To hurt*

Doler la cabeza *To have a headache*

Dolor abdominal, (m.) *Abdominal pain*

Dolor agudo, (m.) *Sharp pain*

Dolor aplastante, (m.) *Crushing pain*

Dolor articular o de la movilidad (m.) *Joint pain*

Dolor constante, (m.) *Constant pain*

Dolor de cabeza, (m.) *Headache*

Dolor de garganta, (m.) *Sore throat*

Dolor generalizado, (m.) *Overall aches/Widespread pain*

Dolor en el pecho/de pecho, (m.) *Chest pain*

Dolor en la micción, (m.) *Pain at urination*

Dolor en los genitales, (m.) *Sores on the genitals*

Dolor intermitente, (m.) *Intermittent pain*

Dolor irradiado, (m.) *Radiating pain*

Dolor lacerante, (m.) *Stabbing/Piercing pain*

Dolor leve, (m.) *Mild pain*

Dolor opresivo, (m.) *Oppressive pain*

Dolor punzante, (m.) *Stabbing/Piercing pain*

Dolor sordo, (m.) *Dull pain*

Dolor torácico, (m.) *Chest pain*

Domiciliar las facturas *To set up a direct debit*

Domiciliar el salario/sueldo *To set up a direct deposit*

Domicilio, (m.) *Address*

Dormitorio, (m.) *Bedroom*

Dorso (del formulario), (m.) *Back (of the form)*

Duración del contrato, (f.) *Contract duration/Term*

E

Ecocardiograma, (m.) *Echocardiogram*

Ecografía, (f.) *Ultrasound scan*

Ecografía cerebral, (f.) *Head ultrasound*

Ecografía transrectal prostática, (f.) *Transrectal ultrasound*

Educación vial, (f.) *Driver's education*

Efectos secundarios, (m.) *Side effects*

Egresado-a, (adj.) *Graduated*

Ejecución, (f.) *Implementation/Reinforcement*

Ejecución hipotecaria, (f.) *Foreclosure*

Ejecutar (un programa) *To run (a program)/To implement/To execute*

Electrocardiograma, (m.) *Electrocardiogram (EKG,ECG)*

Electroencefalografía, (m.) *Electroencephalography*

Elegible, (adj.) *Eligible*

Eliminación de errores, (f.) *Troubleshooting*

Eludir *To avoid*

Embarazada, (f./adj.) *Pregnant*

Embargo, (m.) *Foreclosure*

Embolismo pulmonar, (m.) *Pulmonary embolism*

Emborracharse *To get drunk*

Embotellamiento, (m.) *Traffic jam*

Embriagarse *To get drunk*

Emerger *To pop up*

Empaste (de un diente), (m.) *Filling*

Empeorar *To get worse*

Empleado-a, (m./f.) *Employee*

Empleado-a del banco, (m./f.) *Bank teller*

Emprender *To launch/To undertake*

Empresa, (f.) *Business*

Empujar *To push*

En ayunas *Before eating anything*

En cursiva *Italics*

En efectivo *Cash*

En espera *Stand by*

En metálico *Cash*

En negrita (tinta) *Bold (ink)*

En realidad *Actually*

Encender (motor/ luces/ computador) *To turn on (engine/lights/computer)*

Encendido (el motor del coche), (adj.) *On (car engine)*

Encías inflamadas, (f.) *Inflammed gums*

Endodoncia, (f.) *Endodontic treatment (Root canal)*

Endosar *To endorse*

Endoscopia, (f.) *Endoscopy*

Endoso, (m.) *Endorsement*

Enfermedades venéreas, (f.) *Venereal diseases/STD´s or Sexually Transmitted Diseases*

Enfisema, (m.) *Emphysema*

Enganche, (m.) *Down payment*

Entrada, (f.) *Entry (computer search)*

Entrada bruta, (f.) *Gross earnings*

Entrada de datos, (f.) *Data entry*

Entrada neta, (f.) *Net income*

Entre comidas *Between meals*

Entregarse a *To submit (oneself)*

Electroencefalografía, (m.) *Electroencephalography*

Enema, (m.) *Enema*

Enfisema, (m.) *Emphysema*

Enjuagarse (la boca) *To rinse (one's mouth)*

Enjuague bucal, (m.) *Mouth wash*

Enlace, (m.) *Link*

Enrojecimiento de la piel, (m.) *Skin redness*

Enrutador, (m.) *Router*

Entrar *To log in*

Entrar un ladrón en una casa *To break into a house*

Entregarse a *To submit oneself*

Entrevista, (f.) *Interview*

Entrevistar *To interview*

Entumecimiento, (m.) *Numbness*

Ergometría, (f.) *Stress Test/Effort Test*

Escalofríos, (m.) *Chills*

Escanear *To scan*

Escribir a mano *To hand write/To write by hand*

Escribir en letras mayúsculas *To print (when filling out a form)*

Escritorio/Fondo de escritorio en la pantalla del computador, (m.) *Computer desktop*

Escupir *To spit out*

Esmalte, (m.) *Enamel*

Espacio doble, (m.) *Double space*

Espacio en blanco, (m.) *Blank space*

Espacio simple, (m.) *Single space*

Espejos laterales, (m.) *Side view mirrors*

Espejo retrovisor, (m.) *Rear view mirror*

Espirometría, (f.) *Spirometry or Pulmonary function test*

Esposas, (f.) *Hand cuffs*

Estación de metro (f.) *Subway station*

Estacionar *To park*

Estaciones de conexión, (f.) *Internet connection*

Estado civil, (m.) *Marital status*

Estado de ánimo o anímico, (m.) *Emotional state*

Estado financiero, (m.) *Financial status*

Estado legal, (m.) *Legal status*

Estampillas para alimentos, (f.) *Food stamps*

Estancamiento profesional, (m.) *Dead end job/Lack of professional opportunities*

Estar agitado *To be agitated*

Estar apurado *To be in a rush*

Estar borracho *To be drunk*

Estar ebrio *To be drunk*

Estar equipado con *To be equipped with*

Estar irritable *To be irritable*

Estar sin trabajo *To be unemployed*

Estatus legal, (m.) *Legal status*

Estatuto, (m.) *Statute*

Estetoscopio, (m.) *Stethoscope*

Estrechamiento (de las vías aéreas o vasos sanguíneos), (m.) *Narrowing (of the airways or the blood vessels)*

Estreñimiento, (m.) *Constipation*

Estropear *To break down*

Etiqueta de inspección de seguridad, (f.) *Safety inspection sticker*

Etiquetar (en redes sociales) *To tag or to be tagged (on social media)*

Evacuar *To pass stool/To have a bowel movement*

Evaluar *To evaluate*

Examen abdominal, (m.) *Abdominal examination*

Examen de la función pulmonar, (m.) *Pulmonary function test/Spirometry*

Examen de sangre oculta en heces (SOH), (m.) *Fecal/Stool occult blood test*

Examen físico, (m.) *Physical exam*

Examen rectal, (m.) *Digital rectal exam*

Exhalar *To exhale*

Exhortar *To urge*

Eximir *To excuse/To exempt*

Éxito, (m.) *Success*

Expatriado-a, (m./f.) *Expatriate*

Expectorantes, (m.) *Expectorants*

Expectorar *To cough up*

Expediente académico, (m.) *Transcripts*

Expediente personal, (m.) *Curriculum vitae/Resume*

Expediente profesional, (m.) *File*

Expedir *To issue/To dispatch*

Expedito, (adj.) *Unobstructed*

Experiencia profesional, (f.) *Professional experience*

Expiración del tiempo, (f.) *Timeout*

Exploración mamaria, (f.) *Medical examination of the breasts*

Exposición, (f.) *Exhibit*

Expulsión de cálculos o arenillas, (f.) *Passing of kidney stones*

Extender los brazos *To stretch out your arms*

Extracción, (f.) *Withdrawal*

Extracto del banco, (m.) *Bank statement*

Extraer un diente *To pull a tooth*

F

Fábrica, (f.) *Factory*

Fácil de usar, (adj.) *User friendly*

Facturas, (f.) *Bills*

Facultad, (f.) *Ability*

Falsificación, (f.) *Forgery*

Falsificar (un carnet de identidad) *To forge (an ID)*

Faltas, (f.) *Offenses*

Falta de apetito, (f.) *Poor appetite (o Anorexia)*

Falta de entendimiento, (f.) *Lack of understanding*

Fallar (en favor de) *To rule (in favor of)*

Fatigarse *To get tired*

Fecha, (f.) *Date*

Fedatario público, (m.) *Certifying officer*

Fiador, (m.) *Bail bondsmen*

Fianza, (f.) *Bail/Bond/Deposit*

Fichero, (m.) *Folder*

Filtro, (m.) *Filter*

Firewall, (m.) *Firewall*

Firma, (f.) *Signature/Firm*

Firmar *To sign*

Flexionar (brazos, piernas) *To bend (arms, legs)*

Flujo sanguíneo, (m.) *Bloodstream*

Fondos, (m.) *Funds*

Forma, (f.) *Forms*

Formatear *To format*

Formulación de cargos, (f.) *Indictment*

Formulario, (m.) *Form*

Forzar una cerradura *To force a lock*

Fractura, (f.) *Fracture*

Frenar con el pedal *To step on the brakes*

Frenos/Frenillos, (m.) *Brackets (teeth)*

Freno de mano, (m.) *Hand brake*

Fuente, (f.) *Font*

Fumador-a pasivo-a, (m./f.) *Second hand smoker*

Fumar *To smoke*

Funda dental, (f.) *Crown/Dental caps*

G

Gafas, (f.) *Glasses*

Gammagrafía ósea, (f.) *Bone scan*

Ganancia, (f.) *Profit*

Ganglios linfáticos, (m.) *Lymph nodes*

Garantías, (f.) *Rights*

Garantías de igualdad, (f.) *Equal rights*

Garantías de libertad, (f.) *Right to freedom*

Garantías de seguridad, (f.) *Judicial rights of the individual*

Garantías individuales, (f.) *Individual rights*

Garantías judiciales, (f.) *Legal guarantees*

Garantía procesal, (f.) *Processual guarantees*

Gases, (m.) *Passing gas*

Gasolina, (f.) *Gas*

Gasolinera, (f.) *Gas station*

Gasometría, (f.) *Arterial blood test*

Gastos comunitarios, (m.) *Communal expenses*

Gastos de la casa, (m.) *Household expenses*

Gastos de transporte, (m.) *Transportation expenses*

Gastritis, (f.) *Gastritis*

Gastroscopia, (f.) *Gastroscopy*

Gerente técnico, (m.) *Technical manager*

Gestión, (f.) *Measure*

Gingivitis, (f.) *Gingivitis*

Girado, (m.) **(en una letra de cambio)** *Applicant (in a letter of credit)*

Girador, (m.) **(en una letra de cambio)** *Issuing bank (in a letter of credit)*

Golpear *To hit/To strike*

Gonorrea, (f.) *Gonorrhea*

Grabar *To record/To save*

Grasa, (f.) *Fat*

Gritar *To scream*

Grúa, (f.) *Tow truck*

Grupos de noticias, (m.) *Newsgroups*

Grupo poblacional, (m.) *Population group*

Guantera, (f.) *Glove compartment*

Guardabarros, (m.) *Fender*

Guardería, (f.) *Day care*

H

Habilitar (una función informática) *To enable (a computer function)*

Habitación, (f.) *Room*

Hacer clic *To click*

Hacer concesiones *To compromise*

Hacer copias de seguridad *To backup*

Hacer daño *To hurt*

Hábitos dentales, (m.) *Dental habits*

Hacer deposiciones *To pass stool/ To have a bowel movement*

Hacer gárgaras *To gargle*

Hacer(le) daño a uno *To hurt*

Hacer radiografías (rayos X) *To take X rays*

Hacer un depósito/un ingreso *To make a deposit*

Hacerse responsable *To assume responsability*

Heces delgadas, (f.) *Pencil-like stools or narrow stools*

Hematuria, (f.) *Hematuria (or blood in the urine)*

Hemoptisis, (f.) *Hemoptysis (or blood in sputum)*

Hepatitis, (f.) *Hepatitis*

Hermanastro-a, (m./f.) *Stepbrother/Stepsister*

Herpes genital, (m.) *Genital herpes*

Hierbas, (f.) *Herbs*

Hilo dental, (m.) *Dental floss*

Hinchazón, (f.) *Swelling*

Hipertensión arterial, (f.) *High blood pressure*

Hipoteca, (f.) *Mortgage*

Hipotiroidismo, (m.) *Hypothyroidism*

Historia clínica, (f.) *Medical records*

Historial del caso, (m.) *Case file*

Hogar unifamiliar, (m.) *Single household*

Hoja de cálculo, (f.) *Spreadsheet*

Hoja de vida, (f.) *Curriculum vitae/ Resume*

Horario de trabajo, (m.) *Schedule*

Hormigueo, (m.) *Tingling*

Huelga, (f.) *Strike*

Huellas dactilares, (f.) *Fingerprints*

Huesos, (m.) *Bones*

I

Icono, (m.) *Icon*

Ictus, (m.) *Stroke*

Identificación, (f.) *Identification*

Igualdad, (f.) *Equality*

Imágenes ultrasónicas, (f.) *Ultrasonic imaging*

Impagos, (m.) *Outstanding payment*

Implante, (m.) *Implant*

Impuestos, (m.) *Taxes*

Impugnar *To refute*

Inalámbrico-a, (m./f.) **(un aparato)** *Wireless (a device)*

Incapacidad funcional, (f.) *Functional disability*

Incapacitado-a, (adj.) *Incapacitated/Disabled*

Incesto, (m.) *Incest*

Incisivo (diente), (m.) *Incisor*

Incontinencia urinaria, (f.) *Urinary incontinence*

Incorporado, (adj.) *Built-in*

Inculpado-a, (m./f.) *Defendant*

Incumplimiento del contrato, (m.) *Breach of contract*

Indemnización por antigüedad, (f.) *Seniority pay*

Indemnización por despido/ despojo, (f.) *Severance pay*

Indicar (el dolor) *To point to (the pain)*

Indigestión, (f.) *Indigestion*

Infarto, (m.) *Heart attack*

Infección, (f.) *Infection*

Infecciones oportunistas, (f.) *Opportunistic infections*

Inflamación, (f.) *Inflammation*

Información preliminar, (f.) *Preliminary information*

Información sobre el caso, (f.) *Case information*

Informar *To inform*

Informe crediticio, (m.) *Credit report/Financial report*

Informe policial, (m.) *Police report*

Infracción de tráfico, (f.) *Traffic violation*

Infringir *To infringe*

Infusión continua de insulina, (f.) *Continuous insulin infusion*

Ingresar *To deposit*

Ingreso, (m.) *Deposit (in the bank)/ Income*

Inhalar *To inhale*

Iniciar (el computador) *To boot (the computer)*

Inmigrante, (m./f.) *Immigrant*

Inmueble, (m.) *Property*

Inotrópicos (fármacos), (m.) *Inotropes (drugs)*

Inquilino-a, (m./f.) *Tenant*

Inscribir *To register*

Inscripción de defunción, (f.) *Death certificate*

Inscripción de matrimonio, (f.) *Marriage certificate*

Inscripción de nacimiento, (f.) *Birth certificate*

Inspección del coche, (m.) *Car inspection*

Instalar *To install*

Insuficiencia cardíaca, (f.) *Cardiac failure*

Insuficiencia renal, (f.) *Renal failure*

Intachable, (adj.) *Impecable*

Intereses (de un préstamo), (m.) *Interests*

Interfaz, (f.) *Interface*

Interrogatorio, (m.) *Questioning*

Intestino delgado, (m.) *Small intestine*

Intestino grueso, (m.) *Large intestine*

Intestinos, (m.) *Intestines/Bowels*

Intruso, (m.) *Hacker*

Invalidez, (f.) *Disability*

Inválido-a, (adj.) *Disabled*

Inversión, (f.) *Investment*

Invertir *To invest*

Irradiar (el dolor) *To radiate (the pain)*

J

Jalar o estirar hacia sí *To pull*

Jaquecas, (f.) *Headache/Migraine*

Jardín de infancia, (m.) *Day care*

Jefe-a, (m./f.) *Boss*

Jornal, (m.) *Daily wages*

Jornalero, (m.) *Day laborer*

Jubilado-a, (adj.) *Retired*

Jubilarse *To retire*

Juicio, (m.) *Trial*

Jurado, (m.) *Jury*

Jurisprudencia, (f.) *Juriprudence*

Justicia restaurativa, (f.) *Restorative justice*

Justificar (un texto en la pantalla) *To justify*

Juzgado, (m.) *Tribunal*

Juzgado de faltas, (m.) *Misdemeanor Court*

Juzgado de menores, (m.) *Juvenile Court*

Juzgado de paz, (m.) *Justice of the Peace*

L

Ladrón-a, (m./f.) *Thief*

Lastimarse *To get hurt/To hurt oneself*

Latir *Pounding/Racing (heart)*

Laudo, (m.) *Ruling/Decision/Finding*

Lavadora, (f.) *Washing machine*

Lavandería, (f.) *Laundry room*

Laxantes, (m.) *Laxatives*

Lengua, (f.) *Tongue*

Letra de cambio, (f.) *Letter of credit*

Levantar las cejas *To raise your eyebrows*

Ley, (f.) *Law*

Ley Concursal, (f.) *Bankruptcy law/ Insolvency law*

Ley de protección de datos, (f.) *Federal confidentiality regulations*

Ley General de Salud, (f.) *Welfare laws*

Ley General Federal del Trabajo, (f.) *Labor laws*

Liarse a puñetazos *To engage in fisticuffs*

Libertad condicional, (f.) *Parole/ Probation*

Librador-a, (m./f.) **(en una letra de cambio)** *Debtor*

Licencia de conducir, (f.) *Driver´s licence*

Ligar *To hook up*

Limitación de la movilidad, (f.) *Restricted mobility*

Límite de velocidad, (m.) *Speed limit*

Límite de velocidad máxima, (m.) *Maximum speed limit*

Límite de velocidad mínima, (m.) *Minimum speed limit*

Limpieza de boca, (f.) *Dental cleanings*

Línea, (f.) *Line*

Lista de referencias, (f.) *References*

Litigio, (m.) *Litigation*

Llagas, (f.) *Sores/Ulcers*

Llanta pinchada, (f.) *Flat tire*

Llave de repuesto, (f.) *Spare key*

Llegar a final de mes *To make ends meet*

Lograr *To achieve*

Llenar (un formulario) *To fill out (a form)*

Luces cortas/delanteras, (f.) *Head lights*

Luces de la placa, (f.) *Tag lights*

Luces intermitentes, (f.) *Hazard lights*

Luces largas, (f.) *High beam lights*

Luces traseras, (f.) *Taillights*

Lugar de nacimiento, (m.) *Place of birth*

M

Mal de cuerpo, (m.) *Generalized ache*

Maletero, (f.) *Trunk*

Maltrato, (m.) *Abuse*

Malware, (m.) *Malware*

Mamografía, (f.) *Mammogram*

Mandato, (m.) *Command*

Mandíbula, (f.) *Jaw*

Manejar con descuido/con negligencia *To drive recklessly*

Mantener la derecha *To keep the right-of-way*

Marca, (f.) *Brand*

Mareos, (m.) *Dizziness*

Matrícula del coche, (f.) *Car tag*

Matricularse *To register*

Masas en los pechos, (f.) *Breast lumps*

Media hermana, (f.) *Half sister*

Mediador-a, (m./f.) *Mediator*

Medicación de venta libre, (f.) *Over the counter medication*

Medicación de versión genérica, (f.) *Generic brand medication*

Medicina, (f.) *Medicine*

Medicinas, (f.) *Drugs*

Medio de contraste, (m.) *Contrast dye*

Medio hermano, (m.) *Half brother*

Médula espinal, (f.) *Spinal cord*

Mejoría, (f.) *Improvement*

Memoria a largo plazo, (f.) *Long-term memory*

Memoria inmediata/a corto plazo, (f.) *Short-term memory*

Memoria instantánea/portátil, (f.) *Flash drive*

Meningitis, (f.) *Meningitis*

Menor, (adj.) *Minor/Younger*

Menstruación, (f.) *Menstrual period*

Menstruación abundante (Hipermenorrea), (f.) *Heavy menstruation (Hypermenorrhea)*

Mensual, (adj.) *Monthly*

Menú de clic derecho, (m.) *Right clic menu*

Menú de visualización, (m.) *Display menu*

Menú emergente, (m.) *Pop-up menu*

Mercado de valores, (m.) *Stock Market*

Metas a corto plazo, (f.) *Short term goals*

Metas a largo plazo, (f.) *Long term goals*

Micción frecuente, (f.) *Frequent urination*

Miccionar *To urinate*

Minimizar *To minimize*

Mirada perdida, (f.) *Lifeless gaze/ Haunting gaze/Vacant stare*

Modelo (del coche), (m.) *Make (of the car)*

Módem, (m.) *Modem*

Molestar *To bother*

Monitor, (m.) *Monitor*

Morado, (m.) *Bruise*

Moratón, (m.) *Bruise*

Mordida (de los dientes), (f.) *Bite*

Morosidad, (f.) *Defaulting/ Deliquency*

Moroso-a, (adj.) *Defaulting debtor/ Defaulter*

Mostrar (en la pantalla del computador) *To display (on the computer)*

Mucolíticos, (m.) *Mucolytics*

Mudarse *To move*

Muebles, (m.) *Furniture*

Muela, (f.) *Molar*

Muela del juicio, (f.) *Wisdom tooth*

Multa de tráfico, (f.) *Traffic ticket*

Muralla de fuego, (f.) *Firewall*

N

Nalgada, (f.) *Spanking*

Nauseas, (f.) *Nausea*

Navegador, (m.) *Browser*

Navegar en el internet *To surf the internet*

Negación, (f.) *Denial/Rejection*

Negarse *To refuse*

Negociar *To negotiate*

Neumonía, (f.) *Pneumonia*

Niveles plasmáticos de hormonas, (m.) *Plasma hormone levels*

Nombre de usuario, (m.) *User name*

Nómina, (f.) *Paycheck/Paystub*

Notar cambios (en los pechos) *To notice changes (in the breasts)*

Notario público, (m.) *Public notary*

Notificación de desalojo, (f.) *Eviction notice*

Notificar cambios *To inform of changes*

Nuera, (f.) *Daughter-in-law*

O

Obligatorio-a, (adj.) *Binding*

Obras de construcción, (f.) *Construction work*

Obtener *To get*

Oficina de recursos humanos, (f.) *Human resources*

Oficina matriz, (f.) *Main office*

Ofrecer *To offer*

Operaciones bancarias, (f.) *Bank transactions*

Orden de aprehensión, (f.) *Arrest Warrant*

Orden de arresto/judicial, (f.) *Warrant*

Orden de desalojo, (f.) *Eviction notice*

Ordenador, (m.) *Computer*

Organigrama, (m.) *Organization chart*

Orilla de la acera, (f.) *Edge of the curb*

Orina, (f.) *Urine*

Orinar *To urinate*

Osteoporosis, (f.) *Osteoporosis*

Oxigenoterapia, (f.) *Oxygen Therapy*

P

Padre que tiene la custodia, (m.) *Custodial parent*

Paga, (f.) *Paycheck/Paystub*

Paga de navidad, (f.) *Christmas bonus*

Paga y señal, (f.) *Token payment/ Down payment*

Pagar por adelantado *To pay in advance*

Pagaré, (m.) *Promissory note*

Página de inicio, (f.) *Homepage*

Página de web, (m.) *Web page*

Pagos, (m.) *Payments*

Palabra clave, (f.) *Key word*

Paladar, (m.) *Palate*

Paliza, (f.) *Beating*

Palpitaciones, (f.) *Heart palpitations*

Pantalla, (f.) *Screen/Display*

Pantalla de inicio, (f.) *Homepage*

Pantalla táctil, (f.) *Touchscreen*

Paperas, (f.) *Mumps*

Papilomavirus humano genital, (m.) *Papillomavirus or HPV (genital herpes)*

Parada de metro, (f.) *Subway station*

Parálisis facial, (f.) *Facial paralysis*

Paralítico-a, (m./f.) *Paralyzed*

Parches, (m.) *Patches*

Parentesco, (m.) *Relationship (in a family)*

Parir *To give birth*

Parquímetro, (m.) *Parking meter*

Parte infractora, (f.) *Defaulting party*

Parte trasera del coche, (f.) *Rear of the car*

Partida de defunción, (f.) *Death certificate*

Partida de nacimiento, (f.) *Birth certificate*

Pasaporte, (m.) *Passport*

Pasar el hilo dental *To floss*

Paso de cebra/Paso de peatones, (m.) *Crosswalk*

Pasta dental, (f.) *Toothpaste*

Patada, (f.) *Kick*

Patrón, (m.) *Boss*

Peatón, (m.) *Pedestrian*

Pederasta, (m.) *Pedophile*

Pegar en las nalgas *To spank*

Pelea, (f.) *Fight*

Pensión, (f.) *Pension*

Pensión alimenticia, (f.) *Alimony/ Child support*

Pensionado-a, (adj.) *Retired*

Perder peso *To lose weight*

Pérdida de conciencia, (f.) *Loss of consciousness*

Pérdida de equilibrio, (f.) *Loss of balance*

Perfil del empleado-a, (m.) *Employee profile*

Periodo, (m.) *Menstrual period*

Periodo probatorio, (m.) *Probationary period*

Permiso de conducir, (m.) *Driver´s license*

Permiso de trabajo, (m.) *Work permit*

Permiso de residencia, (m.) *Permanent residence*

Persiana, (f.) *Blinds*

Persona de bajos ingresos, (f.) *Low-income person*

Personal, (m.) *Personnel/Staff*

Personalizar los ajustes *Customize settings*

Pestaña, (f.) *Tab*

Picor, (m.) *Itching*

Piedras renales, (f.) *Kidney stones*

Pinchar *To click*

Pirata informático, (m.) *Hacker*

Placa del coche, (f.) *Car tag*

Placa dental, (f.) *Dental plaque*

Planificación, (f.) *Planning*

Plantilla, (f.) *Personnel/Workforce*

Plaza de trabajo, (f.) *Location/Post*

Polaquiuria, (f.) *Pollakiuria (frequent urination)*

Poner una multa *To give a ticket*

Ponerse en contacto *To get in touch*

Ponerse violento *To become violent*

Piorrea, (f.) *Piorrhea*

Pisar en los frenos *To step on the brakes*

Piso, (m.) *Apartment*

Placa de grasa, (f.) *Fatty plaque deposits*

Plaza, (f.) *Square*

Pleito, (m.) *Lawsuit*

Plenitud abdominal, (f.) *Abdominal fullness*

Policía, (m./f.) *Police*

Poliomielitis, (f.) *Poliomyelitis*

Política, (f.) *Policy*

Por correo *By mail*

Por defecto *By default*

Por enfermedad *Due to illness*

Por vía intravenosa (o "Por vena") *Intravenous use*

Portaguantes, (m.) *Glove compartment*

Portapapeles, (m.) *Clipboard*

Portarse mal *To misbehave*

Presionar el botón derecho *To right click*

Prestaciones, (f.) **(de un aparato)** *Benefits/Services/Features (of a device)*

Prestador-a, (m./f.) *Moneylender*

Prestamista, (m./f.) *Moneylender*

Préstamo, (m.) *Loan*

Prestar atención *To pay attention*

Prestatario-a, (m./f.) *Borrower*

Procedimiento, (m.) *Procedure*

Proceso jurisdiccional, (m.) *Jurisdictional process*

Programa de subsidios, (m.) *Grant program/Subsidy program*

Programa informático, (m.) *Computer program*

Propiedad, (f.) *Property/Ownership*

Propietario-a, (m./f.) *Owner*

Prórroga, (f.) *Extension*

Prostíbulo, (m.) *Brothel*

Protocolo, (m.) *Protocol*

Proxeneta, (m.) *Pimp*

Prueba de alcohol/de alcoholemía, (f.) *Sobriety test*

Prueba de esfuerzo, (f.) *Stress Test/Effort test*

Prueba diagnóstica, (f.) *Diagnostic test*

Pruebas genéticas, (f.) *Genetic tests*

Pruebas radiológicas, (f.) *Radiologic testing*

Publicar *To post something on internet/To publish*

Puente dental, (m.) *Dental bridge*

Puesto de trabajo, (m.) *Job position*

Pulsar el botón derecho *To right click*

Punción lumbar, (f.) *Lumbar puncture (o "Spinal tap")*

Puntaje de crédito, (m.) *Credit score*

Puñetazo, (m.) *Punch*

Q

Quedar *To be located*

Quedar pendiente *To be pending (remain unresolved)*

Quedarse quieto-a *To stay still*

Quejarse *To complain*

Quemadura, (f.) *Burn*

Querellante, (m./f.) *Plaintiff*

Quiebra, (f.) *Bankruptcy*

Quimioterapia, (f.) *Chemotherapy*

R

Rabia, (f.) *Rabies*

Radiología simple,(f.) *X rays*

Radioterapia, (f.) *Radiotherapy*

Raíz, (f.) **(diente)** *Root (tooth)*

Ranura, (f.) *Slot*

Raspar *To scrape*

Ratón, (m.) *Mouse*

Rayos X, (m.) *X rays*

Realizar *To achieve*

Reanudar *To resume*

Realquilar *To sublease/To sublet*

Recámara, (f.) *Room*

Recepcionista, (m./f.) *Recepcionist*

Receptor-a del pago, (m./f.) *Payee*

Recetar (una medicación) *To prescribe (medication)*

Rechazar *To reject*

Rechazo, (m.) *Rejection*

Rechinamiento de los dientes, (m.) *Teeth grinding*

Recibir *To receive*

Recién nacido, (m.) *Newborn*

Reclamar *To claim*

Reclutar *To recruit*

Redes de comunicación, (f.) *Networks*

Recobrar *To recover*

Recoger *To pick up*

Recuadro, (m.) *Box*

Redactar (un correo electrónico) *To compose (an email)*

Redirigir *To forward*

Reembolsar *To refund*

Reembolso, (m.) *Refund*

Reenviar *To forward*

Registrar *To register*

Registro del coche, (m.) *Car registration*

Registro de nacimiento del hospital, (m.) *Hospital birth registry*

Reevaluar *To reevaluate*

Regadera, (f.) *Bathtub*

Régimen de visitas, (m.) *Visitation schedule*

Registrar una pistola *To register a pistol*

Regla, (f.) *Period*

Reglamento, (m.) *Norm*

Regulaciones de la agencia tributaria, (f.) *IRS policies*

Regulaciones del préstamo, (f.) *Loan policies*

Reiniciar *To resume/To reboot*

Registro médico, (m.) *Medical records*

Relaciones familiares, (f.) *Family relationships*

Rellenar (un formulario) *To fill out (a form)*

Remitente, (m.) *Remitter/Sender*

Remitir (una enfermedad) *Diminish (an illness or disease)*

Rendimiento del trabajo, (m.) *Job performance*

Renta, (f.) *Rent*

Renunciar *To resign*

Reparaciones, (f.) *Repairs*

Reparar *To fix*

Reporte de robo, (m.) *Robbery report*

Requisitos de reembolso, (m.) *Refund eligibility*

Requisitos del puesto, (m.) *Job requirements*

Resaltado-a, (adj.) *Highlighted*

Resbalar *To slip*

Resbalón, (m.) *Slip*

Rescindir (un contrato) *To rescind/To terminate/To cancel*

Residencia de ancianos, (f.) *Nursing home*

Resonancia magnética, (f.) *Magnetic resonance*

Respiración jadeante, (f.) *Wheezing*

Respirar *To breath*

Respuesta afirmativa/negativa de una aplicación, (f.) *Affirmative/Negative answer on an application*

Restitución, (f.) *Restitution*

Restringir *To restrict*

Resumen, (m.) *Summary*

Retención de líquidos, (f.) **(Edema)** *Fluid retention (Edema)*

Retirado-a, (adj.) *Retired*

Retirarse *To retire*

Retraso de la menstruación, (m.) **(Amenorrea)** *Delayed/Late/Short menstruation (Amenorrhea)*

Retribución, (f.) *Payment*

Retroceder *To scroll up*

Revisar *To check*

Revisión médica/dental, (f.) *Medical checkup/Dental checkup*

Revocar *To revoke*

Rigidez articular matutina, (f.) *Morning stiffness in the joints*

Rigidez de nuca, (f.) *Stiff neck*

Riñón, (m.) *Kidney*

Robar *To rob/To steal*

Robo, (m.) *Robbery/Theft*

Robo de identidad, (m.) *Identity theft*

Roncar *To snore*

Rueda pinchada, (f.) *Flat tire*

S

Sacar un diente *To pull a tooth*

Salario, (m.) *Salary*

Saldo, (m.) *Balance*

Salida, (f.) *Exit*

Salir del coche *To step out of the car/To exit the car*

Saltarse un semáforo en rojo *To run a stop sign*

Saltarse una señal de alto *To run a stop sign*

Sanción, (f.) *Sanction*

Sangrado, (m.) *Indentation*

Sangrado de encías, (m.) *Bleeding gums*

Sangrar *To bleed/To indent (a paragraph)*

Sangre en esputos (Hemoptisis), (f.) *Blood in sputum (Hemoptysis)*

Sangre en la orina (Hematuria), (f.) *Blood in the urine (Hematuria)*

Sarampión, (m.) *Measles*

Sarro, (m.) *Tartar*

Sartenes, (f.) *Frying pans*

Secadora, (f.) *Dryer (machine)*

Sección de robos, (f.) *Robbery Division*

Secreciones genitales, (f.) *Genital secretions or discharge*

Secuelas, (f.) *Aftereffects/Lasting effects*

Secuestro, (m.) *Kidnapping/Abduction*

Sede, (f.) *Home office*

Seguro del coche, (m.) *Car insurance*

Seguro dental, (m.) *Dental insurance*

Seguro hipotecario, (m.) *Mortgage insurance*

Seguro de hospitalización, (m.) *Health insurance*

Seguro médico, (m.) *Health insurance*

Seguro social, (m.) *Social security*

Selección, (f.) *Selection*

Seleccionado-a, (adj.) *Highlighted*

Seleccionar (un fragmento de un texto) *To highlight (a passage of a text)*

Sellar (los dientes) *To seal (teeth)*

Semáforo en rojo, (m.) *Red light*

Sensación de muerte, (f.) *Feeling of impending death*

Sentencia, (f.) *Sentence*

Sentir *To feel*

Sensibilidad de las encías, (f.) *Sensitivity of the gums*

Sentirse mareado *To feel dizzy*

Señal de arroba (@), (f.) *At or @*

Señal de espera ("camine" o "no camine"), (f.) *Wait sign ("Walk" or "Don´t walk") (traffic light)*

Señal de tráfico, (f.) *Traffic sign*

Señalar *To note*

Señalar (el dolor) *To point to (the pain)*

Separación silábica, (f.) *Hyphenation*

Separado-a, (adj.) *Separated*

Ser elegible *To be eligible*

Servicio de agua, (m.) *Water service*

Servicio de electricidad, (m.) Power service

Servicio de internet, (m.) Internet service

Servicios sociales, (m.) Social services

Sibilancias, (f.) Wheezing

SIDA, (m.) AIDS

Silla de ruedas, (f.) Wheelchair

Sin fines de lucro Nonprofit

Sin techo Homeless

Sistema cardiovascular, (m.) Cardiovascular system

Sistema endocrino, (m.) Endocrine system

Sistema gastrointestinal, (m.) Gastrointestinal system

Sistema genitourinario, (m.) Genitourinary system

Sistema inmunológico, (m.) Immunologic system

Sistema neurológico, (m.) Neurologic system

Sistema operativo, (m.) Operating system

Sistema óseo muscular, (m.) Musculoskeletal system

Sistema reproductivo, (m.) Reproductive system

Sistema respiratorio, (m.) Respiratory system

Sobregirar Overdraft

Sobregiro de la cuenta, (m.) Account overdraft

Sobresaliente, (adj.) Outstanding

Sobresueldo, (m.) Overtime pay

Sofocos, (m.) Hot flashes

Software, (m.) Software

Solar, (m.) Lot

Solicitante, (m./f.) Applicant

Solicitar To apply

Solicitud de préstamo, (f.) Loan application

Solicitud de trabajo/empleo, (f.) Job application

Soltar To release

Soltar los frenos To release the brakes

Someterse a To submit oneself

Soplar To blow

Soplos, (m.) Heart murmurs

Sospechar To suspect

Sospechoso-a, (adj.) Suspect

Subarrendar To sublease

Subarriendo, (m.) Sublease

Subcontratar To outsource

Subir (al computador) To load (in the computer)

Subrayar To underline

Subsanar To compensate

Subsidios, (m.) Subsidies/Benefits

Subsidios del desempleo, (m.) Unemployment benefits

Sucursal (del banco/bancaria/ oficina principal), (f.) Bank branch/Branch of the main office

Sudoración profusa, (f.) Profuse sweating

Sueroterapia, (f.) Intravenous therapy

Sujeto jurídico, (m.) Judicial subjects

Surfear el internet To surf the web

Suscitar To provoke

Suspender To suspend

T

Tabulador, (m.) Tab key

Tarea, (f.) Task

Tarifa plana de internet, (f.) Flat rate/Unlimited data

Tarjeta de crédito, (f.) Credit card

Tarjeta de débito, (f.) Debit card

Tarjeta de residente, (f.) Green card

Tarjeta verde, (f.) Green card

Tasación, (f.) Appraisal

Tasa de empleo, (f.) Employment rate

Techo de la boca, (m.) Roof of the mouth

Tecla, (f.) Key

Teclado, (m.) Keyboard

Tejido conjuntivo,(m.) Connective tissue

Tela, (f.) Fabric

Teléfono fijo, (m.) Land line

Televisión de cable o de pago, (f.) TV cable

Temblores, (m.) Tremors

Tenencia, (f.) Possession

Tener al día To have (something) updated/current

Tener bultos (en los pechos) To have lumps (in the breasts)

Tener cambios bruscos de humor y de personalidad drásticos To have sudden mood swings and drastic changes in personality

Tener contracciones musculares To have muscle contractions

Tener convulsiones To have convulsions

Tener delirios To have delusions

Tener demencia To have dementia

Tener derecho a To have the right to

Tener disfagia To have difficulty swallowing

Tener distrofia muscular To have dystrophy

Tener dolor To have pain/To hurt

Tener el coche asegurado To have the car insured

Tener fiebre To have fever

Tener gases To pass gas

Tener hoyuelos (en los pezones) To have dimpled nipples

Tener llagas genitales To have genital sores

Tener morados To have bruises

Tener prisa To be in a rush

Tener secreciones vaginales To have vaginal secretions

Tener temblores To have tremors

Tener vértigo To having vertigo

Tener vómitos "a chorro"/en escopetazos *To have projectile vomit*

Terapia hormonal, (f.) *Hormone therapy*

Terreno, (m.) *Lot*

Testigo presencial, (m.) *Witness*

Tiendas, (f.) *Stores*

Tina, (f.) *Bathtub*

Tirar la basura *To litter*

Titular de la cuenta, (m.) *Account holder*

Título (del coche), (m.) *Title/Deed (car)*

Tocar el claxon/la bocina *To blow the horn*

Tocarse la punta de la nariz *To touch the end of one´s nose*

Tomar constancia de (unos hechos) *To leave a written record of some facts/To take notice of facts*

Tomar precauciones *To take precautions*

Tomar las huellas digitales *To fingerprint*

Tomar signos vitales (presión arterial, pulso, temperatura) *To check vital signs (blood pressure, pulse, temperature)*

Tomografía computarizada, (f.) *CT scan*

Torpeza al hablar, (f.) *Slurred speech*

Torrente sanguíneo, (m.) *Bloodstream*

Tos, (f.) *Cough*

Tos ferina, (f.) *Whooping cough*

Toser *To cough*

Trabajador-a a distancia, (m./f.) *Telecomuter*

Trabajo a media jornada, (m.) *Part time job*

Trabajo a jornada completa, (m.) *Full time job*

Trabajo a pie de obra, (m.) *On site job*

Trabajo cualificado, (m.) *Skilled labor*

Trabajo no cualificado, (m.) *Unskilled labor*

Trabajo semi-cualificado, (m.) *Semi-skilled labor*

Trámite, (f.) *Procedure*

Tranquilizantes, (m.) *Tranquilizers*

Transferencia bancaria, (f.) *Bank wire*

Transacciones bancarias, (f.) *Bank transactions*

Transcurso, (m.) *In the course*

Transportes públicos, (m.) *Public transportation*

Trastornos del habla, (m.) *Speech/Language disorders*

Trastornos dentales, (m.) *Dental conditions*

Trastornos teratógenos, (m.) *Teratogenic disorders*

Tratamiento curativo, (m.) *Remedial treatment*

Tratamiento profiláctico, (m.) *Prophylactic treatment*

Tratamiento restaurativo, (m.) *Restorative treatment*

Traumatismo craneoencefálico, (m.) *Head injury*

Trayectoria profesional, (f.) *Trajectory/Path*

Tribunal, (m.) *Court*

Tribunal Constitucional, (m.) *Constitutional Court*

Tribunal de Apelaciones, (m.) *Appeals Court*

Tribunal de Control, (m.) *Supervisory Court*

Tribunal de Cuentas, (m.) *Court of Audits*

Tribunal de Familia, (m.) *Family Court*

Tribunal de Justicia, (m.) *Court of Law/Court of Justice*

Tribunal de Primera Instancia, (m.) *District Court*

Tribunal Supremo, (m.) *Supreme Court*

Tribunal Tutelar de Menores, (m.) *Juvenile Court*

Tuberculosis, (f.) *Tuberculosis*

Túnel, (m.) *Tunnel*

Tutela, (f.) *Custody*

U

Ubicación, (f.) *Location*

Ubicado-a, (adj.) *Located*

Ubicar *To locate*

Úlcera péptica, (f.) *Peptic ulcer*

Uretra, (f.) *Urethra*

Urgencia miccional, (f.) *Urgency (urination)*

Urografía, (f.) *Intravenous urography*

Usar el hilo dental *To floss*

Uso tópico, (m.) *Topical use*

Usuario del banco, (m./f.) *Bank customer*

Usufructuario-a, (m./f.) *Beneficial owner*

Usurpación de identidad, (f.) *Identity theft*

V

Vacante (adj.) *Vacant*

Vajilla, (f.) *Dish set*

Valor de una propiedad, (m.) *Value*

Valoración de una propiedad, (f.) *Appraisal*

Vasos sanguíneos, (m.) *Blood vessels*

Velocidad máxima, (f.) *Speed limit*

Varicela, (f.) *Chickenpox*

Vecinos-as, (m./f.) *Neighbors*

Vejiga, (f.) *Bladder*

Ventana de diálogo, (f.) *Dialog window*

Ver borroso *To see blurry/To have blurred vision*

Ver doble *To see double*

Ver manchas negras *To see dark spots*

Verificar *To verify*

Versión mejorada, (f.) *Upgraded version*

Vía inhalatoria, (f.) *By inhaling*

Vía intravenosa, (f.) *Intravenous use*

Vía oral, (f.) **(o "Por boca")** *By mouth*

Vía rectal, (f.) *By rectum*

Vías respiratorias, (f.) *Airways*

Vigencia, (f.) *Valid*

Violación de tráfico, (f.) *Traffic violation*

Violencia doméstica, (f.) *Domestic violence*

Virus, (m.) *Virus*

Virus gusano, (m.) *Worm*

Visa de trabajo, (f.) *Work visa*

Visibilidad, (f.) *Visibility*

Visión borrosa, (f.) *Blurred vision*

Vivienda de protección oficial, (f.) *Pubic housing*

Vivienda pública, (f.) *Public housing*

Vomitar *To throw up*

Vómitos, (m.) *Vomiting*

Y

Yerno, (m.) *Son-in-law*

Z

Zona concurrida, (f.) *Crowded area*

Zumbar los oídos *To ring (the ears)*

Image Credits

Fig. 1.1: Jacob van Meurs, https://commons. wikimedia.org/wiki/File:The_Most_ Recent_and_Most_Accurate_Description_ of_All_of_America_WDL172.png, 1650. Copyright in the Public Domain.

Fig. 1.2: Aaa8841, "Statue of Lady Justice in Frankfurt," Wikimedia Commons. Copyright © 2009 by Aaa8841.

Fig. 1.3: geralt, https://pixabay.com/en/arrows-feedback-dialogue-about-796134/, 2015. Copyright in the Public Domain.

Fig. 1.4: Copyright © Zscout370 (CC BY-SA 3.0) at https://commons.wikimedia.org/wiki/ File:Wiki-trans-icon.svg.

Fig. 1.5: Copyright © Depositphotos/ pixlab.

Fig. 1.6: Copyright © Xavi Garcia (CC BY-SA 4.0) at https://commons.wikimedia.org/wiki/ File:Balanza.svg.

Fig. 1.7: Copyright © Depositphotos/ VectorStory.

Fig. 1.8: Dr Brains, http://commons. wikimedia.org/wiki/File:Writing_Flag-icon_of_Colombia.png, 2013. Copyright in the Public Domain.

Fig. 2.1: Copyright © Depositphotos/ andreyuu.

Fig. 2.2: Copyright © Depositphotos/ mpavlov.

Fig. 2.3: Copyright © Depositphotos/ tangducminh.

Fig. 2.4: Copyright © Depositphotos/ huhulin.

Fig. 2.5: Copyright © Depositphotos/ pixlab.

Fig. 2.6: Copyright © Depositphotos/ Jim_Filim.

Fig. 2.7: Copyright © Depositphotos/ halfpoint.

Fig. 2.8: Copyright © Depositphotos/ razihusin.

Fig. 2.9: Copyright © Depositphotos/ nanaplus.

Fig. 2.10: Copyright © Depositphotos/ websubstance.

Fig. 2.11: Copyright © Depositphotos/ AAraujo.

Fig. 2.12: Copyright © Depositphotos/ pixlab.

Fig. 2.13: Copyright © Depositphotos/ leremy.

Fig. 2.14: Copyright © Depositphotos/ leremy.

Fig. 2.15: Copyright © Depositphotos/ mocoo2003 .

Fig. 2.16: Copyright © Depositphotos/ Wavebreakmedia.

Fig. 2.17: Copyright © Depositphotos/ ileezhun.

Fig. 2.18: HealthyFoodImages, https:// pixabay.com/en/healthy-food-fruit-diet-health-456808/, 2014. Copyright in the Public Domain.

Fig. 2.19: skeeze, https://pixabay.com/en/ cycling-training-triathlon-race-800834/, 2009. Copyright in the Public Domain.

Fig. 2.20: Copyright © Depositphotos/ Shebeko.

Fig. 2.21: Copyright © Depositphotos/ hayatikayhan.

Fig. 2.22: mvscreativos, https://pixabay.com/ en/husbands-couples-man-women-family-771802/, 2013. Copyright in the Public Domain.

Fig. 2.23: Copyright © Depositphotos/ monkeybusiness.

Fig. 2.24: Copyright © Depositphotos/ stokkete.

Fig. 2.25: Copyright © Depositphotos/ iqoncept.

Fig. 2.26: Copyright © Depositphotos/ Remains.

Fig. 2.27: Copyright © Depositphotos/ londondeposit.

Fig. 2.28: Copyright © Depositphotos/ truffelpix.

Fig. 2.29: Copyright © Depositphotos/ mariakarabella.

Fig. 2.30: Copyright © Depositphotos/ neyro2008.

Fig. 2.31: Copyright © Depositphotos/ dml5050.

Fig. 2.32: Copyright in the Public Domain.

Fig. 2.33: Copyright © Depositphotos/ pixlab.

Fig. 2.34: Copyright © Depositphotos/ monkeybusiness.

Fig. 3.1: Taken, http://pixabay.com/en/money-currency-bills-euro-bank-482596/, 2014. Copyright in the Public Domain.

Fig. 3.5: Dr Brains, http://commons. wikimedia.org/wiki/File:Writing_Flag-icon_of_Colombia.png, 2013. Copyright in the Public Domain.

Fig. 3.6: Dr Brains, "User speaks Colombian," Wikimedia Commons. Copyright © 2013 by Dr Brains.

Fig. 3.7: Copyright © Zscout370 (CC BY-SA 3.0) at https://commons.wikimedia.org/wiki/ File:Wiki-trans-icon.svg.

Fig. 3.8: Copyright © Depositphotos/ pixlab.

Fig. 3.9: Copyright © Depositphotos/ VectorStory.

Fig. 3.10: Copyright © Depositphotos/ mfg143.

Fig. 3.11: Copyright © Depositphotos/ pressmaster.

Fig. 3.12: Copyright © Depositphotos/ iqoncept.

Fig. 4.1: Copyright © Depositphotos/ mybaitshop.

Fig. 4.2: Fma12, https://commons.wikimedia. org/wiki/File:Argentina_road_sign_R27. svg, 1994. Copyright in the Public Domain.

Fig. 4.3: Benedicto16, http://commons. wikimedia.org/wiki/File:Spain_traffic_signal_r305.svg, 2006. Copyright in the Public Domain.

Fig. 4.4: Copyright © Pixeltoo (CC BY-SA 3.0) at http://commons.wikimedia.org/wiki/File:Costa_Rica_-_Ceda_El_Paso.svg.

Fig. 4.5: Peeperman, http://commons.wikimedia.org/wiki/File%3ARoad-sign-p29.svg, 2010. Copyright in the Public Domain.

Fig. 4.6: https://commons.wikimedia.org/wiki/File:Colombia_SRO-01.svg. Copyright in the Public Domain.

Fig. 4.7: Copyright © Fry1989 (CC BY-SA 2.0) at https://commons.wikimedia.org/wiki/File:Colombia_SR-04.svg.

Fig. 4.8: https://commons.wikimedia.org/wiki/File:Chile_road_sign_RR-2_(40).svg. Copyright in the Public Domain.

Fig. 4.9: Majafego, https://commons.wikimedia.org/wiki/File:Spain_traffic_signal_r301-50.svg, 2010. Copyright in the Public Domain.

Fig. 4.10: Benedicto16, https://commons.wikimedia.org/wiki/File:Spain_traffic_signal_r302.svg, 2006. Copyright in the Public Domain.

Fig. 4.11: Benedicto16, https://commons.wikimedia.org/wiki/File:Spain_traffic_signal_r303.svg, 2006. Copyright in the Public Domain.

Fig. 4.12: https://commons.wikimedia.org/wiki/File:Jalisco_TR-17.svg. Copyright in the Public Domain.

Fig. 4.13: https://commons.wikimedia.org/wiki/File:Chile_road_sign_RPO-4.svg. Copyright in the Public Domain.

Fig. 4.14: https://commons.wikimedia.org/wiki/File:Colombia_SRO-02.svg. Copyright in the Public Domain.

Fig. 4.15: https://commons.wikimedia.org/wiki/File:Chile_road_sign_RPO-6.svg. Copyright in the Public Domain.

Fig. 4.16: Citypeek, https://commons.wikimedia.org/wiki/File:Spain_traffic_signal_p1.svg, 2013. Copyright in the Public Domain.

Fig. 4.17: https://commons.wikimedia.org/wiki/File:Chile_road_sign_RO-7.svg. Copyright in the Public Domain.

Fig. 4.18: Esansero, https://commons.wikimedia.org/wiki/File:Limitacion_10_toneladas.png, 2010. Copyright in the Public Domain.

Fig. 4.19: https://commons.wikimedia.org/wiki/File:Chile_road_sign_RO-4.svg. Copyright in the Public Domain.

Fig. 4.20: Benedicto16, https://commons.wikimedia.org/wiki/File:Spain_traffic_sig-

nal_r308b.svg, 2006. Copyright in the Public Domain.

Fig. 4.21: Benedicto16, https://commons.wikimedia.org/wiki/File:Spain_traffic_signal_r307.svg, 2006. Copyright in the Public Domain.

Fig. 4.22: Fry1989, https://commons.wikimedia.org/wiki/File:Bolivia_-_Stop_Ahead.svg, 2012. Copyright in the Public Domain.

Fig. 4.23: Fry1989, https://commons.wikimedia.org/wiki/File:Argentina_road_sign_P33_(b).svg, 2012. Copyright in the Public Domain.

Fig. 4.24: Benedicto16, https://commons.wikimedia.org/wiki/File:Spain_traffic_signal_tp13a.svg, 2006. Copyright in the Public Domain.

Fig. 4.25: https://commons.wikimedia.org/wiki/File:Chile_road_sign_PG-9.svg. Copyright in the Public Domain.

Fig. 4.26: Benedicto16, https://commons.wikimedia.org/wiki/File:Spain_traffic_signal_tp26.svg, 2006. Copyright in the Public Domain.

Fig. 4.27: Benedicto16, https://commons.wikimedia.org/wiki/File:Spain_traffic_signal_tp19.svg, 2006. Copyright in the Public Domain.

Fig. 4.28: Benedicto16, https://commons.wikimedia.org/wiki/File:Spain_traffic_signal_tp1c.svg, 2006. Copyright in the Public Domain.

Fig. 4.29: https://commons.wikimedia.org/wiki/File:Chile_road_sign_PE-10.svg. Copyright in the Public Domain.

Fig. 4.30: OpenClipartVectors, https://pixabay.com/en/two-way-traffic-two-way-road-148887/, 2014. Copyright in the Public Domain.

Fig. 4.31: PublicDomainPictures, https://pixabay.com/en/black-child-children-crossing-icon-19137/, 2012. Copyright in the Public Domain.

Fig. 4.32: ClkerFreeVectorImages, http://pixabay.com/en/narrow-bridge-bridge-narrow-warning-32604/, 2012. Copyright in the Public Domain.

Fig. 4.33: ClkerFreeVectorImages, http://pixabay.com/en/curve-warning-road-danger-sign-32596/, 2012. Copyright in the Public Domain.

Fig. 4.34: https://commons.wikimedia.org/wiki/File:Chile_road_sign_PI-2b.svg. Copyright in the Public Domain.

Fig. 4.35: https://commons.wikimedia.org/wiki/File:Chile_road_sign_PT-2.svg. Copyright in the Public Domain.

Fig. 4.36: Copyright © Depositphotos/Ikeskinen0.

Fig. 4.37: Copyright © Depositphotos/zager.

Fig. 4.38: Benedicto16, https://commons.wikimedia.org/wiki/File:Spain_traffic_signal_p17b.svg, 2006. Copyright in the Public Domain.

Fig. 4.39: Benedicto16, https://commons.wikimedia.org/wiki/File:Spain_traffic_signal_p14a.svg, 2006. Copyright in the Public Domain.

Fig. 4.40: Benedicto16, https://commons.wikimedia.org/wiki/File:Spain_traffic_signal_p4.svg, 2006. Copyright in the Public Domain.

Fig. 4.41: Benedicto16, https://commons.wikimedia.org/wiki/File:Spain_traffic_signal_p2.svg, 2006. Copyright in the Public Domain.

Fig. 4.42: Benedicto16, https://commons.wikimedia.org/wiki/File:Spain_traffic_signal_s127_1.svg, 2008. Copyright in the Public Domain.

Fig. 4.43: Fry1989, https://commons.wikimedia.org/wiki/File:Chile_road_sign_RA-1.svg, 2012. Copyright in the Public Domain.

Fig. 4.44: Benedicto16, https://commons.wikimedia.org/wiki/File:Spain_traffic_signal_s1a.svg, 2006. Copyright in the Public Domain.

Fig. 4.45: Benedicto16, https://commons.wikimedia.org/wiki/File:Spain_traffic_signal_s2a.svg, 2013. Copyright in the Public Domain.

Fig. 4.46: NACLE2, https://commons.wikimedia.org/wiki/File:Directiononespain.svg, 2011. Copyright in the Public Domain.

Fig. 4.47: NACLE2, https://commons.wikimedia.org/wiki/File:Directionizquierdaspain.svg, 2011. Copyright in the Public Domain.

Fig. 4.48: Copyright © Gigillo83 (CC BY-SA 3.0) at https://commons.wikimedia.org/wiki/File:Spain_traffic_signal_r401c.svg.

Fig. 4.49: Benedicto16, https://commons.wikimedia.org/wiki/File:Spain_traffic_signal_s13.svg, 2006. Copyright in the Public Domain.

Fig. 4.50: NACLE2, https://commons.wikimedia.org/wiki/File:Se%C3%B1alrotondaspain.svg, 2011. Copyright in the Public Domain.

Fig. 4.51: Tony Rotondas, https://commons.wikimedia.org/wiki/File:Spain_traffic_signal_M45.svg, 2008. Copyright in the Public Domain.